The Lady and the Peacock
THE LIFE OF
AUNG SAN SUU KYI
by Peter Popham

ピーター・ポパム 著
宮下夏生／森 博行／本城悠子 訳

アウンサンスーチー
愛と使命

明石書店

あたりの気配が静寂に包まれ繊細で、地平線の向こうから新しい一日の光がゆらゆらと輝きながら目覚めを待っている様子に、私はいつも感動をおぼえます。アウンサンスーチー『ビルマからの手紙』

人があなたの問いに答えないなら、ひとりで歩きなさい……
稲妻に焼かれる苦痛であなた自身のこころに火をつけなさい
そしてそれが燃えるままに放っておきなさい
ラビンドラナート・タゴール「ひとりで歩め」

おぉ、わたしたちのクニのこの王様は、
かわいいひと、ちっちゃくてかわいいひと
ポーチッコン村、ひとりの老婆が孫に歌いかけるみたいに

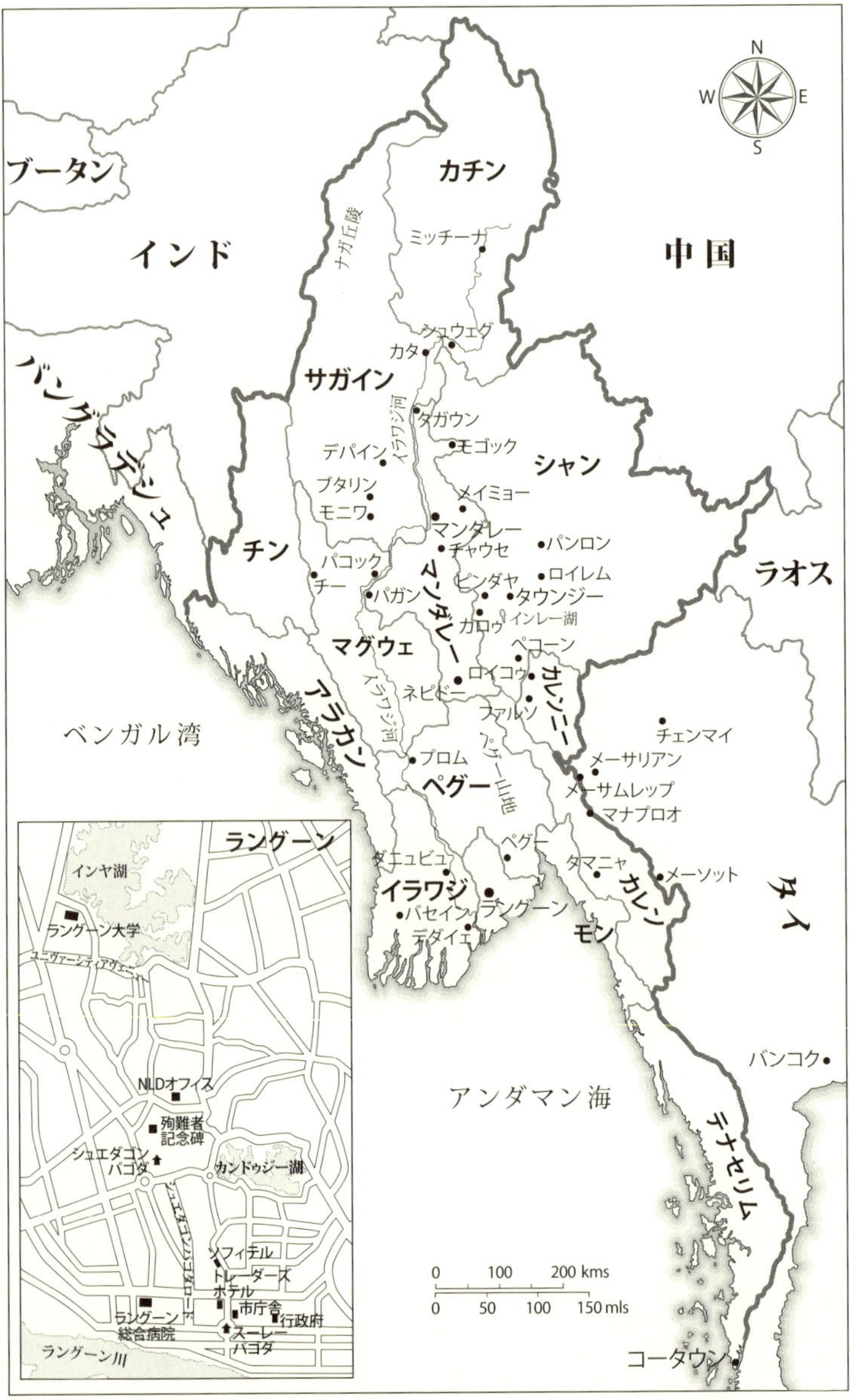
N
E
S
W
ブータン
インド
バングラデシュ
カチン
ナガ丘陵
ミッチーナ
中国
シュウェグ
カタ
サガイン
イラワジ河
タガウン
モゴック
デパイン
シャン
ブタリン
メイミョー
モニワ
マンダレー
チン
チャウセ
パンロン
パコック
ロイレム
ラオス
チー
ピンダヤ
パガン
タウンジー
マンダレー
カロウ
インレー湖
マグウェ
ペコーン
ロイコウ
カレンニー
アラカン
イラワジ河
ネピドー
ファルソ
ベンガル湾
チェンマイ
プロム
メーサリアン
ペグー
ペグー山地
メーサムレップ
マナプロオ
ペグー
ダニュビュ
タマニャ
メーソット
イラワジ
ラングーン
カレン
タイ
バセイン
デダイエ
モン
バンコク
アンダマン海
テナセリム
コータウン
0 100 200 kms
0 50 100 150 mls
ラングーン
インヤ湖
ラングーン大学
ユニヴァーシティアヴェニュー
NLDオフィス
殉難者記念碑
シュエダゴンパゴダ
カンドゥジー湖
シュエダゴンパゴダロード
ソフィテル
トレーダーズホテル
ラングーン総合病院
市庁舎
行政府
スーレーパゴダ
ラングーン川

アウンサンスーチー　愛と使命

目次

凡例

引用文中の〔〕は筆者による補足。

原著の引用文箇所にある中略記号は省略した。

すでに日本語訳がある引用箇所もすべて訳し直した。

ミケーラ・スペランツァ・ベッツィに捧ぐ

序章

二〇一〇年の一一月、ビルマでは二〇年ぶりに実施される総選挙の準備が進んでいた。アウンサンスーチーは自宅軟禁のままで、それは七年前から続いていた。

投票日まであと六日のラングーンを走りまわっていた私は、幸運にも片言の英語が話せるタクシー運転手に出遭った。「君は投票するのか？」と私は尋ねた。

「いや！」と彼は言った。「こんどの選挙は気に入らない！　この選挙はでっちあげだ！　やつらは国民に、そして世界中に嘘をついている。貪欲なやつらだ！　民主主義のことなんかまるでわかってない」。そして運転手は「妻は投票するつもりで、自分にも投票に行くよう言いつづけている。投票しないとふたりとも殺されるかもしれないと怯えているんだ」

彼はインセイン工科大学の工学学位を持っているという。それならなぜタクシーの運転手をしているのか尋ねた。

「政府のための仕事などしたくない。それは盗みをはたらくのと同じだ。自分は国のために働きたい、良いことをしたい。盗みなんかしたくない！　金は俺たちには重要じゃない。重要なのは民主主義を手に入れることだ」と彼は答えた。

この選挙は、私が経験した中でもっとも不可解なものだった。前回の選挙で、大差で勝利していたアウンサンスーチー率いる国民民主連盟（ＮＬＤ）に対し、軍事政権は「ＮＬＤが新しい憲法を認め、アウンサンスーチーその他の軟禁されたり収監されたりしているＮＬＤ党員の党籍を剝奪するのであれば、選挙に出馬することを許可する」と言ってきた。ＮＬＤがこれを拒絶したことで、政党の登録は剝奪され、党は存在しなくなってしまった。今回の選挙で楽勝した最大政党は、数か月前には存在してもいなかったのだ。そのからくりは、政権のもとですべての国家公務員が強制的に所属させられている連邦団結発展協会（ＵＳＤＡ）という大衆組織を、連邦団結発展党（ＵＳＤＰ）という政党に変えるだけのことだった。その他の参選していた政党のなかには、ＮＬＤが選挙に出馬しないことに異議を唱えてＮＬＤから分離した小政党もあった。

数週間の選挙運動期間中、ラングーンの街にそれらしい雰囲気はまったくなかった。選挙のための集会はなく、ポスターも貼り出されず、大音量で政見放送を流す選挙カーも走っていなかった。わずかに普段と違ったことが起きそうな兆しと言えば、ＵＳＤＰのいくつかの大型看板と、体制の新聞『ミャンマーの新しい光』紙（*New Light of Myanmar*）に毎日掲載される論説が、国民に投票を促していたことだ。

「有権者は投票しない選択をしてもよい。しかし投票のボイコットを扇動する罪を犯す者には、一年以下の懲役または一〇万チャットの罰金、または両方が科される」と説明する記事もあった。[1]

新聞の漫画には、微笑む市民の一団が「複数政党民主主義総選挙」と書かれたアーチに向かって闊歩する姿が描かれていた。「平和で、近代的で、発展した民主主義国家」と書かれた、ガラスと鉄の超高層ビルが建つモダンな町がその先に描かれ、市民のひとりに付けられた吹き出しは「手をつなごう、ゴールは真近かだ」

同じ新聞の別の記事は、二〇年前に実施された選挙について振り返っていた。軍事政権はその選挙結果をまったく無視したのだが。「あの選挙は意味のないものだった。なぜならゴールも、目的も、ルールもないまま競争するようなもので。別の言い方をすれば、盲人《ママ》が道を歩くようなものだった」

記事は一九九〇年の選挙について触れていたにもかかわらず、ビルマのすべての出版物や放送内容と同じく、アウンサンスーチーとNLDの同僚たちに関する情報は、記事から厳しく排除されていた。

一九九〇年の選挙の特徴は、投票と票の集計がかなり公正におこなわれたことだ。だからこそ、NLDとそれに同盟を結んだ少数民族政党は、あわせて九四パーセントもの議席を獲得したのだった[2]。その後の二〇年近くにわたって、ビルマ軍事政権はこの屈辱をどのようにぬぐい去り、支配者としての正統性を築くかに苦慮してきた。そして今回の選挙は、彼らが最後に採った方法だった。

もし選挙が自由で公正なものであれば、軍政の代理人が勝つようにはとても思えなかったから、政権は外国人に首を突っ込まれたくなかった。投票を監視するという外国からの申し出を堅く拒絶し、外国人ジャーナリストのビザ申請も却下した。ただし、私は以前と同様、観光客として入国を許可されていた。

選挙でのもっとも甚だしい不正工作は、組織立った事前投票というやり方だった。政府の役人やその関係者たちは、政権の代理政党に集団で投票するよう強要されていた[3]。亡命ビルマ人ジャーナリストによって運営されているニュース・ウェブサイト『イラワジ』に対し、USDP党事務局員は次のように語った。「われわれUSDPはラングーンにある三〇の市民団体が、どのように事前投票をおこなうか協議しました」[4]。公務員、赤十字、消防隊など政権が後援する団体の職員などが、事前投票をするよう求められた。こうして票を、しかも多くの場合何日も前に獲得することは、半ば軍事作戦としておこなわれた。ラングーン市内で野党候補が勝つ危険のある選挙区では、軍政に好都合な結果を確実にするべくあらかじめ用意された票が投入された。投票の二日後、「われわれは八〇パーセントほどの議席を勝ち取った。われわれは満足だ」と語る上級USDP党員の言葉を、AFP通信社はそのまま伝えている。[5]

そのころまでに、私や他の数名の身分を隠した特派員は国外退去させられていた。私はこのドラマの成り行きを、NLD―解放地域（NLD-LA）のオフィスがあるタイ・ビルマ国境のメーソットで見守っていた。[6]

アウンサンスーチーに対する今回の一八か月間の自宅軟禁刑は、一一月一三日土曜日に満了となったが、彼女が解放されるか否かはぎりぎりまで明らかにされなかった。しかし、彼女の政党NLDは楽観的で、「これ以上彼女を勾留する法的根拠などありません」と彼女の弁護士は語っていた。[7] アウンサンスーチーが軟禁されていたほとんどの期間、NLD本部は閉じられ、シャッターが下りていたが、軟禁が解除される二日前に、女性党員たちは掃除をはじめ、そしてエアコンを修理した。

二二〇〇名近くの政治囚がビルマの監獄に収監されたままだったが、しかし、一一月一三日の午後五時過ぎ、スーの七年半に及ぶ自宅軟禁がついに終わった。その日の午後五時一五分、『ロサンゼルスタイムス』は次のように報じている。「ライフルと催涙弾発射機で武装した兵士たちが、ユニヴァーシティーアヴェニューを封鎖していた有刺鉄線の柵を道路脇に押しのけると、支持者たちはどっと数百メートル先の屋敷のゲートに向かって駆け出した。二〇分後、やせた六五歳の女性が、赤い鉄杭のフェンスの上から頭をひょいと出した」[8]

人びとは「アウンサンスーチー万歳！」と繰り返した。彼女が「みなさんに会えてとても嬉しいです！」と大声で叫んだが、大勢の歓声でかき消されるほどだった。「貴方がたとはずいぶん長いあいだ、お会いできませんでしたね！」。ラングーンはもはや捕虜収容所ではなかった。「大きな声をあげて泣く者もいたが、多くは涙を流し、誰もが祝いと愛の言葉を叫んだ」と、一一月一四日付けのロンドンの『タイムズ』紙が報じている。「アウンサンスーチーは一〇分間、人びとの大喝采をただ浴びつづけるばかりだった」

その前の週に、NLDの古参党員で党の創設者のひとりが、一九年間の服役から釈放されていた。彼は「ワシと何人かの連中が釈放されたのは、植木鉢の花に水を注ぐようなもんだ、植木が瑞々しくなる、それだけだ。だがな、アウンサンスーチー女史が解放されることは、モンスーンのはじまりのようだ、国全体が緑になり花が咲く」と私に語った。[9] 数日間はまさに、そのようなムードだった。

だがじつは、ビルマ軍事政権は奥の手を抜け目なく使っていたのだ。それからの数日間、アウンサンスーチー解放という騒々しい祝賀が世界中にこだますることで、軍事政権が一週間前に非道なやり方で総選挙を国民から奪い去ったことなど、きれいさっぱり忘れられてしまったのである。

第一部　アウンサンの娘

アウンサンスーチーは二〇一〇年一一月、百合が輝きを放つように、たったいま休暇から戻ってきたかのように、自宅軟禁から解放された。将軍たちは、総選挙で彼女の立候補を禁止するようしくみ、代理政党の勝利を確実にしていた。彼女がビルマの政治から排除されてしまったことは、いまや公的な事実だった。しかし、そんなことはどうでもよかった。彼女の屋敷の門は、軍事政権の怒りを恐れずに集まった数千人の支持者で埋め尽くされていた。もう八年以上もラングーンでは見られなかった、久しぶりに民衆が喜ぶ光景だった。

スーは、政治活動の当初から、軍政側から西洋の「ポスターガール」と攻撃されていた。一九八九年にはそれがはなはだしい誇張だったとしても、今日ではそれは控えめな表現と言える。彼女は公職に一度も就いたことのない世界でもっとも有名な女性政治家であり、国連事務総長だったウー・タント以来もっとも有名なビルマ人であり、ダライラマやマハトマ・ガンディー以来の非暴力政治抵抗におけるもっとも尊敬される主導者だ。彼女の名前の読み方がわからなくても、またビルマが世界地図のどこにあるか知らなくても、彼女の顔は世界中の多くの人びとにとって馴染み深いものだ。

アウンサンスーチーが政治のスターになる前、彼女はなにも特別なことはしていなかった。彼女自身が主婦といわれることにこだわっていたが故に、多くの人は思い違いをし、彼女を過小評価していた。[1]ウー・タントの孫、タンミンウーの著書『失われた足跡の河』の中で、スーは冷酷な軍人によって支配されてきた物語の脚注のように扱われているにすぎない。[2]またマイケル・W・チャーニーは『近代ビルマ史』で、スーを真の変革のためのポジティブな力というより、むしろビルマ軍政に対する外国からの脅威の体現者としてとらえている。[3]以前、スーの伝記を著したジャスティン・ウィントルは、彼女の運命は彼女自身に責任があるという極端な結論に達している。「アウンサンスーチーは、完璧な人質となった。軟禁されたのは、ある部分彼女自身の非妥協的な態度によってもたらされたものであり、籠の鳥の自由のために誰も犠牲を払うことはできないし、リスクを冒そうという者もいない。われわれの時代における非暴力の主導者アウンサンスーチーは、彼女の信条のゆえに囚われの身になっているのだ[4]」

何年間も軟禁されているのはスーの責任だと非難するのは、ジャンヌダルクが自らの責任で火あぶりの刑に処せられたとするのと同様で、道理に反する。彼女の軟禁がある意味自発的だったのが事実だとしても、それこそがビルマ国民のあいだに根強い、普遍的な人気を保っているゆえんである。

スーの勾留は、ネルソン・マンデラのロッベン島での二七年間の投獄とはまったく比べものにならない。なぜなら、マンデラと違い、彼女には出国の自由があったからだ。一九八九年から二〇一〇年のあいだに三度あった軟禁中のいかなるときにおいても、彼女は政権担当者に電話をし、スーツケースに荷物を詰め、忠実な家政婦たちと仲間たちに別れを告げ、タクシーで空港に向かって、飛び立つことができたのだ。しかし、確かなことは、もし、そのような行動をとったなら、彼女のパスポートは無効となり、ビルマに再入国することは許可されなかったということだ。温かく迎え入れてくれる安全な外国へ去ったなら、敵のあらゆる中傷は正当化され、そしてなによりも彼女の支持者たちをひどい不安に落とし入れることになっただろう。

この選択について、彼女はほとんど語ったことがない。たぶん一九八八年以来の彼女の人生において、もっとも個人的につらい経験に触れることになるからだろう。それは、妻として母親としての役割を事実上放棄するという決断であった。しかし、この決断とは、軍事政権が彼女を責め苦しませるためにも利用してきたことにほかならない。家族からの隔絶は、最初の軟禁が終わって四年後の一九九九年一月、もっとも厳しい現実となる。彼女の夫、マイケルが前立腺の癌と診断され、余命いくばくもないとの知らせがオックスフォードから届いたのだ。このような状況下、チャールズ王子やマウントバッテン伯爵夫人など、多くの有力な友人たちの訴えにもかかわらず、軍事政権は夫に対しビルマを訪問するビザを認可しなかった。彼らの意図は明らかだった。病床の母のためラングーンに来た九年前のように、心の声に従って夫の枕元に赴くよう勧めることだった。彼女はビルマ政府が決して再入国させてくれないことを知っていたから、英国に戻ることを拒絶した。アジアや他の国ぐにで、スーは女性としての温かさに欠けると思っていた人は、その見解を強めた。それから三か月もしないうちに、マイケルは死んだ。

ジャスティン・ウィントルが何年もの軟禁状態におけるスーの態度について、「非妥協的」という表現を用いたのはたぶん正しかったかもしれない。もし、ある時点で彼女があきらめて、イギリスの家に戻ったとしても、それはまったく人間的な行為であり、十分に理解できることだ。誰も彼女を咎めないだろうし、どこに行っても、歓呼と敬意をもって迎えられたはずだ。死にゆく夫と貴重な数週間をともに過ごすことができただろう、そしていまごろは会議から会議へと飛びまわり、国際社会のなかでビルマの民主化を鼓舞していただろう。ユニヴァーシティーアヴェニュー五四番地から永久に灯りが消えたとしても、その何が問題だというのか？

私は、こうした考えに同意しない。スーの影響力は政治的であると同じくらいに、精神的で感情的な強い効果があるのだ。マイケルへの手紙と、ビルマに帰国する前後に書いたビルマに関する小論で明らかなように、スーはビルマに帰国するかなり以前から、人びとの苦しみを痛いほど認識していた。おろかな支配者によって、もともと肥沃な土地に住む人びとが貧しさを強いられ、犯罪的な経済政策および社会政策によって、人びとの心と体が機能停止に陥っていることを彼女は知っていた。その恵まれた国外居住者が一九八八年のラングーンに戻り、国の歴史上最大の民衆反乱のただ中にいることに気づいたとき、何かがカチッと組み合わさった。ビルマの人びとの苦しみは、もはや遠いものでもアカデミックな主題でもない、身をもって取り組むべきテーマとなり、情熱をもって行動すべき主題となった。国民民主連盟（NLD）を結成して指導し、そして選挙で戦うという契りを、彼女はビルマとかわしたのだ。もはや離れることも隔てられることもない。政権が彼女を、外国の退廃的な人物、西側の操り人形、渡り鳥、ポスターガールというイメージで描こうとすればするほど、彼女は自分が国民と一体だとさらに激しく主張した。

この決断は、政治的な決断というよりむしろ倫理的な決断である。それこそが、二〇年以上彼女を感情的にあらゆる方法で恐喝しても揺らぐことはなく、また何百万ものビルマ人の心を掌握したゆえんである。国を去ることもできたが、彼女はそうしなかった。それによってビルマ人大衆とのあいだに揺るぎない絆をつくったのだ。

スーの活動において政治状況への積極的参加がどんなに重要な要素であるにしろ、民主化運動に対する取り組みは単なる献身以上のものがある。スーは、ビルマの独立をもたらした男の娘であることがどのような意味を持っているのか、何年にもわたって真剣に考えつづけていた。父にふさわしい娘でありたい、祖国のために、父も自分自身も誇りに思えるような何かをしたいという心からの願いを持っていた。独立国としてのビルマの最初の十数年の悲劇的な歴史、脆弱な民主主義が軍隊によって押し潰された事実は、伝統的な価値観を破壊せずに近代化をおこなうことがいかに困難なことであるかを彼女に気づかせた。一九八八年以前の数年間、彼女はその疑問を解くために多くの時間を費やし、調査研究をしてきた。そして突然、みなが予測しないかたちで、スーはその問題を解決するための機会と義務を引き受けた。それはまだ成功していない。しかし、彼女が失敗したと言うには早すぎる。

★

アウンサンスーチーは一九四五年六月一九日イラワジデルタで、三人兄妹の末娘として、ビルマ史のなかでもっとも混乱した時期に生まれた。彼女の父親アウンサンは、混乱の渦中にいた。首都ラングーンは連合国の手に取り戻されたばかりで、スーをを妊娠していた母は戦いから逃れ、地方にいた。

アウンサンは地方出身の少年で、恥ずかしがり屋で口下手だった、ぶっきらぼうで理由のよくわからない長い沈黙をしがちだった。背は低くやせているが筋骨はたくましく、無表情なところは西洋人が東洋からの人を表現するとき、不可解としてとらえるものだった。彼はまたカリスマのある、何か特別なものを持っていた。一九三〇年代のラングーン大学に、燃えるような気性と鉄の意志を秘めて現れたアウンサンは、イギリスからビルマを解放しようというひたむきさを備え、きわめて強い野心と確固たる信念を持った人物だった。

ビルマは英国にとって英領インドのつけたしだった。ビルマ最後の王のひとりが、当時の英領インド内のもっとも古く、もっとも豊かで、もっとも重要であったベンガルを攻めたことで、激怒した英国は、一九世紀中、三段階にわけてビルマを併合した。ビルマ併合はまた、フランスのインドシナにおける拡大を防ぐための防波堤をつくる効果的な方法でもあった。

とはいえ、英国にとってのビルマは、インドのような英国植民地政策の中心ではなかった。ビルマは付属物として英領インドによって支配された。ベンガルを拠点にした東インド会社の職員が何代にもわたってインドを理解したようには、ビルマにおける英国の行政官たちは、任地であるビルマの歴史、哲学あるいは思考に対して関心を持たなかった。英国人は君主制を廃止し、最後の王と王妃を追放するというもっとも冷酷で直截的な方法で、ビルマを服従させた。彼らは外国の企業に、木材の伐採権、宝石や銀の採掘権、石油採掘のための試掘権などを与え、インド人と中国人の商人と労働者がこの地に押し寄せることを結果的に許した。

植民地勢力によって併合され、整理される過程は、それを経験したどの国においてもひどく屈辱的なことだ。にもかかわらず、大英帝国の多くの国ぐにでは、英国人が生活水準を向上させる制度や考えを紹介するにつれ、現地の中流階級や支配階層は、多かれ少なかれ統治者である英国人の共謀者となっていった。現地のエリートが、帝国を機能させる「鋼鉄の骨組」の一部に組み込まれるにつれ、服従の苦さは世代とともに和らいでいった。インド亜大陸全土を通して、一部の階層の人たちがいまだにラージャ（王としての英国）がいた過去の時代へのノスタルジーを抱いている理由には、このような背景がある。

だが、ビルマの植民地体験は違ったものだった。[6] それは非常に遅くはじまったものであり、一八二四年の第一次英緬戦争でアラカンとテナセリムを失い、一八五二年の第二次英緬戦争の結果、ラングーンを中心とするビルマ南部が植民地化され、英国の侵入とともに非ビルマ化が進んでいった。二〇数年のうちに、住民は自分たちの町の中で少数派となり、傍観者として変動を見守るしかなかった。ビルマ北部は王朝がまだ支配していた。王制の伝統は一一世紀以来、国の精神的、政治的な社会秩序を支える仏教僧侶の集団、サンガによって正統化され、導かれ、監視されてきた。[7] 幾多の戦争と王朝の変遷を経ながらも、サンガのその役割は保たれていた。

しかし、一八八五年第三次英緬戦争により、英国はついに占領工作を完成した。王朝最後の地、マンダレーを襲って王宮を破壊し、古書を収蔵した図書館をほぼ焼き尽くし、ティボー王とスパヤラッ王妃をボンベイ近郊に追放したのだ。王国全体をインド植民地行政組織の中に組み入れてカルカッタ総督府より統治し、ビルマ王の協力者であった王領内各地の地方支配者たちを、英国の行政官の補完物にするか、またはとり替えた。パックスブリタニカ、大英帝国の平和が行き渡るまで、次々に発生する反乱を抑制するために何万人もの兵士が投入された。

ビルマが制圧されたころ、国境の向こう側ではインド人が騒ぎ出していた。ビルマ王制が廃止された一八八五年、インド国民会議派が発足し、急速にインド自治の希望の星となっていった。第一次世界大戦によって、大英帝国の勢力は劇的に弱体化することになった。南アフリカから帰国したモハンダス・ガンディーの登場で、インド国民会議派はカリスマと独創性を持ち合わせたリーダーを得た。さらに一九一九年にアムリットサルで発生したジャリヤーンワーラー・バーグ虐殺事件は、英国の支配が張子の虎であることを印象づけた。わずか数千人の英国駐留軍の軍事力によって、何千万ものインド人民衆を効果的に牽制することなどできないのだと。

だが、ナガ丘陵を越えたビルマ側では、ビルマ人は「被植民者の被植民者」である不名誉に浴していた。農民たちはビルマ全土で商売をはじめたインド人金貸しから借金をして、首がまわらなくなっていた。ラングーンでは外国人店主やビジネスマンが無知な現地人を搾取し、裕福になっていった。王政廃止により国の仕組みは崩壊した。下ビルマ（ビルマ南部）では英国が、ビルマ王から何十万もの僧侶を束ね統括することを委ねられたタタナバインと呼ばれるサンガ長の権威を認めなかったため、サンガ長不在のうちに、地域のサンガの役割が崩れてしまった。イギリスの侵入以来六〇年後、ティボー王は国外に追放され王政が廃絶された。それはとどめの一撃だった。

ビルマ独立運動の最初の兆しは、仏教と僧侶のあいだから湧き起こった。夜明けとともに、あちこちの町や村で栗色の衣をまとった僧侶たちが一列になって、大きな漆の托鉢の鉢を持って道を歩くのが、ビルマの伝統的な風景である。その歴史を通じ、僧侶たちは、道徳、宗教、政治における人心のよりどころであったし、仏教の教えでは僧になることが悟りに至る唯一の道でもあった。僧侶らは仏教徒である王の権威を神聖なものとして認め、そして民衆は功徳を積むための唯一の方法として、僧に布施し、息子らが「カラスを追えるような歳」になったら僧院に預けた。[8]

だがかつての権威はすべて潰され、そして失われた。それは単なる屈辱より惨いことで、国は精神的支柱を失ってしまったのだ。これに対し、キリスト教青年会（ＹＭＣＡ）を模した仏教青年会（ＹＭＢＡ）が設立された。これは重要な第一歩だった。英国に反抗するというより、むしろ伝統的な仏教信仰に呼応する体制の回復と再生という意味合いが濃かった。第一次世界大戦後の熱い時代、この中から出現したもっとも重要な人物が、ウー・オッタマという教養を極めた僧だった。アジアを広く旅してビルマに戻り、遠方の仏教国、日本が侵入者を退け独立を保ち、ヨーロッパの列強であるロシアを戦争で打ち負かしたことを伝えた。

一九二〇年代に英国は、ガンディーとインド国民会議派の強い圧力を受け、重要な自治権を一部インドに付与した。ベンガル地方から来たインドの急進派に進言され、後押しされたラングーンの独立運動家は、自分たちの活動がインドに比べ未熟であるにもかかわらず、時勢が味方しているとの感触を得た。アウンサンが一九三二年、ビルマ中央部の小さな町ナッマウの故郷からラングーン大学にやってきたころ、もはや独立は実現不可能な夢ではない雰囲気だった。英国が譲歩すればするほど、インドとビルマの独立運動家たちは、完全なる独立を勝ち取ろうとあせった。

田舎出身でぶっきらぼうな態度をとり、ぎこちない英語を操るアウンサンは、首都の大学の都会的なエリートたちのあいだで存在感を示すために苦労していた。学生連盟の討論会で彼に野次をとばしたり、英語でなくビルマ語で話すように薦めた仲間たちは、しかしすぐにこの痩せた若者に固い決意があることを認めるようになった。彼は挑戦することをあきらめなかった。たとえば英会話をマスターするまであきらめなかった。しだいにアウンサンは、大学の独立革命運動のリーダーとして頭角を現していった。彼らのイデオロギーは曖昧で、社会主義と共産主義に偏っていたが、仏教にも深く傾倒していた。

彼らは「タキン党」と名乗った。タキンとは御主人様という意味で、インドの「サヒーブ」とほぼ同じだ。ビルマ占領後、尊大な英国人はタキンの敬称を自分たちに冠していた。だから若き新参者たちはその敬称の返却を求めたのだ。スーが父の伝記に記したように、彼らは「ビルマが自分たちビルマ人のものだと宣言した」。そのようにして「グループの名称に挑戦的なナショナリズムの意味も加味したのである」[9]。アウンサンと仲間たちは誇りと自尊心をはじめとする、侵入者が奪い去ったものを取り戻す気概を培っていた。彼は大きな変動が起きた一九三八年（ビルマ暦では一三〇〇年であるため通称「一三〇〇年革命」）、ラングーンにいた。英国はすでに大きく譲歩してビルマとインドを分割し、インド同様、英国総督の監督の下で選出されたビルマ行政会議に、ビルマ統治の権限を譲るまでに至っていた。しかし、完全独立を求める扇動の声はさらに高まり、農民や石油産業の労働者たちがラングーンの学生デモに合流した。抗議者たちを追い散らす警棒で、デモに参加した学生のひとりが殺された。

全国の学校に抗議運動が広がり、ビルマ人とインド人ムスリムとのあいだでの地域暴動が発生、マンダレーの抗議行動では警察が発砲して一七名の犠牲者を出し、そしてバモォ首相の政権が倒れた[10]。

ヨーロッパでは第二次世界大戦が勃発し、そのときインドではガンディーが英国に直ちに「インドを去れ」と求める運動（Quit India Movement）を展開し、カルカッタではスバス・チャンドラ・ボースが武装闘争の用意を秘密裏にはじめ、アウンサンや他のタキンたちはまた東方に関心を向けるようになった。

ウー・オッタマが外遊から帰国し、日本がロシアに対し勝利した話を広めて以来、ビルマ独立派は東方の日本から自由がもたらされる可能性も思い描いていた。アウンサンはガンディーと異なり、戦わずしてビルマの独立は獲得できないという考えだった。一九四〇年八月、彼はタキン党の仲間のひとりとともに、大胆にも中国福建省アモイ（現在の厦門）へ密出国した。

彼らの目的は中国の武装反乱グループと接触することだった。英国を追い出すために協力してくれるなら、蔣介石率いる国民党でも毛沢東の共産党でも誰でもよかった。しかし福建省はすでに、領土拡大を図る日本が占領していた。タキン党員二名がアモイに潜伏していると知ったラングーン駐在の日本軍諜報部員、鈴木敬司は、仲間に指示してふたりを確保した。一九四〇年一一月、彼らを東京に招き、鈴木自ら面倒をみた。

アウンサンにとって、ビルマ国境の外に存在する世界ははじめての経験であり、彼は大いに感銘を受けた。日本の軍国主義の権威主義的な非道さに疑念を抱き、また鈴木が売春婦を彼に用意したことに堅物の青年は戸惑った一方で、招待国の工業水準には圧倒された。実利主義者で、政治的にも未熟であったため、アジア支配を目論んでいた日本軍に入隊させられることに抵抗感はなかった。日本に三か月滞在したのち、中国人船員に扮してラングーンに戻り、ビルマ独立義勇軍（ＢＩＡ）の中核となる青年たちを募ることに専念した。鈴木が司令官、アウンサンが参謀となり後年、「三〇人の同志」として有名になった小さな軍隊は、一九四一年の後半を海南島で極秘の軍事訓練に費やした。

一九四一年一二月、日本が真珠湾を攻撃し、その直後から東南アジアへの侵攻を開始したとき、アウンサンと同志たちは出撃の準備を整えていた。同月、ラングーンは日本の空爆を受けて破壊された。まもなく日本軍とＢＩＡ両軍が、「ビルマの凧の尾」、細長いテナセリム半島を北上し、イラワジデルタを東から西に進攻した。進軍している途中から何万もの民衆が新しいＢＩＡに合流し、ついには日本軍と並ぶ五万人規模におよんだ。絶望的なまでに準備不足の英軍は、東南アジア各地で日本軍に圧倒され、インドに逃げた。逃げ遅れた何千もの英軍兵士は、ビルマとタイを結ぶ悪名高き「死の鉄道」の建設工事につかされた。

　アウンサンが日本にはじめて滞在した東京での数か月間に感じた日本政府に対する不信感は、ビルマが日本軍に占領された一九四二年になって一気に膨らんだ。日本人は日本とビルマがアジアの兄弟であり同じ仏教徒なのだから、同じ道を歩もうではないかと調子のいいことを語っているが、アウンサンを含むビルマ人は日本の言うことと思惑は違うとすぐに悟った。建前はビルマ独立であっても、本音は「強力な日本」が陰で権力の手綱をしっかり握るのだと。[11] 日本の構想では、ビルマの未来は実のところ、日本の天皇を頂点とするピラミッドの底辺を支える従順で勤勉なアジア民族のひとつであった。アウンサンと仲間たちは、日が経つにつれひとつの隷属状態から別の形の隷属状態に置き換わっただけだと気づき、愕然とした。悟られぬように、独立を勝ち取る戦いの準備を、一からまたはじめることになった。

　ちょうどこのころ、アウンサン参謀長はマラリアと、軍隊を組織し祖国への侵攻を指揮する疲労から体調を崩し、ラングーン総合病院（この物語のさまざまな場面で大事な舞台でもある）に入院した。若い看護師たちはアウンサンのぶっきらぼうな態度や気まぐれな沈黙に怖気づいてしまったため、師長のマ・キンチーが付き添うことになった。アウンサンは彼女の要領のいい介護と女性らしさが気に入り、一方、マ・キンチーは彼のカリスマに惚れた。そして数か月後、一九四二年九月にふたりは結婚した。

　結婚写真のアウンサンはまるでコイル巻きのばねを思わせる格好で、彼と花嫁はふっくらした大きなソファに一五センチばかり離れて座っている。花嫁は髪にジャスミンを挿し、首に花輪をかけ、白い長い服の裾が床に触れている。その大きな優しい目は黒い眉に縁取られている。アウンサンは頭を剃り上げ、軍服姿で、ピカピカに磨いた膝丈の軍靴をはいている。両手につば広の軍帽をかかえ、前かがみで、まるでいまにも飛びかかりそうだ。すでに多くを達成したが、じっとしているのが嫌いで、自分の仕事はまだ半ばまでしか成し遂げていないと自覚している男の肖像である。

まさにそのとおりであった。一九四三年彼は東京に招かれ、天皇から勲章を拝受し陸軍大佐の位を与えられた。同年八月、ビルマは独立を宣言し、BIAはビルマ国民軍（BNA）に改名された。しかし、これらはすべて見せかけだった。日本政府は鈴木が作った軍隊をもはや信用できず、組織的な勢力にならないよう、常にビルマ内で部隊を移動させた。この間、日本は各戦線で急速に劣勢に傾いていた。遠い輸送経路で支援物資を東京から運ばねばならず、米国に比べ技術的、経済的な限界がますます明らかであった。

これまで日本人とともに過ごしてきたアウンサンはいまや、日本人に対してどう振舞えばいいか心得ていた。言われたとおり深々とお辞儀をして日本の勲章を受け取り、無表情を保っていた。そして静かに、二度目の独立戦争を企てたのだ。東京から戻ってきて間もなく、ナガ丘陵の向こう側にいる連合軍と接触し、いざ連合軍が進攻したらBNAが日本軍に対しビルマ国内で戦端をひらく準備を開始した。連合国の支援を得て、BNAと協力して戦うゲリラ組織、抗日運動の秘密組織、反ファシスト人民自由連盟（AFPFL）を結成した。

しかし、アウンサンは上官に対して忠誠を装っていた。一九四五年三月一七日、日本人の上官たちと並んで、彼はラングーン市庁舎で、BNAが連合軍に対し攻勢を開始する誓いをたて、日本の軍楽隊が演奏するなか、BNAとともに行進しながら前線に向かって出発した。しかし、ひとたび市外に出た彼らは、事前の計画どおり、ビルマ中央部および南部の陣地に分散し、一〇日後、日本軍に対して攻撃を開始した。

連合軍はアウンサン率いるビルマ愛国軍（BPA、BNAより改称）の協力を得て、八月四日までに何万人もの日本兵を殺した。戦いは一方的な勝利を収めることが多くなり、ついにビルマの戦いは終結した。このふたつの重要な日付のあいだに、アウンサンは世界の舞台に登場したのである。

日本が降伏したとき、アウンサンは弱冠三〇歳だったが、一〇年前、大学の討論会で不器用なパフォーマンスを演じていた姿からは想像できないほど成長していた。大いなる勇気、決意と冷静さを兼ね備え、一八八五年の王朝崩壊後、はじめてのビルマ軍を築くことに主導的な役割を果たした。そして、絶妙なタイミングで、それまで支援を受けてきた勢力に反旗を翻した。戦争が続くあいだに、アウンサンに対するビルマ民衆の人気が増していった。何百万ものビルマ人にとって、国を悲惨な破壊から救う決意と敏捷な行動力とカリスマをあわせ持つ若き指導者は、彼をおいてほかにはいなかった。連合軍がついにラングーンに到着し、この男と実際に会ってみて、味方を何度も変えた人物ではあるが、一緒に協力できる相手だと判断した。英国第一四軍を率いて五月三日にビルマの首都を奪回した英国陸軍中将ウィリアム・スリムは、アウンサンの印象について「純粋な愛国者でバランスのとれた現実主義者。一番印象に残ったのは正直であること」と記している。[12]

平和とともに英国が戻ってきて、前総督のレジナルド・ドーマン＝スミス卿を再任したが、一九四一年に去ったときと比べ、状況が大きく変わったことを知った。連合軍と日本軍との戦争で町や村々は疲弊していた。英国議会では、ある議員が、ビルマの破壊の度合いは他のアジアの国に比べて一番ひどいものだと発言した。そして、アウンサンとAFPFLの仲間は長きにわたった戦争で鍛えられ、ずっと戦い求めてきた独立に飢えていて、もはや妥協する雰囲気はなかった。

AFPFLに自治を任せるというアウンサンの要求を受け入れることができず、ドーマン＝スミスはビルマ行政会議のメンバーを民衆に支持されないイギリスびいきのビルマ人たちで固めた。アウンサンは英国への対抗措置として、地代の支払いや納税を滞らせたり、さらに食料の供給を拒否するなど、集団的な非暴力行動に打って出た。ドーマン＝スミスはロンドンに召還され、すぐ後に辞任した。保守党政権に代わって労働党のアトリー首相が登場し、そして一九四七年一月、アウンサンと同僚が交渉のためロンドンに招かれた。途中デリーに立ち寄った際、ビルマの立場について率直に語った。記者たちに、自治領とか中途半端な妥協案ではなく「完全なる独立」を求めている、与えられないというなら、非暴力または暴力、あるいは両方の方法で独立運動を展開することに、「何ら迷いはない」と言い放った[13]。

このときもまた、絶妙なタイミングだった。できるだけ多くの植民地を解放するのがアトリー政権の政治的信条であったし、また財政難のため、それ以外の選択肢はなかったのだ。アウンサンは完全独立の約束を土産に帰国した。ビルマを統治することが困難であるのは承知していた。アウンサンが属するビルマ族は、ビルマ領内または国境をまたぐいくつかの主要な民族のひとつであり、民族間の関係は戦争で悪化していた。それでも翌月、東北部のシャン州で開催されたパンロン会議において、新たな国家提案についてほぼすべての主要な民族の合意が得られた。ただしカレン族だけは独立を主張し、ボイコットしていた。一九四七年四月九日、憲法制定議会の選挙で、アウンサンのＡＦＰＦＬは二一〇議席中一七三議席を獲得した。アウンサンはビルマ軍の生みの親にして独立闘争の英雄にとどまらず、いまや国の卓越した指導者であった。

アウンサンがそれまでの人生と同様、華々しく自らの引き際を図った、と述べるのはあまりにも残酷だ。選挙に圧勝したわずか三か月あまり後の一九四七年七月一九日、彼はラングーンの中心部にある英領ビルマ総督府で会議中だった。ここは現在も広大な敷地を占める植民地時代の巨大な建物だ。皮肉にも、前の週、武器倉庫から二百丁ものブレン銃が盗まれた事件について協議していた、まさにそのとき、ジープが乗りつけられ、迷彩服を着た五人の男が飛び降り、建物に押し入って階段を駆け上がり、扉の前にいた兵士を撃ち殺し、室内に侵入して、アウンサンを含むほぼすべての閣僚予定者を自動小銃で殺害した。アウンサンを恨む政敵が犯人とされ、その後、絞首刑に処せられた。アウンサンスーチーによれば、派閥争いと嫉妬が「ビルマ政治のふたつの害悪」だが、生涯を捧げたビルマ独立を得る一年たらず前に有望な指導者アウンサンは、その害悪に命を奪われた。

★

アウンサンスーチーは父が亡くなったときまだ二歳で、彼女が言うように父を「覚えているには幼なすぎた」[14]。結婚式のときは緊張しぴりぴりした風貌だったアウンサンが、亡くなる前の最後の写真ではずいぶん角がとれたようで、ふたりの息子と一人娘を囲んで妻マ・キンチーとにっこり微笑み合っている。アウンサンは片方の手で次男のアウンサンリンと手をつなぎ、もう片方をスーの肩にまわしている。スーの耳は尖った形をしていて、びっくりした様子でカメラに目を向けている。妻のマ・キンチーは結いあげられた髪に花を挿し、以前と同じように落ち着いて、明るく、優しい姿である。

英雄である父とその娘とのあいだには、多くの不思議なめぐり合わせとでもいうべき縁がある。一九三八年にいわゆる「一三〇〇年の革命」が発生し、全国的なストと抗議行動が広がり、それに刺激されたアウンサンと同志たちは、独立運動にのめり込んでいった。ちょうど五〇年後の一九八八年、独立後のビルマ最大の反乱が勃発し、スーは民主化運動のリーダーとしてかつぎ出されることになる。

一九四二年にラングーン総合病院に患者として入院したアウンサンは、当時まだ看護師だった未来の妻マ・キンチーに出会った。その四六年後、マ・キンチーは深刻な脳梗塞を患って同病院の患者となり、娘のスーは母親の介護をしていた。そこでスーは、軍の発砲を受けたデモ隊の学生たちに会い、そして一九八八年八月二四日、同病院の前の政治集会ではじめての演説をする。その二日後、父親が戦前、ビルマの象徴ともいうべきシュエダゴンパゴダで英国支配を厳しく批判したように、スーはこのパゴダに詰め掛ける何十万人ものビルマ民衆に向かって演説をした。

復讐心に駆られたアウンサンの敵たちは家族から夫と父親を奪った。そして復讐心に燃え、恐怖心にとらわれた軍事政権は、アウンサンスーチーの家族から妻と母親を奪った。

一九四七年にアウンサンは国民の圧倒的な信任を勝ち取ったが、政治手腕を発揮する前に暗殺されてしまった。彼の娘アウンサンスーチーも見事に大多数の議席を獲得したが、何かしようとする前に同様に決定的に阻まれた。

このように、スーはその人生において常に、父が達成した栄光につきまとわれてきた。早すぎる死、やり残した山積みの仕事を意識し、代わりに政権に就いた者たちの誤りと至らなさを嘆いた。ビルマ独立はほとんどアウンサン個人が成しえた業績であったため、悲劇的な暗殺劇の後、不幸にして政治はまるで車輪がはずれた荷車のようにぎくしゃくとしか進まなくなってしまった。

スーが一五歳のとき、母親が在インドのビルマ大使に任命されたため、一家はデリーに引っ越した。これは名誉なことであったが、同時に、軍の指導者でその後ビルマの独裁者になったネーウィン将軍が、権力を掌握する前に政治的邪魔者を追い払う方法でもあった。

知性を磨くという観点から、スーにとってインド行きは重要な一歩だった。インドの首都に来てみて、自分はどんなに遅れた土地で生まれ育ったか、またビルマよりはるかに長い年月、偉大なインド文明が英国の帝国主義者に牛耳られていたにもかかわらず、その過程で魂を失うどころかインドの伝統と英国の近代性の創造的融合というべき新たな感性と表現の方法が生み出されていることに気づかされた[15]。

ビルマにおける植民地主義は、ビルマが敗者になるゼロサムゲーム（ゼロか総取りか）の体験だった。外国人がビルマに立ち入るほど、ビルマ人はますます伝統から切り離され、ついには孤立し、自信喪失におちいり、消極的になっていくのを感じた。しかし、国境を越えた英領インド帝国発祥の地ベンガルでは、インド人と英国人らがともに活発に参加する創造的なルネッサンスがはじまっていたことをスーは知った。新たな融合が結実し、互いを理解するために新しい手段が編み出され、さらには発展途上の近代国家の形成までをも試みていた。何年も後、彼女が書いた重要な論文で、ビルマとインドの知識人を比較しつつ、ビルマに必要でありながら、これまでまったく欠けていたことについて述べている。

キップリングは「イングランドしか知らない人に、イングランドの何がわかるか」というレトリックで問いかけているが、スーも母国に対して同じことを感じるようになった。離れてみてはじめてわかる、国外居住者となってはっきりと見えるビルマの欠点や限界を悟った。彼女が二〇年後に書いた小論で、古い時代に外国を旅行した同胞ウー・マイオンの辛らつな批評を引用している。ウー・マイオンはロンドンで弁護士資格を取得した後、一九〇八年にYMBAに加入した。「現代ビルマ人は見た目にはビルマ人だが、まわりとの調和をまったく欠いている。古い考えの人たちをバカにして笑い、彼らから学ぶことは何もないと思っている。ヨーロッパ人の贅沢を真似たが、毅然とした信念とか高潔な精神は身につけなかった。インド人の豪奢な富をひけらかす趣味を真似たが、鋭い商才は身につけなかった。中国人の快楽の嗜好を真似たが、彼らのしぶといがまん強さは身につけなかった[16]」

スーはビルマをこの新たな視点から検証してみて、ウー・マイオンがどれほど正しかったか気づいた。混乱し表面的に近代化したビルマ人の哀れな姿と、ベンガルで英国人たちと早い時期から接触し頭角を現したインド人たちを比較した。一八世紀のベンガル人学者でインドルネッサンスの父と称せられるラムモハン・ロイについては、こう書いている。

ラムモハン・ロイはインドルネッサンスを方向づけるリーダーであった。その本質は、大量に流入する新しい外国の諸要素によってめまぐるしく変動する社会の要求に、インドの個性が損なわれることなく〔その新しい要求に〕応えるために、インドの古典的伝統に新たな息吹きを与える方法や手段の探求であった。社会、宗教、政治といった各方面の改革が、同時に進行することが重要であった。しかし、根本的な目的は同じで、つまり、インドのアイデンティティーを損なわずに調和のとれた近代的発展を成し遂げることにあった。[17]

「ビルマのアイデンティティーを損なわずに調和のとれた近代的発展を成し遂げること」は、一生涯の挑戦となりうるだろう。これは一九九〇年に出版されたインドとビルマの知識層を比較した、スーの鋭い内容の長い論文からの引用である。ある意味、これはスーが自分に宛てた手紙のような内容だった。ビルマの発展を願う精神的で強い感情をともなう、つまり魂の、そして政治的な心の叫びであった。そのような発展はビルマが近代文明と出会ってからの痛ましい一世紀のあいだ（すなわち英国植民地時代）まったくと言っていいほど欠如していた。論文に書いてはいないが、次のことを示唆している。つまり、スーのような「ビルマの子」で、しかもインドの近代的知性にどっぷり浸り西洋も知った者こそがビルマに寄与できるのではないかと。青春期をインドの優秀で理路整然としたインテリたちと過ごした結果、このような独創的な考えの種が蒔かれ、育まれた。

スーはニューデリー、そして後にオックスフォードのセントヒューズカレッジで哲学・政治学・経済学を専攻しながら、インドが国としてのアイデンティティーを損なわずに民主的発展を受け入れたように、ビルマがいかに変化できるかの構想を練っていた。しかし実際のところ、祖国では、ネーウィン将軍が仕掛けたクーデタ後、ビルマ型社会主義という狂信的で乱暴な冒険に乗り出していた。すべてを国有化し、国会を閉鎖、報道規制を敷いて、誰であろうと反抗者を逮捕した。そして、二〇年後のアフガニスタンのタリバンを先取りするかのように、競馬を含め、大衆娯楽を禁止したのである[18]。

何百万人ものインド系ビルマ人がインドに強制送還されたが、その多くは何世代にもわたるビルマ居住者だった。その他の外国との絆、フォード財団やブリティシュ・カウンシルなどもすぐに放逐された。当時の社会主義国家で横行したイデオロギーに触発された経済の破綻が、ビルマでも現実のものとなった。「アジアの米倉」であったビルマが、いまや食糧の純輸入国になりはてた。世界における地位が徐々に下がり、クーデタの二五年後にはついに、国連から援助を受けられるよう「最貧国待遇」の認定を申請する屈辱的な地位にまで堕ちた。

地球の反対側で、スーはオックスフォード大学を卒業し、ニューヨークの国連本部で、ビルマ出身のウー・タント国連事務総長のもと三年間働いた。英国に戻った彼女はチベット学が専門の研究者マイケル・アリスと結婚して、ふたりの幼い息子たちとともにオックスフォードに落ち着いた。研究者の薄給で一家の暮らしをやりくりする責任がスーにのしかかり、いつの日かビルマで果たすべき役割について考えをめぐらすことも減っていた。

しかし、夫マイケル・アリスが後年書いているが、スーは自分が誰であり、父親が誰であるか忘れたことはなく、いつともわからない先の未来に、祖国が自分を必要とする日がやがて来るだろうという考えを決して捨ててはいなかった。一九九一年にマイケルはこう書いている。「スーは、幼い頃から祖国の国民を助けるには自分に何ができるかで頭がいっぱいでした。一瞬たりともビルマの国民的英雄の娘であることを忘れたことはありません。彼女は私によく言っていました。国民がもし自分を必要とするなら彼らを失望させはしない、と」[19]。結婚するまでの数か月、彼女はなんども手紙を書き送った。その愛情あふれる文面には、同じ切羽詰まったテーマが繰り返し綴られていた。「私たちの結婚により、スーの家族やビルマ人から、彼らへの献身と愛情が減ると誤解されるのではないか心配していると、何度も何度もありました」と彼は記している。「常に、私に念を押していました、いつの日かビルマに帰らなければならないだろうと。そのときは私が支えになってくれることを当てにしている、それは彼女への当然の義務としてではなく、好意として」と[20]。

彼が引用したこれらの手紙は、四〇年近く前に書かれたものだ。マイケル・アリスの死後一〇年以上、またスーが自宅軟禁されて二〇年が経ったいま、読むと胸が締め付けられる。

ついには、彼女が強く予感した運命は現実のものとなった。マイケル・アリスが書いているように、スーにはそれがせまっていることを知らせる兆しはなかった。だがそれは突然に訪れたのだ。有無を言わせぬほど大きく、恐ろしく、抵抗しがたかった。そしてアウンサンスーチーはその使命に応え、そしていまも応えつづけている。

第二部

孔雀の羽ばたき

1 呼び出し

イギリスの冬がゆっくりと春を迎えた一九八八年三月末、北オックスフォードの品格あるヴィクトリア調の家並みの通り、パークタウン一五番地に住む外国人家族は、いまようやく落ち着いたかのように見えた。これまでは、引っ越しばかりの慌しい生活を送ってきていた。二〇年を越す苦労の末、マイケル・アリスにはその大望がかないそうだった。とても難解で複雑なテーマ、チベットの言語と文化を研究する孤独な先行研究者、それじたい高度な専門分野のなかで、さらに地味で珍しい分野であるブータン王国の歴史と文化について研究していた。インドヒマラヤ高地チベットの枝分かれであるブータンは、チベット系王国のうちでも最後に現代世界に扉を開いた国だ。しかし地味な専門分野には特典もあるもので、恋心に中断されるまで、ブータンで過ごした六年間は、国王の息子たちの家庭教師を務めながらブータン王国の中枢にあって研究生活を送る幸運に恵まれた。

その夜、彼らの息子アレクサンダーとキムは二階で眠っていて、マイケルはいつものように読書に没頭していた。集中がそれたとしたら、それは生活が上向いてきたという安堵の気持ちに誘われてのことだったろう。子どもが育つにつれますます狭苦しく窮屈になるアパートでの、何年もの上品ぶった貧乏暮らしの後、彼らはどうにかまともな家を購入することができた。彼にとってもっとも大切なプロジェクト、チベット研究振興財団の設立は、まだはるか先の夢ではあったが、マイケルのキャリアはいまや確かなものだった。博士号を取得し、最近オックスフォード大学セントアントニーズカレッジの終身在職権を得ていた。

隣のソファの上で同じように読書にふけっている女性こそ、マイケルがもはやブータンに留まらない理由であり、それなりの大きさの家が必要だった理由であり、チベットとはほんのわずかなつながりしかないビルマと呼ばれる国がブータンとほとんど同じくらいの大きさを、マイケルの人生に占めることになった理由だった。彼女はチェルシーにある大学の友人の家ではじめて出会い、恋に落ちた女性だった。

彼女の名前の綴りはSuu、「スー」と発音した。オックスフォードの仲の良い友達のひとりは、英語でよくあるSue（スー）という名前の友達と区別するため「ビルマ人のスー」と呼んだ。出会った人びとみなにとって、スーは親しみやすさと異国情緒が合わさった特別な女性だった。少女時代のほとんどをニューデリーの外交官世界で過ごしたから、インドの上流階級のような英語を話した。つまり、この五〇年間ふつうの英国人が話している英語よりも、はっきりと正確に話した。そしてデリーでは、恵まれた階層の若いインド女性の花嫁修業である裁縫、刺繍、フラワーアレンジ、ピアノ、乗馬など、英国ではデビュタント（はじめて社交界に出る娘）に限られるたしなみを身につけていた[1]。

しかし、彼女の外見にはインドらしさはまったくなかった。小さく、ほっそりした身体、白い肌、アーモンド形の目、はっきりとした頬骨を持っていた。確実に、東南アジアからインド亜大陸を分ける線の向こう側から来た人だった。旧式な教育による気品が備わっているにもかかわらず、えらぶったところがなかったし、身分に見合った男性と財産だけを待っているような女性に共通する無気力さなどまったくなかった。彼女は並はずれて美しく、落ち着いていて、温厚で、そして陽気だった。濃い黒の眉毛と乱れた前髪から、茶目っ気のある人柄がうかがえた。でも彼女をもう少しよく知ると、別の側面に気づくことになった。彼女がひとりきりのときや話が途絶えたとき、顔にふと影がさし、その深刻な眼差しには実際の年齢をはるかに超えた悲しみと苦悩がみちていた。

マイケルは、スーとのオールドファッション式の交際をはじめてすぐ、彼女がアジアの資産家の娘ではなく、複雑で悲劇的な家族の歴史を背負っていることを知った。彼女の父親アウンサンは、才気あふれる機知に富んだ大変な野心家で、現代ビルマ建国の父だった。新しい国家ビルマの旗を揚げる目前、あと一年にも満たないというときに、彼は新内閣予定者の半数とともに暗殺されていた。

スーが負っている名前はビルマでいちばん有名な名前であり、その名は国民の心に誇りと悲しみの感情を同じ強さで湧きあがらせるものだった。ビルマの民主主義は混乱した困難な時期に、軍事独裁によって消し去られてしまったから、アウンサンの名はますますビルマの失われた機会と希望のシンボルとなった。

スーはアウンサンの三人の子どものひとりだった。唯一の娘だったが、家族の名前が自身にとっての励ましであり挑戦だと意識するようになったのは彼女だけだった。長兄は家名が求めることに対して常にまったく興味を示さなかった。とても仲が良かった二歳上の次兄はわずか九歳のとき、当時の家の庭にあった池でおぼれ、悲劇的な死をとげていた。その死は彼女の青春期に別の暗い影をおとしていた。

スーにとってアウンサンの娘であることがどれほど大きな意味があるか、そして父親の名前が彼女の国の人びとにとってどれだけの意味があるか、マイケルには疑う余地などなかった。彼らの求愛はオールドファッションだった。スーは結婚式の夜までは決してセックスをするべきではないと信じていると明言していた。しかし数千キロも離れた遠距離恋愛を実行したことは、まったく現代的だった。オックスフォードのセントヒューーズカレッジを卒業後、スーはニューヨークの国連本部での仕事を見つけた。一方マイケルは、ブータンのまるでおとぎ話のような首都、ティンプーの王室付き家庭教師の仕事に戻った。ふたりは婚約した後、数百通に及ぶ手紙を交換した。そのほとんどは某私立大学の文書庫に鍵をかけて保管されていて、わずかに数通だけが公開されている。

そのうちの一通にスーは次のように書いている。「私たちが互いに幸せで離れ離れになることが苦しみであるとき、まわりの状況がいつか私たちを引き離してしまうのではないかという恐怖に時折おそわれます」

スーは一五歳のときから祖国に住んではいなかったが、まちがいなく彼女はビルマとの強い絆を感じていた。しかし彼女の将来の人生に、この絆の意味するところはきわめて漠然としたものだった。彼女は毎年ラングーンに帰っていた。年老いた母親といっしょに過ごすため、息子たちに彼女の祖国ビルマを紹介しその文化と宗教にふれさせるために。スーは少年たちに英語名とビルマ名を付け、前回の訪問では、彼らの第二のアイデンティティーを確かなものにするため、シンビューを経験させた。それは、すべてのビルマの仏教徒の少年が経験する成人儀礼、僧侶に頭を剃ってもらい、数週間あるいは数か月、僧院で宗教生活の基礎を学ぶというものだ。[2]

こんなやり方でスーはビルマとの絆を保っていたが、しかしそれ以外のときは家事に追われる北オックスフォードの主婦だった。灰色の空とベージュ色の家並みと霧雨につつまれた英国で、取り外しのきくボタンが付いた薄い木綿のビルマのブラウス、アインジーと足首までの長さの女性用ロンジー、タメインという民族衣装姿の、元気でエキゾチックな存在であり続けたかもしれない。しかし、自転車の荷台にスーパーの買物をいっぱい積んでよろよろ戻っていく彼女は、いったいどこへ向かおうとしていたのだろうか。

彼女は学校に通うふたりの息子の母であり、そして、雲海にそびえるブータンのことしか頭になく、自転車のパンクの修理やヒューズの交換すらできない、あきれるほどこの世ばなれした夫の妻であった。しかし、彼女はビルマの子、アウンサンスーチーでもあった。ビルマは、愚かなだけの危険な軍事政権が支配する国だった。

スーが七〇年代の後半から八〇年代初めにした選択から、彼女が自分の運命を理解しようともがきながら、しかし満足のいかない答のくり返しを続けていたように見受けられる。彼女はオックスフォード大学でふたつ目の学士号をめざし、再入学しようとしたが却下された。『ビルマに行こう、ネパールに行こう、ブータンに行こう』と題する子ども向けの薄い旅の本の依頼を受けていた。その他にも『アウンサン伝』と題する父親について書いた同じように薄く短い研究が、オーストラリアのクイーンズランド大学から出版されていた。

しかし、これらの出版は、ほんとうに進みたいと望んだ方向に対する曖昧な試みでしかなかったのだ。なぜなら、オックスフォード卒業後のスーをニューヨークに向かわせたあの感覚が、またもや、いてもたってもいられない気持ちにさせたのだから。一九八五年、京都大学東南アジア研究センターの客員研究員の地位を得たスーは、日本語の勉強に没頭し、そして、次男のキムを連れて日本に向かった。京大のビルマ関係文献に埋没して、彼女の父親に軍事訓練をほどこし、英国を駆逐する戦いに参加させるためビルマに連れ返した日本の戦時政権と父親との関係について理解を深めようとした。

そのあとスーは、シムラで家族といっしょに数か月を過ごした。そこは北インドにある英国統治時代のヒルステーション、植民地行政府の夏季所在地だったところで、スーとマイケルはその地にあるインド高等学術研究所の会員だった。滞在の成果は、スーがこれまでに書いた中で、もっとも示唆に富む興味深いふたつの長い論文だった。植民地下のインドとビルマの知的生活を比較し、知的な面で見た場合、なぜインドが外国の隷属下にありながら繁栄したのか、一方の彼女自身の国はなぜただ単に苦しんだだけだったのか、そのわけを明らかにしようと試みた。

四二歳になったいま、彼女は研究を通して祖国に辿りつく方法をついに見つけだした。オックスフォードのアカデミックな環境のなかに何年も身をおき、研究熱心な男性と結婚していたから、それはごく自然なアプローチだった。マイケルにとってのブータンのように、スーはビルマを理解し有意義なものにするために身を捧げることになる。それは自分のため、外の世界のため、そしてビルマの可能性を成就させられない政府の失敗に当惑し挫折している、未来を担う若いビルマ人の知識人のためだった。このような貢献の仕方なら、妻として母として夫と子どもたちに誠実で役にたつ存在であることと、両立できるように思えた。次のステップとして、彼女はロンドン大学東洋アフリカ学院（SOAS）の現代ビルマ文学のMPhil（修士と博士課程のあいだ）コースに願書を出し、容易に合格した[3]。彼女はすでに論文の一章を書き終えていた。指導教授に会うためには家を空けることになるが、ロンドンは電車で一時間ちょっとの距離だから、さほど遠くなく長い時間もかからない。

マイケルがチベット学の研究センターを夢見ていたのと同じように、彼女も夢を持っていた。スーの夢は公共図書館をビルマ中に設置すること。英国では当たり前の施設が、ビルマではラングーンとマンダレー以外には存在していなかった。もうひとつの夢は、若くて優秀なビルマ人が海外で学ぶことのできる組織をつくることだった。これらは食器を洗ったり、息子たちの学校のシャツに名札を縫い付けたりしながらもアイディアをめぐらすことができた。仮にそれらが実現したとしても、父親が達成したビルマ独立に比べれば、うっすらとした影程度に過ぎないが。だがこのような状況にある女性として、さらに何かできることなどあるだろうか？

マイケルとスーは眠りに就こうとしていた。つぎの朝には子どもたちの学校があるので早く起きなくてはならなかった。が、そのとき、電話が鳴った[4]。その電話は結果として、彼らの人生の計画や希望をぜんぶひっくり返してしまうことになった。ラングーンからかけてきたのは、スーの家族がレオおじさんと呼ぶ、年とった英国系ビルマ人の友人だった。彼はぞっとする知らせを告げた。スーの母親が重い脳梗塞を起こしてラングーン総合病院に入院し、危篤状態だというのだ。

スーは二階に上がりスーツケースを詰めた。マイケル・アリスは何年も経ってから、その夜のことをこう書いている。「私には、私たちの人生が永遠に変わってしまう予感がしました」と。

★

翌朝、スーはいつもと変わらない道を行った。遠くへ旅することが多い家族との生活のなかで、ひとりもしくはマイケルと、または子どもたちといっしょに慣れ親しんだ道だった。家がある北オックスフォードから町の中心までバスに乗り、駅まで早足で歩き、ロンドンまでは電車、それから地下鉄に乗り継いでヒースロー空港まで行った。いまでは彼女の故郷となったオックスフォードの町の落ち着いた心地よい風景や、庭のあちこちに黄色のレンギョウが芽吹き、冬の眠りからいま目覚めたテムズ渓谷のおだやかな田舎の風景を通り抜ける旅。オックスフォードのようなところに住めば、英国はまるで昔からずっとこのままであったかと思え、さまざまな変化から守られた恵まれた国に映る。その英国らしさと諸制度が永遠に不変であるという静かな自信に満ちている。もちろんそれは幻影であり、仏教でいう無常観の法則から逃れられはしない。しかし、英国の風景は説得力のあるものだ。スーがこれまでの人生の約半分を故郷としたその風景は、しばしば陽光が射さず、いつも喜びに満ちていたわけでもないが、堅実で、安全で礼儀正しい世界だった。彼女に大きな影響を及ぼした、人道主義という価値観の故郷でもあった。通いなれた電車の路線を不安な気持ちで旅しているスーには、二軒続きの庭付き郊外住宅、敷地を分ける植え込み、赤い郵便ポスト、曲がりくねったテムズ河やチルトンの石灰質の丘をこの先二〇年いやそれ以上目にすることはないだろうとか、このような風景を見るのは、ひょっとして生涯でこれが最後となるかもしれないなどとは知るよしもなかった。

一九八八年当時、ロンドンからラングーンまでの直行便はなかった。そして今日に至ってもまだない。一般的な行き方は、その当時もいまも、まずロンドンからタイの首都バンコクまで飛び、そこから短いフライトでラングーンに着くというものだ。その昔、タイは戦いでビルマに征服されたが、しかし自由主義化と自由貿易経済によってタイはその隣国ビルマを小国化させた。

彼女が向かったビルマは、世界中で一番と言わないまでも、アジアでもっとも特異な国になっていた。冷戦時代の隠者とされるアルバニアや北朝鮮のように、孤立した謎の国である。「西欧にとってビルマはいまだ事実上未知の国である」とバックパック旅行者のガイドブック『ロンリー・プラネット 一九八八年版』は書いている。「少々エキゾチックな東の国は、第二次世界大戦以来、ある種の完全な孤立に加えてめちゃくちゃな社会主義に耽っている」と。

ガイドブックは、この国の異様さは、空港で法にふれずにビルマ貨幣「チャット」を、損な公定レート（一ドルに対し六・六チャット）ではなく、お得なブラックマーケットのレート（一ドルに対し約三五チャット）で両替する巧妙なやり口からはじまる、と説明している。「この方法はバンコク空港ではじめる」と。「バンコク空港の免税店でタバコ555のカートン一箱とジョニーウォーカー赤ラベルウィスキー一瓶を買いましょう」。合計金額は一五ドルだ。国家公務員ではないビルマ人が最初に訊ねてくることはこうだ。「ウィスキーとタバコを売りたい？」この質問は実際、空港ターミナル内で聞くことになる。こうしてふたつの品を売ったら、時価がいくらかすぐにわかるでしょう。しかも、すべては合法のようです」

しかし、一九八八年版のガイドブックはある意味、すでに情報が遅れていた。「紙幣、一、五、一〇、二五そして七五チャットは一般的なもの」と書いてある。だが、一九八七年九月五日、ビルマ軍事評議会の大臣セインルウィンは予告も補償もなしで、すべての高額紙幣の通用廃止命令に署名していた。一九八〇年代の前半には、ビルマの計画経済は下向きのスパイラルに嵌りこみ、国の負債は二倍になり輸出額は半減してしまった。政権が期待したのは、高額紙幣を廃止することで、公定価格ではなく実勢価格で取引をして計画経済を妨害しているやみ屋を追い出すことだった。国家統制のもとで他の多くの役に立たない策を講じたように、結果は彼らが期待したのとはまったく逆で、さらに経済を荒廃させてしまうことになった。一般のビルマ人は銀行に対して、根拠も十分にある深い不信感を抱いていたから、貯えはマットレスの下に現金でしまっておく傾向にあった。そこに起きた貨幣の公的通用廃止は、アジアのなかですでにもっとも貧しい国のひとつに住む人びとをさらに貧しくさせた。流通する現金の八〇パーセントが一瞬で消え、何百万人もの現金の貯えが一晩のうちに無価値となってしまった。

貨幣の公的通用廃止通告は、ラングーンの学生が一年間の授業料を支払おうとしていた矢先に発表された。一晩のうちに彼らの現金のほとんどは無価値となってしまった。学生は即座に反応した。怒りを露わに数百人ものエリートのラングーン工科大学生がキャンパスから街の通りに暴れ出し、信号機を壊したり政府の車を燃やしたりした。ビルマの政治的混乱は、いつも学生からはじまるのだ。翌日、不穏な状態が広がらないよう、軍政は全国の学校と大学をすべて閉鎖する命令を出し、地方の学生を実家に戻すバスを用意させた。抗議運動はそれがはじまったときと同じように急速に消滅した。

しかし、混乱はそれでは終わらなかった。計画経済を敷いている他の多くの社会主義国家がその後の二年間で知ったように、ラングーンの不穏は、催涙弾や警棒で押しつぶせる小さな一地方の問題以上のものだった。世界中で、ソビエトを模範とした計画経済は突如、支出の帳尻を合わせることが不可能になった。一九八七年九月五日にラングーンの学生たちが通りで抗議してから三年の間に、世界の地勢学はすべて書き直されることになった。ベトナム戦争というこの地域を揺るがした最後の地勢学的変動の影響から国を守るのに成功した世捨て人のような政権が支配する、貧しく、不可解で、辺境のビルマだったが、逆説的にもここからあらたな地勢学的変動がはじまった。

ビルマの悲劇は、最初に起きたが、いまや最後まで残っているものだ。世界中で、腐敗した残虐な政権が崩壊したのに、ビルマの軍政だけは権力にしがみついた。そして今日もなお、しがみついている。

★

脳梗塞に襲われた後、スーの母親ドー・キンチーは、大きな赤レンガ造りの建物、ヴィクトリア様式のラングーン総合病院に運ばれた。彼女は戦争中、その病院の看護師として働き、また未来の夫にそこではじめて出逢った。スーは、病院内でスタッフが必要とするすべての物資が絶望的に不足していることを知った。脳梗塞で母親の体は部分的に麻痺していた。容態は安定していたが、医師たちは回復の見込みがないと否定的だった。一方、スーと親族は母親に必要な薬を含め、あらゆるものを用意しなければならなかった。「ビルマでは、医療は無料であるのがたてまえである」と後に書いている。「しかし、〔ビルマの国立〕病院は医療サービスのみを提供するだけで、一方の患者はほとんどすべてのもの、薬、脱脂綿、消毒用アルコール、包帯そして手術に必要な道具に至るまで準備しなくてはならない」[5]。数十年にわたる経済の悪化と誤った管理で、構造的に資金が足りず、ビルマの医療システムは、患者の生存を家族に依存していた。スーは母親の病室に無期限の覚悟で寝泊りする準備をした。

市街は暗いムードで、それがますます暗くなっていった。[6] 生活必需品の値段はうなぎ登り、一般のビルマ人の怒りは高まるばかりだった。前年九月の抗議運動はすぐに消しとめられたが、この三月にはラングーン大学近くの茶店で起きた一般市民対大学生の喧嘩が発端となって更なる不穏が広がり、軍隊が発砲して抑え込むことになった。その際、マウン・ポウンモゥという二三歳のラングーンの学生が殺された。一九八八年最初のビルマに殉じた若き犠牲者だった。

ビルマ現代史における最大の反乱において、これらはささいなはじまりであるものの、いまでもなお影響を与え続けている。政府が「最貧国待遇」を国連に求め、認められたことが四月に発覚すると国民感情はさらに燃えあがった。一世代前、独立したばかりのビルマは東南アジア随一の豊かな国になるだろうと期待されていたがゆえに、政権は「最貧国待遇」の事実を国民から秘密にすることに腐心していた。[7] 抗議運動は急速に都市に、そして全国各地に広がっていった。政権は極端な暴力で対応した。学生数百人が軍隊によって路上で射殺された。数十人が一台の護送車に詰め込まれて刑務所に連行され、その内四〇名は途中で窒息死した。死者の数がはっきりわからないよう、多くの犠牲者を運び去りまとめて焼却した。抗議運動を抑えこむため、軍事政権は再び全国の大学を閉鎖した。

スーがラングーンに到着し、母親の病室で生活しはじめたとき、ビルマの国は瀕死の状態だった。表面上は静寂を保ってはいたが、裏では苦い気持ちと怒りが募っていた。ビルマの常として、いくつもの噂が渦巻いた。暑季の暑さは沸騰点にまで達し、空気は土埃で淀み、全土が雨を待ち焦がれていた。四月、ティンジャンと呼ばれるビルマ暦の新年は、恒例の水掛け祭のどんちゃん騒ぎで、いつもの年のように祝われた。数日間、国民すべてが無礼講でバケツとホースでみなに水をかけたり撒き散らしたりするのだ。しかし祭りが終わりを告げれば、再び雨を焦がれる暑さと気だるさと、変化を待つ時間がまたはじまっていた。
もしビルマ政権の特徴のひとつが残虐行為であるとするなら、もうひとつは慢心だ。長年のあいだ、恐怖こそ勝利だという、悪魔のような静かな自信を持っていた。「長老」とか「ナンバーワン」の異名を持つネーウィン将軍は、最近の突発的な抵抗を粉砕したと自負していたから、四月一一日、ヨーロッパへ向けこっそり国を抜け出した。スイスと西ドイツにあるお気に入りの温泉療養地の、清涼な空気のなかでリラックスするためだった。一方、政権が任命した暴動の最初の犠牲者に関する調査委員会が、事件の調査を進めていた。

委員会は、五月六日に報告書を提出した。そのなかで、マウン・ポウンモォともうひとりの学生が銃撃で死亡したことは認めたが、知りたかったその後の状況についての明確な説明はなく、誰もが失望させられた。報告書では、混乱の責任は「騒動を引き起こそうとした何人かの学生」にあるとし、負傷者と逮捕者数は極端に少なく報告され、代わりに投石によって負傷したとされる二八名の治安部隊員への同情を引くような内容だった。数百人以上の学生が射殺され、警察の護送車の中で数十人が窒息死したことについては一言もなかった。スウェーデン人のジャーナリスト、ベルティル・リントナーは暴動について、彼の本の中で、報告は「沸き上がった怒りを和らげるどころか、まったく逆効果だった」と書いている。[8]

嘘で塗り固められた恥知らずの報告書は、何年間も政権に対して沈黙を保っていた古くからの批判者を刺激し、攻撃に転じさせた。六七歳のウー・アウンジー准将は一九六〇年代はじめ、政権の政策を公に非難したことにより国軍から解任されていた。二年間刑務所に服役したが、しかし彼はいまだにネーウィンと気軽に話せる仲だった。アウンジーは突然怒り出し、昔の上司に痛烈な公開書簡を送って調査委員会の報告書を批判し、三月には二八二人が殺害されたと推計した。毒のある結論を避け、元上司を直接の責任から免れさせるため、「私は貴殿にお願い申し上げます。関与されないこと、でなければ後悔されることになるでしょう」とへつらうように書いた。[9]「今回の人権侵害は不名誉なことになりましょう。貴殿は実際関与していらっしゃいません」と。しかしながら、報告書に対するアウンジーの非難は、拡大する抵抗運動に新たな勇気を与えた。

五月末、街が平静をとり戻したため、政府は学校や大学の再会を許可した。これは結果的には愚かな行為だった。キャンパスに戻った学生たちは、誰が負傷し不明者が何名なのかを知り、負傷した仲間から誰がどのように死んだか聞くことができたから、三月の二週目以来くすぶっていた怒りが再燃した。二週間のうちに、再び街は怒りで爆発した。学生のみならず、繊維労働者や僧侶まで加わって、憎き治安部隊に対しデモや衝突を繰り広げた。

衝突のほぼ一週間後、政府は再びラングーン大学の四つのキャンパスすべてを閉鎖し、休講させた。しかし医科大学のふたつのキャンパスは、そのままにしていた。そのうちのひとつは、スーがこの一〇週間母親を介護していたラングーン総合病院のすぐ向かい側にあった。すぐさまデモ隊はここに場所を移し、隣の歯科大学まで仲間に巻き込んだ。

「われわれは六月二一日、〔市中心部の北にある〕プロムロードのキャンパスで大きな集会を催しました」と、医学部の学生ソェウィンは当時の思い出を語る。[10]「数千人がその場にいましたが、突然誰かがラングーン中心部の医科大学本部まで行進しようと言い出したのです。本部では別の集会が開かれていました。数千人の学生が縦隊になり、午後一時に行進を開始しました。われわれは孔雀と学生連盟の旗をかかげ、デモ行進の先頭に掲げるため誰かが職員室の中に入っていき、アウンサンの肖像画を持ち出しました」

しかし、行進が町の中心部に近づく前に、ライフル銃と警棒を持った治安部隊と機関銃を持った軍隊に取り囲まれてしまった。三月の虐殺で学生たちが軍隊のわなに嵌り、撃ち殺された生々しい記憶があったから、デモ隊は兵士が発砲をはじめる前に、路地や近くの家にちりぢりになって逃げた。ほとんどが助かった。しかし同じ日、ラングーンの他の場所では多くが死んだ。

新たな衝突の知らせが一気に街中に広がった。医科大学では学生集会がまだ進行中だった。町の北側で発生した暴動の目撃者が知らせを伝えに駆け込んできた。この知らせに怒った学生が、スパイとおぼしき人物たちがホールにいると、指差した。取り押さえられた者たちは、即決裁判のため集会の前列に引きずり出された。そのうちのひとりだけはリンチからかろうじて逃げ延びた。外交筋の推計によると百人以上がその日の衝突で死亡し、数十人が負傷した。負傷者は、救急車や車や人力車や友達の肩に担がれて、病院に流れ込んだ。この日の出来事は、スーが四月初めにビルマに到着して以後勃発したはじめての抗議行動だった。病院で、彼女は自分自身が舞台の最前列の席にいることに気づいた。ビルマの流血の悲劇がスーの目の前で展開されていた。

★

政権は抗議行動を終息させるため迅速に行動した。医科大と歯科大のキャンパスを閉鎖し、数百人以上を逮捕し、はじめてラングーン市内に夕暮れから夜明けまでの夜間外出禁止令を施行した。市場の店主たちはいつも早朝に商品を屋台に並べていたので、外出禁止令は商売に支障をきたした。彼らは開店を遅くするよう強いられたから、商売の損失を穴埋めするため価格を引き上げた。それは新たな悲惨と憤怒のカクテルをつくる材料となり、ますますビルマは統治し難い状況になっていった。

やがて雨が降りだし、スーと母親は屋敷に戻った。

七月はスーの物語にとって、また家族の物語にとって特別な意味がある。彼女の父親が殺された月であり、アウンサンの死は「ビルマ殉難者の日」として毎年記念される。ふつう六月にはじまるモンスーンがもっとも激しさを増すとき、ビルマ暦ワゾー月とワガウン月にあたる。『モンスーン』という言葉は私にとって、いつも美しく響きます」と、八年後にスーは書いている。「たぶん、私たちビルマ人はノスタルジーにふけりがちで、雨季はもっともロマンチックな気持ちになるからです。子どものころ、生まれた家のベランダに立ち、空が暗くなるのを見ていました。雨にかすむ土手の上の大きな雨雲のかたまりを見て、センチメンタルになった大人たちの会話に耳を傾けていました。モンスーンの雨にうたれることが、自分にとってもう大きな喜びではなくなったとき、私の子ども時代は終わったのだと気がつきました」[11]

ビルマがもっともビルマらしい季節、それは暑さとうだるような湿気、肥沃な国土を覆うすばらしい緑、毎朝毎晩、ときには真昼にも降る滝のような雨。狂喜と、憂鬱と、そして悲劇が表裏一体となって混じりあった季節だ。それはビルマの国全体にとって、とりわけスーとその家族にとっては。

ラングーン総合病院では、医師たちはドー・キンチーを退院させることにした。彼女に施せる治療はもう何もなかった。スーはユニヴァーシティアヴェニュー五四番地にある屋敷の、一階の大きな部屋のひとつを病室に改造し、七月八日、母を連れ帰った。ラングーンの北部、インヤ湖の畔にある別荘造りの屋敷に、母と娘はいっしょに戻った。スーが八歳のとき、兄のアウンサンウーとともに移り住んだところだった。

治る見込みがなくても、住み慣れた環境に戻ることは救いだったに違いない。そして七月二二日、スーにとって嬉しいことに、マイケル、アレクサンダーそしてキムがラングーンにやってきて家族が再会できた。六月にマイケルの両親に宛てた手紙には、スーがどれほど家族を恋しがっているかが綴られていた。[12]これまで、スーがもっとも長く家族の誰とも離れ離れになった期間はひと月だった。だから、家族みなと一緒になれることをとても楽しみにしていた。マイケルは書いている。屋敷は「スーのしっかりとした愛情あふれる采配のもと、平和と秩序の安全地帯でした。一階の書斎は病室に改造されていて、この老女〔ドー・キンチー〕の気力は孫たちが到着したことを知って回復しました」[13]。しかしさまざまな準備はスーを疲れさせた。「私たちが最初に着いたとき」、マイケルが彼の双子の兄、アンソニーに宛てた八月の手紙では、「子どもたちは、スーが強制収容所から出てきたばかりみたい、と言いました。母親の帰宅前に家を改造しようとして、彼女は疲れ果てていました。いまは少し肥って、ずっと元気に見えます」と書いている[14]。

見通しは暗かったが、この後どうするかは見えてきた。スーは母親の最期を看取る覚悟で、その臨終に至る数週間でも数か月でも、可能なかぎり快適に過ごさせてあげるつもりでいた。息子たちが学校に戻る日までは、家族みながスーといっしょに過ごすことだ。母親が亡くなった後は、一家の計画はどうなるのだろう？　屋敷を閉め、おそらくは誰かに売って、永遠にスーの人生のこの屋敷にまつわる章を閉じ、祖国ビルマとのもっとも強い絆を断ってしまうことだろうか？　息子たちはオックスフォードの学校に在学中だし、マイケルとスーはふたりとも英国での学術研究に専念していた。それは理にかなっているし、ほとんど必然の成り行きだった。

しかしそのとき、国を震撼させることが起きた。

最新の流血事件のあと、ネーウィン将軍は、これまでのやり方で続けることはできないことがようやくわかりはじめた。そこで七月二三日、マイケルと息子たちがビルマに到着した翌日、ネーウィンが結成したビルマ唯一の政党で、それを介して国を支配してきたビルマ社会主義計画党（ＢＳＰＰ）の特別会議を招集した。千人の代議員を前に演壇に立ち、厚い唇の、筋肉質の、堂々とした、しかしいまや衰えつつある独裁者は、国営テレビを通じて生涯でもっとも注目すべき演説を生中継した。「代議員の諸君」と、彼は議場で話しはじめた。「三月と六月の流血事件は、政府とそれを指導している政党に対する信頼の欠如を示したものであると考える[15]」

生殺与奪の権限を持つ男が規則を見直すと言い出したから、全国の人びとが唖然として見入った。

「信頼の欠如を示した人たちを支持するのが多数派なのか少数派なのか、これを知る必要がある」。ネーウィンは続けた。「この議会が国民投票を承認するよう要求する。もし複数政党制を選択するのであれば、われわれは総選挙を実施して新しい議会を作らなくてはならない」

ネーウィンのお気に入りの妻が数年前に亡くなって以来、彼の精神状態についての噂がビルマ中にあふれていた。いまやこの男は、政治的な自殺行為に及んでいる。ついに気がふれたのか？

ここでネーウィンはマイクを手下のトウェハンに手渡した。トウェハンはボスのスピーチを読み続けた、ずっと第一人称で。そしていま、本物の爆弾が落とされた。「三月と六月に起きた悲しい出来事に対し、間接的ではあっても、私は責任から完全には逃れられないと考える」と、トウェハンは読み上げた。「それに、私も年をとってきたので、党議長ならびに党員としての任務からの辞任を許可されるよう党員諸君にお願いしたいと思うのであります」。それでも足りないかのように、彼は五名の最高幹部、つまり彼の側近で、ビルマを何年間も支配してきた一味も同様に辞任すると付け加えた。「その場が瞬時に希望に輝いた」とマイケルは書いている[16]。

しかしこの発表を聞いて、抗議運動の参加者は今後は自由に行動できると思った者は、ネーウィンの最後の言葉でそれが誤解だと知らされただろう。ここでネーウィンはマイクを取り返し、露骨な脅しを加える彼のスタイルで、「統制を維持するにあたり」と切りだし、「全ビルマと全国民は心得ておくことだ。将来、もし民衆による騒乱が起き、軍隊が発砲する場合、命中させるぞ、空に向けた威嚇射撃はない」

とはいえ、一言で言えば「すべては変わる！」のだ。ベルティル・リントナーは書いている。「ビルマ国民は、そしておそらくラングーンの外交筋はそれ以上に、面食らった。国際通信各社の報道は高揚感に満ちていた。ビルマ大衆の怒りが二六年にも及ぶ一党独裁を、アジアでもっとも厳格な社会主義体制のひとつを終結させた。はたしてそうだったのか？」[17]

★

リントナーが示唆したように、事は思ったほど単純ではなかった。議会が二日後に終了したとき、議会はネーウィン自身が提案した複数政党制を問う国民投票案を否決していた。そうしたのはおそらく「長老」自身で、背後で糸を引いていたのだろう。また、議会は彼が辞任を持ちかけた六名のうち、四名の辞任を却下した。ネーウィン自身は退場を許されたが、大統領と議長のポストがセインルウィンという彼の手下のなかでももっとも残忍な男に置き換わっただけだった。セインルウィンはさきの三月に虐殺を命令した男で、以来、反政府派のあいだでは「殺し屋」というあだ名で知られていた。

「セインルウィンへの引き継ぎは、〔ネーウィン〕自身の権力と安全の喪失を防ぐことだけが目的でした」とマイケルは後に兄宛に書いた。[18]「彼はネーウィンの殺し屋で取り巻きのひとりで、死刑執行人、占星術師、魔術師、錬金術師がいっしょになった役割を果たし、比喩ではなく文字どおり魔術と抑圧の奇妙な取り合わせでした。前政権は権力維持のために頼っていましたし、それはいまも変わらずに続いています」

これでは、まるでデモ隊に人参を差し出し、口に入れる前に棒で頭を砕くようなものだ。あるいは、パンドラの箱を開け、そこから何かが出てくる前にピシャリと閉じるようなものだった。

理由は何であろうと、たとえ老いがもたらしたゆがんだ打算だったとしても、「長老」は種を蒔いたのだ。その後、すべては同じではなくなった。過去を振り返って、外交官マーティン・モーランドは「それまで学生運動は、焦点がまったく合っていませんでした。本質には反政府というものがありましたが、それらは、残虐行為に対する抗議、ばかげた政策に苛立った反応、通貨廃止、学生たちの絶望、将来の欠如でした。そこには焦点がまったくありませんでした。ネーウィンは複数政党制を呼びかけることで、うっかり運動の焦点を提供してしまいました。そしてそれ以降、学生の要求は民主主義です」

このような状況で「長老」を「殺し屋」に差し替えたことは、強大な爆弾の短い信管に点火するようなものだった。ラングーンの経済を破壊するような外出禁止令は、六月末に解除された。大学は閉鎖されたままだったが、反対運動の中心メンバーは単にキャンパスからビルマのもっとも重要な仏教寺院、シュエダゴンパゴダ周辺の建物に移るだけだった。その場所で彼らは運動を組織化する活動を続けた。セインルウィンの指名が発表されたとほぼ同時に、抗議行動ははじまった。議会終了後の翌日、戒厳令が発令されたが、人びとを脅して通りから追い払うどころか、単に炎を燃え上がらせるだけになった。「人びとの不満は、憎しみに代わっていった」とリントナーは書いている。「『あの男をビルマの支配者にするな』というのが、国中で繰り返された共通句だった[19]」

「長老」自身、彼のビルマに大きな変化の機が熟していることを認めた。それを口に出したあとすぐに撤回しようとしたが、社会の風向きを変えることはできなかった。ネーウィンの言葉は示唆していた、未来は彼のものではない、「殺し屋」とて持ちこたえられない、それは国軍のものですらないかも知れないと。そして、たちまちアウンサンスーチーはほんとうに多忙な人になった。

★

母国に三〇年間も住んでおらず、また政治に関与した経験などまったくなかったこのエレガントでアカデミックな中年女性が突然、政治的思惑と陰謀の焦点となった事実をどのように説明したらよいのか？

第二次世界大戦後独立したほとんどのアジア諸国は、第一波または第二波の独立時のリーダーが途絶えた後、国家指導者の正統性の難問に直面した。何代も何世紀にもわたり銃を後ろ盾にした外国人に気ままに支配されてきた国で、現地出身のリーダーは国民にどのように自分の権力が正統なものだと納得させるのか？

多くの場合、その解決策は世襲制だった。インドでは、最初の首相ネルーの娘は偶然にもガンディーという名の男性と結婚していた。夫は偉大なるマハトマの親族ではなかったが、そのガンディーの名前とネルーの血筋がインディラ・ガンディーに権力をもたらし、肩を並べられるライバルなどいなかった。隣のパキスタンでは、将軍に権力を奪われ、絞首刑に処せられたカリスマ的首相の娘ベネジル・ブットが父の後を継いだ。偉大な指導者になる政治的手腕には欠けていたが、名声と一族の巨大な支持層に恵まれ、二回も首相になった。バングラデシュ、スリランカ、フィリピンにおいて、世襲のパターンの違いはあるにせよ、世代を超えて政治に決定的な影響を及ぼしている。

ビルマでは独立した一九四八年以来、スーの父親アウンサンはすべての国民から崇拝されていた。どの町でも、少なくともビルマ族が支配的な地域では、「ボー・ジョー〔将軍〕アウンサン」の名を冠した通りや広場があるだろう。どこの公共の職場も、国を自由へと導く志を成就する前に暗殺された国民的英雄アウンサンの肖像画と、同じく「ナンバーワン」の肖像画を横にかならず並べなければ完全ではなかった。

従うべき亡き英雄の血をひく者が不在のまま、ここ数か月間、しばしばアウンサンの肖像画を高く掲げた若い男性や女性が先頭に立って都会や街の通りに繰り出し、大声で叫ぶ抗議行動がくり広げられていた。

抗議者たちが団結するための核となる人物を願うあまり、アウンサンの長男で唯一生き残っている息子、アウンサンウーが亡命先から帰国しそうだと発表するポスターが、七月にラングーン中に貼り出された。「彼はわれわれを導くため帰ってくる」との噂が流れた。「彼こそわれわれが待っていた人物だ」。しかしその望みはむなしかった。アウンサンウーは米国サンディエゴでエンジニアという安定した仕事に落ち着き、何年も前に米国の市民権を取得していた。一九八八年の蜂起の際、彼の義理の兄が住む東京のビルマ人留学生たちに連帯のメッセージを送ったことから、彼が海外に離散したビルマ人を活性化するだろうという希望を何人かは心に抱いた。[20] しかしその期待は裏切られた。当時東京に留学していて、それらのメッセージのいくつかを読んだマウンザルニ博士は「彼は国外亡命者たちのリーダーになる資質に欠けていた」と語っている。「それどころか、ビルマ亡命者のリーダーとなることに失敗すると、その後毎年『国賓』として夫妻でラングーンに招かれ、将軍たちに接待されるようになってしまった」

マウンザルニは社会学者で、離散しているビルマ人のなかでは著名な活動家だ。彼は、世襲原理はビルマでは、北朝鮮からシリアにいたる他のいかなる発展途上国に比べても弱いと指摘している。あわせて四〇年以上にわたり国の絶対的支配者たちであったにもかかわらず、ネーウィンも、また彼の最終的な後継者タンシュエも、権力を子どもたちに引き継がせようとはしなかった。

しかし、マウンザルニの説明では、ビルマ社会のなかでアウンサンは特別な存在だった。「アウンサンの友達だった私の大叔父によると、一九三〇年代にふたりとも学生で、ラングーン大学の寮で部屋が隣どうしでした。アウンサンは学生時代からビルマ解放を、どのような手段によってでも達成することだけを追い求め、そのことで頭がいっぱいだったそうです」と彼は語っている。「アウンサンは彼の未亡人と残されたふたりの子どもたちに財産を事実上まったく残さなかった。また力強い政治的な組織も残さなかった。経済的な富の代わりに、彼が生きた時代、紛れもなくもっとも人気があり敬愛される愛国主義者という遺産を残したのです」

そしてもしアウンサンが特別であるなら、アウンサンスーチーもそれに劣らず特別だった。しかし当時、そのようなことは誰も予測できなかった。

インヤ湖にある彼女の屋敷のちょうど対岸には、七百名の兵士に守られ、人目を避けて政治を執り行っているネーウィン将軍の邸宅があった。新たなそしてさらに切迫した抗議運動と鎮圧のサイクルが繰り返されるにつれ、さまざまな考えや思惑をもった大勢の人びとがスーを訪ねてくるようになった。

ネーウィンが辞任したビルマ社会主義計画党（ＢＳＰＰ）の重大な議会をテレビで見ていて、「彼女は全国民と同じように、衝撃を受けました」と、マイケル・アリスは述懐している。「私が思うに、そのときスーは踏み出す決意をしたのです。ただし、その考えは一五週間前から彼女の心の中で徐々に形成されたものでした[21]」

そしてその後、他の多くの人びととの心の中にも決意は形成されていった。ネーウィンが辞任の意思を表明したあと、「スーの屋敷はたちまちビルマの政治活動の中心になり、夜間外出禁止令が許す範囲で、絶え間ない人の出入りがある重要な現場になった」とアリスは書いている。[22]「想像できないほどの職種と年齢層の活動家たちが押しかけてきて、屋敷の扉の外にある大混乱の渦の中へ、スーは最初の一歩を踏み出した」

2 デビュー

アウンサンスーチーは一五歳のときから、ほぼ三〇年近く、ビルマに住んでいなかった。しかし、祖国との関係が薄れることはなかった。父の追悼記念日、七月一九日にはかならず、ラングーン中心部の殉難者記念碑に出向いて、ビルマ国軍、タッマドーの最高位の将軍たちにともなわれ、花輪を捧げることにしていた。若い共和国の年中行事のうちでも、もっともビルマ人が感情を揺さぶられる日で、スーはその主役のひとりだった。

スーが故郷の都市にできるだけ長く滞在する理由はほかにもあった。老いゆく母は、娘の定期的な訪問を楽しみにしていた。生き残った兄のアウンサンウーは、米国からたまにしか訪ねて来なかった。前回の訪問では、スーは四か月も滞在した。結果として、スーのラングーンでの生活は、イギリスでの生活に劣らず豊かで充実したものになった。彼女は流暢なビルマ語を話すだけでなく、最新の語彙や慣用句も使いこなした。社交生活を続けられるくらいの頻度と期間でラングーンに滞在し、母の屋敷を訪れる上流階級の人たちに接した。そのお陰で、スーはラングーンのきわめて特別な人たちと親交を持つことができた。

スーの母、ドー・キンチーがビルマ初の女性大使に任命されたのは、辞退ができないほど、きわめて名誉なことだった。ネーウィン将軍がクーデタ前に、邪魔にならないよう彼女を遠ざけたかったことは理解できる。彼女は政治家ではなかったが、ビルマの国のある未来像を代表していた。それは亡夫アウンサンと、その後継者で独立後ビルマの初代首相、ウー・ヌによって象徴される未来像であり、ネーウィンのそれとは対極にあるものだった。おそらく彼女は、夫があるときネーウィンの病的な女好きに業を煮やし、ビルマ独立義勇軍（ＢＩＡ）の将校に彼を殺すよう命じたという噂の真相を知っていたのかもしれない。[1]将校はその任務に失敗したため、アウンサンから猛烈な蹴りをくらい、何十年経ったいまでも傷跡が残っているといわれる。

　公に発言するのは慎んでいたが、ドー・キンチーがネーウィンと彼の行動を軽蔑していたことはよく知られていた。そのため、彼女をインドに放り出すのは、ネーウィンにとって好都合だった。問題を引き起こすと懸念したそのほかの人物も、ネーウィンは外交官として遠くの国に赴任させた。七年後、スーがオックスフォード大学の卒業試験を受ける準備をしているとき、ドー・キンチーは早期退職を願い出、ラングーンに戻った。

　ユニヴァーシティアヴェニューに戻ってからの母は、一年に一回の健康診断を受ける以外、めったに外出することはなく、ひっそりと暮らしていた。しかしデリー時代と同じように、客をもてなすことは続けた。彼女が昼食に招いた客人のなかには、ネーウィンもいた。彼は一度だけ、当時の妻キティ・バタンを連れて招待を承諾した。その席にはスーと兄もいた。スーの記憶では、キティ・バタンがちょっとした世間話をしたが、ネーウィンは食べるだけで、一言もしゃべらなかった。[2]

　おそらくネーウィンは、ドー・キンチーの屋敷の門にはためくビルマ連邦の元の国旗に気づいただろう。五つの小さい星が中央の大きい星を囲んでいるこの国旗をネーウィンは一九七四年に廃止し、新たな国旗に取り替えた。[3]国旗はドー・キンチーの控えめな抵抗の象徴だったのだ。年を経るにつれ、インヤ湖畔の彼女の屋敷は、ほとんど目立たぬようにではあったが、ビルマが新たな方向性を必要としているという結論に達した有力者たち、学者、ジャーナリスト、失脚した国軍幹部などの拠点になった。少なくともそのうちの何人かはドー・キンチーの娘に会い、彼女の話を聞き、資質に気づき、ある結論に達した。

すでに一九七四年、もっとも有名なビルマ人のひとり、ウー・タント国連事務総長の遺体に対する不名誉な扱いが暴力的なデモを引き起こした際、軍事政権はスーを呼び出し、反政府運動に加わるつもりがあるか尋ねている。「私は外国で行動することは絶対にしません。もし政治運動に参加するなら国内でしますと答えた」と、彼女は後に書いている。[4] 国軍の大佐でありながらネーウィンのクーデタに反対し、長年監獄に入れられ、その後NLDの創始者のひとりとなったウー・チーマウンは、一九八七年に、スーが政治に参加することを検討していると共通の友人からはじめて知らされた。[5] その友人ウー・トウェミンは彼女が政治に興味を示していると二度告げたが、ウー・チーマウンが心を動かされることはなかった。

実際のところ、世間を驚かせたネーウィンの一九八八年七月二三日の演説まで、ビルマの政治には参加する余地がなかった。法律でひとつの政党しか許可されておらず、常にシャッターが下りた店のようなものだった。だが、国の政治と経済の危機が頂点に達し、突然シャッターが開かれた。ビルマの政治は立ち入り禁止地帯だったが、一夜にして誰でもが入れる場所になった。かくして、ユニヴァーシティアヴェニュー五四番地の優雅で真面目なご婦人は、強い関心の的となった。

ウー・チーマウンは、後にスーにもっとも近い同志となったが、彼女に対する当初の評価は厳しいものだった。はじめて会ったときについての彼の言葉。「偶然、共通の知り合いの家で。あれは一九八六年だったな……。数分だけ話した。いちばん印象に残ったのは、なんと内気で口の重い娘なんだと。軽薄な話題や噂話に興味がない、キチッと礼儀正しい女の子みたいだった。実際、まったく笑わないので不思議な気がしたな。とにかく、まあ、全然ピンとこなかった。ただ、えらく若く見えた。たしか四二歳位のはずだったが――一七の娘と言っても通ったな」[6]

しかし、ビルマの大衆にマウン・トーカという名で知られる男は、彼女にもっと多くを見いだした。背が高くいかつい風貌は、このビルマ人ムスリムがインド亜大陸の出身であるとは思わせなかったが、元はビルマ海軍の船長だった。[7] 船が難破し食糧も水もないまま一二日間洋上で耐え、通りかかった日本の船に助けられた試練の記録は、ベストセラーになった。傷病兵として軍務を解かれた後、ウィットに富んだ人気ジャーナリストにして著名な詩人という人生を歩んできた。ビルマ文芸協会会長となり、全国をまわって書籍と創作について講演していた。反政府の立場をとることで知られていたから、講演会の最前列にはいつも国軍のスパイが座っていた。

大学院で現代ビルマ文学を研究しようとしている女性が、このビルマ文学の大御所を訪ねたのは、しごく当然のことだった。とはいえ、スーが彼からいくら本や作家に関する知識を得たとしても、すぐに役立ったのはビルマ反乱の最初の五か月間に関する詳細な情報だった。後に彼と親しくなったベルティル・リントナーは次のように語っている。「マウン・トーカはスーを連れてラングーンをまわった。『ほら、ここが人びとの撃たれた場所だ』。彼女を赤い橋事件、白い橋事件、スーレーパゴダなど学生たちが殺された場所に案内した」[8]。それは政治的物語の、いわば詰め込み教育だった。

★

事態の進行が中断することはなかった。「殺し屋」セインルウィンが政治の最高位につくと、数日のうちにその意図が明らかになった。公開状でこれまでのタブーを打ち破るネーウィン批判をしたアウンジー元将軍が逮捕され、またビルマでもっとも尊敬されていたジャーナリストのひとり、セインウィンも逮捕された。しかし、過去には絶望的と思われていた複数政党民主制に戻れるという希望が、運動に新たな目標と切迫感を与え、反政府派も組織づくりを進めていた。

クリストファー・ガネスというBBCのジャーナリストが七月に、支配政党ビルマ社会主義計画党（BSPP）の臨時議会を取材するためラングーンに飛んでいた。街のみすぼらしい壁の向こうで何が起きているかをつかむため、彼は滞在を延ばした。ネーウィンの宣言は何かの終わりではなくはじまりであることが、すでに明らかだったからだ。「私が到着したときの印象は、状況が非常に緊迫しているというものです」と、彼は後に語った。「人びとは失望し怒っていて、やり残した仕事がある感じで。何か大きな事件が起こりそうだと、容易に想像できました。しかし、悲観的なムードも同様にありました。私は自分が見聞きしたことで、非常に落ち込みました」[9]

ガネスは、逮捕された学生が拘留中に受けた殴打、拷問、レイプの詳細と、医療の崩壊、そしてタイ国境近くのカレン反乱軍との戦いにおけるビルマ軍の士気の急激な低下を世界に発信した、最初の外国特派員となった。しかし、彼のもっとも重要なスクープは過去ではなく、この次に起こることだった。学生たちが全国ゼネストを縁起のいい日付、一九八八年八月八日に呼びかけていると報じた。八八八八はその後、ビルマではよく知られる日付となった。この日はアウンサンを含む過激派学生主導によるイギリスに反対するゼネストが起きた一九三八年八月から、ちょうど五〇年後にあたった。BBC放送のビルマ語ラジオサービスは、ビルマ国内で数百万人もの常連の聴取者を持ち、人びとは政権が隠そうとする事実を知るため、BBCのラジオ放送に頼っていた。BBCで放送されたガネスの報告で、八八八八に多くの人びとが参加することが確実になった。

しかし、学生たちは大きな出来事が起こるのを、ただ座って待っていたわけではない。蜂起はすでに進行中だった。「実際には、最初の本格的なデモは八月三日の午後に発生した」と、ドミニック・フォルダーは書いている。彼はそれを目撃した何人かの身分を隠した外国人ジャーナリストのひとりだった[10]。

「〔そのようなことを予期してなかったので〕あっけにとられた。〔デモは〕市内中心部に向かってシュエダゴンパゴダ通りを席巻し、それから東に曲がってスーレーパゴダと市庁舎を過ぎてから向きをインド大使館と米国大使館へと変え、ものすごい勢いで通り過ぎていった。大胆な勇気に背筋がぞくぞくした。治安部隊は見えなかったしデモがやめさせられることもなかった。そしてデモは、雨にぬれた午後のなかに驚くほどの速さで消えていった」

その同じ日、軍事政権はラングーンに戒厳令を敷いた。しかし、次の日もその次の日も数千人のデモ隊は戒厳令規則を無視し、市の中心街を行進した。一方、首都のさらに北では、学生たちはシュエダゴンパゴダに近い場所に陣地を作りはじめた。ここはビルマでもっとも聖なる場所、イギリス植民地時代以来、反体制抗議行動の大集会の起点となっていた。デモは首都とマンダレーにとどまらず、ビルマ中に波及していた。どこにおいても憤りに満ち、変革を要求する抗議者たちは、偶発的な暴力や殺人に見舞われた。

八月六日、ラングーン中心街の通りを行進する数千人のなかにコウコウと呼ばれる一五歳の男子学生がいた。彼は後年、こう回想している。

一九八八年以前、私は軍隊を愛していた。私の祖父母はネーウィンと同じ地方の出身だった。だから、国軍が私たちデモ隊にしたことを目の当たりにしてショックを受けた。そのとき私たちは民主主義を要求していなかった。ただ友達を刑務所から釈放してほしかっただけだ。

デモに参加したときは怖かったけれど、アウンサン将軍の写真を持っていれば撃つことはできないだろうと思った。だから、私は町の中心街の映画館に入って壁に掛かっていたアウンサンの大きな額入り写真をくれるよう頼んだ。数千人の人たちとともに、私はラングーン中心部にあるスーレーパゴダに向かって、アウンサン将軍の肖像写真を前に掲げ、通りを歩いた。みなスローガンを叫びながら雨の中を歩いた。

私たちは叫び続け、声がかすれていた。ひとりの女の子が、私たちの喉の痛みを癒すためにレモンをくさび形に切って差し出した。私は写真を手に持っていたので、彼女は私の口に直接入れてくれた。そして彼女に、写真を持ってくれないかと頼んだ、私はロンジー〔巻きスカート〕を結び直す必要があった。それで彼女は写真を持ち、レモンの入った袋を私に持たせた。私がロンジーを結び終えた後、彼女は写真をずっと持ちつづけ、それで私はレモンを持った。そのとき私はダダダッという機関銃音をきいた、そしたら彼女は地面に横たわって死んでいた。写真は銃弾の穴でいっぱいだった。私はこの出来事にものすごい怒りを覚えた。それで、首都から逃げてビルマの北部国境、カチン反乱軍に加わった。[11]

★

ビルマを燃え上がらせる八八八八ゼネストは、いずれにしても大きな事件になるには違いなかった。だが、ＢＢＣで報道されていることで、いまやそれが大規模な全国蜂起の合図になるだろうと、誰もが疑わなかった。

その日の抗議行動は、八時八分きっかりにラングーン港湾労働者が仕事を放棄し、行進しだしてはじまった。茶店での学生騒動から拡がった抗議運動は、いまや経済活動にきわめて重要な労働者たちを渦の中に巻き込んだ。数百、数千人が戒厳令に反抗して市庁舎に行進した。

陽のあるあいだは、兵士と治安部隊は背後に隠れていた。セス・マイダンスは激変の日について、「軍事力という圧倒的優位性にもかかわらず、政権は今日、人びとによって包囲された」と『ニューヨーク・タイムズ』に報じている。「抗議行動はすべての主要都市に拡がった。学生が主導し、多くの労働者や僧侶が加わり、政府職員を含むさまざまな階層の市民も加わった[12]」

「こんな残忍な政府を好きな者なんかいない。国民に対する配慮などない、人権に対する尊重などない。誰もがいま怒っているのだ。すべての人が学生を支持しているのだ」と語るカレー店の主人の言葉を、マイダンスは記事にしている。

大規模なデモは、暴動というよりカーニバルに近いムードで、一日中続いた。全国各地でも、大衆の力を誇示する同じような抗議行動が繰り広げられた。「新年おめでとう、これはわれわれの革命の日だ！」と、デモしている人がマイダンスに大声で呼びかけたと報告している。「幸福感が一日中漂っていた」と、ベルティル・リントナーは書いている。「夕方には、数千人もの人びとがシュエダゴンパゴダへと移動し、集会が開催された。一方、機銃搭載車両と武装した兵士を満載したトラックが市庁舎構内に駐車していた。しかし、ほんとうに軍隊が出てくるとは誰も思わなかった[12]」

そして午後一一時三〇分、デモ隊に対し拡声器で何度も呼びかけた最後の「最終警告」通告後、軍隊は突如行動に出た。「戦車はスーレーパゴダを猛スピードで走り過ぎ、装甲車と兵隊を乗せた二四台のトラックが続いた」と、マイダンスは報じている。[13]「デモ隊は悲鳴をあげて路地や出入り口に向かって散り散りに逃げた。排水溝につまずいたり、壁にうずくまったりした。そこに新たなパニックの波が襲い、また走って逃げた」。銃撃は明け方三時まで続いた。何人死んだかは誰もわからなかった。「殺し屋」セインルウィンは彼の名にふさわしい行動をとった。

反体制派はこれまで同様、暴動がはじまった後でもまだ組織化されず、指導者なしのままで、星占い師たちが「夢に見た革命はかなうだろう」と言ったにもかかわらず、達成できずにいた。だが、セインルウィンも、これだけの流血にもかかわらず反体制派をねじ伏せるには至らなかった。ストライキは翌日も続いた。いままで孤立した国、数週間前まで地上でもっとも知られていなかった国のひとつが、毎日のように世界中で報道されていた。政府はわずか百人がラングーンで殺されたと主張したが、外交官はその一〇倍以上だとし、虐殺現場のもっとも近くにいたラングーンの病院の職員は、正しい数は三千人以上だと言った。[14] 米上院はビルマ政府を非難し、殺害に対する責任があるという動議を満場一致で可決し、ビルマ政府の威信は大いに傷ついた。

そして八月一二日、政権の座についてわずか三週間足らずで「殺し屋」は敗北を認め、辞表を提出した。

★

アウンサンスーチーはデモに何のかかわりも持たなかった。[15] なぜかと問われた際、彼女は「私がすることではありません」と、高慢な女主人のような口調で答えている。この混乱の時期、ずっとビルマに滞在していながら、知名度があるにもかかわらず、抗議行動に加わっていないのは特筆すべきことだ。学生リーダーのひとり、ボー・チーは次のように言っている。「われわれが一九八八年の三月、四月、五月、六月も、七月も、そして八月にデモ行進した時も、ドー・アウンサンスーチーはその場にはいなかった。われわれがデモをしていた間ずっと、ドー・アウンサンスーチーはビルマにいたのに……」と。[16]

彼女は人びとの苦しみに目をつぶっていたわけではなかった。逆に、彼女がどのような役割で、どのように行動すべきかを懸命に考えていたことは、はっきりしている。

セインルウィンの突然の辞職は街中を歓喜させた。辞職して一週間後の八月一九日、後任としてマウンマウン博士が大統領職に就いた。彼はロンドンで教育を受けた法廷弁護士、元裁判長、米国のエール大学で研究した学者であり、ネーウィンの取り巻きのうちでは数少ない名声ある民間人のひとりだった。しかしマウンマウンが「ナンバーワン」ことネーウィンを聖人にしたてるような公式の偉人伝を著したとき、彼はかつて持ちあわせていたとされる知的な品位を失っていた。そのなかには、アウンサンの人生に関する陰険な書き換えを含み、彼を日本式ファシズムの擁護者、民主主義の敵として描いていた。[17]もしネーウィンと彼の顧問たちが、この元軍人で偽者の穏健派が反体制派の怒りを治められると予想したならば、あてが外れ大いに落胆したことだろう。彼らはわずか二四時間ばかりの平穏を手に入れただけだった。

ここで明らかになったのは、ビルマは権力の空白状態に直面しているということだった。そしてこの尋常ではない日々が続いているころ、ひとりの若いラングーン大学の歴史学講師がスーとはじめて会った。

「私は二六歳でした」と、ニョーオンミンは回想する。[18]いまでもまだ二〇代そこそこにしか見えない彼は、NLD―解放地域（NLD-LA）の外交部部長で、タイに亡命して生活している。「私は三年間教師をしていました。同僚と私は反抗運動のどの役割を担うかあれこれ考えていました。われわれは、パンフレットや壁に貼るポスターを作ったりしていました。そして、ついに彼女に会えました。七人でテーブルを囲んですわりました」

それまでスーは、裏方的な役だけを思い描いていた。ニョーオンミンにとって、それは十分ではなかった。「われわれの運動にはほんとうに指導者が必要です、と持ちかけたのです」と彼は言う、「彼女は、いいえ、と言いました。私はBSPPの議長に、学生たちとその他の罪のない人びとを殺すのを止めるよう、ちょうど頼んだところです。それが私の役割ですと」

ニョーオンミンは、それでもあきらめなかった。「私は、学生活動家に会ってくれるよう頼みましたが、断られました。そこで私は、ビルマの政治文化の特性について彼女に説明しました。それは多くのことを犠牲にするということです。彼女はわれわれが要求したことに、まったく乗り気ではありませんでした。われわれの何人かは、彼女は日和見主義者だと思いました。政府と学生と民衆の仲介だけをしたいのだと[19]」

「私はそれで、『そうですか、では、われわれがわざわざあなたの時間をいただいて、ここまで出かけて来て話をしているのはなぜでしょうか?』と言いました。もううんざりでした。ああ時間を無駄にした、と思いましたよ。われわれの英雄、われわれの師と仰ぐアウンサンの娘だと信じていたからです。僕らはアウンサンの精神、アウンサンの勇気といったあらゆる伝説を聞かされて育ってきたのです」

そこでスーは和解案を示した。「われわれにこう言いました、『あなたたち、私といっしょにやりましょう、私のところでいっしょに仕事をしましょう。明日いらっしゃい、そしてそのあとも毎日』。彼女は自分の屋敷のダイニングルームに小さな事務所を開くと言いました。その部屋こそNLDの主な政治活動の本部となった場所です」。話し合いの仲間は彼女の提案を、熱い気持ちで受け入れた。バス停まで歩いていたとき、「彼らはドー・アウンサンスーチーと仕事ができると、とても喜んでいました」。しかし、ニョーオンミンは感激していなかった。「『明日は来ないよ』と仲間に言いました」。スーがいっしょに働こうと提案したことについて、仲間たちにこう言った。

嘘くさい、彼女はリーダーではない。彼女は指導するのを断った。われわれにはリーダーが必要だ。君たちは彼女に加わりたがるが、僕はいやだ、まだリーダーを探しているんだ。

しかし二日後に、大学の同僚でもある僕の友達が、ドー・スーが君と話がしたいそうだと言って来ました。彼は彼女に電話をかけ、受話器を私に渡した。僕は「お元気ですか、お姉さん？」と言いました〔大学では同じ年頃か少し年上の女性をマ・マ（お姉さん）とよぶ習慣になっている〕。そしたら彼女は「私の屋敷に来ませんか？　私たちは話し合う必要があります」と言い、私は「いいえ、あなたが運動を指導したくないと言うのをもうすでに聞きました」。すると彼女は「いっしょに座って、それについて話しませんか？」と言うのです。

それで私は八月一六日に、他のふたりの仲間、高校生のアウンジーと大学生で学生運動のリーダーのひとり、コウコウジーを連れて屋敷を訪ねました。われわれはドー・スーといっしょに座りました。そこで彼女は、自分は日和見主義者にはなりたくない。ただしこれまで進行していた運動を引き受けるつもりもないと説明してから、「だがしかし、民衆がアウンサンの娘をほんとうに必要としているのならば、やります」と言いました。それでも、家族やふたりの子ども、病気の母など、他にもいろいろ考慮しなくてはならないことがあるとも。そこで私は、「要は、われわれはあなたをほんとうに必要としているのです。あなたの兄、アウンサンウーがわれわれを助けてくれると期待していました」と。そのころビルマでは〔アウンサンウーについて〕さまざまな噂が流れていた。しかし、彼はビルマにもビルマの政治問題についても何も興味を持っていなかった。彼は単にアウンサンの息子というだけだった。

そうしたら彼女が言いました、「わかりました、では仕事をはじめましょう。私は自分が書いた本と研究を通じ、ビルマの状況についていくらかは知っています。しかし私はビルマを離れていたので、そこのところをあなたたちが埋めてくれるでしょう」と。それで私たちはチームとしていっしょに働くことに決めました。そういうところがリーダーとしての彼女の優れたところだと、私は思います。彼女は決して偉ぶったりしなかった。彼女は人を支配するために家族の経歴を使うことなどありません。彼女は絶対にそのような振舞いはしません。

事実、スーがこの若い学者に二度目のチャンスを与えてくれるよう説得している間にも、彼女はすでに最初の政治的介入を、彼女が好む舞台裏からおこなっていた。その内容は野心的だったが、やり方は控えめで礼儀正しかった。八月一五日、スーと彼女のもっとも初期の頃からの政治的同盟者のひとり、フェミンはネーウィン取り巻きの老練の将軍たちで構成される国家評議会に手紙を書いた。「法の体制内で、平和的方法により人民の要求を提示するため」、BSPP以外の人びとでつくる「人民諮問委員会」を設立するようにという提案書だった。[20] 手紙は次のように続く。「私たち国民の愛国心を喚起する歌の『後に続く人のために、自らを顧みない』という歌詞のように、この提案書を将来の世代のためにとの願いを込めて提出いたします」

スーの屋敷内に急ごしらえのシンクタンクが立ち上げられ、走り出した。提案書はビルマ独立後の最初の首相だったウー・ヌと、ネーウィン時代以前の主だった政治家たちの支持を得た。しかし、その後何年にもわたり、幾度も彼女の住所からビルマの将軍たち宛に送られた提案書と同様、返事はなかった。さらに直接的な方法が必要なことは明白だった。

★

スーを中心に民主化運動が生まれつつあったが、スーはまだ家族の懐のなかにいた。その意味は、重病の母の介護をし、息子たちが勉強に遅れないよう目配りし、その合間に学術論文を再開したりすることだった。[21]しかし同時に、自分がやがて独立以来もっとも重要な政治運動となる活動の中枢であることにも気づいていた。

「子どもたちは元気です」と、マイケルは英国の友人たちに報告している。「アレックスはリラックスして楽しそうで、オーストラリア大使館のクラブでスカッシュをしていつも私を負かしています、キムは水泳して、ふたりとも祖母に本を読んであげています。絶え間のない流れのように訪問客が押し寄せます」

ひと月後、新学期がはじまるため子どもたちが帰国した後、屋敷での生活は以前に増して忙しくなった。「一日のうちの毎秒、毎秒にいたるまで予定が詰まっていることなど考えられないと思います」と、マイケルは書いている。「私の主な仕事のひとつは、スーがいくらかでも睡眠をとるようにさせることです」

ジャーナリストのウー・ウィンティンは、頑固な反体制派のジャーナリストだったためネーウィンによって何年も沈黙を強いられた。当時ジャーナリスト組合の副会長だった彼もスーの屋敷に引き寄せられた大勢のうちのひとりだった。[22]

彼女のまわりに三つの別々のグループが形成されたと、彼は説明する。

ラングーンではみなが互いをよく知っている。弁護士組合、医師組合、学生組合などすべての組合のスト委員会が、ドー・アウンサンスーチーと接触したがっていた。各委員会から二、三名が彼女の屋敷に来て、外の政治的状況、政府や軍隊などについて二、三時間話していった。それがひとつのグループだった。

八月八日にストライキがはじまった後、大勢の人びとがラングーン郊外から市内へ入ってきた。一〇キロくらい離れた場所から、飲まず食わずでひたすら歩いてきた。水道水に毒が入れられているという噂があったので、誰も水道の水を飲もうとしなかった。天候が非常に高温多湿だったから、彼らにとっては大変つらいことだった。しかしほとんどのオフィスが中心部にあったので、人びとはとりあえず町の中心に向かった。彼らはつぎつぎとスローガンを叫んで行進し、そしてラングーン北部の郊外から町の中心部に向かうには、ドー・アウンサンスーチーの屋敷の前を通らなくてはならず、したがって、彼らにとって〔ここへ来ること〕はとてもたやすいことだった。スローガンを叫び、ドー・アウンサンスーチーと会おうとした。

タキン・ティンミャという男がいて、いまの彼は私と同じような老人、九〇歳くらいだ。昔の共産主義者で戦前、民族主義組織ドバマー〔タキン党〕のリーダーだった。彼は組織づくりに優れていて、ビルマの政治にかかわったほとんどの人物を知っていた。それで、屋敷を通過するとき面会を願う人びとすべての応対をする一団を組織し、面会を望むものの名前、リーダーの名前、グループの名前そしてストライキに参加したかどうかなど尋ねた。夜、彼はドー・アウンサンスーチーにそれを報告した。これはラングーンだけでなく、小さな町でも人びとがストライキをすることに貢献したという、事実関係の報告書になった。これが二番目のグループだった。
三番目のグループは、私のような老齢の政治家、ジャーナリスト、作家などで構成されていた。私たちは彼女の政治的コンサルタントで、私たちは事態をどうすべきかなど考えていた。

さまざまな出来事のプレッシャーが、スーを後戻りができない地点へと確実に追い込んでいった。多くの人びとがスーに何らかのリーダーシップを発揮するよう強く迫った。そして、諮問委員会の設立を彼女は提案したものの、わずかでも公的な反応を引き出すのに失敗していた。毎晩、すべての異なる諮問グループが帰った後で、スーとマイケルはその日起きた出来事について話し合った。ふたりはやがて、やめるわけにはいかない、スーは立ち上がって責任を引き受けなければならないという結論に達した。しかし、ネーウィン言うところの「命中させるために撃て」という命令を受けた軍の兵士がどこの十字路にもいる状況で、スーがついにやろうとすることは、集会禁止の戒厳令を破ることになり、新たな大殺戮をひき起こすものだった。

スーはそれを防ぐための措置をとった。そして、その過程で彼女は自分の影響力の大きさを認識した。スーの屋敷の門番、タキン・ティンミャは共産主義者の経歴があり、彼女を支援していたにもかかわらず支配政党BSPPの党員で、国の支配者たちとも良好な関係を保っていた。[23] スーの要請で彼は八月二三日、彼女と法務大臣ウー・ティンアウンヘインとの秘密会談を設定した。法務大臣はネーウィン内閣のなかで、賄賂で汚染されていない数少ないひとりだった。スーは国内で繰り広げられている大殺戮を終わらせるために、一般大衆に向けて演説をしようと考えていると大臣に打ち明けた。彼と彼の上司に、自分には政治的野望も隠された計略もないことを知ってもらいたかった。

大臣はひとつの助言をした。通りに並んで警戒にあたっている軍の兵士たちは、ネーウィンのことを国軍の父と仰いでいる。「だから、どうかネーウィンに攻撃を仕掛けないでくれ、そして人びとをそのように扇動しないでくれ」と言った。[24] スーは快諾したが、彼女がはじめて公の場に姿を現す際に新たな大虐殺を引き起こさないよう、戒厳令の規定はどうあれ、人びとが集合する許可をネーウィンに特別に願い出てほしいと大臣に頼んだ。

ウー・ティンアウンヘインはできるだけのことはすると約束した。そして、彼はその言葉を守った。翌日、戒厳令が解除された。大統領に就任して四日目、マウンマウンはネーウィンの七月の提案に従って、一党独裁制か複数政党制かを決める国民投票をおこなうと発表した。そしてドー・アウンサンスーチーは、人生においてはじめて公の場で演説をおこなった。

それは短いもので、ラングーン総合病院の構内でおこなわれた。白いビルマのブラウスを着たスーは、石油のドラム缶の上に立って話した。その様子を観察していたウー・チーマウンによれば、まるで一七歳の乙女のようだった。彼女の背後には難破船の生存者で詩人のマウン・トーカが、いかつい顔にいぶかしげな表情を浮べて立っていた。これがどのように展開するかは誰にも予測できないさ、と考えているように見えた。

スーはマイクをつかんで、ビルマが速やかに「人びとの願いに沿う」政治体制に移行することを願っていると表現した。さらには国民が規律と団結を示し、もっとも平和的な方法の抗議行動のみをおこなうよう願っていると語った。これまでのところ、ネーウィンの眠りを妨げるものは何もなかった。そして彼女は、二日後にもっと長い演説を、今度はシュエダゴンパゴダですると告げた。

★

英国の商人ラルフ・フィッチは、一五八六年にパゴダを見て「私が思うに、世界でもっとも美しい場所」と呼んだ[25]。ノーマン・ルイスは「ラングーンの心と魂、仏教徒のあいだではもっとも崇高な聖地詣での地、仏教徒にとってのメッカのカーバ神殿に相当する、偉大で壮麗な建造物」と呼んだ。その特別な神聖さは、「ゴータマ（釈迦）のみならず、唯一、彼に先行する三人の仏陀の遺物を祀ると認められた仏塔であるという事実から生じている」と説明する。伝統的な上座部仏教のやや形式的な解釈では、財物を奉納することはより早く解脱に至るための確実な方法とされていた。それで代々の王が惜しみなく宝物を奉納したため、この巨大な仏塔の持つ価値は高価な財宝の集積物になった。ルイスはこう続けている。「シュエダゴンパゴダを装飾するために、ダイヤの風見、宝石で覆われた尖塔の先端部の装飾、尖塔を金箔で覆うため、少なくとも同じ重さの金など贅沢な贈物をすることはビルマ王たちの習慣だった。他の東洋の君主たちが金庫室や宝石箱に保管している富を、ここでは人びとを驚かすために太陽の下で披露している」。訪れる人を圧倒するパゴダの高価な宝物の迫力を、ルイス自身が目にしている。「私はそれまで見たこともない、もっとも光り輝いた光景に突然投げだされた」と、パゴダの広々としたテラスに到達した瞬間を伝えている。「目の前の全面に、金色の急斜面が立ち上がり、貴金属の平凡な崖を浮かび上がらせる眩しい輝きを放っていた[26]」

しかし、シュエダゴンパゴダは単に輝く聖地以上のものだった。ビルマのアイデンティティーの中核にある仏教的伝統の重要性を確認する場所として、ここは一九二〇年代から三〇年代、英国支配に対する最初の大衆デモの中心地となった。[27] アウンサンはきわめて扇動的な演説のいくつかをここでおこない、そしてこの近くに埋葬されている。シュエダゴンで演説すると発表したことによって、スーはほじめてカリスマ性のある自らの名前を、反対運動に連ねる意思を示した。それに対する軍政の反応は早かった。

スーと母親の軍政に対する関係は、もう何年も正常とは言い難かった。スーにとっては、七月の「殉難者の日」の行事にしばしば出席することが、精いっぱいの協力だった。両者とも、アウンサンの名とその名声を細心の注意と敬意で扱うことが自分にとってどれほど大きな意味があるかをこの上なくはっきりと自覚していたのだ。しかし、彼女が反乱の大渦巻きに足を踏み入れた途端、これまでのすべてが忘れ去られた。スーに外国勢力の傀儡という烙印が押され、ろくでなし外国人相手の売春婦、「人種虐殺者の娼婦」と攻撃する内容のチラシが一夜にして数千万枚も刷られた。[28] その後長年にわたり何度も登場する、スーとマイケルがセックスをしている様子を描いたグロテスクな漫画の最初だった。漫画は、「ろくでなしの外国人を連れて、すぐに出ていけ！」と命じていた。

スーと彼女の仲間たちは一一台の車列を組んで、屋敷を朝八時半に出発した。爆破や暗殺を告げる匿名の脅迫がその日の緊張感を高めた。彼女の相談役のひとりが、身を守るため防弾チョッキを着るよう促したが、[29] スーは「なぜですか？」と言い返した。「もし私が殺されることを怖れているなら、政府に反対して声などあげません」。早くも支持者たちは彼女の勇気を垣間見ることになった。不意な攻撃からスーの身を守るため、数週間前から彼女の家に入り浸っていた数十名の学生たちが長袖の白いシャツと黒のロンジーを着用して、非武装ながらも大人数のボディガードを形成した。

「われわれはメインの道路を通らなかった」とニョーオンミン講師は回想する。「たくさんの噂があり、われわれは銃撃されることを恐れていました。その日、機関銃をいっぱい持った国軍大尉がラングーンの中心部で捕らえられました。おそらく彼はスーを暗殺する命令を受けていたのです。人びとによって捕らえられ、彼は白状しました。すると人びとは彼に殴りかかったのです[30]」

モンスーン期に入っていたにもかかわらず、夜が明けた八月二六日は晴れて暑かった。スーの演説の知らせは口伝えで市中に広がり、何千人もがシュエダゴンの外で良い場所を確保するため、夜通しキャンプした。さらに数万人以上が夜明けから到着しはじめた。ユニヴァーシティアヴェニューからパゴダまでは短い距離、市内中心部の北に位置するこのふたつの場所は二キロほど離れていて、通常の日なら車で一五分もかからない。しかし、この日は大変な人ごみで車列はジープを先頭に、スー自身はトヨタの乗用車に乗り、マイケルと少年たちはその後の別の車に乗っていた。パゴダに近づくことすらできなくなった。「人ごみを通り抜けることができなかった」と、ニョーオンミンは言う。「マイケルは私の車に乗っていました。道は非常に混んでいたので四五分くらいかかってしまいました」。彼らは車から降りて、最後の数百メートル歩くことを余儀なくされた。道の先では、学生たちが旗を振って道を空けた。

その日シュエダゴンパゴダの外に、何人の人が集まったかは誰も知らない。集団のおおよその規模をつかむことは記者が身に付けている能力の一部だが、多くの国ではその数を大幅に誇張することが一般的で、とくにその集会が政治的に重要であればなおさらだ。同じ理由で、政権側は少なく見積もって報じることが常だ。しかしベテラン記者でスーの側近のウィンティンは、彼自身の人数の概算は政治的見解によって歪められていないと強調する。彼は言う。

当時ラングーンの人口は約三百万人だった。そして八月二六日の集会には約百万人が参加した。聴衆はパゴダから市場までずっと伸びていた、人びとはぎゅうぎゅう詰めだったから、百万人はいただろう。この出来事について、私は国際的な報道機関に伝える義務があった。しかしＢＢＣにそのニュースを送るとき、私は六〇万人かもしれないと言った。自慢げに報道したくなかった、なぜならネーウィンが集会を開催したときには、わずか一〇万人か、二〇万人しか集まらなかったからだ。だから、あまり人数を多くしたくなかった。[31]

前例のない数の民衆を前にして、彼女の側近たちでさえ、父アウンサンのお決まりの肖像画の横で小さく見える壇上の「大きなお姉さん」に何を期待したらよいかわからなかった。彼女は固まってしまうだろうか。この恐ろしい試練に耐える勇気があるだろうか。国外に長期間居住し、ビルマ文学に傾倒している彼女は、その言葉を一般大衆に理解してもらえないのではないか。

「私が知るかぎり、彼女は公の場で演説したことがなかった」とウィンティンは言った。「彼女はビルマ語をかなり上手に話すことは知っていた。しかし壇上で上手なビルマ語を話せるかどうか、幾ばくか不安があった」

壇上は若者でいっぱいだった、多くが黄色の腕章を付けていた。端の方に鉢巻きをした若いボディガードが列をなして、座ったり用心深く身構えたりしていた。薄紫色のジャケットとロンジーを着て、リラックスした様子の有名な映画スター、トゥンワイがマイクに進み出、腕をまっすぐ振り上げ「アウンサンスーチー夫人！」と彼女を紹介した。そしてマイクを一五センチ下げて脇に下がった。スーはステージの中央に進み出た。資料を入れたフォルダを腰のところにしっかり握り締めていた。そして前置きなしに、躊躇なく少しの笑みもなく、高く、大きな声で話しはじめた。

彼女は演説で用意していたテキストを読んだとするもっともらしい説があるが、それは真実からほど遠い[32]。また、暗記した原稿をオウム返しに暗唱したわけでもない。そうではなく、思うままにメモなしで、明瞭で説得力のある論拠で話した。すなわち、最初の実質的な登場の場において、彼女はベテラン政治家のような演説をしたのだ。

「彼女は大変上手なビルマ語を話した」とウィンティンは言う。「非常に流暢で、非常な説得力をもって、そして大変明確に。ふつうの人にとって、あのような巨大な人びと、海のような聴衆に向かって話すことは容易ではない。彼女は読んではいなかった。彼女は機知に富んでいて、ちょっとオバマ大統領みたいで。彼女は生まれながらのリーダーだとすぐにわかった。『スター誕生』、そんな感じだった[33]」

ベルティル・リントナーが言うには、「それは非常に直接的で気取りがなかった。誰もがあの演説に度肝を抜かれた。この小柄な女性の話に、みな魅了されてしまった。それは驚くべきことだった。彼女の姿は父親に似ていたし、話し方もアウンサンのようだった」

聴衆はモンスーンの靄の向こうまで広がり、一面、黒い頭の海だった。演壇付近の、栗色の幅広い縞は、数百名の僧侶たちが剃った頭を太陽から守るため衣でさえぎっている姿だ。「参加者はとても多かった」とウィンティンは述懐する。「こんなに多くの人が政治集会に集まったことはなかった」

まるで小娘のような女が、いったい何を話しはじめるのか？　一〇日前に提出した諮問委員会という提案を受け入れてももらえないのに、また同じことを提案するのか？　自分の数か月の沈黙と不在を謝罪するのか？　殺戮を嘆いて人びとに従順と服従の道に戻るよう懇願するのか？

この類のことを予想していたとしたら、ボー・ジョー〔アウンサン〕の娘を著しく過小評価していたのだ。最初の言葉は軍事政権による権力の独占を標的にした大砲の砲撃のようだった。

「尊い僧侶と国民のみなさん！」と彼女は叫んだ。「この公開集会は、ビルマ国民の意志を全世界に知らせるために開かれました。私たちの目的は、すべての人びとが複数政党制による政府という希望を切実に抱いていると示すことです[34]」

それは強烈な一斉射撃、痛烈な非難だった。ここにビルマ国民がいるのだ（それは論争の余地がない事実だ）と彼女は宣言し、いま、この場所で国民は、単にビルマ当局だけではなく「全世界」に向かって、具体的に何を求めているかを告げるのだ。ビルマ軍事政権が長年あらゆる権力手段を使い、視野から排除しようとしてきたその「世界」から、彼女はやってきた。スーは自らがビルマ国民の代弁者だと、ためらいなく主張した。国民が欲しているのは、二日前に発表されたマウンマウン博士のけちな国民投票ではなく、非常に明確な何かだ。「私は信じます」と、彼女は続けた。「ここに集まったすべての人びとは例外なく、複数政党制民主制度の獲得のために努力し、それを勝ち取るのだというゆるぎない欲求をもって集まっているのです」

三〇年間もビルマの緊迫した争いから離れ、英国人と結婚していたというのに、ビルマの海に櫂を突っ込むとは何ということだ。あの問題、わいせつなポスターで指摘された問題について、真正面から答えた。「私が外国に住んでいたことは事実です」と彼女は言う。「私が外国人と結婚したことも事実です。ですがそのことが、私のビルマの国への愛と献身の妨げとなったことも、これから先なることも、愛と献身を減らすことも断じてありません」。演説をはじめて二分経ったところで、最初の拍手が沸き起こった。俳優のトゥンワイは彼女の傍らで、顔を輝かせて拍手した。ここで、スーは一呼吸おいた。

愛と献身がいかに誠実であったとしても、この壇上に彼女がいることの説明にはならない。一党独裁のビルマで何十年も獄中で苦しい生活を送るか、ネーウィンの軍隊と国境地帯で戦っていた民主主義者や共産主義者とは異なり、アウンサンスーチーは祖国から遠く離れ、そこで起きていたことには明らかに無関心だった。それでは何が彼女をビルマに連れ戻したのか？「答えは」と彼女は言った。「現在の危機が国全体の問題だからです。私は父アウンサンの娘として、起きていることすべてに無関心ではいられません。この国家的危機は実際、国家独立のための第二の闘争と言えるかもしれません」

スーはさらに攻撃をエスカレートさせた。ビルマ独立の旗手で、長年にわたりアウンサンに近いことを利用し、彼の正当な後継者であると主張してきた男、ネーウィンに対する直接の挑戦だった。名を決して出さなかったが、彼女の評価では、この男は植民地時代の抑圧者と変わらず、英国に対したように抵抗し、退去させるべきだと示唆していた。

彼女は武力に訴えることを正当化できるというのだろうか？　そこで彼女は、しっかりと握っていたファイルを取り出し、彼女の父親が書いた文章を読むためにページをめくった。「われわれは民主主義を国民の信条にしなくてはならない」、彼女は読み上げた。さもなければ「ビルマは、いつか日本やドイツのように嫌われるだろう」。かつてアウンサンが宣言したことを、いま、彼の娘が繰り返していた。民主主義は、「自由と矛盾しない唯一の原理である。平和を広め、平和を着実にする原理なのだ」

耳をつんざくような拍手がステージ中にとどろいた。トゥンワイの顔の表情は高揚感と驚きに変わっていた。演説に秘められた扇動的な意味に気づいて鳥肌が立った。

しかし、彼女は軍部についてまだ話が済んではいなかった。二日前の法務大臣との秘密会談で、ウー・ティンアウンヘインはスーにナンバーワンへの攻撃を禁じ、彼を攻撃するよう聴衆を扇動してはならないと。彼女は同意し、その約束を守りはしたが、しかしその精神にそれほど忠実だったとは言えないようだ。

「私はあるひとつのことを申し上げたい」、彼女は続けたがその声にはじめて慎重さがうかがえた。「これからお話しすることは、気に入らない人がいるかもしれません。しかし、私が真実だと信じることをビルマ国民に伝えること、それが私の義務だと信じます。ですから、私の考えを話します。現在、国民と軍との間には、少々意見の相違があります」

演説のなかではじめて、スーは控えめな表現で非難をはじめた。彼女の母親がかつて働いていたラングーン総合病院の職員は、軍隊が無残にも三千人もの市民を殺したと考えていた。それはかつての植民地支配者がしたのより、はるかにむごい大虐殺だった。[35] 国民が直面しているもっとも微妙で、またもっとも重要な問題に踏み込もうとしていることに彼女が気づいていないはずはなかった。それはビルマがどの政治システムを選択するかという、今後数週間、数か月にわたり検討する問題ではなく、いま現在、連日にわたり繰りひろげられている、凄惨な殺人の悪夢についてだった。それを無視するわけにはいかなかった。

ここで彼女は、また持ってきた書類に手をのばし、言葉を探すためページをめくった。まるでハムレットの父親の幽霊のように、再び偉大なアウンサンが残忍な後継者を指差した。「軍隊はこの国と国民のためのものである」。彼女は読み上げる。「そして、それは国民の名誉と尊敬を得た力でなくてはならない。もし、逆に軍隊が人びとに忌み嫌われるようになったとき、この軍隊を築き上げた目的は無駄になるだろう」

「私は彼女を、ただの将軍の娘だと思っていた」と、当時英国大使館の情報担当官、ニタ・インインメイは語った。「彼女と個人的に会ったことがなかったからです。でも彼女が聴衆に向かって話しはじめたとたん、その演説に圧倒されました。私はショックを受けたのです。私たちが探していたのはこの人だ！　彼女こそ真のリーダーだ！」[36]。そのときのことを思い出しながら、彼女は感きわまって涙をぬぐった。「私は感激しました。彼女はとても誠実で、とてもチャーミングで、とても美しく、とても率直に話しました。私たちみなが感動しました。そして、私は決めました。何がなんでも彼女を守ろうと」

演説はさらに続き、人びとは一生懸命耳をかたむけた。そしてついには彼女の名前を唱えだした。彼女は軍隊に対する「強い愛着」について話し、子どものころいかに兵士たちが彼女を世話してくれたかを語った。彼女は過去の政治家が登場するための隠れ蓑ではないと誓った。父親の言葉を繰り返し、「団結」し「自制」するよう人びとに幾度も訴えた。彼女は、不運なマウンマウン博士（この先ひと月も権力の座に留まれなかった）を名指しし、国民投票は必要ではないという彼女の考えを明確に説明した。「私たちは、一党独裁制を終わりにしたいのです」と彼女は言った。「国民投票などまったく望んでいません。自由で公正な総選挙をできるかぎり早く準備すべきなのです」

ネーウィン将軍はもちろんこの集会に参加していなかった。アウンサンスーチーのデビューとなる演説の録音テープを、その後受け取ったかどうかも知られていない。しかし、もし聴いていたなら、この時点でレコーダーを止め、たぶん壁に投げつけただろう。ボー・ジョーの娘が何もなかったところから邪魔をしに現れ、ビルマ国とビルマ国軍の父として尊敬される男アウンサンに驚くほど似ているばかりか、死んだその男が話った言葉を引用して、ネーウィンとその一味がいまなお主張する正統性のかけらを剥ぎ取ってしまったのだ。これは宣戦布告だった。

3　自由と虐殺

近年のビルマの歴史が、終わりなき抑圧の連続だというのは正しくない。三五歳以上のビルマ人なら誰でも、完全に自由な時代、検閲を受けない新聞が街角にあふれ、労働組合と政党が雨後の筍のように姿を現した時代を覚えているだろう。

だが不幸なことに、この「ビルマの春」はひと月も続かなかった。正確には二六日間、その終わりははじまりと同じように突然だった。

だがそのわずかな一九八八年の八月から九月の間に、学生と知識人と老いた政治家と退役軍人からなるあやふやで名前もない共闘に支えられ、アウンサンスーチーはビルマを確実に変える三つの改革を軍政側に進めさせることに成功した。

第一は改革に弾みをつけるものだ。法務大臣による戒厳令の停止決定はスーにとって、シュエダゴンパゴダに集まる大勢の人びとの前に登場するための序奏であり、譲れない条件だった。彼女の話を聴きに集まる人びとが撃たれることのない保障を軍政側に求めたのだ。八月二四日、その要求は認められた。

第二に、ビルマの政治構造を永久に変える改革だ。その果実は二〇年以上を経てもいまだ実らないものの、軍政はマウンマウン博士が唱えた国民投票ではなく、複数政党による民主制に向けた総選挙を約束した。

第三は上の二点に劣らず重要な、ビルマ社会主義計画党（ＢＳＰＰ）の解体だ。二六年に及ぶ一党独裁に、確実に幕を下ろすことになった。ビルマはもう、かつてのビルマではない。

これらのことを成し遂げたのは、「女家庭教師」「ビルマのメリー・ポピンズ」「オックスフォードの主婦」「政治の素人娘」などと人が言う、アウンサンスーチーその人なのだ。[1]

★

戒厳令の解除は直ちに実行された。兵隊と治安部隊は街頭から姿を消した。ビルマ全土で、人びとは突然ほんとうにやりたいことができるようになり、言いたいことが言えるようになった。全国の都市や街でストライキに参加する人びとがあふれ出した。いまや反抗的ではなく、喜びに満ちていた。二六年前、ネーウィンは秩序と躾けの拘束服を国民に着せた。いまそれは打ち破られ、三月以来膨れあがった、笑い、誓い、憤慨、連帯、そして過去とは劇的に違う未来を夢みて計画する気持ちが、喜びにあふれはじけ出した。

体制側のろくでもない日刊紙『労働者日報（Working People's Daily）』は、前日までは大使が信任状を出したとか将軍が下水処理施設の開所式をおこなったなどの記事ばかりだったのが、突然大胆な政治的コメントを採りあげ、デモの写真を数頁にわたり掲載した。多くの新しい新聞が一斉に創刊され競争をはじめた。「スクープ」「解放日報」「新たな勝利」「黎明」など、その名前自体が全土を覆う大胆な楽観主義を示している。

掲載されたニュースのすべてが信用できるわけではない。三月、軍による殺害が革命を誘発することになった学生ポウンモォの名を冠した新聞『ポウンモォジャーナル』は、軍の射撃で殺され葬式もなしに埋められた犠牲者の眠るラングーン郊外の墓地には、民主主義を求めるスローガンを唱えて亡霊が舞っていると報じた。[2] 亡霊が隊列を組み支配政党の党員の遺体が墓地に入るのを邪魔している、勇気のあるものが近づいてみれば「ビルマ社会主義計画党の党員を自分たちの墓地に埋めるな！　よそへ行け、よそへ行け！」という悲しい叫びが聞こえる、と。

運動は、初めは学生だけのものだったが、いまや社会のすべての層から参加者を集めていた。当事駐ビルマ英国大使だったマーティン・モーランドは、喜びにあふれた気分を振り返る。

「ラングーン弁護士協会は大変大きな勇気を持って、改革を求める署名入りの抗議文を提出しました。[3] 医師会がそれに続きました。街頭を行進する人の数は数倍になり、行政機関の名を書いた横断幕を掲げて行進する人もいたのです。九月の初めまでには全省庁が加わりました。物乞いまでも行進していました。軍が反撃に出る直前の日曜には、警察音楽隊が民衆の側につき市庁舎の前で演奏していましたよ」

同じことは全土で起きていた。ビルマ東北部、問題の多いシャン州の小さな町ペコーンでも、ラングーンから戻ったばかりの学生パスカル・コートウェは興奮にかられていた。他の似たような境遇の人たちと同様、彼のその後の人生を決める活動をすることになった。[4] 何年も後に彼は書いている。

アウンサンスーチーがあの偉大な演説をした八月二六日、彼女はたちまちわれわれを奮い立たせるリーダーになった。その夕方、ＢＢＣを聞いたわれわれは女神からの指針に希望を託し、治安、食糧供給、情報、そして民族と宗教が異なるグループをつなぐ委員会を作った。

私自身それらのことに積極的にかかわったが、尊大でおせっかいな面があることも承知していた。夢を見るような内容でもあった。ほんの数週間前には、軍政に対するあからさまな反対を口にすることなど考えもしなかったのに、いまはペコーンの町全部が、未来について、ビルマの憲法はどうあるべきか、少数民族の位置づけはなどと語りはじめた。二六年間沈黙した人びとは、いま叫びたかったし、いつまでも議論を続けたがった。

ビルマは無政府状態になりつつあったが、国家機構の抑制がごみ箱に捨てられたとき社会は自然に機能するはずだというアナキストの主張のように、混乱してはいても幸福感のうちに、しばらくの間は機能していた。軍隊は兵舎に引き上げ、どこにもその姿はなかった。恐れられ憎まれた治安部隊（ロンティン）も姿を消した。省庁と政府機関はあっさり閉じられ、国家としてのビルマは停止していた。その空白を人びとは自分たちで埋めていた。ムウェムウェという若い女性はラングーンで民主化運動に参加し、現地のストライキセンターの調整を手伝うため、ワゴンとピックアップトラックを乗りついでマンダレーに向かった。[5]「みながストライキ中だったから、鉄道も他の輸送機関も動かないし、ガソリンを買うのも難しかったけど、舞い上がった気分で途中の各地の集会に参加したわ。私たちはストライキセンターに泊まったけど、どの街にもストライキセンターがあった。人びとはビルマ社会主義計画党の地方事務所と政府機関の建物を占領して、自分たちで行政をやりくりした。どこの活動も熱気があったわ、チラシを刷ったり、ポスターを作ったり、自分たちの地方新聞を発行して会議や集会やデモを準備して」古い権威のシステムが消滅した国家機能を埋めるために再登場していた。ベルティル・リントナー。

マンダレーでは若い僧の組織が再び登場した。[6]若い僧は日常の仕事、ゴミ集め、水道がちゃんと機能しているかなどを組織した。いくつかの報告では、交通整理までしている。法と秩序の維持もまた僧の手にあったが、捕らえられた犯罪者にはいささか変わった判決が下されることも多かった。八月にマンダレーを訪れた観光客は、駅前の街路灯に鎖でつながれ一日中「私は泥棒です！　私は泥棒です！」と叫ぶ男を目にした。

だが、この明らかな権力の空白状態は、じつは錯覚だった。軍事政権が揺れていたのは確かだ。まやかしの文民統治機構は崩壊しつつあった。しかし数か月、数年の後に、この自由な数週間の裏で支配の意思が進められていた証拠が明らかになる。過去の世代を支配した、あの同じ冷徹で容赦ない軍隊思考が。アウンサンスーチーがシュエダゴンではじめての演説をおこなった同じその日、トラックに乗った兵士がラングーン中心部に送り込まれ、ビルマ輸出入銀行から六億チャットを持ち去っていたのだ。その先半年分の給与を支払い、兵士の忠誠心を確保するために。

翌日、戒厳令解除の冷ややかな結果として、インセイン監獄、ラングーン郊外の緑に囲まれたもっとも悪名高いヴィクトリア時代の一望監視型監獄は、「仮保釈」と称して囚人を解き放ち、金も食べ物も与えずに無法地帯の首都に送り出した。囚人たちは壁の外のストライキに同調して看守を襲ったのちに、監獄から釈放された。看守は反抗に対して射撃で応じ、火事が起こって千人が死に、五百人が負傷したとされる。暴動と征圧の真偽はあやしいが、囚人の大量釈放は危うく燃え上がりそうな壁の外の街中に別の新たな危険と無秩序を加えるものだった。同様のことが全国でおこなわれ、一万人以上の犯罪者が突然解き放たれた。

結果は見えていた。これは軍政側の策略だった。マーティン・モーランドの見方によれば、「軍は明らかに、事態が手に負えなくなることを、そして人びとが辟易して古い体制に帰還を乞うことを期待していた」[7]。確かに大量の無頼漢が突然社会に現れることは、無政府状態に恐怖という別の要素を加えることになる。幾人かの抗議者は残酷な行動をとった。リントナーは次のように書いている。

九月五日、男四人と女一人が〔ラングーンの〕児童病院の前で捕まった[8]。荒々しい尋問によって、ふたりは病院内の水槽に毒をいれようとしたと自白して解放された。しかし残りの三人は答えを拒否し、怒った民衆は彼らを路上に殴り倒した。刀を持った男が進み出て三人の首を切り落とし、血のしたたる頭を民衆の歓声の前にかざした。国軍情報部の諜報員とされる容疑者の公開処刑は、そのほとんどは斬首だが、ラングーンの日常になりつつあった。カーニバルのような、あのフィリピンの「ピープルズパワー」風の反乱ではじまったものは、どんどんハイチのベビードク・デュヴァリエ失脚後の、トントンマクート〔秘密警察〕狩りに似てきた。

しかし残酷な事態に陥ったのは極めて一部で、間に合えばいつも強い反対に合った。スーはシュエダゴンの成功をすぐに実りあるものにはできなかった。むしろ、演説後のインタビューでは、政治へのかかわりに乗り気ではないと言っている。だが彼女の屋敷は大騒ぎだった。ストライキの各団体は会見を求めて門を取り囲み、作戦を練る相談役は一階の食堂兼事務所で終わりのない議論を続けていた。八月二六日に護衛役をつとめた学生の多くは、庭でキャンプ生活をしていた。スーはリンチの情報が入るたびに、正気と冷静さを取り戻させるため、何度も学生たちを派遣した。たいていはリンチを止められた。

ビルマ社会主義計画党政府は理論的にはまだ権力の座にあったが、ラングーンストライキ中央委員会は政府の辞任と、みなが運動のゴールだと考えている複数政党による民主的で自由な総選挙に向けて、それを管理する中立的な暫定政権に権力を明け渡すことを要求した。この要求は全国で支持を得た。しかしマウンマウン大統領はこの道筋を拒否し、代わりに九月一二日にビルマ社会主義計画党は二度目の緊急議会を開くと表明した。

リンチの発生は以下の事実を示すものだ。もし軍隊がその爪をひそめBSPPが崩壊点に達していても、民主化運動がいまだに明確な形、つまり特定の指導者を中心にした結束を持っていないという事実を。運動が示さなければならなかったのは、単に軍事独裁が弱っているということではなく、それに取って代わることができるということだ。だが、時間がかかり過ぎた。

学生がこの状況に最初の一撃を加えた。カリスマ的な生物学部の学生バゥウートゥンは、活動名ミンコーナイン（諸王を征服する者）として、多くの抗議活動のなかで事実上の学生指導者となっていた。八月後半、学生たちはミンコーナインの指導の下、全ビルマ学生連盟を創設した。だが、既存の組織名を使ったまとまりの少ない組織であったことから、その指導力は強いものではなかった。

次に登場したのは、ビルマ民主政治の大ベテラン、初代のそしてじつに、唯一の複数政党制のもとで選出された首相、八二歳になるウー・ヌだった。彼は一九六二年のクーデタまで首相の職にあった。八月の終わり、現行憲法を無視して二六年ぶりとなるはじめての独立した政党「民主と平和連盟（仮称）」の創設を表明した。しかし、九月九日、彼は致命的なやり過ぎを犯す。世界に向かって、自分は対立政府を樹立し総選挙をおこなうと発表したのだ。何年も前に宗教に専念したいと言って投げ出しておきながら、元の職場への復帰を表明する記者会見で、ビルマの唯一正統な憲法は一九四七年憲法であり、それに従えば自分はいまだに首相の職にある、「私はいまでも正統なビルマ首相」だと主張した。

もし何か民主化運動に汚名を与える計画があったとしたら、まさにこの動きがそれだった。声明は、ウー・ヌの政治的友人もその敵もともに愕然とするものだった。「理屈に合わん」が、一九八八年の初めネーウィン宛てに異議を唱える手紙を書いた元将軍、アウンジーの評価だった。ユニヴァーシティアヴェニューの自宅で開かれた記者会見で、スーはウー・ヌの考えをはっきりと否定し、「ウー・ヌの主張には驚きました。人びとの将来は、人びとがみなで決めることです」と述べた。[9]

これこそ彼女がシュエダゴンで明確にしたテーマだった。ビルマの将来は複数政党の民主制のうちにあり、軍の暴政という悪夢からビルマが抜け出す唯一の道は、人びとがその支配者を自分たちで選ぶ機会を持つということだ。そしてまさにその次の日、まだ政治の世界に入る意思を表明する前でありながら、スーはふたつ目の重要な勝利を得ることになる。人びとが支配者を選ぶ機会を持つべきだという彼女の願いが承認されたのだ。

それはかろうじて政権を維持しているＢＳＰＰが、ネーウィンが退任の意思を述べた七月に続いて開く第二回目の緊急議会の日だった。マウンマウン大統領の提示する『単一政党か複数政党かの国民投票』が議題だったが、議会を囲む数万人の抗議の声に、議会は国民投票の考えを捨て、代わりに『自由で公正な複数政党による総選挙』を採択した。スーの要求、そして数百万のビルマ人の願いによって、長年にわたり悪政を続けたビルマ社会主義計画党は、遺書を書いたのだ。

しかしそれはまだ絵に描いた餅だ。体制はどんなに打ちのめされても、そのわずかに残った権威にしがみつくものだ。選挙をおこなう暫定政権は認められなかった。

★

ビルマの歴史には多くの「もし」があるが、その最大のもののひとつはこの次の週に起こったことだ。民主化運動は三月にあやふやな形ではじまり、軍隊の発砲で数千人が死んだことから確実なものとなり、いまや明確な政治的成果を要求する段階にまで成長していた。軍と警察は街頭に出ず、デモはさらに大きくなり、より声高に、より戦闘的に、より多くを望むようになっていた。すでに多くのものを暴政から引き出していた。もうひと押しで、ガタガタになった軍事支配の上部構造が崩れ落ちそうに見えた。そのとき必要だったのは、軍隊それ自体、あるいはそのかなりの部分が民主化運動側に寝返ることだった。そして、まさに国軍の創始者アウンサンの娘は明らかに反乱側についているではないか。もはや軍の反乱は夢物語ではなかった。

アウンサンスーチーの熱のこもった主張は、国軍内部の冷めた人びとに対しても説得力を持っていた。マウン・トーカ、元海軍士官でラングーン総合病院でのスーの演説に付き添った彼もそのひとりだ。その他、国軍に深くかかわった上部の人びともスーの側に集まってきた。

ウー・チーマウンはスーのビルマにおける政治活動の初期の中心人物のひとりで、スーとその他の最高幹部が全員投獄あるいは軟禁された中、ＮＬＤの議長として党を総選挙の勝利に導いた。自分とその同僚に対する軍政側からの脅しに、機知にとんだ粘り強い対応をする、太った、引退に近い歳の不思議な人物で、非常に敬虔だが同じ程度に不真面目な面もあった。独房監禁状態におかれたときに、仏陀の教えの簡素な真理をいかに自分の行動に適用するかという彼の意味深い方法は、スー自身に大きな影響を与えた。[10]

たたき上げの兵士チーマウンは、ネーウィンのクーデタに反対して軍を追われるときは大佐の位にまで昇進していた。独裁に反対して計一一年を監獄で暮らし、スーから会いたいという知らせを聞いたのは短い三度目の服役を終えたばかりのことだった。

「この女性がどれぐらいのものか見てやろうと思ったんだ」と彼は後年述べている。[11]「いまこそ革命が起きそうな時で、ワシはベテランの監獄生活者だし、二〇歳以上も年上だから、教えてやることもあるかと。あとから思うと、彼女は人を観察していたんだな、まわりをみまわして信用に足る人物を探していた。そう、戦いのための候補者だな。彼女には生まれながらに革命の血が流れとるが、それを引き出すには助けがいった。だから、それ以来ワシらはちょくちょく顔を合わすようになったんだ」。はじめての会見でチーマウンは、「スーや、あんたがビルマの政治にかかわるつもりでとことんやる気なら、心を広くして最悪のことにも備えなければならん」と言ったそうだ。「神妙な顔で聞いとったよ」

さらに体制にとって不吉だったのは、ネーウィンに追い落とされるまで、ビルマでもっとも位が高く人気があった兵士がスーの側についたことだ。

痩せぎすでメガネをかけたウー・ティンウーは、スーのまわりに群がる学者やジャーナリストのなかでカクテルパーティーの支配人のように目だっていた。ネーウィンによって解任され投獄された一〇年の後でも、その眼には軍事行動の鋭さがあり、態度には戦闘で鍛えられた兵士のタフさがあった。

「一七歳のときから五〇近くまで、戦いの連続だった」と、ウー・ティンウーは言う。[12]「厳しい人生で、戦争中は奥深いジャングルに何年もとどまらなければならなかったし、何度も戦闘で負傷した。親父も死んだし、息子も若いときに死んだ。参謀に昇進したら裏切られ、解任され監獄行きだ。礼儀正しさとは縁がないし、ヤワでもない」

一九四三年、アウンサンの率いるビルマ義勇軍に、はじめての新兵としてわずか一六歳で参加。ティンウーは階級を駆け上がり、戦功によって一度勲章を受けている。一九七四年国防相になったときは、軍政のなかでもっとも人気のある英雄だった。流産に終わったその年の反乱のなかで、民衆はネーウィンの辞任と、それに代わる者としてティンウーの名を叫んだ。その二年後、未遂のクーデタにかかわったとして解任され、投獄された[13]。

出獄後、二年間僧院生活を送り、それから法学の学位をとった。彼のまわりで民主化の動きが現れたとき、それに巻き込まれることに躊躇があった。「古くからの軍の同僚は民衆に演説しろと薦めてきたが、はじめは断った。ヴィパッサナー（内観）瞑想に打ち込む静かな生活を続けたかった。瞑想の静かさと安らぎが気にいってたんだ。しかし同僚連中はあきらめず、何度も話し合った末、全ビルマ愛国旧同志連盟を作ることにした。国中からほとんど全部の退任士官がワシらの本部、これはワシの家だな、に何かできることがあったら言ってくれと申し出た[14]」

ティンウー自身、考えあぐねた末にスーの後を追って、八月二七日、ラングーン総合病院の外の熱気にあふれた大聴衆に向かって演説をしている。だが、軍隊が影響力を振るう社会のなかではどれほどに輝かしい代表者であったとしても、老兵士だけでは足りないことをティンウーは認識していた。「われわれのグループは大勢で、軍人とかなりの数の人口を抑えているが、他の民族らと一緒に国全体を導くことなどワシにはできん」。彼にすれば、「そうリーダー、強いリーダーが必要だった。みなを導くことができ、民主主義がなんなのかを知っている、民主主義で育ったリーダーが」

ひとりの仲間がティンウーに、シュエダゴンでのスーの演説のテープを聴かせた。「この人の言葉は力強くてはっきりしていた。それに、詰まるところがまるでない。長く外国で暮らしてビルマに戻るとビルマ語をしゃべるのはなかなか難しいが、この人は慣れたビルマ語の言い回しで流暢に話しとった。これは明らかに稀有な人物だ。民衆が民主主義に飢えとるのはわかる、そしてこの人はみなをつないで運動を導ける人だと期待しとるのも。われわれは『指導者』とは呼ばん、この人はビルマの民衆が望んでいるところへ連れ出してくれるだろう、女史だ」

ティンウーの連盟の老兵士たちは、革命の成功にはあちこちに噴出したさまざまな反対勢力をひとつに纏める人物が不可欠だと結論した。日に日にスーはその唯一の候補者になっていった。「ワシがひとりで会いに行くということに決まった。彼女の屋敷に着くと、ひとりで応接のソファの角に座っとった。ワシは挨拶をして……」と、ティンウーは振り返る。[15]

老兵とその最初の司令官の娘は、率直に自分たちの国がおかれている状況について語り合った。「この人のしゃべり方、様子、特徴、しぐさはびっくりするほどその父親に似ていた。ほとんど全部が父親を思わせるもので、女版の複製かと思ったな」。そこで、「貴女のはじめての演説を聴きました。『われわれはひとりではうまく行きません。人権と民主化を求める闘いには団結が必要です』と言ったら、『わかりました。では、一緒に進みましょう、一緒に仕事をしましょう』。これだけだった」

軍隊流の簡潔さと効率に満ちた出会いだった。端的な言葉づかいで知られたアウンサンばりの。ふたりはそれぞれに思いをうちに秘めていたが、将軍が帰ろうとドアに向かったとき、スーは口を滑らせた。「父に会われたことがありますか？　父をご存知でしたか？」と。

「もちろん。よく知ってますよ」と答えると、どんなことがありましたかと聞きたがった。「私が士官候補生を経てビルマ国民軍の士官になったときから知っていますよ。最後に会ったのはメイミョー、お父さんはビルマ総督府行政会議の議長代理でした。私は中尉。そのときお父さんはヨンホェのソーボワと一緒で……。そうそう、貴女のお母さんもいました。それが最後に見たお父さんの生きている姿です」。「そのとき誰かが小さな女の子を抱いているのを見ませんでしたか？」とスーは訊いた。ティンウーは正直に見なかったと答えたが、この会話は彼らの結びつきをさらに深めることになった。将軍は、アウンサンが国家建設を最後までやり遂げられなかったことがどれほど残念かと語った。「だから、いまは貴女を支えて協力しなければならん。あの人の娘である貴女が、ビルマ独立の偉大な成果を手にするために」。ティンウーは、その後二〇年を超える時間と長年にわたる軟禁のあとでも、NLDの同僚のなかでもっとも忠誠が揺るがない人物だ。

一九八八年九月中旬の緊迫のとき、スーの側についた三人目の老兵はウー・アウンジーだ。春にタブーを打ち破る反体制書簡を公開し、公の場でネーウィン批判をはじめた、うるさいハエのような将軍。アウンジーはスーの前日にシュエダゴンで演説し、マウンマウンとうまくやっていこうと呼びかけて聴衆の冷たい静寂に遭っている。

ここではじめて、アウンサンスーチー、アウンジー、ティンウーという、反乱のなかで登場したリーダーが手を結んだ。複数政党による選挙というBSPPの決定に従って創設された選挙管理委員会に出向いた三人は、選挙が自由で公正であることがどのように保証されているかチェックした。満足できなかった彼らは、三人の署名入りマウンマウン大統領宛の公開書簡でその理由を明らかにした。

彼らの指摘では、選挙を戦うために創られる新しい諸政党は、二六年間権力を独占しいまもなおその座にあるBSPPを相手にしなければならない。だが、これは公正な戦いではないだろう。加えてBSPPは、党員になることを強制された軍隊全部と、数百万の国家公務員という大きな組織票を持っている。資金もなく独立した選挙管理機構もない状況で、反対党にどれほどのチャンスがあるというのか。

唯一の方法は、ラングーンストライキ委員会などが主張するように、現政権を「全国民が納得できる」選挙管理のための暫定政権に替えることだ。

この日付は九月一三日火曜日だった。

興味深いことに、その後の二〇年を見れば、この激動の日々のなかで、マウンマウン大統領が反対勢力と同じ結論に向かっていると思わせるときだった。ＢＳＰＰの特別議会の後の演説で大統領は、ＢＳＰＰはこの事態に挑戦するに値しないと認めた。代議員に向かって、「党の弱点は初めから支配政党として生まれ単独政党として成長したことだ。実際、その身を犠牲にするとか、危険を冒してでも困難な問題に対処するなどの経験が欠如している」と述べた。マウンマウンは党の死亡宣告をしていると見えた。

そして九月一六日金曜日、スーとふたりの同僚が出した敵対的な公開書簡の三日後、政権は主な要求のうちのひとつを受け入れた。これはひと月もしない期間でスーが手にした三つ目の勝利だった。ビルマ史研究者マイケル・チャーニィの記録では、「九月一六日、国家評議会は声明で、国家公務員は『国家にのみ忠実であり国民にのみ仕える』ものであって、いま政府が創出を約束する複数政党制に沿うことに鑑み、すべての国家公務員は、軍隊も含め、もはや党のメンバーではありえないと述べた」[16]。この意味は、公務員はＢＳＰＰには属さないということだ。綻んでいた国家機構の大きな一部が崩壊した。楽観的な人びとは、革命の勝利の喜びを期待した。そのひとりマイケル・アリスは、英国の友人に向けた九月一五日付けのファックスで書いている。「親愛なるみなさま、アレクサンダーとキムの面倒を見ていただいているすべてのみなさまに大きな感謝を……。クリスマスには彼らがこちらに来られるだろうと思います。それまでには平和は確実なものになっているでしょう。いますでに、怪物的な軍政の壁に最後の裂け目が現れています。幸運を祈ってください！」

一方、軍政が軍隊に給与を払うため銀行から六億チャットを強制的に引き出したことは、軍隊の忠誠心が薄れていることの証だった。軍政は、元軍人で一〇年以上もネーウィンの敵として知られたティンウーのような人物がスーの側に付いたことを甘く見ていた。しかし、九月七日、第一六軽装歩兵師団の兵士一六名が、武器なしとはいえ、ラングーンの街頭を軍服で行進し「われわれの軍事能力は国民を殺す為のものではない」と叫んだことをどう考えていたのだろう？　入国管理と税関の職員が民主主義を求める横断幕を掲げて、制服で首都を行進するのを？　あるいは、同じく制服姿でオフィスに掲げられたアウンサン将軍の写真をかざす女性士官を先頭に、鉄道警察もまた隊列を組んで行進する姿を？

上部の将軍たちは、ハエのような下級兵士どもは簡単に舞い上がるが、同じように簡単に隊列に戻るだろうとあざ笑っていたのかもしれない。しかし、空軍が同じ動きを示したのはどうだろう？　九月九日ミンガラドン航空基地整備隊の一五〇人が他のふたつの空軍部隊に続いてストライキに入った。マウンマウン博士はBSPPの失敗を指摘したスピーチのなかで、野蛮な反乱勢力を悪辣なイメージで呪っている。「すべてを押し飛ばし、押し倒し、まわりの歓声に煽られて雄たけびを上げながら群れとなって殺到し、占領してしまう」[17]。しかし、改革を要求してドラムとラッパに従い整然と隊列を組んで首都を行進している、反乱への新たな参加者とは何だ。

この流れでは、いまや反対勢力はほとんど互角の形勢だった。鳥の羽ほどの重さでバランスは革命派の側に傾くところだった。ベルティル・リントナーは主張する。「上級士官の誰でもいいから、武装部隊を率いて首都に入り反乱派を支持すると宣言していれば、即座に国民的英雄になり、事態は大きく変わっただろう」[18]と。ラングーンとビルマは息をこらして事態の変化を待っていた。

★

その数日後の恐るべき出来事は、次の疑問を投げかける。ネーウィン将軍とその取り巻きは、ここ数か月国を乗っ取ったられたような事態をどう見ていたのか？

シュエダゴンでの演説で、スーは彼女の言葉で父親が創出した軍を讃えている。「私は軍に強い親近感を抱いています。だから、軍と国民が分かれて争うのを見たくはありません。軍にお願いしたいのは、国民が信頼でき頼れる軍になることです」。スーが長く生活したインドや英国では、軍は栄誉を受けてはいるが政治権力からは厳しく遠ざけられていた。スーは兵士たちが兵営に戻ることを勧め、それによって市民による文化的なビルマが生まれ出ることを考えていた。軍の存在そのものや軍の持つ特別な役割を脅かす言葉はどこにもない。

しかし、一八日夕から続く数日に起きたことで明らかになるのは、権力にあった者たちは事態をまったく別の見方で見ていたということだ。ネーウィンは軍であり、軍はネーウィンだ。どちらかに対する攻撃は両者に対する攻撃なのだ。軍は分断されないだろう。長年の権力の座がもたらしたものは、有り余る特権、巨額の富、忌み嫌う旧宗主国英国と同じほどに一般社会からかけ離れて優越した地位であり、それらすべてを失う危険を冒すことなどできないほどに大きなものだ。そういった彼らに対して、スーは戦争を仕掛けてきたのだ。思い上がったひとりの独裁者の権力にではなく、彼ら軍隊すべてと軍が必死になって奪い取ってきた成果すべてに対して。だから、軍は自分たちのやり方で応じてきた。戦争である。

★

九月一八日日曜日は、いまや自由なビルマでは当たり前になった、大きなデモのおこなわれる日だった。八月からはじまったストライキは全国に広がり、緩む気配はなかった。ラングーンでは四〇を超える日刊・週刊新聞が売られ、ニュースと噂話と自由な論争であふれかえっていた。ラングーン大学の学生は、マウンマウン博士の遅々とした歩みに辛抱できず、自分たちで暫定政府を作ると宣言した。この学生のばかげた考えは大統領の行動をうながす意味でもあった。この日騒乱はなく、斬首も報告されていない。ビルマの国の政府は空白のままに、首都ラングーンはだらだらと時を進めていた。マーティン・モーランドが追想するように「ラングーンの街、それどころかじつに国全体が、『頼れる兄貴』なしに混乱したまま、大事もなく動いていた[19]」。ユニヴァーシティアヴェニューのスーの屋敷に住み込んだ数十人の学生とその他の人たちが、国の未来の姿を「頼れる姉貴」相手に論じつづけていた。すべてが輝かしいことばかりではなかった。ニョーオンミンは思い出す。「はじめての仕事は近所の食堂に焼き飯を買いに行くこと。それから運転手もした。毎日、山ほど話し合いがなされた[20]」

この日がいつもと違う兆しを見せたのは午後四時のことだ。国営ラジオの午後の音楽番組の途中に、男の声が突然割り込んで来た。「国家の全土に及んだ劣悪な状況を、機を逃さず停止させるため、かつ国民の利益のため、国防軍は本日より国家の全権を掌握する」と告げた[21]。

戒厳令が強化される形で戻ってきた。アナウンサーは、午後八時より午前四時の外出禁止令が直ちに施行されると伝えた。日中の以下の行動は禁止された。五人以上の人間が路上で、集まる、歩く、列を作って行進する、スローガンを唱える、演説をおこなう、煽動する、混乱を起こすことは、その行為が混乱を目的としているか犯罪であるか否か等にかかわらず禁止された。

しかし過去数か月で、人びとは軍隊を無視することに慣れていたし、今回もそうした。ベルティル・リントナーは書いている。「短いアナウンスのすぐ後で、雨が落ちだし、遅い午後の空は暗い雨雲に覆われた。再び街全域で、人びとは街路樹を切り倒し道ばたの木製屋台をひっくり返してバリケードを作りはじめた、八月にやったように。人びとの顔には不安の影がさし、極度の緊張した雰囲気が漂うなか、電線は切られ街灯は壊された。兵士の動きを邪魔するためだが、誰もがいまにも兵隊が出現すると思っていた」[22]

『インデペンデント』紙の特派員で、前日バンコクから観光ビザで入国したばかりのテリー・マッカーシーは書いている。

ラングーンの街を歩くと不気味だった。ほとんどの道路はその交差点ごとに、街路樹やコンクリートパイプ、木製の門扉、コンクリートブロックなどで封鎖されていた。主要道路のごく一部だけが通れた。各バリケードには、木の槍、ナイフ、自転車の尖ったスポークを打ち出す道具、砂利と酸性の液を混ぜたボトル、鉈鎌、火炎瓶などいろんな武器を手にした若者がいた。数時間のうちの空気の変化は、恐怖を感じさせるものだった。この日の早い時間には、反体制派の指導者たちは暫定政権について浮かれ気味に語っていた。仲介人が何度もメッセージを持って反体制派とマウンマウンの文民政府の間を行き来していた、学生は嬉々として街頭を行進し、民主主義を叫んでいた[23]。

それらはすべて終わった。ベルティル・リントナーは書いた。

何人かは、家の中で鍋やフライパンを打ち鳴らし、やり場のない反抗の意思を示した。別の人びとは弓や刀、ジングリー〔マッカーシーが言う自転車の尖ったスポーク。ゴムパチンコで打ち出す〕を手に、軍と闘う用意をして街頭に立った。数千人の怒れるデモの集団が、不気味な夕暮れの街頭に現れた。横断幕や旗や手作りの粗野な武器を振りかざし、振り絞る声で「シックェイ、アソヤ、ピョッチャヤイ〔犬のような政府を倒せ〕！」と叫んでいた。[24]

遠くから雷鳴のような轟きが聞こえた。ついに来たのだ。午後遅く、数百の軍用トラック、クレーン搭載車、装甲兵員輸送車、そしてマシンガン搭載車両が街の北部にある駐屯地を出発し、列を組んで市中心部に向かってきた。今回は、にらみ合いも、脅しも、民衆の散会を待つ遠慮もなしだった。七月、ネーウィンは冷たい警告を発していた。「軍が発砲するときは、命中させるために撃つ」と。今回、兵は命令を文字どおり実行した。

リントナーの報告では、「軍用車両に搭載した拡声器から、人びとにバリケードを撤去する命令が告げられた。命令が無視されると、機関銃が近隣の家屋を掃射した。最初の射撃でも反抗者が命令に応じないときは、クレーンが投入され薄っぺらな道路封鎖を排除した[25]」

誰であれ路上にいる者は戒厳令に対する違反者であり、したがってだまし討ちではなかった。リントナーの報告は続く。「軍用トラックと機関銃車両が完璧な隊列で全方向に射撃を加えながら路上を進み、視界に入る人だかりをすべて刈り取った。路上に残された死体は、射撃の合間に軍がトラックに積んで運び去った。夜通し散発的な射撃音がラングーンのあちこちから聞こえた」

侵攻してきた部隊の主なターゲットのひとつはアウンサンスーチーだった。急ごしらえの反対運動に入ったスーとその仲間の人びとにとって、軍の強硬措置は晴天の霹靂だった。ティンウーのスポークスマンは「これは姿を変えたクーデタだ。すべてをぶち壊しにする」と述べた。[26] スー、ティンウー、そしてこの三頭政治に最後に加わったアウンジーは、ラジオ放送の意味を理解するや直ちに緊急会談を開いたが、会談のはじめにコメントは発表されなかった。その日の午後遅く、数十人の兵士と一台の軽機関銃搭載車両がユニヴァーシティアヴェニューのスーの屋敷の前で配置に付いた。誰も出入りは許されず、電話線は切断された。「一晩中、機関銃の音で寝られませんでした」と、スーの屋敷の庭に閉じ込められたひとり、ニョーオンミンは振り返る。[27]

スーは敷地内に留まる学生やその他の人びとに、軍には抵抗しないようにと話した。「私が監獄に入れられるほうがましです」とも「みなが監獄に入るほうがましです」とも言った。[28] しかし、ニョーオンミンらは彼女の言葉を黙って無視し、他の活動家たちとともに来るべき対決に備えた。

「機関銃は真っ直ぐ門に向けられていました。われわれを守るにはゴムパチンコしかないので、みな非常に緊張していました。物置にふたつの六〇リットルタンクに入ったパラフィンがあったので、見つけられるかぎりのビンを使って火炎瓶を作りました。屋敷内にいるわれわれの安全は、どれだけ自衛できるかにかかっていました」とニョーオンミンは言う。[29] 彼らはスーに告げなかった。見つかればもちろん反対されるから、こっそりと準備をすすめた。「彼女は気がつかなかった。護衛係りのひとりがゴムパチンコを持っているのを目にすると、決してそんなものに触ってはいけませんと、まるで母親のように言っていた」

しかし、ニョーオンミンとその仲間はスーの身をかなり危険だと案じていた。そこで彼は、スーを逮捕やあるいはもっと最悪の事態から救う秘密の計画を提案した。

「隣の敷地はタス、ソビエト通信社の所有地だ。国軍はその中には来ない。タスのロシア人特派員が壁ごしに話しかけてきたから、ブロークンな英語の会話で、軍政は非常に危険でスーを殺すつもりだと話した。そしたら彼は、自分の敷地に避難すればいい、ここはソビエト連邦の所有地だから治外法権だと言った」と説明した。

ニョーオンミンはこの案をスーに伝えた。「もし軍が銃撃をはじめたら脱出するよう彼女にお願いしましたが、答えはノーでした。『あなた方若い人は、絶対に抵抗してはいけません、私が軍と話して私が拘束されます。それがみなの命を救う方法です』と」

「それで、仲間に、みなは外に出そうとしているのに彼女はとても頑固で、だから彼女の頭を叩いて気絶させ、壁越しにタスの敷地に逃がそうと提案しました。私たちはとにかく彼女の命を守るのが第一で、兵隊が彼女を撃つか撃たないかはどちらとも判断できない状態だったし」。この七二時間続いた籠城は、どちらの側も暴力を使わずに、スーは気絶することなく、敷地に留まったまま終わった。

血がすでに流れ出しているにもかかわらず、反抗的なスト参加者は月曜の朝、再び路上に戻り、容赦ない軍の対応が続くことになった。数か月にわたる政情不安と流血をともなう抑圧に促され、やっと国際社会は注目しはじめた。「少なくとも百人、おそらくその四倍ほどの人が、昨日のラングーンの街頭で射殺された」とするマッカーシーの特派員報告は、『インデペンデント』紙の第一面に掲載された。「ビルマ国軍が権力を掌握し、一日のうちに街は恐怖に突き落とされた。時間が経つにつれ、街中に反響する銃撃音のなか、負傷者がラングーン総合病院にあふれはじめた。目撃者は、信じられない光景だったと言う。人体がそこらじゅうに転がっていて、どれがまだ生きていて、どれが死体なのか、わからないこともあった[30]」

マッカーシーの記事は続く。

しかし、学生たちと軍との衝突は短かった。兵士が発砲するとすぐに学生は退いて、いくつか投石があったという話だ。何人かの情報では、ラングーンのタンウェ地区の民衆は装甲トラックに襲い掛かり、多数の犠牲者を出しながらもついに一七人の兵士を殺し武器を奪ったと言う。また、政府のビルマ語放送でも伝えられたが、ラングーン市内のふたつの警察署がデモ隊に襲われたという報告もある。

マッカーシーが粗野な手作りの武器を取り上げて強調するのは、これらのデモ参加者は哀しいほど粗末な武器でも戦う決意を持っていたということだ。さらに多くの人たちは単にアウンサン将軍の肖像か、孔雀の旗だけを頼りに。だが、兵士たちはヴェトコン（ベトナム民族解放戦線）を相手にしているかのように振舞った。リントナーの記録。

いつもの集合場所である市庁舎とマハバンドラ公園を通って行進する多くの人びとの誰ひとりとして、それらを囲む屋根に据えられた機関銃座に気づかなかった。行進する人びとが左に曲がったとき、三方の銃座の中に嵌まり込んだことに気が付いた。同時に三方の屋上の兵隊は射撃を開始した。警告は与えられず、数人のデモ参加者が血を流しながら路上に倒れた。反対側の道路から完璧な隊形で歩調を合わせた兵士の隊列が現れ、その後ろに機関銃搭載車両が続いていた。吼えるような号令に兵士は伏せ撃ちの姿勢をとり、まるで強力に武装した敵を相手にしているかのようだった。[31]

マッカーシーの報告では、「ビルマ赤十字は狂ったような勢いで路上の負傷者や死者を収容していて、ラングーン東部の衝突では、負傷者を乗せて病院に運ぶため、ある西欧の国の大使館にまで車を出してくれと要請していた。『彼らは大変な勇気を持っていました』と、外交官のひとりは言っている[32]」

九月一八日に起きたことを、正確に表現する言葉を見つけるのは難しい。ふつうにはクーデタと言われるが、しかしある西欧の外交官はうんざりして言っている。「どこがクーデタだ？　同じ人間が政権についたままじゃないか？」。とはいえ、これは単なる弾圧以上のものだった。過去のデモに対する攻撃で軍が見せた躊躇は微塵もなかった。それに過去数週間に見られた軍の忠誠心の揺らぎも見当たらなかった。兵士は所定の位置に構え、なんの感情もなく兵士がするべき方法で、その銃を発砲した。まるでよく仕組まれた機械仕掛けのように。

八月八日と、九月一八日から一九日の軍の攻撃の違いは、いわば砲撃における最初の測敵弾と、射手が目標を修正してくる第二射、第三射、第四射の違いだった。小さな町ペコーンでは、パスカル・コートウェは民主派の指導者のひとりとして演説の技術を磨いていたのだが、そのとき何が起きていたかを見ていた。公開の集会のあいだ、「われわれを監視するため、バレないように制服を脱いだ警察が、聴衆に紛れていた。われわれは気づくべきだったんだ、やつらのいつもの手口に。リーダーが表面に出てくるようにして、後で捕まえるために[33]」

いまや軍はこれまでに集めたすべての情報を有効に使いはじめた。何が起きるかを恐れる数千の活動家は、拘束や殺害を逃れるため国境地帯に逃げ込んだ。アウンミンはタイ国境のカレン支配地域に逃れたひとりだ。彼によれば「今度は違うと気が付いて逃げたんだ。八月のような無差別虐殺じゃなかった。これはよく計画され、そのターゲットは絞られていた。八月から九月のデモですべてはオープンになったから、主要な活動家は全部知られるようになり、軍は特定の人びとを探していた[34]」。急ごしらえの演壇に登って同輩の学生に民主主義への闘いを訴えた者の多くは、その後撤退を余儀なくされた。非暴力の道に絶望した彼らは、一部は独立以前から長年にわたってビルマ国家と闘う、少数民族軍の慈悲にすがった。彼らは食料と軍事訓練と銃を求め、少数民族軍とともに闘うことを誓った。

火曜日の夜までに戦闘は終わった。街頭から反抗者は除かれ、死体は運び去られ、血はホースで洗い流され、再び国軍の武力が街を支配した。何が起きたのかを知りたい一般のビルマ人は、外国ラジオに再び聞き入った。弾圧の最初の結果は、ビルマ全土の新聞の強制的な廃刊だった。日増しに不服従の度合いを高めていた体制の宣伝紙『労働者日報』も廃刊になった。そして数週間後、完全に骨抜きになった形で、ただひとつ新聞スタンドに戻ってきた。しかしBBCを聴く誰もが、軍の掌握以来、ラングーンだけでも少なくとも千人が殺されたことを知ったはずだ。これは少なすぎる数字だろう。マイケル・チャーニィは「クーデタにともなう弾圧は、八千から一万の死者を出した」と書いている[35]。これはビルマの血塗られた現代史のなかでも最悪の市民虐殺だったし、第二次世界大戦後の世界で最悪のもののひとつだ。

これは、ネーウィン体制が権力のライバルとしてアウンサンスーチーが登場したことに対し、どんな挨拶をしたかということだ。彼女に対する火の洗礼だった。では「オックスフォードの主婦」はどう応じたのか？

★

弾圧の直後から数日のあいだ、テリー・マッカーシーは多くの時間をスーと過ごした。「私はジャーナリスト数人と彼女を訪ね、湖を眺める居間で長い会話をした。マイケルもその場にいた。ふたりの子どもは数週間前に学校がはじまるので英国に帰されていた。彼女の話は非常に説得力があり、私はその日から毎日訪問した」と思い出す。

「はじめて私たちが訪問しているとき、射撃がはじまった。ビルマ軍は大口径の銃を使っていて、大きな音を立て、彼らが撃っているのが鳥ではないことは明らかだった。スーはまったくたじろぐこともなく、信じられないほど冷静だった[36]」

最初の面会で、このアイルランド人のジャーナリストに、スーは秋までには英国に戻る考えだったと語っている。だが、過去数か月の出来事が彼女の考えを変えさせた。いまはビルマに留まることを考えている、「でも、許されることなら、私は政治の世界にいたくはないんです」としながらも[37]、それは不可能だとすぐに観念せざるを得なかった。「何かをつかんだら、落とすわけにはいかないのです。その最後まで見届けなければいけません。八月の射撃のあと、そのことに気が付きました」と話した。

「オックスフォードの大学社会で生活するのとはまったく違うのです」と、スーは悲しい調子で認めた。「『タイムズ』の文化面の書評では誰かを邪悪なやつだと呼んでいますが、邪悪とはどういうことなのか、私たちは知りませんでした」

★

九月一八日の出来事は、一九六二年以来のビルマ政府最大の公職追放の後だった。一八日の朝、マウンマウン大統領はネーウィンの自宅に呼びつけられ解任された。同時に、国の行政機関全体、議会と閣僚会議を頂点に下は全土の地方行政機関に至るまで、廃止もしくは業務停止させられた。それらは、人びとが望む中立の暫定政府ではなく、七〇年代のまやかしの文民支配に替わるまでその職にあった国軍士官により取って代わられた。社会主義と議会制の仮面ははずされ、軍はむき出しの力で人びとに向き合っていた。

マウンマウンの替わりは総参謀長ソゥマウン将軍、その前のふたりと同じくネーウィンの作り物だった。死体がすべて焼かれ、通りがホースで洗われたとき、彼は放送で国民に、「国軍はその任務を果たしているだけである、いったん任務が完了すれば、国家は再び発展する」と語った。

国軍のさしあたりの仕事は、法と秩序を回復し、国家の行政機構を再構築することであると述べた。そして、団体、組合そして私企業は、国民が必要とする食糧、衣料、住居を供給する責任がある。ひとたびこれらの仕事が済めば、複数政党による選挙が、約束どおりおこなわれる。そして軍事評議会はいかなる形でも選挙委員会に干渉することなく選挙が実施される。「われわれは権力に長く留まるつもりはない」と強調しつつ、むしろ「自由で公正な選挙の後に生まれる政府に権力を委譲する、私は次の政府のために道をつくる者であり、次の政府が登場する道に花を添えるつもりである」と語った[38]。

だがビルマ人は馬鹿ではなかった。ネーウィンは単にソゥマウンを使って、自分のやり方を繰り返しているだけだ。「これは一九六二年の図式に戻ったんだ、何も変わっちゃいない!」と、ラングーンの中心部スーレーパゴダの近くにいた男がマッカーシーに語っている[39]。過去六週間の興奮のるつぼに続いたきわめて暴力的な二日間で、すべてが以前の状態に戻ってしまった。「ナンバーワン」はトップに戻っていた。

テリー・マッカーシーはネーウィンについて「一日中拳銃を持ち歩き、夜は隣の枕に小型機関銃を置いて寝ていた。いらついて安定せず、怒りを爆発させたすぐあとに泣き出すとか。彼はめったにラングーンの屋敷を出ず、無線電話で軍に命令を出していた。側近たちも恐れていた。ビルマが世界から孤立していたように、ネーウィンもその部下から孤立していた」と言う[40]。元副官はマッカーシーに語っている。「ネーウィンは、殺戮はあたりまえのことだと思っていました。十分な理由があるかぎり。ただ、その理由というのはわれわれの理由ではなく、彼自身の理由なのです」。別の者は、彼を毒蛇と比較した。「ネーウィンはコブラとかガラガラヘビとは違っています。蛇は攻撃の前に警告しますから」

しかし、全体的な抑圧という点が同じでも、一九六二年のネーウィンのクーデタとははっきり違う点もいくつかある。ひとつは、先のクーデタではほとんど血が流れなかったこと。もうひとつは、ネーウィンが七七歳で、記録が示すように引退を望んでいたこと。兵士たちが街頭で市民を殺戮し続ける一方で、彼の代理人ソゥマウンは、マウンマウン政府が決めた三か月以内の複数政党による選挙という考えを引き継ぐと保証した。

この保証がビルマの外の世界を懐柔しようとした口約束だったとしたら、まったくの失敗に終わった。九月二三日、米国は虐殺に抗議してすべての援助停止を宣言した。ヨーロッパ、そして長く軍事政権のもっとも信頼できる伴侶だった日本までが、米国の決定に続いた。しかし選挙の約束はまたクーデタを正当化する姑息な方法でもあった。選挙が実行されるには、まず秩序が回復されなければならない。だからこそ軍が介入する必要があった。民主主義の産婆になることこそ、軍の役割なのだ！　だから、軍人たちが殺戮から一週間もしないうちに自分たちにつけた名は、国家法秩序回復評議会（ＳＬＯＲＣ）、００７映画に登場するソビエトの諜報機関（ＳＭＥＲＳＨ）と同程度の、じつに低俗な名前だ。

軍政が言う選挙の約束などいかがわしいものだ。しかし恐怖と、流血と、学生の脱出と、全土を覆う絶望のさなか、それはほんのごくわずかな光だった。それだけが少しでも前進を促すものだった。たぶんそのわずかな光こそ、人生の半分を英国で過ごした人にはよく理解できるものだろう。英国ではちょうど三百年前、「名誉革命」と呼ばれる出来事が、ひとりの命を奪うこともなく、英国民主制に大きく太い骨組みを与えて限りない未来へ滑り出させたのだ[41]。

これが結末だった。一九八八年九月二四日、ＳＬＯＲＣがＢＳＰＰの遺灰のうちから出現し、アウンサンスーチーとその同盟者は、ネーウィンの気が変わらないうちにと、ひとつの政党を結成すると発表した。

4　母の葬儀

アウンサンスーチーがはじめての大演説をシュエダゴンパゴダでおこなったとき、それに立ち会った数十万の人びとのなかに、赤く輝く口紅、鋭いまなざしの小柄な四一歳の女性、マ・テインギーがいた。その日の記憶をつぎのように書いている。

八月二六日、アウンサンスーチー女史は、シュエダゴンパゴダ西入り口の外、はじめて大勢の民衆に向かって演説した。彼女の名前は魔法の力。彼女はアウンサン将軍の娘だから、そんな彼女をひとめ見てみようと思わない人などそこにはいない。朝は雨が降って風も強かった。西入り口の前の広場はすぐに泥沼みたいになり、私は友達といっしょにプラスチックシートを敷いて座っていた。草刈りがされたばかりで、足元をパニックになった小さなカエルが飛び回っていた。彼女は三時間遅れで到着した。いっしょに着いた人たちは「彼女を守るため」演壇上の背後や周囲に集まった。でもほとんどは、彼女のそばにいるところを見てほしいのだろう。

マンダレー宮廷の臣下の末裔で、ビルマの著名な作家のひとりであるマ・テインギーにとって、これが民主化運動に深くかかわることになるスタートだった。

「音響設備が悪く、何も聞こえない。でも、聞こえなかったとしても、人びとはまちがいなく一目で彼女の姿をこころにとどめた。色白で、綺麗で、雄弁で、そして話すときに目が輝くのだ。そのうえなによりも、彼女は私たちの将軍の娘なのだ。私たちはシンボル、導きの光、そして父親が果たす機会を与えられなかった希望と夢を運んできてくれる存在を手に入れたことを喜んだ」と書いている。

作家になる前、マ・テインギーはそのエネルギーのほとんどを絵画に向けていた。スーの演説に奮い立ち、彼女とその画家仲間は民主化運動を支持する壁に貼るポスターを製作しはじめた。マ・テインギーがサンプルを見せるためスーに会いにいったとき、その場でスーの支援スタッフとして雇われた。

「シュエダゴンの演説の二日ばかりあと、スー女史に会いに画家『組織』の同僚と、私たちが作ったポスターをプレゼントしに出かけた。英語ができるとわかった女史から、このはじめての面会のあと、女史の私的な仕事のスタッフになってくれないかと頼まれた。外国メディアの人たちとやりとりするのに便利だと思った」と、マ・テインギーはこの時期に書いた未公開の追想録で述べている。

新しい反対党が混乱した中で徐々に形をとりつつあったとき、マ・テインギーは長い時間をスーの屋敷で過ごすようになった。その隣の部屋では急ごしらえの病室にスーの母親、ドー・キンチーが重態のままベッドの上で日を送っていた。マ・テインギーは精確に屋敷の中の配置とそこにいた人を記憶している。

家に入ると広間の左側に二階に上がる階段があり、玄関の真ん中には大理石板の丸テーブルがひとつ、左に狭いベランダ式の廊下があってその先がスーのオフィスで、元は食堂だったところ。実際に彼女は丸い回転式の棚がついた食卓を、事務机や会議用テーブルとして使っていた。その先はトイレとキッチン、そして物置があった。

このオフィスの右に小部屋があって、その奥の大きな部屋でキンチー女史がベッドに横たわっていた。後ろの廊下でその部屋とキッチンがつながっている。その部屋には裏に出る扉と階段があったがほとんど使われず傷んでいた。

広間の反対側は談話室で、キンチー女史が訪問者をもてなすために、ソファーとティーテーブルとピアノが置かれていた。この部屋は開放式の扉を開くと横のベランダに出られ、ベランダは病室にもつながっていたがこちらはロックされていた。

私は朝八時にオフィスに着き、夕方の五時半まで過ごした。

しかし、全国ストと騒乱のなかでの通勤は簡単ではなかった。

「いくつかの道路は倒れた木でふさがれ、バスは一台も走っていなかった。走っている車はほんのちょっと。国軍情報部のものだと思われた車は燃やされた。私の家は一〇キロほど離れていて、何度かは歩いていった。最初はふたりの若い女性画家仲間が手伝ってくれたが、ひとりは米国に、もうひとりは結婚でいなくなり、とても忙しくなった」

この時期、スーは少数のほとんど常駐で熱心に働くスタッフを抱えていた。そのなかにコウ・ミンスウェというアシスタントがいて、支払いや使い走り、スーの欲しい本を探しにいったりしていた。元ラングーン大学図書館司書で、マ・テインギーによれば「本に情熱を燃やしていた」[1]。妻のドー・ヌウェは詩人で、時どきは一緒にスーの屋敷に泊まっていた。のちにこのふたりは、庭の奥の小屋に住みこんでNLDの宣伝部として活動する。スーが何度も大衆の前に登場するようになると、アシスタントのコウ・ミンスウェは緊急必需品を持って、常に彼女のそばにいた。

マ・テインギーと仕事でいちばん関係があったのは、ふたりの兄弟だった。「スーの家族みたいで」、屋敷に住み込み階下の広間で寝起きしていた。「彼らは元国軍士官ウー・ミンルウィンの息子だった」とマ・テインギーは記録している。

私とこの兄弟とはとてもうまくいっていた。兄のコウ・モォは、背は低く、ぶ厚いメガネをかけ、恐ろしく怒った調子で喋る。とても不機嫌な外見の裏に、いちばん優しい心を持っている。弟のコウ・アウンは背が高く、機嫌がよいとき以外は口を開かない。細目でいつもあたりを見回し、なにごとも見逃さない。日がたつにつれ、私とコウ・アウンはどんなときでもチームとしてうまくやるようになった。互いに目を合わせるだけで言いたいことがわかった。お互いに仕事を進めるのに頼りにしていた。何人かの支援者はただスーの近くにいるという栄誉が欲しいだけで、実際の仕事はしないとすぐにわかった。とても聡明で見栄えがよく、まったく表情を変えないコウ・アウンは貴重だった。

時が経つにつれ、どんどん店や事務所がストライキに入って閉じられた。公共交通機関がなくなり、街はほとんど機能しなくなった。その結果ユニヴァーシティアヴェニュー五四番地は陸の孤島と化した。マ・テインギーの記憶では、「街で緊張が高まると、私たちは一日じゅう屋敷から出られなくなった」

首切りの話もいくつか聞いた。槍の先に首を掲げた残酷な写真が載った新聞が届けられた。いちどは、街の中の店が全部閉まっているとき、スーはみな髪の毛が伸び放題になっているのを見るのはうんざりすると言った。私は散髪のやりかたを知っていたので、屋敷内の床屋を任された。コウ・アウンだけは肩まで伸びる髪を私に触れさせないが、ほかの人たち、アリス博士やコウ・ミンスウェも、恥ずかしいほど短く刈られるハメになった。あとでスーが言ったように、まるで囚人みたいに。

マ・テインギーは、あの流血の軍事支配が復帰を告げた日曜日も屋敷にいた。

九月一八日の昼近く、心配顔のコウ・モゥが屋敷に来た。日曜日で会議も訪問者もない。彼は、「何かが起きている。ラジオは軍歌を流し続けている」と告げた。コウ・アウンがラジオを持ってきてスー女史の丸テーブル、真ん中に回転式の棚がついたものに置き、スイッチを付けっぱなしにした。何か所かに電話をするが確かな情報は得られない。私たちはみな、軍の介入を予想した。はたせるかな、午後四時、軍は無政府状態を正常化するため権力を握る、誰も通りを行進してはならないと告げた。午後八時から朝四時までの外出禁止令が出された。公務員には職場復帰するよう命じ、戻らなければ解雇だと告げた。

行進が禁止されても、いくつかのグループが次の日、街頭行進に出たが、大勢が撃たれて死んだ。死体は素早く持ち去られ、路上の血は洗い流された。

マ・テインギーは射撃と流血の日々、ユニヴァーシティアヴェニューが軍に包囲されているあいだ、自宅に留まった。街が鎮静化し仕事に戻ると、屋敷はソゥマウン将軍の複数政党による選挙の約束にどう応じるかで大騒ぎだった。

「政党をつくるべきかどうかでオフィスは白熱していた。ある夕方、訪問者がなくふたりだけになったとき、仕事にかかりきりの私のそばにスーが来て、党の政治に参加したいかどうか訊いた。スーは、コウ・ミンスウェなど若い人をもっとかかわらせたい、中央執行委員会に参加させたいと言った」

マ・テインギーはスーの申し出に慎重だった。彼女は民主化運動にはまったくかかわっていなかったし、性格的に組織というものに参加するのは嫌いだった。結局、マ・テインギーは党からは離れた位置にいることを選んだが、しかし結党前からビルマでもっとも有力な政治勢力になるまでのその後の数か月、スーの個人的なアシスタントとして、スーと密接なかかわりを持つことになった。

たくさんの会議と多くの議論の後、創設者の三巨頭、アウンジー、アウンサンスーチー、ティンウー、短く纏めてアウン、スー、ティンとして知られる三人は、国民民主統一戦線の設立を宣言した。党名はその後すぐに国民民主連盟（NLD）と変更され、今日に至る。変更の理由は九月末、以前の支配政党ビルマ社会主義計画党（BSPP）が、国民統一党という似たような名前に替えたからだ。「全精力はNLDを作り上げることに注がれている。スーはその書記長だ。いまでも兵士と検問所が全市の道路にあるが、無差別な射撃はやめたようだ。反対勢力との交渉については一言もない。マレーシア大使が帰ったあと、スーは党を登録するため選挙委員会に出かけた」と、マイケルは九月三〇日に英国の友人たち宛に書いている。[2]

党の旗は、赤地に白い星と姿の良い金の孔雀、首を下げ、羽を広げた「戦う孔雀」だ。ビルマの軍隊は一七〇〇年代のコンバウン王朝以来、羽をいっぱいに広げた孔雀を描いた旗のもとで戦ってきた。王政の時代は「玉座が孔雀とウサギの上に描かれ、王が太陽と月の後裔であることを象徴している」と、シュウェイヨーというペンネームで一八八二年に初版が出版された『ビルマ人――その生活と考え』に、ジョージ・スコットが書いている。[3] 一九三〇年代には孔雀がまた、スーの父親アウンサンが参加したビルマの戦闘的な学生運動の紋章でもあった。アウンサンは学生紙『オウェイ』の編集者だった。タイトルのビルマ語の意味は孔雀の荒々しい鳴き声だ。スーは名前の戦闘的なイメージを嫌って、党の紋章的な鳥が「踊る孔雀」と言われるほうを好んだ。

スーは新しく生まれた党の書記長になり、退役将軍アウンジーが議長、ティンウーが副議長だった。中央執行委員会のメンバーは、暴風のジャーナリスト・ウィンティン、太った元国軍士官チーマウン、そしてラングーン弁護士協会の会長で女性弁護士のドー・ミンミンキンだった。

マ・テインギーは振り返る。「スーも加えて、三人が文民だった。そのほかは元軍人で、軍服のズボンからロンジーに戻ったことで、党の知識人連中は嘲笑的にバウンビチュ、『ズボンを脱いだ男たち』と呼んだ」

「初めから双方に不信感があった」と彼女は言う。とはいえ、この九月の終わりの厳しい状況の日々、重大な決意がなされ大きな希望があった。希望の根拠とは、新しい総司令官によっておこなわれる民主的な選挙の約束と、アウンサンスーチーという「魔法の名前」だ。一年も経たないうちに、これにかかわったほとんどの男女は沈黙することになる、自宅軟禁か投獄で。

★

スーの名のもとに集まったこんなにも異なる人びとは、何を手に入れようとしていたのか？

党設立の宣言で、アウン、スー、ティンの三人の指導者は「この組織の基本的な目標は、真に民主的な政府を実現すること」であり、そのために党はソゥマウンが告げた選挙に参加する準備をする、と表明した。数日前『インデペンデント』紙に載った記事でも、スーは「私はビルマの人びとが、人権を完全に享受できるような民主的制度を実現するために働いています。どこの国と国民も、それぞれの事情に合う政治的、経済的解決を見出さなければなりません」と話している。[4]

ならば、ビルマの「特殊な事情」とは何か、そして西洋で生まれ育った民主主義という考えをどうやってそれにうまく適合させられるのか？

ビルマの近代化は、一九八八年夏の疾風怒濤に巻き込まれるはるか以前から、スーが長年にわたって考え続けてきた問題だった。

シュエダゴンの大聴衆に向かって述べたように、彼女の父親はその短い生涯の最後の頃、ビルマは民主制で行くべきだという信念を明らかにしている。枢軸勢力の崩壊を受け、ファシスト独裁は時代遅れになった。別のイデオロギーモデル、共産主義はアウンサンの義兄タントゥンを信奉者に取り込み、彼はビルマ共産党の指導者になった。しかし、無慈悲で即物的なマルクス主義という思想は、国境の向こうの中国が毛沢東主義になったあとでも、信心深いビルマ人にはあまり受けなかった。一九四八年の独立達成時、民主主義はビルマの政治制度となり、それは一九六二年の軍による権力奪取まで続いた。

だがビルマの文脈において、「民主主義」とは何なのか？

西洋で言われる意味は「忠誠心をともなう反対」という考えだ。政党は人びとの票を競い、それが権力につながる。選挙に負けた側は国家に対する忠誠を変えることはなく、議会において自分たちの主張をおこない、選挙に勝った政府の政策に反対する。それは平和的な方法だ。

読者の多くは、私の解釈する議会制民主主義の基本的な考えが、ビルマとか他の非西欧諸国に対しては、もともと極めて異国的なものだと言うだろう。

一九四八年までビルマは、民主主義はもちろん、似たようなものもまったく知らなかった。極めて専制的で気まぐれなビルマ王政が、銃によって強制するカルカッタの英国人の権威的な命令に置き換わっただけだ。その英国支配の最後は日本に取って代わられたが、「共栄圏」という甘い言葉にもかかわらず、実際にはそれまでビルマを支配した者たちと同じように専制的だった。

そして、「反対派」に対する考え方に根本的な問題があった。最後の王ティボーの先代ミンドン王は一八七四年、英国の総選挙でウィリアム・グラッドストーンのホイッグ党が負けたという知らせが届くと、「なら、あわれなガラサトン〔グラッドストーン〕は牢獄行きじゃな、きっと。かわいそうに。そう悪いやつだとは思わなんだが」と言った。[5] ビルマ史研究者のグスターフ・ホウトマンは書いている。「ミンドンにとって、政治的な反対党派が選挙に負けて、牢獄に入らないことはあり得なかった。実際、政治的反対派は、特別な敬意を払われるほど力がないかぎり、逃亡か監獄か、さもなければ死が当たり前だった」

スー自身も認めるように、ビルマ仏教のビルマ社会におけるすばらしい成功は、政治的な部分ではよその国からなにかしら学んで役に立つ可能性に対して、ビルマ人の考えを閉ざしがちにしている。スーは、『健全な社会制度』は政治的未熟さと両立する」と書いたことがある。ビルマはその社会制度の特徴のほとんどを、千年を超える上座部（小乗）仏教の経験に負っている。仏教の思想にはカースト制度はない。ヒンドゥー教の考えと大きく違い、すべての人は生まれながらに平等であるという教えは、説法だけではなく、かなりの程度で実践されている。たしかにビルマ人は、、バラモン占星術師に導かれ仏教僧から助言を受けながら、富と特権の大きな溝が王宮を人民から隔てるかなり気まぐれな支配の王政のもとにあった。しかし、ビルマ人が悲惨な状態にあったわけではない。ビルマで仏教徒の子どもは、つまり英国が侵入するまではほぼ全員が、僧院の学校に行って読み書きを習い、何世紀にもわたってビルマは世界のなかでもっとも識字率の高い国のひとつだった。

宗教の教えが異常なほどに浸透していた。すべてのビルマの男の子は、小さいときに仏教サンガ（僧団）に入門し、数週間、数か月、あるいは望むならもっと長い期間、僧として大人の僧と一緒に、毎朝托鉢にまわり、瞑想、経文の読み書き、読経、僧院内の各種の複雑な儀礼を学んだ。

伝統的なビルマ社会には多くの欠陥や問題があった。ビルマ族以外の人は差別され奴隷にされることさえあったし、盗賊行為は日常で国の中心部でも起きた。そして厳格な階級社会だった。しかしそういった限界のなかでも、ビルマ人の大多数は、だいたい平等で、仏教の五戒（不殺生、不偸盗、不邪淫、不妄語、不飲酒）は一般に守られていた。ビルマのように土地が豊かで十分な陽光と雨に恵まれた国では、結果として農民は素朴で、安穏で、欲が欠けていた。

『ビルマ人』（*The Burman*）のなかでジョージ・スコットは書いている。

ビルマ人とはもっとも心安らかで満足している人間である。金持ちになろうとは思わない。大金を手にいれたときは、全部をなにか敬虔なことに使う。そしてそれが来世の応報に見合うと喜ぶのだ。もしアダムの呪いから逃れた者がいたとすれば、それはビルマ人だ。田んぼの刈り入れが終わったら、心配はどうやってヒマをつぶすかだ。そんなに難しいことではない。両切り煙草とビンロウがありあまるその土地で、なにごともない人生が過ぎていく。最大の野望は、村のボートがタディンジュウ（雨安居明け）のレースで勝つこと。そして村でいちばんの鶏や水牛がほかの村より優れていることだ。[6]

スーが指摘しているように、ビルマ人の気楽な満足感が持つ欠点は、知的野心の欠如だ。「伝統的なビルマの教育は疑うことを求めなかった」とスーは書いた。ビルマ人は「仏教は完全な哲学を現している。だからさらにそれを発展させようとか他の哲学を考慮しようとかする必要がない」と信じているからだ。[7]

田んぼで働く農民からはるか彼方、ほとんど想像すらできない宮廷のなか、ふつうの人間の知識を超えたところで、「天上の象の支配者」である王が統治した。もし先王の子でなければ（もし子をなさずに王が死ねば）それは占い師によって、チベットの偉大なラマの生まれ変わりの子どもが見つけ出されるように、指名された。スコットは言う。「ビルマの王は、西洋の王国では神から授けられた権利と呼ぶものによって強力に支配する」。[8]しかし、その権利が侵されないことを確実にするためには、往々にして徹底的な対策が必要だった。権力の潜在的な競争者はすべて、民主制度の言葉で言う隠れた反対派は、もっとも決定的な方法で口を封じなければならなかった。

ビルマ最後の王ティボーが玉座に就いたとき、その母と妃から「王子たちを追い出さないかぎり決して安全ではない」と告げられ、スコットの書くところでは「王家の血を引く七〇人の、男女と子どもが次の三日間で殺され、宮廷内に掘られた長い溝に埋められた。最年長の王子は、慈悲を乞いながら、いつも虐待していた自分の奴隷の手にかかって殺された……。哀れな老摂政ペグーは、鼻と口に火薬を詰められ、そして爆発させられた」

ティボーによる競争者の虐殺は外国の新聞で広く報じられ、その残虐さは英国がビルマ王政を終焉させビルマ全域を支配する理由を与えた。しかしビルマ側の視点に立てば、新しい王が玉座を争うものを始末するのは、いつもどおりの賢明な習慣だった。「多くのビルマ人は国の平和を確かにするという意味で、この事態を好意的に擁護している」とスコットは指摘した。さもなければ、占い師に後押しされた人物が、やれると思えばいつでも反乱を起こす危険がある。

ビルマ宮廷の虐殺はその規模の大きさで目だっているが、世界のどこに王が玉座を狙う競争者に手加減する国があるだろうか。伝統的な君主制では、王位を争った者は亡命するか身を隠すかだ。ビルマの悲劇は、スーもビルマに戻る前から気づいているように、その歴史のなかで権力が競われかつ共有される方法があるということを知る機会を持たなかったことだ。

ビルマの北西国境のむこうには世界最大の民主制国家がある。英国がインドの歴史をひっくり返して侵攻したとき、インドはビルマと同じ程度に封建制で君主制だった。だが、数世紀にわたる民主制度による英国植民地支配の後に生まれたものは六〇年以上も持ちこたえている。なぜインドはそのような制度を続けられたのに、一方のビルマはインドに比べ社会的問題は少なく、生活水準は高く、識字率も勝っていたのに、わずか一〇年ばかりの民主制度の後に暴君の専制に陥ったのか？

これが長年にわたってスーが抱き続けた疑問で、その成果は、いまだ公刊されていないスーのもっとも成熟した著作である小論『植民地制度下のインドとビルマの知的生活』(*Intellectual Life in India and Burma under colonialism*) だ。これはスーとマイケルがシムラに滞在した一九八六年に書かれたものだ。

スーは述べている。「民主主義はインドの根幹まで浸透することができた、なぜなら英国はそのインド植民地行政府を運営するため、英語で教育を受けた知的エリートを意図的につくり出したから。このエリートたちは、伝統的で地方的な教育の限界を捨てさることができ、一方で自分たちの伝統に触れ続けながらも、国際的な影響に対してオープンだった」。その結果はガンディーのような人びとで、スーの言葉では「ガンディーは実際的な考えができる人で、事態の必要に即した答えを求めた。自身が深く育まれたヒンドゥー思想にもかかわらず、ガンディーは知的柔軟性によって、彼が望ましいと思う倫理的社会的枠組みに合致する西洋思想の要素をいくつか受け入れた」[9]

ビルマはベンガルに二世紀以上遅れて植民地化された。英国が植民地行政をおこなう際に助けとなる土着のエリートを求めたとき、ビルマ人は数も少なく言語能力でも劣っていたから、英国はインド人や中国人に人材を求めることになった。スーが指摘するように「彼らは西洋人と付き合うことと西洋の制度について、遥かに多くの経験をしていた」

そしてかなり時間がたってからでも、英国が既存のふたつのカレッジを統合して、アカデミックな水準が高くビルマ内で教育が受けられるラングーン大学を創ろうとしたとき、暴力的な反対に遭った。「ビルマ人のメンタリティには、もともと反エリート主義、つまり、国の中心となるような教育は、できるかぎり社会の広い層に開かれているべきだという考えがあった」とスーは書いている。しかしこのりっぱな動機は、英領インドの巨人達、ラビンドラナート・タゴールとか、スワミ・ヴィヴェカナンダ、ガンディー、ネルーなどに匹敵するビルマ人が現れることを難しくした。

その失敗に対する強い不満は、まだ学生だったアウンサンが一九三〇年代に書いた文章に反映している。「我らには、マハトマ・ガンディーのごとき指導者たる能力と意思を持つ人物に従う万全の準備ができている。出でよ誰か、かの指導者たる者、かの指導者たらんと欲する者。我らは待てり」と書いている。[10]

もちろんアウンサン自身が、現れた指導者だった。しかし彼が独立の可能性に向けて国を導けたとしても、ビルマの政治文化を変えることはできなかった。それは、いかにカリスマ的であったとしても、ひとりの人間の能力、あるいは一世代ではできない仕事だった。独立時には、完成せずに残された課題だった。

アウンサンが死んだとき彼の率いていた党、翌一九四八年の独立で最初のビルマ政府を構成した反ファシスト人民自由連盟（ＡＦＰＦＬ）は、西洋的な意味での政党ではなかった。米国のビルマ専門家デヴィド・スタインバーグの言い方に従えば「むしろそれは、いくつかの政治党派と地方実力者たちと政治的影響力のある者のゆるい連合体で、その構成員は左派から中道左派のすべてを含む何らかの社会主義者だった。さらに重要な点は、ＡＦＰＦＬは権力を私的に体現する人びとの幅広い集まりで、各指導者が自分の権力基盤と取り巻きと、ときには武装した支持者をともなっていた」[11]。この『私的な権力』は、政党をひとつにまとめる思想的な結合力を欠き、ＡＦＰＦＬをふたつの派閥に、政治的なことではなく個人的事情で分けることになった。それが国軍に権力への最初の参加を許し、その数年後の最終的な権力奪取を招いた。

ビルマは国家に対して忠誠心のある反対、言い換えるなら社会のさまざまな階層によって代表され共有される権力という概念を理解しきれていない。スタインバーグは書いている。他の多くの伝統的な社会と同じく「権力は一元的」なもので、「中心と周辺部、指導者のあいだで、その他いろいろな形で」権力を共有することはそれを失うことである。これは全部かゼロかのどちらかしかない。「忠誠心がもっとも大事で、取り巻きと、各種のパトロン＝クライアント関係がともなう。したがって、この中核の外部にいる者は潜在的な反逆者とみなされ、『忠誠心のある反対』などありえない」

グスターフ・ホウトマンは、なぜビルマでは「反対派」の概念が評価されないかについて三つの理由を挙げている。第一に「権力が王や将軍に集中する」という意味は、「その体制は反対派を疑いの目で見、政治的枠組みのなかに場所を与えることはしたくない、あるいはできない」。第二に「反対を申し立てるとは対決を意味し、つまり軍事行動を指す」。そして第三に「反対派は『調和』と『国家的統一』に対する脅威とみなされる。国家的統一の必要をなによりも強調することによって、反対という考えは『統一の破壊』とまさしく同じ意味にされる」[12]

シュエダゴンでの演説で父親がしたように、スーは何度も「統一」の必要を述べた。しかしネーウィンとその取り巻きたちにすれば、スーとその新しい政党は国家的統一という神話的概念に対する脅威を体現し、支配に対する生死をかけた挑戦であるように見えた。そしてなによりもこわいのはまさにアウンサンの名前、その人の成果をネーウィンたちの正統性の根拠としているアウンサンの名によって仕掛けられていることだ。

ホウトマンは書いている。「ビルマでは、体制の反対者であると宣言するのは、よほど勇気のある者かよっぽどのバカ者だ、その中間はほとんどない[13]」。アウンサンスーチーが彼女の新しい政党とその民主的な公約を全土に広めはじめたとき、すぐに彼女とその仲間たちはいかに勇敢でなければならないかに、まさに気づくことになる。

★

もしソゥマウンの三か月以内の選挙、一九八八年末以前、の約束が実行されるならNLDにはムダな時間はなかった。しかしたちまち、アウンサン以来、ビルマ政治の原罪とでもいうべき分派抗争で紛糾することになる。今回は、バウンビチュ（ズボンを脱いだ男たち）と呼ばれる元軍人と、インテリ知識人の派閥争いだった。それはつまるところ、右派と左派の争いになった。

アウンジー准将は、NLDの指導者のなかで浮いていた。元はネーウィンの側近で、ネーウィン時代のすべてのエリート軍人を輩出した第四ビルマライフル部隊の部下だった。一九八八年に国軍関係者のなかではじめてネーウィンの政策を公の場で攻撃した人物でもあった。二五年も前、一九六三年に軍事政権から追い出されていたが、国軍に対する変わらぬ好意を公言してきたし、もとのボスに対する個人攻撃は注意深く避けてきた。スーの演説の前日に、アウンジーがシュエダゴンでおこなった演説では、聴衆に新しい「穏健派」の大統領マウンマウンの言葉に注目するよう訴えた。九月一八日の弾圧直前には、彼は軍によるクーデタはないと「保証」し、もしまちがっていたら自殺するとまで言った。噂では、国家法秩序回復評議会（SLORC）の高位の人物たちときわめて近しい関係にある。

別の言いかたをすれば、彼はビルマでもっとも変革の可能性を持った反対政党を指導するにはきわめて怪しい人物で、指導部の不一致があきらかになったとき、スーは彼を参加させたことは誤りだったと認めた。スーは側近のひとりウー・ウィンケッに個人的に「私はまちがいました。だけど理由がなかったわけではありません。アウンジーを良くは思っていませんでしたが、国のために働こうとしたとき、個人的な悪感情は別にしようと決めたのです」と漏らした。[14]

アウンジー将軍とスーは決別するが、それはアウンジーが生まれたての党に重大な問題を起こしたあとだった。彼は九月の終わりか一〇月の初め、マンダレーの北東にある英国が作った避暑地「メイミョーに休暇で行く」と言って、ラングーンを離れた。「でもその途中、すべての町に立ちよって集会を開き、誰でも三万チャットを国民民主連盟に寄付すれば、選挙で候補者になれると告げた」とマ・テインギーは記している。[15]

この考えは、党がつながっているのは比較的裕福な層だという印象と引き換えに、有益な資金を得ようとするものだ。これは、スーと党の他の指導者たちにとっては破門に値するものだった。しかし彼らがこれを知ったのは数週間後で、スーはアウンジーの引き起こした混乱を整理しなければならなかった。

一〇月の終わり、ビルマの生活は荒廃した日常に戻りつつあった。スーと側近たちは、マ・テインギーも含め、スーの経歴のなかではじめて戒厳令を無視し、大規模な政治集会を開くために、地方に向けて出発した。八月八日にはじまった全国ストは一〇月三日に敗れ、労働者たちは大量解雇の脅しに負けて職場に戻ることになった。二週間後、反乱が起きて閉まって以来、はじめてラングーンの銀行の窓口が営業をはじめた。SLORCは国境地帯に逃げた一万人以上の学生たちに戻るよう呼びかけ、政府側が支配する国境地帯に受け入れキャンプを設けた。一一月一八日までに投降するなら、反乱軍としてではなく単に「道を誤った青年」として扱い、両親のもとに送り返すと約束した。軍政に対する不信から、ほんのわずかの数の学生だけが応じたが、伝えられるところではそのうちの何人かは投獄され、拷問を受け、処刑された。

スーは一〇月三〇日、遊説チームを連れ車列を組んでユニヴァーシティアヴェニューを出発した。彼女は、お気に入りの運転手ミョーティン、愛称「タイガー」が運転する彼の所有のクリーム色の日本製乗用車で旅をした。後部座席にスーを挟んで、両側にマ・テインギーの同僚の青年ふたり、コウ・アウンとコウ・ミンスウェが座った。コウ・ミンスウェが持つ肩掛けバッグ、これは仕事のないときは彼が教養人だとビルマ人に思わせるものだが、そのなかにはスーの飲み水のボトル、頭痛薬、気つけ薬、ティッシュ、それから声が枯れそうなときのために飴が少し入っていた。

ひと世代以上なかった久しぶりの政治的反対派による地方遊説で、この第一回目ではマグウェ、ペグー、サガイン、マンダレーというラングーンの北方、暑くて平坦なビルマ中心部になる四管区をまわり、国じゅうですでにできはじめたNLD地方支部のスタッフと会議を開いた。しかし訪れたすべての場所で、スーは数週間前にアウンジーが残していったイメージを正しいものに変えなければならなかった。

マ・テインギーの記憶では、「ぜんぶの集会や会議ごとに、スーは説明を加えてアウンジーの通知を否定しなければならなかった。シュエボの町に辿りついたときには、スーはこれに疲れきっていて、『党のためのキャンペーンが何もできない。アウンジーの言った、候補者になるための寄付を募るというアウンジーの通知は根拠のないものだとひたすら説明するばかり』と言った。多くのひとは怒っていた」

別の問題もあった。政治キャンペーンというものが人びとには馴染みのないことで、しかしスーに対する個人崇拝はすでに全国的なものだった。マ・テインギーは「何か所かで、会議が長すぎてスケジュールが遅れた。NLDオフィスの人たちは長い詩を披露するとか長い演説をするのだと言い張ったから。どこに行っても同じことで。それからスーといっしょに写真を撮りたがる人とか、花束をスーに渡すとき花の茎が彼女の顔を突き刺すことなどおかまいなしの人とか。べつの人は安い香水をふりかけたいと譲らず、まともに顔にかけた。アウンアウン〔スーの学生ボディガードのひとり〕と私〔マ・テインギー〕はこういう人たちには手荒くするしかない」と書いている。スーと一緒のところを見て欲しい多くの人びとのうち何人かは、ステージに押しかけスーのお付きとボディガードの横に並んだ。

ひと世代のあいだ、ビルマで政治活動と言えばBSPPがおこなうものだけだった。そのほかのやり方は知らないから、新しく登場したNLD支部の自薦の指導者はBSPPをまねた。マ・テインギーの追想によれば、「町や村がNLD支部をつくったら、その指導者、議長、書記長などを自分たちのあいだで決めて、私たちを贅沢にもてなした。絹のガウンバウン（ターバンの一種）と絹のロンジー、妻たちは絹と長いスカーフ、全員まさにBSPPの政治局員といういでたちで、おまけに高慢な顔つきまで同じだった」

しかし、さまざまな問題と誤解にもかかわらず、新党には輝かしいスタートだった。行く先々で、スーとその仲間は大勢の熱狂的な人びとを集めた。NLD支部は主な町の全部に、その多くはあっという間に、ラングーンからの指導もなしに、成立していた。変革を求める民衆の気持ちは疑いようがなく、スーは急速にその抜き出た中心的シンボルになっていった。スーたちはどこでも私服警官と国軍情報部のスパイにつけられていたが、誰も集会をやめさせようとはしなかった。一〇月二六日にシュエダゴンで起きた小規模の学生による抗議はすぐに軍によってつぶされ、その一〇日後ラングーン市内の僧侶によるデモの動きは蹴散らされていたが。スーの魔法の名前は、軍政に対する反対運動は厳密に非暴力だとつねに注意深く強調することと相まって、彼女の敵対者を魅了する効果を持っていた。少なくとも、ここまでは彼女のやりたいようにさせていた。

たぶん、そう長くないうちに彼女はあきらめてオックスフォードの家と家族のもとに帰るだろうと踏んでいたのだろう。あるいはたぶん、じつに二三五に達した届け出政党の大集団が、彼女の声をかき消し影響力を小さなものにすると期待したのだろう。それにアウンジーのことは、軍政にとって明らかに好ましい方向で作用していた。

独立以来ずっと、共産主義はビルマ政治の大きな問題だった。一九四八年ビルマ共産党は、スーの母の義兄、つまり叔父にあたるタキン・タントゥンに率いられ、民主的に選出されたウー・ヌ政府に協力することを拒否した。武装闘争に訴えてラングーンの北東にあるペグー山地の広い範囲を占拠し、東北部の国境で中国の共産主義者と手を結んだ。ノーマン・ルイスが一九五〇年にビルマを旅行したとき、広い範囲が共産主義者の反乱による立ち入り禁止区域だった。

ビルマに戻るまえの著作でも、ビルマ国内の演説でも、スーが共産主義者に好意的なしるしはどこにもない。しかしネーウィンに忠実な連中は一九八八年の反乱は共産主義者の陰謀だと非難した。スーの身内と共産党の関係、そしてNLD中央執行委員会内のよく知られた左翼人物たち、一九五〇年台にマルクス主義研究グループに所属していた弁護士ドー・ミンミンキンなどについては、誹謗中傷が簡単に作り出せた。そして国営メディアと、軍政内部でますます影響力を高めているメガネをかけた国軍情報部長のキンニュンは、この中傷を繰り返し強調した。アウンサンスーチーは「共産主義者に囲まれている。叔父の率いたビルマ共産党と同じ道を歩んでいる」と非難した。[16]

このような攻撃は受け流すことができた。毎度のことで、ときにはお笑いだった。たとえばキンニュンは、共産党が一九八八年の反乱当初、指導者にスーの母ドー・キンチーを立てようとしたと言ったが、当人は三月から入院していて重態だった。

だが深刻なのは、一二月の初めになって、アウンジー自身がこの疑惑を何度も主張しはじめたことだ。国軍情報部と、反軍事政権らしい退役将軍が見事に声を合わせて、NLDの三三人の中央執行委員会メンバーのうち八人が共産主義者だと非難した。アウンジーはネーウィンといまだに共謀しているのか？彼はナンバーワンと計画して新党を弱らせ、分裂させ、潰そうとさえしているのか？

もしアウンジーが背後に潜む「赤」への警告だけに留めていれば、党に大きなダメージを与えていただろう。しかし、彼がNLD内のスーの重要性を公開の場で軽んじはじめたのはやり過ぎだった。NLDの同僚のあいだでスーが集めている支持を見くびったのは致命的だった。一九八八年一二月三日の劇的な中央執行委員会会議で、アウンジーの指導性が投票にかけられた。負けた彼には辞職しかなく、何人かの元軍人を連れて党を去った。しかしながら幸いなことに、ティンウーとチーマウンなど、中央執行委員会のもっとも有能な元軍人たちはスーと文人インテリ側に残り、それは後の党の成功に決定的なものとなった。ティンウー元国防相がアウンジーに代わって議長になった。

★

脳卒中によって娘をあわてて帰国させ、ビルマの運命を変えることになった人。その人物はこの数か月、大きな大衆運動がまわりで起きているとき、半身不随のままユニヴァーシティアヴェニュー五四番地の一階の自室に横たわっていた。そしてついに一二月二七日、七六歳で、彼女、スーの母親ドー・キンチーは亡くなった。スーと父親をもっとも強くつなぐ絆は失われた。

もしドー・キンチーが六か月か七か月早く亡くなっていたら、スーのシュエダゴン演説とその後のことはなく、その死もまったく違った結果をもたらしていただろう。母の看病はスーの人生のなかで最後の大きな仕事となり、スーを家族から容赦なく引き離した悲しい務めは終わりをむかえただろう。ビルマの混乱について彼女の気持ちがどんなに収まらなかったとしても、オックスフォードの家族と家庭に対して不在を延ばす理由は、そこには何もなかったはずだ。

しかしいまは、スーだけではなくマイケルとふたりの子どもも、状況がまったく変わったことを理解していた。ドー・キンチーはスーにとっての架け橋だったのだ。スーはその橋を渡ってしまい、向こう岸にはべつの務めが待っていた。病気の母を看病する必要と同じぐらい大事な、そしてその結末ははるかに予想しがたい務めが。いま、別離の恐れは現実のものとなり、そして後戻りはできなかった。

ビルマの荒れ狂う国家的危機のなか、すべての陣営にとってドー・キンチーの死はひとつの区切りで、分岐点だった。それぞれには異なった意味と、異なった希望を抱いていたのだとしても。

軍政側はいまだにスーの政治への参加は、突飛な思いつきで、ちょっとした気まぐれであり、だから母親が亡くなったいまは荷物をまとめて出ていくだろうと夢に描いていた。軍政は九月に英国に帰ったマイケル、アレクサンダー、キムにビルマに戻るためのビザを承認した。彼らがいなくなれば家族を想うがゆえにスーがビルマから離れるだろうと予測していた。

夏に何週間もストライキをおこなった大衆にとって、そしてその仲間の市民数千人を虐殺される心の傷を受けて沈黙させられた人びとにとって、ドー・キンチーの死は逆に、九月一八日以来はじめて集団となって道に繰り出しスーへの連帯を示せる、そしてその裏の意味において軍政に対する反感を示せる、チャンスだった。二万人の人びとが、ドー・キンチーの死を聞いて弔意を表すために、ユニヴァーシティアヴェニューに集まった。それ以上の数の人びとが墓所に向かう霊柩車についていこうと待っていた。

舞台の準備はできた。別の言い方をするならば、あらたな血まみれの衝突の用意が。しかしありがたいことに、今回はそうならなかった。SLORCの側は、国家創設者の未亡人の葬儀を首都の郊外のみすぼらしい場所でやれとは言わなかった。スーの要求にそって、ドー・キンチーの葬儀は国葬並みとし、シュエダゴンに近い、ティボーの側室スパヤラッ、ウー・タント、そしてアウンサンその人が埋葬された墓所でおこなうことを承認した。それどころか、葬儀代として千ドルあまりを負担し、遺体を収める新しい碑の建立を認めた。

この太っ腹な譲歩はさらに、軍政側の新しい首領ソゥマウン将軍が葬儀前日の夕刻、キンニュン情報部長兼内務・宗教相を従えて、弔問記帳にユニヴァーシティアヴェニューを訪れることで強調された。彼らはティーをふるまわれた。その席で大統領はスーに、九月一八日から二〇日にかけて国軍によっておこなわれた虐殺について、彼の業（カルマ）が国軍の名誉のために「この穢れた」采配を取らせることになって苦しんだと言い、権力に執着する気はないとつけ加えた。[17] スーがなんと応じたかは記録がないが、これはこの両者にこれまではまったくなかった、もっとも心が近づいたときだった。

大衆もまた行儀よくふるまった。軍政は冷たい警告を発し、葬儀は「あらたな混乱」につながり得ると言った。それを予言するものでもあり得た。スーはしかし、ものごとをもっと尊厳に満ちたものにした。

母の死後二日目、一二月二九日付け『労働者日報』(体制側の英字新聞)に、冷静さを呼びかける声明を載せた。「私の母の葬列には非常に多くの人びとが参加すると予想されますから、私はみなさまが母の最後の旅路を冷静に行儀よく見送ってくださいますよう……。それによって葬儀が順調に運びますように、どうかお願い致します」。そしてこうつけ加えた。「また、みなさんが葬儀委員会の段取りと治安上の措置にも従うようお願いしたいと思います」

人びとは、ロイター通信によれば一〇万人が、指示に従った。軍政は参列せず、部隊を兵営に留めることでこれに協力した。ビルマの民衆と軍隊のあいだに長く続く奇妙なやりとりのなかで幾度か見られるように、人びとはひととき武装部隊の姿がない首都にあふれだし、あの八月と九月のストライキと同じ赤い腕章をした学生たちの整理に従った。学生たちは反政府ソングを歌い、NLDの孔雀の旗を振った。棺はインヤ湖畔の屋敷から、花でおおわれた霊柩車に乗って運びだされ、僧侶を先頭にスーと家族、そしてかなりの数の各国外交官が続き、炎天下を二時間かけて歩いた。最後に人びとは平和裏に散会した。スーの安堵は大きく、『インデペンデント』紙の電話インタビューに、「この機会が眼を覚ますきっかけになるよう期待しています。協力と理解があれば、私たちはものごとを平和裏に進められるということを。人びとは暴力のために暴力を使うのではないということを」[18]

スーはすでに、もっと先を見ていた。オックスフォードの寒い英国の冬ではなく、つぎの地方遊説を。マイケルは当然、いっしょに付いていけなかった。仮に長期滞在のビザが認められたとしても、学校に戻る子どもたちの面倒を見なければならなかった。次善の策として、マイケルは優れた英語を話すスーの個人的なアシスタント、マ・テインギーに、マイケル自身もその様子を知りたかったので、遊説の日記をつけてほしいと頼んだ。マ・テインギーは喜んで引き受けた。

5 全国遊説

軍政の方針はバカげたものだった。ソゥマウン大将は三か月以内の複数政党による総選挙をとなえ、長く政権に留まらないと強調し、総選挙に勝った党派に政権を譲ると約束した。数十の新しい政党が登録された。しかし、選挙運動をおこなうことは実質的に法律違反だった。五人以上の集会は禁止されたままで、ラングーンは戒厳令下だった。編集者が追放され、陰気な『労働者日報』以外のすべての新聞は廃刊になった。いまだに白黒のテレビ放送は、支配政党の路線を堅持するだけだ。いったいどうやって諸政党はそのメッセージを世界に伝えるというのか？

アウンサンスーチーはこの問題を、もっとも単純でもっとも直接的な方法、軍政の規制をあっさり無視して人びとに会いに、旅に出ることで解決した。主な都市のほかは、スーは生まれた国のわずかしか目にしたことがなかったし、もう何年も訪れていなかった。そして、スーがビルマの人びとに思いを巡らしたとき、ビルマの人びとは直接彼女を見たことがなかった。選挙の日程はじつに曖昧なままで、すぐにでも選挙が実施されるなら、出発は早いほどよかった。

この政治運動のやり方はガンディーにならったものだ。スーと同じく数十年を国外で過ごしたガンディーはインドに戻ると、手を下せずに激怒する英国をしりめに数年間、インド亜大陸を縦横に旅することに費やした。そしてスーの旅は、彼女の履歴のなかでこれこそアウンサンスーチーだと証明するものになっていった。一連の遠足のようにも思わせがちで、マ・テインギーのユーモアと鋭い観察に満ちた日記は、さらにその印象を強くする。しかし実際には、これらの旅は常に危険で、一キロごとにスーと国民民主連盟（NLD）は軍政側の法的規制に挑戦していた。二度にわたって、スーは殺される寸前だった。だがこの危険は、初めから覚悟していたことだ。マ・テインギーは日記の中で、旅のひとつについてこう記している。「ガンディーはスーのお手本であり、英雄だった。みなは危険に飛び込むことだと知っていた。学生の一部は突然の死に備えてタラナゴン経を詠んでもらい、この呪符は仏教徒の儀礼で死体に向かって唱えられるもの。何人かは旅の準備で数日僧院に入って、僧か尼になった」

スーの姿勢はヒンドゥーの儀礼サニヤシンに比されるものだった。母と父が亡くなっていた。この目的のために、スーは家庭生活の義務も喜びも捨てた。ビルマの民主的な未来はスーにとってもはや抽象的なことではなく、彼女が身を捧げるに価するものだった。それこそが彼女が生きている理由であり、人生を規定するものだった。スーはいま、この大義を完全に理解していた、どのような結果になろうとも。

どこに行っても、スーとその一行は大勢の、歓喜する人びとに迎えられた。民衆はスーにかかわるなという権力の命令をたびたび無視し、大きな危険を冒して家から表に出てきて歓迎した。スーはビルマを縦断した。南はテナセリム、ラングーンの西南のイラワジデルタを数回の旅で横切り、王朝時代の都マンダレーとその途中の各地、北東部のシャン州、最後にははるか北のカチンの山並みに至るまで。NLDへの支持は膨れ上がった。まるで彼女がビルマを取り込んでいくように、ビルマも彼女を受け入れていった。そして全部の旅をスーは生きのび、新たな人びとが彼女を称えるごとに、軍政の権力と威信は目に見えて小さくなった。なぜなら、われわれがすでに見たように、ビルマの権力はゼロサム（なにもなしか総取りかの）ゲームなのだから。

ベルティル・リントナーは初期の集会の雰囲気をこう伝えている。


彼女はラングーン周辺部の新しいNLD事務所の開所式にやってくるところだった。灼熱の四月、雨季はまだ来ない。私はタクシーででかけた。数千人の人びとがこの灼熱の太陽の下、数時間も待ち続けていた。子どもも、老婦人も、あらゆる世代の人びとがいた。

突然、遠くに土煙をたててこちらに向かう白い車が視界に入り、やがて目の前に来て停まった。彼女は日本からもらった一台の白いトヨタでビルマを旅していた。民衆の歓声は信じられないほど大きかった。彼女は車を降り、とてもリラックスした雰囲気で、学生たちとボディガードに囲まれ、その場の人びとみなに微笑みかけて花輪を受け、ステージに上がって話しはじめた。

彼女は二時間も、三時間も話し続け、誰もその場を離れなかった。ひとりの子どもさえ離れなかった。私のビルマ語は初級程度だが、彼女の話は理解できた。とても簡単なふつうの人でもわかる言葉を使っていた。「貴方がたは頭を持っています。でも頭はうなずくためにあるのではありません。貴方がたは二六年間もうなずき続けてきましたが、この頭は考えるためについているのです」。こんなふうに、家族の会話みたいで、みな笑っていた。そんなふうにして彼女はひきあげていった。[1]

軍政は苦々しく思っていた。ドー・キンチーの葬儀前日に示した、冷やかな礼儀正しさと品の良い保証で、数か月の間は誹謗と生死にかかわる脅しを控えめにした。しかし軍政は、国を取りかえす必死の努力もした。国の名前をミャンマーに変えることだった。ソウマウン大将は精神錯乱に向かいつつあり、やがて権力の座を追われることになる。

★

一九八九年一月二〇日、スーとＮＬＤは首都の南西に広がるイラワジデルタに向け出発した。水田がどこまでも続く平たい土地、点在する小さな村むらを曲がりくねる河が縫ってゆく。この肥沃な土地はイギリスが灌漑したものだ。この場所はまた、二〇〇八年のサイクロンナルギスで数万人の命が失われたところでもある。この旅は、はじめてマ・テインギーがその旅程を記録した旅であり、またはじめてスーとＮＬＤが自由に移動する権利を侵害された旅でもあった。

マ・テインギーはある町で彼らが受けた当局の「歓迎」について書いている。「バセインでのひどいいやがらせ。武装した兵隊が、私たちが泊まる家から外に出るのを禁止し、一、三人で友人を訪れるのはかまわないとか」。バセインはデルタ地域最大の町のひとつだが、当該地区の師団長ミンアウン准将は、ＮＬＤ一行の到着を彼個人への挑戦とみなしたようで、配下の部隊で街を埋めつくしていた。夫マイケルへの手紙で、スーは「ここで私はあの有名なミンアウン准将と大乱戦をした」と書いている。街の港は「兵隊でいっぱいで、ほとんどの道は土嚢と有刺鉄線で塞がれていた」とも。軍は街中の市場と事務所を強制的に休業させ、教師たちを「ボランティア奉仕」の名目で市外に出し、銃を空に向けて発砲して住民がＮＬＤを出迎えるのを止めさそうとした。

スーたちがバセインに着いた朝、地元の支持者が何人か逮捕されたことを知らされた。スーは准将への面会を求めた。正式に不服申し立てをおこなう意志を持ち、「それが公正なものであると納得するまで」街を離れないとした。

マ・テインギーの日記をみよう。

要求は却下されたが、下級の者との面会は認められた。それで、私が行くから私の名前を告げて欲しいと言った。軍隊は女を見くだしているし、私ならたいしたことはない、軟弱だと思うはずだから。マ・スー〔日記では、マ・テインギーはスーのことをマ（お姐さん）の敬称をつけて、マ・スーあるいは簡単にマ・マと呼んでいる〕から許可がでた（みなは私が一発目の魚雷を発射するつもりだとは気がついていなかった）。私は出掛けた、いつもの服とはちがう慎み深いやつを着て、香水をたっぷり振りかけた。私はほんとうに恥ずかしそうに甘い感じでふたりの中級士官に話しかけ、彼らはすっかり信じたようだった。私たちをバセインに入れないわけは、監獄から出された囚人のうちのふたりは死刑執行待ちの殺人犯で、だから私たちが町に入ると危ないということだった。これで私が怖がるだろうと彼らは思っていたに違いない。『私たちの身が危ない』と三度も四度もくり返した。私はずっとおとなしく聞いていたが、あるところできっぱりと尋ねた。『では、殺人罪を宣告され死刑を待っている者がどうして出獄できたのでございますか？〔ビルマの伝統社会では、女性が公的機関の男性、とりわけ軍士官に対し、厳しい質問をすることなど考えられなかった〕。彼らは私の質問に唖然としていたので、もういちど質問してやった。怒り心頭だが、私が上品に話しているから怒鳴るわけにもいかなかった。

スーの一行がラングーンから乗ってきた車が足止めされ、実質的に町に閉じ込められたとわかったとき、スーは一泊した家から歩いて表に出、道に並ぶ兵隊たちと温かい友好的な関係を築いて、この膠着状態を切り抜けた。スーの魅力的な攻撃の結末についてマ・テインギーは書いている。「兵隊たちは私たちが出発する前の日にいなくなり、私たちは自由に動きまわれた」。この出来事は、スーがはじめて軍隊と間近に対決した出来事だが、これが最後になるわけはなかった。

ところが、次の訪問地では問題は霧散していた。マ・テインギーによれば「ペグー管区に入ったとたん、いやがらせは全部やんだ。管区の境界線の先にトラックと車が何台か見え、またいやがらせかと思ったら、なんと私たちを歓迎する民衆だった。マ・スーはその場で演説したが、昔の四角いマイク、父親のアウンサン将軍が写真の中で使っているのと同じ形のマイクを使っていた」

スーたちが出合ったように、とくにこのキャンペーンの初期では、各地の公的機関の対応は、地区の軍隊の気まぐれあるいはおそらく政治的傾向の差で、地区ごとにかなり異なっていた。スーとその同僚はそれに応じてその行動を調整した。マ・テインギーは、訪れたある町では「いくつか面倒にであった」が、すぐあとの別の町では「町の役人の軍人は、私たちがやってくると聞いて、釣りに出かけるところだと言い、ほんとうに出かけていってしまった。だから、私たちはその町に入ってお昼を食べ、スーは演説し、そして町を離れた。まったく問題なし。いやがらせのある町では、私たちは逆に予定より長くとどまろうとしたり、民主化運動の歌やスローガンを叫びながら町に歩いて入った。いやがらせがなければ、車に乗ったまま静かに町に入り、静かに町を出るだけだった」

ラングーンに戻った彼らは、二週間もしないうちにまた旅に出た。今度はシャン州へ、ビルマのなかでも田園風景がもっとも美しい場所のひとつ、折り重なる山やまのあいだに、タイ人と従兄弟のようなシャン族が住む土地へ。

シャン州はアウンサン伝説のなかで特別な場所だ。北よりのパンロンの町で、一九四七年二月、スーの父親は歴史的な協定を、ビルマ人とシャン人、カチン人、チン人との間で結び、それにサインした。これらはカレン人を別にすれば人口の多い民族集団がすべて含まれた。彼らは、新しく独立するビルマ連邦への参加を決めたのだ。[2]

パンロン協定は、アウンサンがロンドンでクレメント・アトリー内閣との独立に関する交渉に成功し、アトリーとその閣僚たちに彼こそが独立後のビルマを担う中心人物だと確信させた、そのすぐあとに結ばれた。だから、スーとNLDの同僚がちょうど四二年後のその日に向けて旅に出たのは、大きな象徴的意義を持つ。

二月九日、彼らはまだラングーンで準備をしていた。マ・テインギーの記録によれば、「オーストラリアの上院議員が朝八時にマ・マに会いにきて」先にソゥマウン大将と会談した際、「ソゥマウンは、各政党と協議したのち、選挙はすぐにおこなわれるだろうと言った。私はその夜はマ・マの家に泊まり、マ・マは寝るまで階段を上がったり下りたりして、手紙に署名して、新聞に眼をとおし、本をさっと読んだりなどしていた。マ・マがマイケル博士宛の手紙を書きおえたところに、マイケル博士が電話してきた」。

翌朝出発の旅をみなは逃すつもりはなかった。「コウ・モォ（マ・テインギーの同僚で、背が低く、無愛想で、近眼）は病気だが、ついてきた」。いっしょに出発した人たちは、医学生のマ・ティーダという民主化活動家、スーの旅行中の私的なボディガードたち（マ・テインギーはまとめて「若者たち」とか「子どもたち」とか呼んでいる）、そのなかにはスーの父親アウンサン付きのボディガードだったボー・ミンルウィンの息子アウンアウンと、一九八八年三月の虐殺を生きのびて人生をスーと民主化闘争に捧げる決心をした学生のウィンテインが含まれていた。

★

一九八九年二月一〇日、彼らは車で出発した。いつものように「タイガー」がハンドルを握り、スーはいつもの優雅さで赤紫色のロンジーに青のジャケットを着て、マ・テインギーと後部座席に座った。ビルマのガタガタ道は拷問のように長く、出発は残酷なほど早い時間だった。

ラングーン出発午前四時四五分、一五分遅れ。マ・マはちょっと心配顔。朝の早い時間は居眠り。でこぼこ道では、紙人形みたいに壊れそうで薄い彼女の肩をおさえていた。ピョウボゥで予定外に停車させられる。マ・マは、とても心配そう。砂糖キビジュースを飲むのにタッコーンで停まる。おいしい！　マ・マはこれが好き。お昼はイェターシャイで。この村の住民はマ・マを見てびっくりし、大喜び。食べたのは、となりの中華料理屋に注文した焼き飯。

マ・テインギーの役目のひとつは、スーがお腹を壊しそうなものを口に入れないようにすることだった。
「私がチリソースとたまねぎを目のまえでとり除くと、マ・マはとても物足りなそう。あとで、すこし手加減して、ソースのかかっていないたまねぎを選んであげた。ビルマでは、チリソースなどは健康にわるい」

ユニヴァーシティアヴェニューを出てから一一時間経って、寒い丘を登ったシャン州に着くと、スーが予想した以上の歓迎が待っていた。マハトマ・ガンディーに長く仕えた補佐人のひとりが言った皮肉が思い出される。「ガンディーを貧乏なままにさせるのは高くつく」[3]

「カロゥ到着午後五時三〇分、カロゥホテルに着くと、スーのために念入りの準備がしてあると言われた。新しいベッドと、新しい化粧台。マ・マは期待されたようにそこに泊まり、私たちみなは小さなコッテージのひとつに泊まった」。一行はコッテージの凍るような一室で寝るしかなかった。「くそ寒い」とマ・テインギーは書いている。「あわれなタイガーは一晩中座ったままで、寝られず。マ・マは晩餐を食べずバナナ数切れとつぶしたアヴォカドだけ。めちゃくちゃ寒くて、マ・マはネルのパジャマに長袖の厚手のTシャツ、厚い靴下をはいて、分厚いキルトにくるまったそう。子どもたち〔部屋に詰めている学生ボディガード〕も寒くて寝られずに話し続けるので、マ・マもぐっすり眠れなかった」

「私にラングーンが恋しいと言い、それからオックスフォードがなつかしい、暖房システムと、マイケルの（暖かい）足がと」

こんなに不十分な状態だったが、次の朝も彼らは早く出発する必要があった。

二月一一日、彼女は緑色の格子柄ロンジー、白ジャケット、緑色のカーディガンとそれに合わせたスカーフに手袋。四時三〇分起床（言いわけなし）、五時三〇分ロイレムに向け出発、私がむりやりスーに半熟たまごを食べさせたあと。

スーの希望で、車の中で聴くため、私は五〇年代と六〇年代の歌の入ったテープをひとつ借りていた。偶然、いつも私たちがラングーンで聴いていたのと同じ。彼女が大声で“Love you more than I can say”と歌いながら、階段をかけあがったのを覚えている。車の中でテープにあわせて歌った。“Seven lonely days”とか、その他いろいろと。

マ・マとほかの人たちは、あまりに簡単に予定が進むので心配に。道路には「私たちを守る」車が数台いると思っていたのに、なんにもない。ロイレムまでまったく車に遭わず。マ・マは頭を天井にぶつけた。

あとで、この地域で勢力を持つ反政府のシャン反乱軍が、スーたちの安全のために別の方法をとったのだということがわかった。「あとで知ったのだが、道路を走っていたトラックは反乱軍によって二、三日村に泊まるよう強いられていた。反乱軍が私たちのために道を空けてくれていたのだ！」

タイガーが、山あいの狭く曲がりくねった穴だらけの道を走らせるあいだ、スーは家族のこと、アレックスとキムのことを思い出していた。「アレックス〔二五歳になる息子〕がどうやってインクをカーペット、それも白いカーペット全体にぶちまけたかとか、キム〔二一歳になる息子〕が一月に兄とマイケルといっしょにラングーンに訪ねてきたとき、注目されてばかりに嫌気がさし、祖母の葬儀式次第に『キムをかわいがるな』という通知を載せたがったとか」

「おお慌てで用意して、ロイレムで昼食。醗酵させた大豆はみな大好き」。旅は順調で、軍隊の妨害に遭わなかった。ここで彼らはそのわけを知った。「ロイレムで二つ三つ会合を開き、人びとが集まっていた。アウンアウンのところに男がひとり近づいて、彼とその部下が安全に責任を持っているから心配するなと告げた。NLDのバッジを付けていないので、アウンアウンが何者かと尋ねると『SSA〔シャン州軍〕だ』と答えてすばやく立ち去り、アウンアウンは喜んだ」

夕刻、彼らはパンロンの町、アウンサンがあの有名な協定にサインした町に着いた。スーの地味で簡素な宿舎に対する好みは、近代的な水周りに対するみなの賛美で薄められた。マ・テインギーも同感だった。マ・テインギーの記録によれば、「清潔で、大きな屋敷で、機能的なトイレがあった。『ほんとに水が流れる！』とマ・マが言い、とてもうれしそう。『それに、トイレットペーパーもあるわ』」

「夕食後、青年たちとの討論その他。彼女は寝床を準備しながら、二週間ほどオックスフォードに、充電に行きたいと言った。寒い気候でとてもホームシックにかかっているようで。ラングーンに戻ったら病欠届けを出して三日間ベッドで過ごそうと考えてるとも（実際にはなし）」

翌日の二月一二日はパンロン協定が結ばれた日で、記念式典が予定され、スーは憂鬱を払いのけるように電気が止まったあとも「ろうそくの明かりでおそくまで、翌日の挨拶文を準備していた」。スーがベッドに入ったあと、隣室の学生たちがまた遅くまで話しているので、「私が部屋を出て彼らを静かにさせたが、そしたらこんどは大きないびきをかきはじめた」

翌日の式典では、スーは赤い服を着たとマ・テインギーが記録している。朝から、ＮＬＤ中央執行委員で有名な役者のウー・アウンルウィンが、民主制に向けて闘う誓いを宣言し、みなが復唱した。「いくつかの少数民族の典型的な衣装を着た若者が、演壇の上でスーの後ろに並んだ。短いスピーチをして、そのあと話し合いのために大きな祈念堂に移動。だんだん聴衆が増えて、二千人ばかり。私は会議のあいだ外で、子どもたちの足の爪を切っていた、伸びすぎ」

彼らは昼食の前に出発した。「ナンサン、モンプン、ホーポンへ。ナンサンで昼食。ビルマ料理が出され、ポークとチキンのカレーにスープ。私たちはシャン料理が食べたかったのに！　この旅で出会った人たちのほとんどは、私たちがどんな料理を食べるのか心配していたが、実際どんなものでも食べたし、きれいにたいらげた」

マ・テインギーは道中の政治討議よりも旅の詳しい状況を記録するほうに興味があるように見えるが、

時どきの意義深いやりとりは書き留めている。「シャン州の政党の誰かが、ボー・ジョー〔アウンサン〕はシャン州に対して自分がした約束を忘れてしまったようだ〔一〇年経過すれば離脱できる権利付きで、ビルマ連邦内での大幅な自治権を与えると約束した〕と言うと、マ・マは、『違います、彼は忘れていません、死んだのです』」

ここから彼らは西に向かい、午後遅く、シャン州の州都タウンジーに着いた。「辛抱できない寒さではない。夕食はビルマ料理、ほんとにこればっかり」。彼らは僧院に泊まったが、仏教僧団であるサンガのもてなしと支持は、NLDの歴史のなかで重要なものになっていく。「寝るときにマ・マは、家からお守りとして持ってきたピンクのコットンシーツのことで、『もし汚れていても、それは私の汚れだから』と」

二月一三日、スーは灰色格子縞のロンジーに「ピンニ」というNLDの制服のようになったジャケットを着た。「シャン式の朝食『ヒントーク』、米と肉を葉っぱにつつんだもの。マ・マは好きだった。私はダメ。子どもたちもダメで、連中があとでティーショップでいつものナンとクリームと紅茶とパンをおもいっきり食べているところを見つけた」

悪い、しかし予想された知らせがラングーンから届いた。軍政による、NLDは共産主義者に侵されているという非難が再燃したのだ。マ・テインギーは、この軍政のテーマソングにもなりつつある主張に対し、スーの側の特段の反応をなにも記録していない。「私たちは町にある別の団体を訪問した。シャン州NLDのオフィスと、パヤピュにある障碍児のための聖御子イエス修道会。マ・マとほかの人たちは感銘を受け、私たちみなから集めた一〇五〇チャットを寄付した」。マ・テインギーは感傷的に思えるものを好まず、都合をつけてこれに参加するのを避けた。「行かなくて良かった、盲目の少年が亡くした両親について自分で作曲した歌を唄うのを聴くなんて耐えられない。代わりに、私はふたつの市場に行き、家でマ・マのロンジーのふちを直して過ごした」

ガンディーのように、スーは後援者になる企業を、少しではあるが獲得しはじめていた。マ・テインギーは、「チャールピアン葉巻から晩餐の招待があり、ほかの客人は絹と金とかで眼もくらむばかりのなか、私たちはほこりだらけでよれよれで。うちの子どもたち〔学生ボディガード〕が席に着くと、誰かが彼らは招待客には入っていないと言うので、私たちは（子どもたちと私。彼らは私だけ残るよう嘆願したが）近くの中華レストランで食べようと退席した。くそったれ」

マ・テインギーが書き留めるように、国軍情報部（ＭＩ）はスーを監視し続けていたが、しかし彼女はすでにどうやって彼らを魅了するかの技を身につけていた。「焼き飯を食べ、割りかん。スーが葉巻屋の連中と晩餐を食べている屋敷にもどり、彼女を待った。そのあとみんなして、泊まっている僧院に戻りかけたら、タイガーが道に迷った。尾行のＭＩがふたりスクーターでついてきた。マ・マはウィンテインに、彼らに道案内を頼むよう言った。彼らは喜んで引きうけ、マ・マが愛想よくお礼を言うと誇らしげで、ふたりして顔を合わせ、ニヤニヤ。

ベッドに入って、明かりを消すと、彼女はくっくっと笑いながら、あのふたりは映画のなかの悪者みたいと言うので、私は、とても低俗な映画、確実にＣ級だと」

スーの勝ち誇った笑みの裏にビルマ人の自己中心主義が潜んではいないことをシャン人に納得させようと、次の日スーはシャンの民族衣装を着た。頭の飾りはしなかったが。

スーはきれいな服を着るとおかしな感じがすると言う。早朝からシュエニャウンに向かい、それからニャウンシュエ〔ヨンホェ〕、それからインレー湖、ポンドゥウーパヤまで行った。この僧院で、僧院長はとても芝居がかった抑揚のある大きな声で祝福をさずけ、経を唱えるのだが、私たちはこれを復唱しなければならず。マ・マはこのあいだじゅう必死で厳粛さを保っていたが、私はとても。二度しのび笑いがこらえきれず恥ずかしい思い、でもあとでみなもいっしょに笑いそうだったと知ってホッとした。

その夜もまた、シャン僧院の客になった。「僧院長はまだ若く、すてきで親切。僧を『甘い』と表現するのはどうかと思うが、でもそうだった」。しかし僧と女人の接触を禁ずる僧院の戒律はちょっとやっかいだった。「男子は僧のトイレを使えるからラッキーだが、マ・マと私は外に出て、公共トイレ。湖の上に小さな小屋が並び、それぞれの床に四角の大きな穴が空いたトイレに行かなければならなかった。マ・マは、私は細いから穴から落ちる、と言って怖がっていた。

マ・マと、マ・ティーダそれに私の三人は、ひとりの僧の部屋で床に厚いマットレスを敷いて寝た。この部屋の僧は客人用の部屋で寝た」。この旅の途中の水浴は、いつも手近にある凍るような渓流につかることだが、ここの湖ではそうはいかなかった。「私たちはとても入れない。子どもたちは近くの湿地帯みたいなところで水泳して、翌日は赤い発疹だらけ」

とはいえ、彼らはインレー湖をめぐり、シャン州の主要な観光地で、有名な浮き農園や、漁師が立ったまま片足で漕ぐ舟、ジャンプする猫がいる僧院などを楽しんだ。「インレー湖でボートに乗っていると、マ・マは陽ざしがまぶしくて、白いハンカチを帽子と帽子のひもでとめ顔を隠していた。私たちは彼女に、人びとがドー・アウンサンスーチーはとても色白だと言いますよ！　別の舟にのったビデオとカメラが彼女を撮ろうとうろうろしていたが、マ・マを見てやめた。顔が隠れてる！」

翌日また湖に出た。

一九八九年二月一五日、海緑色のジャケットに、同じ色のアラカン風のロンジー。早朝インレーを出発。ボートが出かけるところで、ウー・トゥーリヤが私たちに毛布を届けてきた。マ・マはボートの上の毛布の束のあいだで少し眠る。ニャウンシュエ〔ヨンホェ〕のＮＬＤ支持者らは、私たちが町に泊まらなかったことで怒っていた。インレーＮＬＤの連中を批判した。マ・マは時間をかけて、なんども、ラングーンの選挙委員会がどういう理由でこのように決めたかを説明した。こういう石頭が彼女を困らせるので。

数時間、ゆるやかで牧歌的な、まるでヨーロッパの田舎のような、ただし農民のつば広の帽子だけで、ここがアジアだと気づかされる風景を車で走り、石灰岩の洞窟のなかに仏陀像がぎっしり詰まっていることで有名なピンダヤ〔パンタラ〕に着いた。「ピンダヤ洞窟の仏塔に向かった。急な登りで、マ・マ以外はみなふうふう言って。涼しくて、きれいで、不気味なところ。イェッラ〔プエラ〕でＮＬＤの看板を上げ、アウンバンに一泊。遅くまで討論。マ・マが武装闘争に同意しないことを非難するパンフレットが届いた。たぶんタウンジーのグループが作ったもの」

この夜は大きな木造の家に泊まり、そこにマ・テインギーの記述では「おかしなトイレ、ふたりが向き合ってすわり、会話ができる」ものがあった。

「寝床での会話、笑いながら、スーは『みな私を責めてばかり！　何で私はこんなことにすっかり取りつかれたの？　オックスフォードで静かに暮らせたのに！』」

★

一九八九年二月一六日、赤いアラカン風のロンジー、同じ色のジャケット。髪に赤い花。午前七時アウンバン出発。昼食はペコーン、ここでふたつの楽隊に迎えられ、ひとつは「西洋風」ですてきなフルートとドラム。楽隊は'Hail to the Chief'を演奏して、マ・マは一歩後ろを進み、ゆっくり歩かなければならず、ちょっと恥ずかしそう。手を後ろに回したまま、そのうち顔が赤くなった。コゥンイェ〔米の酒〕をすすめられた。甘くて冷たくて、口あたりがいい。三つの村ぜんぶで鼓笛隊。ひとりの男が『大統領になれますよう!』と叫んだ。マ・マは車を降りて人びとのなかを歩くはめになり、そこにはパダウンの女性〔いわゆる「首長族」、銅の輪を何本も首につけている〕もいた。そのうちのふたり、伝統的な衣装の年配の女性は、それぞれ五チャットをマ・マに差しだした! ひとりは、うちの子どもたちのひとりが着けているボー・ジョーの写真がついたバッジにさわり、そして言った。『これは私たちの父親』。この青年は感動で泣きだしそうで、鳥肌がたったたと言う。

ここからは旅の最後の部分だ。ラングーンに向かう道路を、南のカヤー州、軍政が呼称を変える前のカレンニー州へ。マ・テインギーは進行の遅さにいらいらしはじめている。「一泊予定のロイコゥ。午後遅く着いた。会議が二度べつべつの場所で、ふたつのNLDグループが互いに敵愾心を持っているから。食事も中立の屋敷に用意されたべつべつの場所で。ばかばかしいもめごとと、だらだら長い会議」

しかし彼らにはよいこともあった。「屋敷はきれいで、清潔なトイレ。マ・マは、『ビルマのトイレ案内が書けるわ』と。

マ・マはカヤースタイルのドレスをもらった。でも彼女はもらったきれいなドレス全部が、ばかげていると思っていた。私は、シャンの民族衣装を着たのだから、ほかのも着なければ。でなければみな抗議して叫び出すと言った。ただしナガ族の衣装は贈られませんようにと」。マ・テインギーはマイケル・アリス博士に説明している。「M博士はそれがどんなものかご存知ですか？　ビルマ北西部国境地帯に住むナガ族の女性は伝統的に、胸はまるだし」

マ・テインギーはまたべつの、スーが巻き込まれた口論が彼女の勘に触ったときの、スーの滑稽な態度を記録している。「マ・マは言った、みなが私を責めていると時どき、子どもみたいに癇癪を起こして『こんなのフェアじゃない、こんなのフェアじゃない！』と叫びたくなるのと」

旅もあと二日で終わる日、スーが驚くようなご褒美をマ・テインギーは自分に許した。

一九八九年二月一七日、暗いオリーブグリーンのアラカン風ロンジーに同色のジャケット。早朝出発で、ファルソ、ディモゥソへ。話し合い、ディモゥソでは野生的な歓迎、色鮮やかな伝統衣装、楽隊、踊、その他。男たちが、色のついた羊毛の切れ端とポンポン、それに小さな白い棒切れをいっぱい付けた黒シャツを着ていた。マ・マに、M博士用にひとつもらってくると言うと、彼女はくっくっと笑い、三月二七日は彼の誕生日だからねと。昼食はディモゥソの古い教会で。私たちがランチを食べているあいだ、楽隊は赤鼻のトナカイを演奏した。私はコゥンイェ酒をちょっと試し、彼女が人びとに向かって話してるあいだにすっかり酔っぱらってしまった。でもだれも気がつかない。

父親の訓練のおかげで私は酒が飲めた。父は鯨のような酒飲みで。私は昼食のときマ・マにコゥンイェに手をださないよう注意し、こんなになってしまうからと言った。

これはスーにほとんど必要のない注意だった。スーは試しに一口、インド人の友達とオックスフォードのボードリアン図書館の女子トイレでシェリーを飲んで以来、二〇年以上もアルコールに触れていなかった。[4]「彼女は驚いて私に、なぜそんなに飲んだのかと尋ねた。私はグラス半分だけと答えて。あとでこれは三年ものの米酒だと知った。もしこれがもっと古かったら、私はテーブルの下にひっくりかえっていたはず。父親の訓練があってもなくても」

ボディガードたちもリラックスしはじめていた。「子どもたちは伝統衣装、とくにパダウン女性の衣装に興味を示し、私は子どもたちが彼女らにどうやって首を洗うのかとモロに聞くのではらはらする[5]（麦わらを銅の輪の下にいれ上下させるのだ）。ほかに子どもたちがどんなことを尋ねたのか聞く気にはなれない。ロイコゥに戻り、夕食は中華料理の大盤。私がチェックして、子どもたちにも同じ料理を。『主賓』のテーブルの料理は、ほかより良いことがあるので。子どもたちは馬みたいに食べた。マ・マはいつもよりよく食べ、そのあとの会議で二度も吐いた。彼女は顔をしかめて『ぜんぶ出ちゃった』と。彼女は民族衣装を着てくれという嘆願に折れて、「カヤーのロンジーと、大きなカヤーのショールを着て夕食に出た」

★

二月一八日、ロイコゥを早めに出発、午前七時。青いチェック柄のロンジー、青色のジャケット、赤いセーター。朝食に粥を食べた。ニュウマ僧院で演説。彼女はイチゴが好きというけど、探しても見つからず、ラングーンで探すことにした。

カロゥで昼食。ボゥビェまでなにもなし。すてきなグァヴァがあって、マ・マは、ふだんはグァヴァはきらいだけどここのは大きくて甘くてカリッとしてると言った。私はカロゥからボゥビェのあいだでグァヴァをまるまるひとつ食べた。大きなやつで、みんな驚き。でも、マ・マが食べたスライスも、全部たせば一個以上になると思う。

イラワジデルタはもうすでに訪れていたが、そこはキャンペーン中に一番緊張が高まった場所で、その地区のNLDメンバーの何人かはすでに獄中だった。彼らがシャン州の旅からラングーンに向かっているとき、良い知らせが届いた。「私たちはイラワジ管区の人たちが釈放されたというニュースを聞いた。保釈金で出られた。大喜び」。ボゥビェでは、軍が彼らの到着に対し外出禁止令の拡大で応じてきたから、NLDの学生たちは挑戦しなければと感じ、「午後九時五五分までSLORCオフィスの前をうろつき大声で話をした」

「すてきな夕食。マ・マはレースのリボン付きショッキングピンク色のレースの蚊帳がはられたダブルベッドをひとりで使った」。これは新婚カップルをねらったロマンチックな蚊帳だった。だがスーもマ・テインギーも惹かれなかった。「こんなものをくれるような男と結婚なんかできない、すぐに燃やさなければと言った。マ・マはベッドに寝そべり、もし私が花嫁ならこの蚊帳に値する何をしたのか尋ねるわと」

「二月一九日、薄いグレイのおとなしいロンジー。長い一日の終わりに、マ・マはこんな薄い色を長い旅で着るなんて考えが足りなかった、汚れて見えるでしょうと言うが、ぜんぜん。

ヤイダシュの町で、前の支配政党、現在の国民統一党（NUP）の党員の一部が、スーに対するポルノ的な侮辱を撒き散らしたことがわかった。スーのシュエダゴン演説の前日にはじめて明るみに出た、例の低俗な策略だ。「ヤイダシュの若いNLD支持者が待ち受けていて、大事な話があると言った。それは、反マ・マ宣伝の低俗なチラシがNUPの手で撒かれたことだとわかった。次の日、これにかかわった者は現行犯で逮捕され、訴追された」

マ・テインギーは「私たちみながヤイダシュNLDの若者たちを好きになった。大騒ぎもしないし、花束も持たず、写真も撮らないから」と書いている。マ・テインギーは、スーを崇拝する老人の手助けをして感動するほど機嫌が良かった。

七〇代の後半で、陽気な年寄り犬みたいな写真屋が、マ・マの写真を撮りたいというから、ここで待っていてスーが現れたらとび出せばいいと教えた。あとで彼は、こっちを見てと言ったらスーが見てくれたと自慢げで。彼は私をNLDオフィスの向かいの自分の家まで引っぱっていって、私たちの最初の地方遊説のときに彼が撮った、額に入れたマ・マの写真を見せてくれた。説明書きに、アウンサンスーチー、民主国家の女性建設者、ビルマ創設者アウンサンの娘。彼を満足させるほど賞賛を積みあげるまで、万力のようにつかんだ私の腕を話してくれなかった。

彼らがラングーンに近づくにつれ、民衆の期待と官憲の敵意はともに大きくなっていった。ドゥッゴの町では、記憶に残る歓迎を受けた。

ドゥッゴはすばらしい情景だった。私たちが町に入るところで、地元のNLDがみなに赤いNLD帽を配り、民主化運動の歌をうたい、それを一台の車のスピーカーで流しながら、行進して入った。MIのビデオとカメラの前で思いっきり。マ・マは数日、声が出にくいと言っていたが、NLDオフィスで話しだすと、完璧で、はっきり、力強かった。それがスピーカーから気が狂ったような大音量で路上に流れた。

マ・マが話しているあいだ、人びとは話を聞くため道のはしをゆっくり歩き、警官と兵士は彼らに帰れと言い、私たちはこっちに来て聞けと言い。マ・マは囚人を訪問するため刑務所まで歩いていくつもりで、NLDオフィスから出てくると、大変な数の人があとをついてきた。私たちは、警察署に急いで逃げ帰って門を閉めた警官が、警察署を襲おうとしたからと言って、われわれを撃ちにくるかもしれないと心配になった。たくさんの子どもと女性が人びとのなかにいるので、警察署と刑務所のわきをそのまま通り過ぎることにした。

町の外に出てもたくさんの人びとがついてきて、私は、これはラングーンまで歩くことになるのかなと。しかしようやく、最後のお別れを言って、マ・マが車に乗った。

エンジンの故障はずっと、冷却パイプが午後おそくに壊れ、ジュンダサルの精米所でちょっと停車。またダイウーの手前の小川の近くで停車の必要。野良犬がたくさん寄ってくるから、うちの子どものひとりが二／八八布告、SLORCの五人以上の集団を禁止する規則を叫んでいた。

この旅はこれまでで、彼らのいちばん長くもっとも疲れる、しかし活気づけられもした旅だった。一〇日間で二千キロを走り、あと少しで終わるところだ。

座席に座ったマ・マが、「私たちがしてることは全部、現実じゃないみたいだと感じたことがないか」と聞いた。私は「ばかな人たちを相手にするとばかばかしい数週間にはまり込むこともあるし、なにもかもが不思議な感じがするのはおかしいことじゃないと思う」と。

とても遅く八時三〇分ごろ帰着。私はマ・マに、「たくさんの人のなかを旅するのは大嫌い、これまで決してそんなことしなかったのに、いまはサーカスまでつれて旅してる、サルたちがいっぱい」と。マ・マは、「象もちょっといるわ」と応えてた。ボディガードの何人かはほんとに大きくて。

やっとユニヴァーシティアヴェニューに戻り、スーは「ちょっとだけピアノを弾いた。お風呂はやめ。今度弾くときにはちゃんと調律したいと言っていた。寝床の会話。私の足が汚れてるって、それがどうしたの？　ようやくラングーンに戻ったわ、休もう。私はスーが休むとはとても考えられなくて、信じられないと言った」

6　父の血

一九八九年三月二三日、アウンサンスーチーはマ・テインギーに向かって青白い顔で言った。「テインギー、白状すると、私はちょっと疲れているわ」。マ・テインギーは「ちょっとどころじゃないですよ」と返事したと書いている。

ものすごい速さでいろんなことが起きていた。良いことも、悪いことも、恐ろしいことも。たとえば、まさにその二三日、ラングーン大学植物学専攻の三回生、戦闘的な学生運動のカリスマ的リーダー、ミンコーナインが逮捕された。五日前には、元将軍でネーウィンの手先で、放逐されるまで一九八八年後半の数か月は国民民主連盟（NLD）の指導者のひとりであったアウンジーが、新たな攻撃をしかけてきた。彼の弁護士が世界に向けて公表した手紙で、この元体制批判者は以前からの「八人の明らかな共産主義者が、NLDの指導的立場を支配している」という非難を繰り返し、スーと党内の同調者はアウンジーが自発的に党を辞職したと「嘘をついている」と主張した。[1] 彼は追い出されたが、「党の規定に従ったものではない」と主張した。国家法秩序回復評議会（SLORC）と取引した疑いがあるこの人物は、できるかぎりNLDの邪魔をするつもりだった。

ほんとうに不要な苦労だった。すべてがドタバタで作られたNLDには、はっきりしたイデオロギーなどなかった。何人かの創立メンバーは、アウンジーが主張するように、左翼的な背景があった。知識人たち、長年にわたる反体制派ジャーナリストのウィンティンや、その弟子で著名な弁護士ドー・ミンミンキンなどのような人たちだが、しかし党が共産主義者に「乗っ取られた」という証拠はどこにもない。そして元国軍幹部たち、ずいぶん昔にネーウィンによって追い落とされ、長年復讐を狙っていた彼らは、伝統的で保守的な国軍の価値観がしみついていた。もっと成熟した民主制なら、知識人と元軍人は別の党に所属したはずだ。NLDのなかで両者はどこまでも同床異夢だった。

そしてもっとも破壊的だったのは、運動をふくらませる「酵母」である学生たちだった。彼らは一年前に革命をスタートさせ、八月から九月には数千の命を犠牲にした。いまは民主化運動の指揮者、ボディガード、そして哀れな血まみれの歩兵部隊だった。九月一八日以降、数千人の学生は国境地帯に逃れ、国軍の敵である少数民族のもとでゲリラ戦の訓練を受けているところだった。当然、ビルマ国内に残った学生はジャングルに消えた同志たちに強い同情心を持っていたから、スーとNLDが軍政に対してできるかぎり強硬な路線をとることを望んでいた。

しかし、反乱への参加の初めから、スーにとってハッキリしている点があった。かならず非暴力であること。スーはあの九月一八日の弾圧の日にそれを示し、門の外で狙いをさだめている軍隊に力で応じようとしてはいけないと屋敷内の学生たちに諭した。それはガンディーの影響でもあるし、仏教の教えでもあるが、なによりもスーにとっての常識だった。軍事政権は民主化運動を軍事的脅威として扱うことに決めた。それは、国境地帯のカレン族や共産主義武装勢力に対するのと同じ扱いで、反乱者は銃で打ち殺し、排除し、抹殺しなければならないということだ。スーの倫理的に有利な点は、別の時代と場所でガンディーやマーティン・ルーサー・キングがしたように、彼女とその支持者たちが決して暴力に対して暴力で立ち向かわないということだ。怒りと、嘆きと、自暴自棄があふれる運動のなかで、非暴力を貫くのは非常に難しいことだ。すでに過去数か月の間に、反乱者は即席裁判と斬首に走っていた。もしスーがほんのちょっとでも暴力を認めるようなそぶりを見せれば、運動のなかではたちまち喜びの声が上がっただろうが、しかし結果としてＳＬＯＲＣは、いかなる手段をも簡単に正当化できることになり、党に対する国際的な評価、これこそ貴重な無形の財産が、無効になるところだった。それはたぶん世界を歩いた国際人であるスーだけが、真に重要性を理解していると考えられるものだ。

しかし同時に、スーは学生たちを党につなぎとめる必要があった。二月二二日、マ・テインギーの日記では「ＮＬＤの若い連中はここ数日間、動揺していた。彼らはもっと自由に運動をすすめたいから別の党を作りたがっている。マ・マ〔アウンサンスーチー〕と中央執行委員会は彼らにもっと自由な運動を約束したけれど、それでも党を割りたくて、たぶん彼らの考えではもっと力のある立場をほしがっている」。激しい言い争いのなかで、スーに怒鳴られたひとりの学生が「反抗して爆発した」が、彼女自身の威厳で学生たちの党からの離脱を説き伏せることはできた。しかしかなり難しい事態だった。「私は武装闘争を信じませんが、でも武装闘争に参加する学生の気持ちはわかります」と、この難しい時期にひとりのジャーナリストに語っている。スーは綱渡りをしなくてはならなかった。[2]

しかし、良いニュースもあった。公的機関すべての嫌がらせにもかかわらず、スーとその同僚は遊説を続け、どこに行っても数万人の新しいメンバーが党に集まってきた。一九八九年の春には、報道機関の試算では、約五千万の全国民のうち最大で三百万人が党員になった。[3]軍政は総選挙の約束は変えなかった。三月の初めに選挙法が公表されたが、しかし情報部長のキンニュン大佐は選挙日について明確にせず、日程を決めるには次の三つの条件、法と秩序の回復、公共交通機関の正常化、生活状態の改善、がそろわないとだめだと主張した。

もし国際社会の意見が双方の陣営にとって決定的な要素だとするなら、九月の残虐行為のなかで無差別に外国人カメラマンを射撃したことは、逆に軍事政権が国際社会でのイメージを気にしており恐れてもいることを示していて、状況は有利だった。なじみのない名前とビルマというよく知らない国のことだったが、スーは国際社会で知られはじめていた。

英国『インデペンデント』紙のテリー・マッカシーは九月以来、スーとと友だち付き合いで、九月にスーが書いた重要な文章は本紙の世界的スクープになったが、一九八九年の一月、もっと多くの人から注目されることになる最初のきっかけが訪れた。

『ニューヨークタイムズ』のスティーヴン・イーランガーが、一九八九年一月九日の記事でスーをはじめて米国の読者に紹介した。「ビルマ独立の指導者の娘でカリスマのある四二歳は、ＮＬＤのシンボルだ」と書いた。その記事を引こう。

二週間前、ラングーンの外へのまだ二回目の遊説でモン州のモールメンを訪れたあと、彼女の党の地方組織メンバー一三人が逮捕された。訪問の前に住民はスピーカーで、「アウンサンスーチー女史を見に通りに出てはいけない。歓迎も、花を差しだすことも、伝統的なビルマ語で『お元気で』と挨拶することもいけない」と命令された。しかし警告は無視され、多くの人びとが集まり、彼女を花びらで埋めつくした。

スーは屋敷を訪れたイーランガーに「政権はまだごまかそうとしています。もし彼らが真実に向き合えるなら、これは抑圧的な体制に反対する人びとの感情の大きな高まりなのだということを知るべきです。

いまだに共産主義者の陰謀だなどと言っていますが。そんなことはまったくありません。政権に対する信用がまったくないことは大変悲しいかぎりです。でもそれは、どんなに人びとがこれまでひどい目にあわされていたかの証拠です。革命が一度動きはじめたら、だれももとには戻せません」

二日後、『ニューヨークタイムズ』の長い記事で、イーランガーは再びこの題材を取り上げた。スーを世界の有名人にしたのは、おそらくはこの記事によるところが大きい[4]。「彼女は、巧みで直裁で、繊細な政治家という印象だった」と書いた。少し褒め過ぎの感はあるが、記事の最後では彼女のファンとして名を連ねるほどだった。「カリスマ性があって、決断力に優れ、称賛に確実に値する。また大変幸運でもある」と持ち上げている。どこが幸運なのだろう？　彼が意見を求めた事情通はスーについて「みなが民主主義を語るが、しかしここはアジアだ。ビルマの大衆が彼女について思っていることは、民主主義とはそんなに関係がない。ベネジア・ブットとかコラソン・アキノと同じようなことだ〔本人の能力よりも家名で支持される〕」と指摘していた。

イーランガーは、スーはこのコメントを聞いて笑ったと記している。スーの答えは「私はいつもそのことを認めてきました。私のビルマ政治での地位が父親に拠っていないなどというつもりはまったくありません。これは父のためにしていることです。私がアウンサンの娘だと見られることは嬉しいことです。心配なのは、アウンサンの娘としてそれに値することができているかどうかです」

スーは「ビルマがどんなかたちの民主主義を採用するにせよ、ビルマ軍は統一した組織として維持される必要がある」ことは良くわかっているようだと、イーランガーは書いている。

「国軍の分裂はビルマの利益に反することだと思っています。私たちの思いを達成するためには、最終的には軍の協力が不可欠です。人びとが最小限の被害でそこに辿りつけるように。父がまさに望んだように、ほんとうに栄誉ある軍隊は決して政治にかかわらないということを理解したプロの軍隊であることを、私たちは望んでいます」とスーは語っている。さまざまな機会にスーは人びとに、父親がすばらしい例を国家に示したことを思い起こさせている。独立ビルマの最初の総選挙を戦うため、アウンサンは自身が創設した軍隊のすべての軍事職務から辞職し、軍人恩給を受け取ることさえ拒否したのだ。

「私は軍隊と深いつながりがあります。私は軍隊を友人として育ちました。だから、いまの人たちが思っているような敵対的な感情みたいなものはありません。ですから人びとの怒りを知ると、とても悲しい気持ちになるのです」とイーランガーに語っている。

スーは政治へのかかわりが、最終的にいかに不可避だったかを説明している。「もちろん良く考えなければならないことでしたが、私の勘は告げていました、これはビルマにかかわりのある者が離れて見ていられるときではない、と。アウンサンの娘として、かかわる義務があると感じました」。決断には長い時間がかかった。ビルマに戻ったはじめの四か月、夫のマイケルが英国からビルマに来たあとでも、スーは母の横で寝ていたとイーランガーに言っている。しかし政治へのかかわりが深くなって、母の傍についていられなくなった。「それだけが唯一」、自分が正しい選択をしているのかどうか迷ったことだ、とスーは語っている。「でも、それこそ〔母が〕望んだことだと確信しています」。スーは母の冷徹な自制心を、昔次兄が家の池でおぼれ死んだ知らせを聞いたときの記憶を辿りながら思い出している。「母は動じず、自分の仕事をまず終わらせました」

この苦しい記憶は、スーがその後すべてのインタビューで触れないようにした話題であり、また長い期間にわたって敵に多くの攻撃材料を与えるものだった。彼女の家族に対する思い、とくに息子のアレクサンダーとキムに対する思いは強い。「政治にかかわった以上、家族は二の次にしなければなりません。ですが私の息子たちは大事な時期です。家族は本来、いつもいっしょでなければなりません」。スーは間をおいて「母は重体でしたから」と言ったところで涙がこぼれた。「ビルマで母のそばにいることが大切でした」

これはスーが囚われた解けない難問だった。彼女の母との絆は、世界の向こうからビルマまで看病にこさせた。しかしいま、家族との絆はそれ以上に求められている。育てなければならない息子たちは一番大事な年齢だ。それを捨て置いているのは、なんのためなのか?

マ・テインギーの日記は、活動当初のスーの迷いを明らかにしているが、スーが家族と離れている苦悩をうちあけても、マ・テインギーは、マイケルに頼まれつけている日記には記さず、あえて自分のなかだけにしまっている。しかしその迷いに負けたくないのなら、迷いに対するただひとつの方法は、自分自身が全身全霊で新しい義務に生きることだ。もっとも恐ろしい試練が待ち受けていた。

★

スーが珍しく疲れを口にした次の日、彼らはまた再びイラワジデルタへ出発した一九八九年初めの数か月、彼らに仕掛けられた虫取り網に引き寄せられるように。首都ラングーンに隣接するこの水に覆われた後背地に待ち受ける人びとの数は巨大で、しかしまたビルマのどこよりも抑圧の脅威は大きかった。

以下はマ・テインギーの日記。

三月二四日、朝六時にボートでラングーンを出発。タンマナイン村での昼食は五分ですまさなければならなかった。誰かが僧院長にすぐ私たちが来ると伝えたので、時間がないのだそうだ。そのあと小さな船でワバロゥットゥッ村へ、水路は湿地のジャングルをくねくね抜けて、映画で見たヴェトコンが出てくる国にそっくり。マ・マは、キムがいたらどんなに喜ぶかと言った。キムヤンゴゥンに着くと夕方、でも誰も家から出てこない。あたりはシンとして、住民はうす暗い小屋の奥からのぞいている様子、数匹の犬がうろついているだけ。民主的な考えを持った村人が一週間前、軍曹だか兵士だかに額を打ち抜かれ殺されたのだと知らされた。

そこからは長い牛車の旅で、レコートコンへ。ボートで次の場所に行ったほうが楽なのに、NLDの世話役のひとりがその場所を訪問したほうがいいと思うと言う。彼はまちがってはいなかった。マ・インヌという、こがらな老婦人の敷地でマ・マは演説した。かなり大勢の人が集まって。私はマ・インヌにマ・マの写真をあげた。

また同じだけ牛車に揺られてボートまで、でも帰りはもっと長い気がした。すぐにあたりは暗くなって、こんなにいっぱいの星空ははじめて。私はいつものように、好きな星の名前をあれこれ言ってマ・マを悩ませた。牛車が半分ぐらい戻ったところで、銃を持った五、六人の兵士の一団に会った。無礼なしかたで私たちを呼び止め、誰だ、どこへ行くなどと質問。私たちのキャラバンは六台ぐらいの牛車だったが、後ろに付いていた若者たちがすぐに自分たちの牛車を前に出し、私たちと兵隊のあいだに割って入った。

午後八時三〇分、ボートに戻ると、人が多すぎて出発できないことがわかった。訪問した村から付いてきたNLDメンバーがいっしょに乗ろうとする。まったく。潮はひいてしまっているし。私たちの荷物は泊まる予定のクンチャンゴンにあるのに。岸につないだボートで寝ることになり、ボートの隅をふたつの蚊帳でかこい、マ・マと私は水浴びもしないで丸くなる。
三月二五日、潮に乗って早い時間にボートは出発。クンチャンゴンに四時三〇分到着、眠気をひきずり汚いかっこうで村に、ちょっと休んでからお風呂と朝食、車でインガプへ。

一月に訪れたとき、この地区の司令官ミンアウン准将は使える権力を全部使ってNLDを地元住民に会わせないようにした。スーはマイケルに、ミンアウンと「大乱戦」をしたと話していた。いまスーたちは彼の司令部の対岸にいる。誰も彼への恨みを忘れてはいない。

「イラワジ河に出る前にデダイェを対岸に見て、そこはイラワジ管区だから、私たちは突然立ち寄って、NLD嫌いのあのしぶといミンアウンをこまらせてやればどんなにおもしろいか、本気で話した。おおきな筏を河のまんなか、ラングーン管区とイラワジ管区の境に浮かべて集会を開けば、人びとはボートでやって来るし、もしミンアウンが現れたらラングーン側にちょっと動かせばいいというアイデアで盛り上がった」とマ・テインギー。

デダイェを過ぎて一時間ほどあと、ふたりのNLDメンバーを乗せたボートが追いかけてきて、私たちがデダイェに立ち寄ると聞いていたのにすぐ近くを素通りするとはと、怒り狂っていた。すっかり困って取り乱していて。昨日の夜、彼らは確かに立ち寄ると聞いているのに、私たちはその予定についてなんの連絡も受けていないことがわかった。彼らは怒りで文字どおり飛び跳ねていた。それでデダイェに引き返し、マ・マは陸にあがって、辛抱強く待っていた数百人に演説することになった。

結局スーたちはミンアウンの土地に立ち入ることになったのだ、計画したことではなかったものの。「二時間遅れたが、私たちは思いがけずに希望がかなって大喜び。ボートに戻って、ミンアウンがどんなに怒り狂うかで、また盛り上がった」。スーたちはラングーンのパンソダン船着き場に着いて屋敷に戻るまで、准将とその怒りっぷりを笑っていた。二週間も経たないうちに、この冗談は、ほとんど生死にかかわる出来事で仕返しされることになる。

★

一年のいちばん厳しい季節がきていた。ビルマの短い冬のやさしさはもう記憶のなかだけで、モンスーンの救いが来るのはまだ一か月以上も先のことだ。ティンジャンの水祭り、ふだんの礼節や上下関係をちょっと緩めて、みなが互いに水を掛け合うビルマ暦の新年まで、まだ一週間ある。それを過ぎても一か月以上、容赦ない暑さがスーたちを待ち受けていた。そして、スーとその仲間には、あわただしい遊説と党を組織する数週間が待っていた。[5]

屋敷に戻れば、マ・ティンギーは毎日の雑用を静かな数時間のうちに済ませることができたが、スーには息つく暇もなかった。

三月二六日、私は家で過ごして、洗濯やそのほか。マ・マには私がいないあいだ、十分休むよう強くたのんでおいた。彼女をあまり信用しない私は、午後様子を見にいくと、翌日の予定にしていた記者会見をやっている。私はあわてて駆けこんだ、でもなかなかすばらしいものだった。三月二九日、マ・マは数時間二階にいた。私は休んでいると思ったのに、寝室を掃除していて、何度か新聞や写真や手紙などを持って降りてきた、もうしわけなさそうな様子で。

さらに党のメンバーが逮捕された。民主化運動の活動家の訴追は、もうあたりまえだった。そして、マ・テインギーが記すように、党内の学生たちと年長者の間の見解の不一致が外の世界にも知られることになった。

「四月三日、夕方、モン州で逮捕されたNLDメンバーの家族と会う。マ・マはアジアウィークに載った学生とNLDの亀裂についての記事を見つける。疑われたひとりは亀裂についての公開書簡を送ったことを否定した」

翌日、スーとマ・テインギーとその車列はまた旅に出た。一月以来四度目のイラワジデルタへ。スーの名が語られるとき、彼女のほとんど信じられない勇敢さを永遠に記憶させるものとして残すことになる出来事に向かって。

「四月四日、五時三〇分出発、インセイン船着き場で一時間待ち。私たちの車は二台、タイガーの車と緑色のピックアップ。メイザリ村に着くと、軍がここに留まることはできないと告げた」。彼らはまた走って、遅れていた緑色のピックアップが追い付くのを待つあいだ、砂糖キビジュースを飲もうと路肩に止めた。

ラングーンを出てからほぼ西に向かって走っていた。メイザリで河に出会い、次の村サールマロッ（長い村）まで河沿いを走る。マ・テインギーは「すばらしいトイレ」で、書く気力を一瞬なくしたと言い、

「マ・マは民衆に向かって話すために、NLD事務所の扉の前に置かれたテーブルにあがった」と付け加えている。

しかし、危険は再び膨らみつつあった。

演説が終わるころ、二台の車がやって来て聴衆をはさんで停まり、布告二／八八〔戒厳令規則、集会の禁止。これはスーとその党が行く先々で大胆に破ってきた〕について大音響で叫び、邪魔しはじめた。マ・マがそれでも話を続けると、それまで静かに聞いていた聴衆が手をたたいたり、歓声をあげたり、口笛をふいたりしだした。二台の車は交互に通告をくりかえした。私たちは注意して聞いているふりをして、マ・マもいっしょに、そのたびごとに顔をそちらに向けた。そのうち一台が静かになり、マ・マが「はじめないのですか？」と呼びかけると、車はあきらめて帰っていった。

マ・マは人びとにさよならを言い、私たちは昼食をしに戻った。予備の消防士と自警団がいっぱいまわりにいたが、私たちに好意的な様子だった。生きのいい海鮮のすばらしいランチ、市場の売り子は演説を聞くために早じまいしたくて値段を下げていた。午後、マ・マはようやく休憩。若い連中は夕方の浜辺でサッカー。夕食もすばらしい。魚、魚。

翌日サールマロッを出た彼らは、対岸が見えないほど広い河沿いに北上し、ダニュビュの町に入った。ここは一八二四年、第一次英緬戦争でビルマ軍が英国に決定的な敗北を喫した場所だ。ダニュビュの公的機関はスーの宿敵ミンアウン准将の下にあり、スーたちをやりこめる決意だった。三月二四日に訪れたキムヤンゴゥン村では、軍は銃を構えて住民に家から出ないよう命令したが、しかし全員が従ったわけではなかった。ダニュビュの町の入り口でスーの車列は停められ、メインストリートは通り抜けられないから別のまわり道をしてNLD事務所に行けと告げられた。

「四月五日、ダニュビュ着。私たちが通ってはいけない道路があるとわかった。遠回りの代わりのルートを指示された」とマ・テインギー。スーが完璧な抜け道を見つけるまでは、勝手な規制に対して両者は五分五分で張り合っていたが、スーの側が従えないすばらしく法的な理由があった。新しいルートでは「残念なことに、一方通行をずっと逆走するかたちだった。マ・マはきっぱりと、私たちは交通法規に違反してはいけないと言い、タイガーは嬉々として禁止された道路に入り、喜んで迎える民衆のなか、市場を通ってNLD事務所に着いた。地元SLORCの書記長は追跡してきて少し離れたところに車を停め、怒っていた」。ボディガードのひとりウィンテインは、NLD事務所の前に兵士の一隊が銃をかまえて整列していたことを覚えている。

部隊の指揮官ミンウ大尉は、ミンアウン准将の命令を受け、ダニュビュの町は戒厳令下にあり、それゆえスーが公衆に語りかけることは禁止されていると告げた。スーは妥協するしかなかった。「マ・マはNLDオフィスの中で演説し、そのあとみなでオフィスから近くの船着き場まで歩いた。まわりの村にボートで出かけるつもりだった」。地元の支持者もついてきた。ウィンテインの記憶では八〇人ほどのグループで、ミンアウン准将の体制下ではその人数で歩くことさえ戒厳令違反だった。「歩き続けると、SLORCの車がついてきて、列をつくって歩くなと警告した」とマ・テインギーは日記に書いている。「三度の警告でも解散しないなら、撃ち殺すと言った」

命にかかわるこのような直接的な脅しを受けたのは、はじめてのことだった。

装塡して狙えの号令がかかった。私たちが通りかかると、士官の近くに立つ兵士は音をたてて銃に装塡したが、私たちは冷静に彼らを見ながら歩き続けた。マ・マが兵士のひとりに「兵隊さん、装塡しろと言っていますよ、あなたはしないのですか?」と語りかけた。彼らは、最初の警告としてライフルをかまえたが、そのときには船着き場でもうボートに乗っていた。

スーたちは水の上では、危険はなかった。「村をいくつかまわった。党の支持者たちがふたつの詩を読み上げるあいだすばらしいランチもお預けで、歯がみしながら座ったまま。ほんの数人をのぞいて、詩人というやつを殴りたい。たいていはしょうもない詩を書いて、運動のなかであしたとかこうしたとか、大きな声で読み上げた」

軍の姿があったのは町中だけではなかった。マ・テインギーによれば「武装した兵がずっといた。少佐がふたりボートに乗ってついてきて、ひとりの兵士は私たちが手をふるとニヤッと笑って数回うなずいた」

スーたちは、ダニュビュで受けたさまざまな嫌がらせにもかかわらず、夕方町に戻って一泊する計画だった。みながこの考えを良いと思っていたわけではなかった。ウィンテインは、町に寄らずもっと下流で上陸しようとスーに求めたひとりだった。彼らの車がダニュビュから来て、ひろってくれるだろうと。しかし、スーはもとの予定どおりを主張した。

予想どおり、町に戻ると軍隊がいて、衛兵がひとりで上陸を阻止していた。マ・テインギーの日記によれば、「六時ダニュビュ帰着、武装した兵士がひとりだけで私たちの上陸を止めようとした。私たちは上陸すると告げた。絶対上陸してはならないと彼は言い、私たちは上陸すると返し、そして上陸した」

スーたちはほとんど人のいない路上を、夕食をとるためNLD事務所に向かって歩いた。しかし市場はかなり前に閉められ町の住民は家の中にいたというのに、軍はスーたちの前進を妨害する決意だった。「途中でひとりの憲兵から、市場のまえの道の通行はおまえたちには許可されていないと告げられた」。スーにとってこの命令はバカバカしいものだった。いつもの威張った態度とNLDに対する侮辱でしかなかった。「市場はこの時間には閉まっているし、道にはほとんど誰もいない。指示されたルートは遠まわりだった」。そんなわけで、スーはまた平然と軍の命令を無視した。「マ・マは『じゃあ、近道を行きましょう』と言い、私たちが通り過ぎると憲兵は怒って、なにか叫んだ」

いまや、危険が迫っていた。「私は足を早めてマ・マと若い連中を追いこし、先頭のボー・ルウィン（とても背が高くとても色黒のすばらしいカメラマン）とウィンテイン（旗を持って歩くボディガードで、すぐ熱くなる）の横になんとか並んだ」。その間に一台のジープがうなりを上げて走りこみ、キーッとブレーキを鳴らして、スーたちが歩く道の先に停まった。

私は片ほうの目でウィンテイン、片ほうの目で道の先にジープを停めたミンウ大尉を見ていた。ジープから六、七人の兵士が飛び降り位置についた。三、四人が膝撃ち、三人が立ち撃ちで。膝撃ちの連中はやや下、私たちの胸のあたりを狙い、立ち撃ちの連中の銃は上に向いていた。ジープの誰かが軍隊は不滅だとかなんとかの歌のスイッチを入れた。おなじ歌は、今朝、マ・マがダニュビュNLDオフィスで喋っているときに遠くから聞こえていた。怒りにかられた大尉は振りかえって叫び、音楽はすぐに止んだ。私は一瞬、笑いそうになった。ミンウ大尉は私たちに向かって歩いて来て、片腕をまっすぐ伸ばし立てた指をふって、列を作って歩くなと叫んだ。

人は恐怖にかられると予想できない行動をとる。マ・テインギーの反応は怒ることだった。「なんということ、このバカ者は四〇人のグループにどうやって歩けと言うの？　ばらばらに、一〇歩はなれて？私たちはお腹がすいているだけ、もう暑くて、休みたいのよ。私はこのバカ者に、二／八八のほんとうの意味を教えてやるほうがいいと思い、あんたと話があるとミンウに呼びかけた。何回か叫んだが相手にされなかったのは、ミンウもマ・スーに、人が道路を塞いでいたら撃つと叫ぶのに必死だったからだ」

スーは妥協案を示した。「マ・マは私たちに道路の両はしを歩くよう言った。私には聞こえない、なにしろずっと大尉に向かって叫んでいたから。誰かが横にきて私を道路のはしへ押しやった」

スー自身が回想している。

私の前にはNLDの旗を持った青年がいました。私たちは彼について道の真ん中を、泊まるための家に向かって歩いていました、それだけです。そうしたら、道を塞いでいる兵士が見え、私たちに銃を向けて膝をついていました。大尉は私たちに道路から離れろと叫んでいました。私は旗を持つ青年に前の列から離れなさいと言いました。目立つ目標にしたくなかったのです。それで彼が脇にどきました。彼らは、私たちが道路の真ん中を歩き続ければ発砲すると言うので、私は言いました。「いいでしょう、わかりました、道路の端を歩きましょう」。それでみなは両端に移動しました。[6]

しかし怒りに燃えた大尉には、この譲歩は少な過ぎて、遅すぎた。「ミンウ大尉は、道路の両端であってもおまえたちが歩くなら撃つぞと言った」と、マ・テインギーは書いている。

このとき、マ・マは道路のまんなかに進み出て、若者たちがそのあとを追った。彼女はもう兵士のすぐそばまで迫っていき、兵士の目の前を通り抜けた。兵士は石のように固まり、胸のまえに武器をつかんだまま青ざめていた。

彼女が通り過ぎるとき、私は恐怖で胸がつき刺された気がした。でも数秒後、彼女はまだ生きていた。

その直前、かすかに誰かが「やるなミンウ、やるなミンウ！」と叫んでいるのが聞こえたので、私はNLDの誰かだと思っていた。それが私たちをつけていた少佐のひとりとは知らなかった〔あとで彼の名は一一〇八大隊のマウントゥン少佐とわかった〕。彼は駆けつけてきて、ミンウに撃たないよう命令した。大尉は肩章をやぶり捨て、私たちと自分の足が立てる土ぼこりの中で飛びまわり、「なんなんだこれは、くそったれ」と叫んでいた。

何分か聞いているうち、私たちに対して叫んでいると思っていた言葉が、そうではないとわかった。それで私はマ・マと他の人たちのあとについてNLDオフィスに帰った。

なぜスーは道の真ん中に戻り、死を賭けたのか？　スーはこう説明している。道路の端を歩くという彼女の提案を大尉が拒否したことは「まったく理屈が通らない」とショックを受けた。「私は考えました。もし私たちが道路の端を歩いても撃つのなら、それなら、たぶん私を撃ちたいのだろう。そう考えて、私は道の真ん中を歩こうと……。結構冷静でした。こんな場合、人はどうするのだろうと考えました。背を向けて帰るか、歩き続けるか？　私の考えは、背を向けないでした」[7]。後のインタビューでスーはこの瞬間の決断について「彼らにひとつの標的を与えたほうがずっと簡単だろうと思いました」と語っている[8]。

「私は、自分が特別だとは思いません」。突然ふりかかった危険な場面で「どうするかを前もって決めておくことはできません。そのとき、その場で、決めなければならないのです。私が止まっているのか走るのか？　前もって考えておくことはできるでしょうが、いざ危機におちいったとき、実際にこの種の危険に直面したとき、その場で決心する必要があります。そしてどんな決断を選ぶかは、そのときにしかわからないのです」

スーは彼女に照準を合わせていた兵士の反応に気づいている。「私たちは膝をついた兵士たちの前を通り過ぎただけです。それでそのうちの何人か、ひとりかふたりは実際震えて、ブツブツ言っているのがわかりました。でもそれが憎しみからなのか、緊張からなのかはわかりません」

この出来事こそ、ほかのなによりも、アウンサンスーチーに神秘性を付与し、同時に、ゼロか全部かのこの国のなかで、国軍の神秘性を効果的に剝ぎ取るものだった。もし誰かいまだに彼女があの父親の娘かどうか、英国も日本も恐れずトップにまで登った男の遺志を継ぐ真の子どもなのか、疑っていた者がいたとしても、もはや疑うことはない。一九四七年七月一九日、閣僚会議を開いている会議室に暗殺者たちが乱入してきたとき、アウンサンは、ダニュビュのスーと同じ本能で、立ち上がり暗殺者に向き合った。弾丸は彼の胸を裂いた。これは英雄の行動だった。そしてダニュビュの道の真ん中に戻り歩き続けることもまた、英雄の行動だった。スーが決定的な危機の瞬間にとった反応を、彼女自身が「特別なもの」ではないと言うのはたぶん正しいのだろう。彼女のそれまでの人生すべては、この瞬間に対する準備だったのだ。

「マ・スーと私はいちど、ドー・キンチー（スーの母）の服がしまってあるガラス扉のキャビネットを掃除したことがあった」とマ・テインギーは後に回想している。「スーは乾いた血の大きなあとがのこる白いスカーフを取りだし、こう言った。彼女の父親が死んだときただ母親が言えたのは、『こんなに血だらけ！　こんなに血だらけ！』だけだったと」

それはスーの父親の血だった。鳥肌がたち、涙がでて震えていた。私たちの殉教者、私たちの英雄、私たちの神様の血に触れていることに。これは私の人生のなかでいちばん記憶にのこる瞬間に違いない」

起きたことと、ほとんど起きそうだったことの話は、スーの評判をきわめて迷信深いビルマ大衆の間で強固なものとするのに役立ち、そのうちの多くはいまやスーを女菩薩とか、天使とか、神のようなものだと思いはじめた。実際、スーが国軍による抹殺の試みを生き抜いたのは、彼女の高い精神的な達成を鮮明に証明するものであった。「攻撃を受けても不死身」で、「神々に護られて」おり、「崇拝の対象」であるものだけが、生きたまま通り抜けられるのだ。[9]スーは「私たちを悪魔の軍隊の虜囚から解き放ってくれる、神話の地母神のようなヒロイン」と、称賛者のひとりは三年後に書いている[10]。

一月にスーはニューヨークタイムズの記者に、「私は個人崇拝を望みません。私たちはもう十分に独裁者を知っていますから」と語っている。しかし、彼女が望むか望まないかは関係ない。いまや彼女は、個人崇拝からは離れられないだろう、永遠に。

7　反抗

ほとんど殺されるところだったダニュビュ事件の直後、夫マイケルに宛てた手紙で、スーはいま直面している危険を表すのに、ビルマ国軍との「真昼の決闘」をむしろ「ガールスカウト」のキャンプ活動みたいに描いている。「あぁ、あなたの可愛いスーは、雨風に打たれて、あの甘やかされた優雅さを失って、田舎道を、泥をはねあげ、バサバサの髪で、埃まみれで、汗でびしょ濡れになって歩きまわっています」[1]

この自画像は信用できない。妖精みたいなスー、キップリングの「清潔で緑いっぱいの国の、とてもきれいで愛らしい少女」が汗まみれで走る姿を想像することはとてもできない。マ・テインギーは貴婦人のようなビルマ人だが、いくつもの旅をこなしてゆくスーの様子に畏れ入って、「何時間も移動して、あちこち立ち寄っては演説や、支援者との会議や、そのほかや、あれやこれやを最後までやって、まだすがすがしく平然とした顔をしている」と日記に記している。

しかし、スーが手紙でかもしだす愉快で気楽なムードはそれよりもっと信用できない。ミンアウン准将の部下の大尉は度が過ぎ、メロドラマのような調子で軍政の戒厳令規則を執行しようとしたのだが、しかし、国家法秩序回復評議会（SLORC）の筋書きを外したわけではなく、のちに軍政から賞賛を受けることは確かだった。昨年一二月、スーの母親の死後、双方が交わした休戦はもはや過去の記憶でしかなかった。軍政もスーも、どちらか一方だけが生き残れる対決に向かっているのだという苦い事実を認識していた。この時期ラングーンで流行った笑い話は、ネーウィンのお気に入りの娘サンダがスーに決闘を持ちかけたらという話だ。スーは決闘を断り、『素手で通りをいっしょに歩きましょう、どっちが向こうの端まで生きて辿りつけるか』と。[2]

もちろん、スーと軍政の戦いはまったく不公平だった。国軍はすでに民主化を求める抗議を終結させる力があることを見せつけていた。数千人のデモ参加者を殺しまくるという単純明快な方策で。九月のあの血塗られた日々いらい、ほんのわずかの人だけが抗議の意思を示して街頭に出る危険を冒した。しかしこの不埒な女性は、不届きにも戒厳令を破って毎日大衆集会を開き、その存在は数千人が表に出てきて歓迎する理由になるのだ。なぜミンウー大尉がダニュビュでほとんどやり遂げかけたこと、つまり、あっさり単純に彼女を殺すことをしないのか？

ふたつの理由が軍政の側にあった。ひとつは彼女が何者なのか。その父親アウンサン、そしてビルマ独立創造神話とでもいうものにおける父親の傑出した中心的役割から、スーの存在は国家にとって王族とほとんど同じものだった。将軍ら自らもそれに引き寄せられ、一二月スーの母親の死にあたり弔意を示すため、ソゥマウン大将とキンニュン中将がスーの屋敷の門口に立った。四〇年にわたってビルマ国家はアウンサン崇拝を周到に作りあげ称揚した。ネーウィンの正統性の中核にあるのは、燃え立つ若き日のアウンサン将軍とともに、武器を持って戦った同志であるということだ。そのことこそが、いかにこの老人とその部下が愚鈍な統治を積みかさねようとも、国軍の忠誠と統合を保証するものであった。この支柱を倒せば、建物すべてが崩壊するだろう。

もうひとつの理由は、一九六八年のシカゴの路上で州兵に抗議する米国の若者たちが繰り返し叫んだように、『全世界が見ている』ことだ。政治にはこんなにも遅れてやってきたスーだったが、外の世界に良く通じていて、流暢な英語を話し、たやすく外国人と意思が疎通できる彼女は、国にこもってひとつの言葉しか話さず、誇大妄想的なビルマ国軍という敵対者に対して、圧倒的に有利だとすぐに気づいた。

ビルマと諸外国とのかかわりは、一世紀半にわたる苦しみの連続だった。英国による絶え間ない侮辱から壊滅的な第二次大戦に至るまで、国は二回以上めちゃくちゃになった。ネーウィンはビルマを瓶詰めにし、戦後の東南アジアを震撼させた混乱のほとんどから国を隔離して、中国の内戦とベトナム戦争に呑みこまれるのを防いだ。しかし半生を国外で過ごした彼女にとって、外国勢力はまったく脅威ではなかった。そんなスーの中に、軍隊は敵を見た。スーのこれらの強みは、常に軍政を困惑させるものだった。彼女への処遇が外国人のいかなる行動を呼び起こすかは、軍政にとっていつも不安なものだった。米国が攻撃してくるかもしれないという恐怖が、二〇〇六年、首都をラングーンから内陸の奥まった場所に移した動機のひとつだった。二〇〇八年でさえ、サイクロンナルギスがアメリカ人による侵攻の口実になるのではと本気で恐れていたようだ。

スーは、マイケルには自分の最大の脅威は泥と汗だと言って懸命に安心させようとする一方で、ラングーンに戻るやすぐに、起きたことすべてを外交関係の知人たちに確実に知らせた。スーは概要を伝えに英国大使マーティン・モーランドを公邸に緊急訪問した。一方、マ・テインギーも忙しく動いた。英国大使館の情報担当官でマ・テインギーの友人ニタ・インインメイは、即刻BBCに何が起きたかのニュースを送った。数日のうちに、ダニュビュはたちまちビルマ国内でも国外でもひとつの伝説となった。

「四月七日、早くオフィスに着いてダニュビュ事件のことを、マ・スー一家の友人を通してなんとかバンコクに送ろうとした。スーは毎週出す新聞発表を自分でタイプして、『アジアウィーク』に送る手紙は自分で翻訳して送った。中央執行委員会会議は、とても長くかかった。それからダニュビュ事件についてSLORC宛てに、とても礼儀正しいしかも怒りあふれる手紙の原稿を書き上げた。危機一髪だったから、みなはとても心配していた」と、マ・テインギーは事務所に戻った初日の様子を書いている。

★

そのあいだにも舞台は進めなければならない。次の予定が決まった。ラングーンに帰った日の翌日、スーチーたちは再びイラワジデルタに戻った。今度はスーの生まれた村を目指して。一九四五年当時、両親の家はラングーンにあったが、アウンサンが連合国側に寝返ったあと、臨月の母親はふたりの小さな兄をつれてこの村に避難していた。いま、村人たちは村が生んだもっとも有名な娘を歓迎する栄誉に酔いしれていた。

「四月八日、午前六時ナンティーダ桟橋からラングーン出発」とマ・テインギーは書いている。この日の旅程の最後は「牛車に乗って、燃える太陽のした、とても遠い道を行く。僧院ですてきなランチ。この村はNLD〔国民民主連盟〕に米二〇俵を寄付。村人が自分たちの食べるぶんは十分あると説明するまで、マ・マは米をもらうのに罪悪感を持っていた。四月九日、デダイェ出発は五時半なので四時半起床。マ・スーが『私が、マタブ、マタブ、起きたくない、起きたくないと言ってまた寝てしまったら、スキャンダルだわ』と言うから、私は『どこがスキャンダルですか、だれもが喜んですぐに寝床に戻りますよ』と」。デルタ地帯の小さな村をたくさん過ぎ、ついに彼らはスーが生まれた小さな場所に着いた。

ムウェイサウン村到着、ドー・キンチーは日本軍から隠れているとき、この村でスーを生んだ。それが、この村の自慢だ。

はじめに僧院に寄ってから原っぱに作られた大きなステージへ。聴衆の日よけはまったくないのに、夏の陽ざしの下、彼らは何時間も待っていた。炎天下でまともに陽ざしを浴びて座っているのは申しわけないと言ってスーが演説を切りあげようとするたび、人びとはいやいや暑くない、たいした暑さではありませんと。

私たちは車でもどるので、四〇年以上まえ、ドー・キンチーが舟から降りた場所は見られない。それで、ウィンテインらうちの三人の子どもたちが、歴史研究と称して調べものにいった。ウィンテインはダニュビュでNLDの党旗を持っていたが、すぐ頭に血がのぼるタイプ。

しかしお気楽なビルマ人の性質は、もっと良い結果になった。「彼らは何艘か舟がつないであるのをみつけ、ちょっとその上で昼寝を決めこんだ。連中はどこでも、どんな状況でもうたた寝できる。約一時間半後、私たちが気がつかないで出発したときもまだ寝ていた。車もいっぱい、それに乗ったNLD支持者もいっぱい、行くさきざきで私たちを歓迎したり送り出したり、私たちは観衆といっしょに旅するサーカス団かと思うことが時どきあった」

モネジー村で演説。三人の子どもたちがいないことがわかり、マ・マは死ぬほど心配していた。私はそれほどでもなかった。実際彼らは舟で追っかけてきて、午後一〇時ちょっとに合流。

四月一〇日、マ・マは黄色のジャケット、茶色のロンジー。午前五時、ピャポン村からボートで出発、チョンタル村、チョワルジョー村、ここではクラシックのフルオーケストラの演奏で歓迎。長いボートの旅、七時間ちかく、ちいさなスピードボートを途中二回も乗り換えて。

ＮＬＤがデルタ地帯の泥水の中をうろついているあいだにも、ビルマ最大の年中行事、ティンジャンが迫ってきていた。新年の到来を告げる恒例の水掛け祭り、大きなものも些細なものも問題は全部忘れて、この野放しの数日間は、誰もが思ったままを、ほかの年ならば考えもしないことを口にする。

しかし反乱の一年間は、この祭りに新たなそして恐怖の相貌をもたらすことになった。学生たちが軍政に対する真情を口にしたい誘惑は避けがたく、ＮＬＤは彼らの気持ちを高揚させるため、ティンジャン期間中、ＮＬＤ本部の前で競技者が大声で怒鳴って、もっとも面白くてかつ効果のある反体制スローガンを選ぶ競技会を組織したのだ。しかし国軍が侮辱をそのまま聴き捨てにするのか？　過去数年間権力の座にあった者たちのように、このような不敬罪を笑って見ていられるのか？　マ・テインギーはそうとは思っていなかった。「ティンジャンの催しは、私には気がかりだ。ＳＬＯＲＣがわれわれＮＬＤ支持者を摘発しはじめる、かっこうの口実になるのでは？」

マ・テインギーの日記によれば、「四月一一日、マ・マはピンクのジャケット、赤いシャン風のロンジー、午前五時三〇分カドンカニをボートで出発、ひとつの村に着くと人びとがとてもおびえていた。午後一時ボガレイ到着、大きな人だかり、花束、午後六時一泊するマウンチョウの町に着く」。ＮＬＤの学生たちは、もう練習に入っていた。「うちの子どもたちはティンジャン用の反体制スローガンを精いっぱいの声で叫び、ラングーンで開かれるスローガン大会の練習をしている。

四月一二日、ティンジャンの第一日。午前六時モウキュン出発、ほんとは五時の予定。一日中ボート。ボンロンジョウン村を通過するとき、ティンジャンの歌がスピーカーから流れ、とても下手くそなふたりが歓迎の踊りを。一日中、水が私たちのボートに浴びせかけられた」
彼らはいま、ティンジャンが最高潮に達する時期のラングーンに向かって帰るところだった。しかし街は、ふつうなら野放しの祝祭が繰りひろげられているときだが、陰鬱な静けさのうちに国軍によってすべて監視されていた。

ボートで夜を過ごす、夜のうちにラングーンに戻れるはずだったけど、一晩中走りっぱなし。四月一三日、午前六時ラングーン、ナンディガール桟橋着。市街を車で抜けて、ひとけのない通り、水掛け用の仮設小屋はほとんどなし、見たのはたった三軒。[3] ピックアップトラックの荷台に乗って帰ったとき、うちの子どものふたりが大きなNLDの旗をふっていた。

はじめにマ・マの屋敷まで行って、みな降りる。五四番地の門の前に大きなステージと巨大なスピーカーシステムがあることを知った。スローガン大会がどんなにおおごとになっているか、マ・マがわかっているとは思えない。

屋敷で少し雑談、私は子どもたち七人と車で家路についた。NLDオフィスの向かい側にあるレストランに近づいたあたりでMP〔憲兵〕が私たちを停め、軍のトラックが一台そのさきに駐車しているのが見えた。大尉がひとり大またで車に向かってきて、怒った調子で私たちに車から降りろというので、降りた。大尉は、誰が車の上でNLDの旗を振っていたか尋ねつづけた。うちの子のひとりは、停められときすぐに屋敷に走り、マ・マに私たちが停められたことを知らせた。そのころには道端に大勢人が集まってきた。私たちは取り調べを受け、軍のトラックに乗れと言われ、軍の前哨基地があるタッマドゥ公園に連れていかれた。

軍に拘束された状態でも、彼らはスーの特徴であるリラックスした陽気なふるまいに影響されていた。マ・テインギーはこう書いている。

とても気もちのいい場所だった。タチアオイの花があって、白いガチョウが数羽、緑の草。私たちはお決まりの決して知的とはいえない質問をされた。名前、年齢、その他、私たちは質問に気軽に答え、何も心配していなかった。なんて可愛いガチョウとかなんとかいいながら、痩せたMI〔国軍情報部〕を怒らせてやった。

あとで聞かされたのだが、私たちがはじめに拘束された現場に駆けつけたのは最初にマ・マ、それから〔NLD議長の〕ウー・ティンウーだった。道端に座り込んで、私たちが解放されるまで動かないと言っていた。無線連絡がいっぱいあり、軍が慌ただしく出たり入ったりなどしていた。ちょっとカッコいい大尉が私たちをNLDまで連れ戻すと、たくさんの人がいて私たちはびっくり。マ・マは道路の縁石に座っていた。マ・マは大尉にお礼を言い、私たちは家に向かって進みだした。マ・マは人びとに道を空けさせた。

緊張が高まりはじめた。スーは屋敷で緊急記者会見を開いてNLDの同僚たちの勾留に抗議し、一方マ・テインギーはまっすぐ家に帰ってそこにとどまった。マ・テインギーの続き。

ティンジャンの仮設小屋の用意とスローガン大会が心配。ぜんぶうまくいってるか、大丈夫か、電話をかけっぱなし。

四月一四日、絵を描くため家で過ごす。とても暑い、ずっと心配。マ・マは病気、スローガン競争を見に出かける夕方までベッドで過ごす。

四月一五日、NLDは異常なし。マ・マは良くなって、ちょっとだけベッドで過ごす。

四月一六日、競技会はまだ続いている。


マ・テインギーは見ていなかったが、競技会はまた新たなNLDと軍との対決になった。NLD事務所はライフルを持った兵士に囲まれた。ひとりまたひとりと無謀な祭り気分に酔いしれた学生が大声で、兵士たちとその上官らに毒づき、中傷を浴びせるのを聞いていなければならなかった。軍政は学生の何人かを逮捕するチャンスがあったが、マ・テインギーが恐れた急襲は現実には起きなかった。

その日の午後、スーは病気を撃退し、閉会式に出席した。


マ・マは競技閉会の演説をし、水掛祭り期間中に政治的スローガンを叫ぶことで毎年のうっぷんを晴らすのがビルマ人のある種の伝統で、政府はユーモアのセンスとこのような風習を大目に見る気持ちを持つべきです。そこで言われたことでSLORCが口から泡をふき、金きり声を上げることがあるとしても、と言った。

しかし、政府はこの見世物が二度と起きないよう緊急措置をこうじ、競技会にかかわって責任のある者は罪を問われることになった。四月一六日、スーが寛容を訴えた日、SLORCは全国スローガン著作委員会なるものを創設した。その目的はティンジャン期間に叫ばれるいかなるスローガンも「国家的統一をめざす」ものであることを保証するためであると言った。一週間のうちに、反抗的なスローガンを考えたと告発されたNLD党員は法廷に召喚された。

とはいえ、まだ単純かつ優雅なビルマの伝統的習慣に慰めを求める動きもあった。

「四月一七日、新年の日、オフィスに行って、報告書と手紙とスタッフをきれいにかたづける。午後NLD本部で、仏教儀礼」。ビルマの仏教徒は、捕われた魚や鳥を放すことで、涅槃にいたる歩みを進めることができる、功徳を積めると信じていて、新年はそれをおこなう縁起の良い日のひとつである。マ・テインギーは書いている。「うちの少年たちと少女たちは、魚と鳥を放した。そのうち二羽の茶色のハトは飛ぼうともしないし、飛ぶこともできなかったので、私たちは二羽を屋敷にもどした。マ・マは一羽を抱きかかえていた。二羽は羽づくろいして、スーが会議につかう大理石板のテーブルでお米を食べた。私は、彼らが会議をしているあいだ、中央執行委員たちの頭の上に座って楽しく液体爆弾を落とすさまを想像した」。だが、この悪意のある想像は、しっかり罰を受けることになった。「バスで家に帰るとき、だれかが撒いた水でびしょびしょになった。いままでの新年の日にはなかったことだ」

★

数日のうちに、スーとマ・テインギーとその同僚はまた新たな旅の準備をした。全国キャンペーンの終盤は、ふつうならキャンペーンというより勝利宣言の舞台になるものだ。

数日前の日記にマ・テインギーはビルマの一番北、カチン州から戻ったNLDの党員の様子を「汚れて、クタクタで、精根つきはてて見えた」と書いている。彼らはスーの、これまでもっとも冒険的な旅、最北のカチン州への旅を準備しに行っていた。カチンの民族軍は、ほとんどがキリスト教徒であるこの地域の自治を求めて、何年にもわたってもっともよく訓練されたすばらしい反体制軍だった。今回の旅は、スーの父親の足跡を追う巡礼のひとつでもあった。アウンサンは一九四六年一二月に州都のミッチーナを訪れている。

旅の一日目はマンダレーまで一三時間。いまは、これまでの数か月のきついスケジュールがみなに影響を与えていた。

四月二四日、マ・マは薄青の無地のロンジー、青みがかったラヴェンダー柄のジャケット、とてもステキ。ラングーン出発午前四時三〇分、車二台。マンダレー到着は午後五時四五分、何もかもが熱いのにショック。空気も、ほこりも、家具も、水も、涼しいはずの葦で織ったマットまで。途中、タイガーは二度も眠くなって、ウー・ウィンテイン様が運転を代わった。私はここ三日ともいそがしかった。旅でこんなに眠かったのははじめて。マ・マは私を支えながら「頭を自分の肩にあずけたほうがいい」と言った。寝床を用意しながら「私たちが八〇歳を超えたころになったら、昔は気が狂ったようなことをしていたなんてきっと笑っているわ」と私が言うと、マ・マは、「もしひとつでもうまくいかなかったら笑えない」と。

四月二五日、マ・マは赤紫色のロンジー、暗めのジャケット。ふたつの僧院で話をして、宿舎にもどり、ランチ、ながい水浴び、午後三時に駅へ。

ときにはネーウィン自らが指示を出しているのが明らかな、程度の軽い公的な嫌がらせは、毎日のことになりつつあった。しかし、たまにはやりかえせることもあった。

「SLORCの、私たちが『上からの命令』と呼ぶやつは、アウンサンスーチーは駅では列にならんで自分の切符を買わなければならないと命令した。侮辱したつもりだろうけれど、これは絶好の宣伝になると考えた。スーを見ようとまわりを囲んだ人びとが、お菓子、飲みもの、食べもの、サンドウィッチを差し出してきた」

彼らにとってはじめての、ビルマの悪名高い遅くてガタガタ揺れる列車の旅だった。全員に対して、ふたつの寝台がやっと取れ、交替で使うことにした。「みなが順番に寝た。マ・マと私は真夜中一二時から翌朝六時までだった」

とはいえ、軍政が動きまわるスーたちを痛めつけようと決意した一方で、膨らみつづける支持者の集団はスーたちを王様と女王様のような気分にさせた。

停車駅ごとにNLDと民衆がいて、花や、食べものと高価な料理、セヴンアップやコークなど、ひと缶三〇チャットもするのを差しだし、私たちはこれまで生きてきて、こんなにコークを飲んだことはない。とても冷えてて。真夜中でも地元のNLD党員がきれいにドレスアップして現れた。記憶に残るのは年輩の男性は凛々しいガウンバウン、太ったご夫人がたはど派手なシルクとレースで着飾って、そこにいる私たちはいつものヨレヨレで汚れて埃だらけで汗まみれで行儀のわるい野人の一団。

ある駅で列車が軍の列車とならんで停車すると、マ・マを見ようと兵隊たちが窓から首をつき出し、ほとんどは笑みをうかべていた。マ・マは上の寝台、はじめはそこは嫌だと言っていたが、私たちは下だと窓に近すぎるからと説得した。

気遣いは正しかった。「真夜中過ぎ、明かりを消してそれぞれの寝台につくと、次の駅で『彼女はどこだ、見つからんぞ！』と叫ぶ男たちの声がし、そこらじゅうをまぶしい懐中電灯で照らしていた。ともだち（国軍）ですが、マ・マと私はくすくす笑って、じっとうごかず」

四月二六日、さらに半日以上列車で過ごす。私たちは、人が大勢窓から列車によじ登ってきてそこらじゅうに闇市の品物と鶏を持ってすわり込むという、おそろしい話を聞かされた。でも今回の旅は順調。人混みなし、長い停車なし、予定外の停車では汽笛もなし、人びとがマ・マを歓迎して大きな笑みと天にもとどく声で、「アウンサンスーチー万歳」「ご健康を」「ドー・アウンサンスーチーに神のご加護を」「その望みがかないますように」とコーラスしていた。それに、国軍の荷物運びに徴発された人がいれば、「六つの悪から無縁でありますように」と声を合わせた。

伝統的なビルマ人の挨拶は、友だちが「五悪」から無縁であることを願うものだ。圧政者の問題はビルマではいまにはじまったことではないが、それに加え、火事と、盗みと、水害と、敵の五つだ。マ・テインギーの説明によれば、「六つ目は、最近では、国軍」だ。

最長老のNLD党員の何人かはヴィパッサナー瞑想を日課にしている。だが、今回のような旅では日課を守るのは難しい。

ウー・フラペー爺は瞑想しようと最善をつくしたけれど、私たちのサルどもに囲まれてどこまでできたものやら。網棚に上げた私たちの荷物の間からかすかなピーピー音が聞こえ、アウンアウンがやっとその音が茶色のスーツケースから出ていることをつきとめた。誰のと訊いても持ち主は現れず。

客車の中の反応は、この発見にヒステリー状態だった。

このあたりの人びとはＫＩＡ〔カチン独立軍〕が列車そのほかを爆破することを知っているから、ちょっとしたピーピー音でもパニックになった。私もだんだん心配になって、いくつかのコンパートメントの乗客はとても危ないと思ってキャーッとトイレの近くに逃げるほど。時限爆弾だと思った。アウンアウンが窓から〔スーツケースを〕投げようとしたちょうどそのとき、フラペー爺が瞑想状態から覚めて、それはオレのだと叫んだ。間一髪、彼はほとんど一か月いま着ている服だけで旅するはめになるところ。音は彼の目覚まし時計、自分で止めることができずいつも問題。毎朝鳴りつづけ、マ・マを激怒させた。私とほかの連中は、イビキをかいて寝ていたけれど。

その日の午後遅く、彼らはカチン州の州都、ミッチーナに着いた。いつものように大規模の大衆集会がいくつか準備され、そのなかには衣装を替えなければならないものもあった。

四月二七日、午後マ・スーはリス族の衣装に着替え、とても広がったスカート、ジャケット、ビーズの飾りがいっぱい、かわいいビーズの頭飾り、これはぜんぶリス族の政党オフィス訪問のため。着替えているあいだ私は市場へ出かけた。戻るとうちの子どもたちのあいだにスーが座り、恥ずかしくて真っ赤になっていた。とても似合っていた。スーは可愛いドレスを着ると道化師のようだからきらいといつも言うけれど、道化には見えない、決して。
四月二八日、一軒のカチン族の家で、マ・マは贈りものとして食べものの詰まったバスケットをもらった。血のつながりのシンボル、四〇年以上前、ボー・ジョー〔アウンサン〕に贈ったのと同じもの。大きなバスケットで背中に背おうかたち、中の食べものは、お米、塩、肉、野菜、パン。
四月三〇日、ポーチッコン村、マ・マを見たひとりの老婆がそのあと、孫に歌いかけるみたいに「おぉ、わたしたちのクニのこの王様は、かわいいひと、ちっちゃくてかわいいひと」

ホーピン、ナンチョー、ユワティッジー、ルウィンウー、ナンモン、マインノン、マモンカイン、ヤントン、ナンパデ、タクウィン、ミョータル、レイメー、チュンピン、タール、アレイトゥ……。村から村、村から村、僧院と仏塔をぬって、停まるたびに有頂天の人びと、贈りものの贈呈、演説、それからまたひとつ演説、スーはこの六か月の叙事詩ともいうべき旅で千回以上演説した。それは旅と言うより、ひと続きの夢のようなものになっていった。まるで国家的英雄が征服先から戻った時に起こることだ。国家の支配者たちに厳しく執念深く追われる「ちっちゃくてかわいいひと」に起こることではなかった。

五月一日、だれかがマ・マに、殺した孔雀の尻尾を切ってまるごとプレゼントした。哀れな、この大きくてやっかいな荷物は私たちとともに旅した。毛がほつれて、汚れて。およそ三万人の人びとがあげる歓迎の叫びに、あやうく死にそうに。マ・マはずっとジープのボンネットに乗ったまま旅して、はんぶんは寄りかかって、はんぶんは座って。

次の土地で泊まったのは大きな家、寝床につくちょっとまえ。マ・マはここの家主がスクラブル〔文字並べゲーム〕狂なのを知り、ゲームがしたいと言い出した。私が、スクラブルはだめ、おやすみの時間ですと言うと、歌うみたいに「オーケー、マ・テインギー！」と言って、ベッドに飛びこんだ。

五月二日、仏教修行者の老婆たちが輪になって、ゆっくりとした踊り。マ・マが話していると、SLORCが無料でビデオが見られると言って人びとを誘い出そうとした。もちろん、だれも行かない。

午後一〇時四五分、マ・マは髪をシャンプー、ドライヤーが挿せるプラグがあるのは仏間だけ、そこで髪を乾かした。

五月三日、老婆がひとり私たちに手を振りつづけ、立ったまま泣いていた。土ぼこりのなか、道ばたに座るひとりの老婆がチラッと見え、私たちの車に向かって手を合わせて、まるで僧侶に対するみたいだった。

長い討論演説のあいだ、私と子どもたち何人かは二階にあがってちょっと昼寝、子どもたちは大きなマット、私は部屋のすみでしわになった肩掛けを。暑くてほこりだらけのガタガタ道を走って、十分には寝ていない。私たちは子猫みたいにまるまって、スキさえあればうたた寝した。もちろん、マ・マはできない。

彼らはカチン州の山々から、焼けつく猛暑のビルマ中央部に下ってきた。

サガイン管区に入ったとたん、とても暑くなる。半分ジャングルのなかをぐねぐね曲がるガタガタ道の旅……。いつものようにマ・マは寝床につくまで会議が次つぎ、みなふらふらで、子どもたちの何人かは病気。

五月四日、ダークブルーのロンジーとジャケット、五時三〇分起床、三時三〇分とか四時じゃないことにちょっと感謝、ジープでも無理なでこぼこ道で、車高の高いトラックに乗らなければ。道中、マ・マに演説してほしいという村々に停まって、ちょっとねばりのある冷たい飲みものが出され、私たちはことわるつもりなし。

これを飲んだ私たちの多くは咳こんだ。

五月五日、ベージュのロンジーにベージュのジャケット。インダウを五時三〇分出発、大勢の喜ぶ人びとがいたるところで、花と横断幕と音楽。

タガウンはまるで溶鉱炉。近くの店でタマリンドジュースを売ってるので、ポットいっぱいに買う。たくさんの人びとが道に並んでいるから、町の入り口からNLDオフィスまで二時間もかかった。ちょっとしたプライバシーもない。人びとはどこでもじぃっと見つめたり覗いたり。あるときは、マ・マがトイレに行くときも、私か子どもたちがついていって番をしなくてはならなかった。

★

その次の旅程では、彼らはボートに乗った。マ・テインギーの長めの、物思いにふけるような記述は、水上の旅がこれまでと違った感覚であったことを示していた。全員がホッと息をついている。

五月六日、青いジャケット、ダークブルーのカチン風ロンジー。私がマ・マに、三時起きだなんてきついと言うと、あなたが決めたのでしょう。午前四時に桟橋に着くと、NLDはほとんどいなかった。私たちは起きると言ったのに、みなは私たちが三時にほんとうに起きてくるとは信じなかったようで。ボートの上で、私が小さい船室にすわっていると、マ・マはちょくちょく男の子のロンジーに名前を縫っていた。

シュウェグでは、地元のNLDは人びとをうまくさばけず、私は車に乗ろうとしてあやうく轢かれるところ、タイガーが私の腰をつかんで頭から放りこんでくれるまで車に乗れなかった。興奮しすぎた人びとがいるところでは、これがいつもの車やボートへの乗りかただ。

マ・マは前に立ち、私はすぐ後ろでマ・マに挨拶するとき厚かましすぎるやからに、いつでも一発おみまいする用意。人びとがどんなふうにマ・マの腕をつかむか信じられないでしょう。いちどなんか、バカな小娘がキスをしようとマ・マの頭を思いっきり引き下げ、マ・マはジープの車体に頭を打ちつけるところ。私たちは怒った。アウンアウンと私はこんな娘らをマ・マからひき離すためには、胸にパンチをくらわしてやる。

五月七日、オレンジ色のジャケット、ダークブルーのロンジー。モスクから夜明けの礼拝を告げる声が聞こえてきた。「神」についてちょっと話していると、マ・マは突然思い出した。キムがくしゃみをするたびどんなふうに「僕に祝福を」と言うか。マ・マの顔はほんとに輝いて、アレクサンダーやキムの話をするときはいつも、疲れた様子がなくなる。だから、彼女が疲れていて、でも休めないとき、私は子どものことを話題にしようとした。

あらゆる乗り物に詰め込まれていっしょに過ごす数千キロの旅は、この女性たちの仲をとても近いものにした。マ・テインギーは告白している。

私はマ・マが好き、でも決して個人崇拝みたいなものではなく、ドー・アウンサンスーチーだからでもなく、彼女自身のことが。私はずっとひとりでやってきて家族とのしがらみもなく、誰かを、マ・マのようにほんとの姉妹みたいに思ったことがない。

バマウンで、軍の車が夜のうちに反アウンサンスーチーのビラを町じゅうに撒いたことを知った。

バマウンNLDオフィスで演説、それから今日の宿へ。とても暑い。

ここ数日、うちの子どもたちは冷たいつめたい河で泳いだと自慢しつづけ、マ・マと私は羨望のまなざし。この夜、私たちは乳母つまりアウンアウンの目をぬすむ決意をし、こっそり抜けだして水に浸かりにいった。二、三人の子どもたちだけには知らせておいた。

私たちはなんとか、いつも見張っているマ・マの友達〔国軍のこと〕をかわし、彼女は帽子をかぶって、ありがたいことに電気がとまったビルマの町はかなりの暗さ、おまけに新月の夜。

水はすてき、まるで氷みたいに冷たくて、私たちは温かな流れと冷たい流れがあると気づき、おたがいにここが冷たいとか言い合って大興奮。いままでこんなに水浴びを楽しんだことはないわ、ぜんぜん違うと、マ・マは水をかぶりながら言っていた。

スーが祖国ビルマに戻ってからもう二三か月以上が経ち、子ども時代を別にすれば、一番長く住んでいることになった。そして、彼女がビルマの人びとに抱いていたであろう幻想は、すべて崩れ去った。

マ・マはビルマ人の性格の、悪いところがよくわかってきた。ごり押しの自己中心の頭の悪い人たちはもうたくさんと、彼女は言った。ほんとのビルマ人の性格がわかってきて、それで落ちこんでいた。彼女は理想的すぎて、こころが折れやすい気がする。私たちふつうのビルマ人みたいに、気楽にすればいいのだ。私たちはまったく自己中で、いやなことについてはほっかむり、そして目先のことだけ考える。

彼女が哀愁に浸るような雰囲気のときは、顔にとても深い悲しさが現れる。大変な重荷がこの繊細で温和な人のうえにかかっているのだから。私は、彼女がもっと冷めた調子でビルマ人に向かう必要があると思う。いくぶんか冷たくとも良いのだ。私たちの子どもらの乱暴なやりかたに不満な人がいると彼女はこころを痛めるのだが、私は彼女に言う、礼儀正しさは人びとの足りない頭と鈍感なこころには通じないと。

彼女は暑い陽ざしのなか、いくつかの村とかひとまわりして帰ってくると、安い香りをプンプンさせていた。熱狂的なご婦人がたがすばらしいと思い込んだ香水をマ・マに振りかけるのは毎度のこと、その香水たるやコンコードかチャーリーか（チャーリーのほうがちょっと高い）ティーローズ（これはバラの匂い）という名のどれかで、私たちはこの三つの区別がつきはじめている。マ・マはコンコードを掛けられることが多い。私たちは香水をふりかける趣味がだいきらい。ご婦人がたはノズルのさきがどこに向いてるかなどおかまいなし。ときには、顔とか口とか、いつも注意していないとマ・

マの目に入る。彼女は「ねぇマ・テインギー、私は格があがったわ、今日はチャーリーよ、コンコードじゃなく」などと言っていた。

五月九日、ボートが停められないので、マ・マは陸にあがらずボートの上から演説。焼きそばの入った包みをもらった。

ボートの船室はとても暑いので、マ・マはデッキに座って子どもたちと話をするか、パトリック・レイ・フェーモーの旅行本を読んでいる。それで彼女が言うには、自分が送っている狂ったような人生とは違う人生もあることを忘れないようにと。

しかしそこには、スーが失った人生への追憶に落ち込んでしまう危険もあった。
「ボートの上から演説したあと、船室でちょっと縫いもの、うちの男の子のシャツをいくつか繕っていた」。日常的で家庭的な役割は、スーの想いをオックスフォードへ、帰ることのできない家へとかきたてる。「私が歩いたあの楽しい道。あの道をもう二度と歩くことはできない」[4]
「私たちの小さくて汚い船室で、彼女はアレクサンダーとキムのことを少し話した。いつも息子たちの学校行きのシャツに名札を縫ったと言ってから、黙りこんだ。縫いながら、目に涙をうかべ、もう言葉がでない。私は帽子をさげて目をおおった。彼女が泣くのをこらえているのがわかったから。そして彼女は、私の新しい息子たちに集中するほうがいいと言った。
冗談で言う以外、彼女はどんなに家族と離れて寂しいかは決して口にしない」

★

ミンジョウンコン村、僧院で演説。六時三〇分、ちょうど暗くなりかけるころ、カタに到着。これまでよりずっと多い、女性と子ども。こんなに野生的でたのしい子どもたちははじめて。子どもたちは、男はぜんぶ軍の荷物担ぎに徴発されたから、自分たち子どもだけが残っていると楽しそうに説明してくれた。マ・マはこの子どもたちを見て、落ちこんでいたのがすっかり直ったと言う。大きな歓声。河岸の土手にすわっていた三、四人の子どもがボートの中を見ようと順に立ち上がった。マ・マはデッキの手すりにつかまる。子どもたちがマ・マに自分らはなんとかやっていく、怖くなんかないと告げると、マ・マは「ラングーンで面倒なことになったら、ひょっとしたら君たちに守ってもらいに、カタにくるかも」と答えた。そうしたら彼は大きな叫び声で「僕らはあんたを守る、世話してあげる」と。

ハナモツヤクノキの花の赤い参道はすばらしい。マ・マと私は抜けだして、古いパゴダへお参りに。今日は彼女の弟、若くして死んだアウンサンリンの命日。彼女は「いっしょならどんなことができたか」と言いたそう。[5]

一九八九年五月一一日、タガウンを午前五時出発、夜明けでも暑い。マ・マは口紅が見つからず、どこへ行ったのこのこまった人はと言いつづけていた。私には、わかってるのよ、口紅にぶつぶつ言って余計に疲れるのはと。子どもたちは昨日の夜も話して叫んでいた。あの子らには話しかける口紅がないからと、マ・マは言った。

この町は数週間前に大火事で焼けたところ。着のみ着のままで逃げのびた数人の老婆に会う。ナカオを塗った頬にふくんだ大きなビンロウをペッとはきだし、明るく「いまは私たちにはなんにもなし」

五月一二日、午前五時三〇分、私たちの車で出発。きのうの夕方、車があるのを見て、みな大喜び。私は車にキスしてアイラヴユー。持ち主で運転手のタイガーは、ガールフレンドに会うみたいだ、と。モゴックに向かう。午前六時四〇分フサールピュウタウン村到着。マ・マは睡眠薬の錠剤を飲んでいて、ほとんど意識なし。眠すぎて、私は車の中で寝ている彼女を支えたまま。停まらなければならない村ごとに、彼女は正気をかき集め、すばやく考えて演説をはじめ、まちがうことはなく、ボケた話もなし、ただちょっといつもより荒々しい感じ。

モゴックでは大きな古いお屋敷に泊まれた。古い屋敷には風呂とトイレが付いていて、マ・マは大喜び、この贅沢なニュースに手をたたいて飛んだりはねたり。彼女にはダブルベッド、いつものようにレースのネットがかかっているが、今回は白いレース。ベッドにひっくりかえって、私はラッキー、いつも新婚用のレース飾りなのにここではひとりだけ！

どこに行っても、支持者の多さと熱狂的な称賛は同じだった。

八九年五月一三日、彼女はスパンコールのジャケットとスパンコールのアラカン風ロンジーを着る。チュッピンを午前七時に出てモゴックの町へ。曇り空で涼しい。モゴックからの人たちが車で途中まで迎えにきて、私たちの後ろについた。ぜんぶで五〇台くらい。モゴックに近づくとBMX自転車に乗った四〇人ほどの子どもたち、数十台のバイクも。道路わきで待っていた太ったひとりの婦人が、三千チャットをマ・マの手に押し込んだ。

マ・マは緑色のピックアップの荷台に立ち、日傘で霧雨を避けながら。サッカー場につくまで二時間以上もかかる、人びとはずぅっと大声であいさつを叫んで。湖とパゴダに近いサッカー場には、ほんとに大勢の人びとが雨のなか、後ろの人にもマ・マの姿が見えるよう傘を閉じたまま。彼女はカラフルで大きなビーチパラソルの下におかれたテーブルに上がった。私は去年の八月シュエダゴンの集会で、はじめてマ・マを見たときのことを思い出した。泥と雨とぎっしり詰まった聴衆。これだけの人びとがマ・マの話を聴きに出てきたから、すべての店は休業、どんなことがあっても休まないルビー交換所までが休み。地元の人たちはマ・スーがルビー交換所まで休業させたと、驚きをこめて言っていた。

町の入り口には国軍の姿があった。バイクを停め、ヘルメットをかぶっていない者の名を書きとめ、そのほか。まあ、彼らもなにかしなければ。私の人生で、これまでこんなに大勢の人の集まりをみたことがない。

★

北でも南でも、東でも西でも、行くところのすべてで、スーは大勢の人びと、彼女を自らの支配者、救い主、贖い主と歓呼して迎える人びとに出会った。カチン族の老婆が「わたしたちのクニの王様は、かわいいひと、ちっちゃくてかわいいひと」と孫に歌ったように。

スーにそうした考えはあったのか？　いくつかの点から見ても、明らかになかった。彼女は、マ・テインギーの日記が示しているように、感傷的で魅力的な人間にとどまっている。またひとつ人びとの支持を勝ち取ったステージから降りれば、宿舎の台所に行ってボディガードたちにマンゴーを切っていた。いま終えた演説に対する賞賛の声が耳に響く中、彼女は乗っているボートの汚い船室にもぐりこんで「子どもたち」のシャツを繕っていた。

しかし、彼らはいったいどこへ向かっているのか？　スーは敵の動きをどれぐらい読めていたのか？

マ・テインギー、のちにスーと苦い争いをすることになる彼女は、ほかの誰よりも近いところで欠点も含めて、あらいざらいスーを観察する機会があった。「その理想主義と高い誠実さは、私には彼女が小さな子どものように思えるときがあった。ものごとが怪しいと思い、大人のつくりごとや抜けめのなさや嘘を感じ取った（ほんとうのところはわかっていない、あるいは理解していないとはいえ）小さな子どもたちが示すような、慎重につくろわれた尊厳。彼女は強い性格ではあるけれど、私にはもろくうつり、狼の群れに投げ込まれる無邪気な人にも見えた」と、ふたりの仲が壊れてかなり経ってから書いている。

ふたつのことが同時に起きていた。一面では、スーが書記長である公式に登録された政党ＮＬＤが、ビルマじゅうを旅して、人びとに出会い、複数政党による総選挙に向けた最善の準備をしていた。選挙は政権にある軍事評議会が保障するもので、そのときにはＮＬＤは以前の支配政党およびその他の政党と競い合うはずのものだ。明らかに合法的で、正常ともよぶべきことだ。

しかしもう一面では、戦争が起きていたのだ。ビルマの未来と、ビルマとは何であるかを問う戦争が。スーは言った。「この国は大きくレールをはずれてしまいました。私の務めは、父アウンサンの娘として、いまこそこの国を正しい道に戻すことです」と。

これにより彼女は、他の政党と争うのではなく、あの国軍それ自体と争う、つまり、かの将軍たちが作り出したビルマ国家と争うことになったのだ。「すべてはまちがっています。いちからやり直さなければなりません」とスーは言った。

圧倒的にビルマ民衆はスーの側についていた。誰もこれを疑う余地はなかった。しかし、ここからどうやって目指すところに辿りつくのか？　どんな道筋をスーは描いていたのか？

ネーウィンとその一味に、ビルマを破滅に導いた責任者の役を振り当てることで、スーは彼らの足元を切り払った。ソゥマウン大将の示した取引とは、民主制に向けた複数政党による総選挙であり、その過程はＳＬＯＲＣによって管理されるものだ。しかし、軍事支配の正統性に対する疑念を積み上げることで、スーはその過程における軍政の役割をも掘り崩した。

スーにはそうするあらゆる理由があった。何千人もの名もなき抗議者を、国軍は権力にとどまるために虐殺したではないか。これは革命を求める運動だった。この運動は国境地帯の少数民族反乱軍から起こる軍政打倒の呼びかけに呼応するもので、国境地帯には反乱軍に参加した数千人の学生がいた。しかしスーはビルマの中心部におり、軍政はすべての動きを監視していた。その一方でスーは、自分の党派を非暴力と位置づけていた。

では、スーは何を予想していたのか？　数百万の支持者とともにラングーンに向かって進軍することか、フランス革命のマリアンヌのように、ＮＬＤの旗を高く振りかざして？　ネーウィンとソォマウンと残りの者は、最後のヘリコプターによじ登り飛び去るのか、サイゴンを離れるアメリカ人のように、あるいはマニラを脱出するフェルディナンド・マルコスとイメルダのように？　キンニュンは王国への鍵束をおとなしく差し出すのか、ポーランドのヤルゼルスキ将軍のように？

当時の興奮につつまれた要求が実際には実現しなかったとわかっている今日、二〇年前のこの徒労に終わった数か月を振り返り、人は酔いしれた雰囲気を過小評価しがちである。[6] スーとNLDのあやまちを見つけるのは、後知恵というものだ。だが、疑問は残る。聡明な相談役たちはこの行きつく先を予想しなかったのか？　かなりの速さで、袋小路に至ることを。

マ・テインギーによれば、NLDの中央執行委員会のなかに、権力の民主的な移譲のために軍と取り引きすることを主張する人もいくらかいた。ひとり名をあげているのはチーマウン、元国軍士官でNLDの結成からスーの側についた人物、スーとほかの最高指導者たちが拘束されたあとでNLDを総選挙での勝利に導いた人物でもあった。マ・テインギーは日記に「ウー・チーマウン、ウー・ウィンティンと話した。ウー・チーマウンは、われわれに必要なのは民主的に選出された政府だ、もしその代わり将軍たちの安全とかその資産を保障しなければならないとしたなら、かまわん、何でもやつらが欲しいというものをくれてやるべきだ、と言った」

しかし強硬派は、さらに軍政に圧力をかけることを主張し、結局、強硬派の意見が勝った。

★

NLDは軍政をもっとも基礎になる部分で掘り崩しはじめた。それは暦を乗っ取ることだった。三月二七日は国軍記念日で、クレムリン流の軍事兵器パレードが毎年ラングーンの中心でおこなわれていた。この年は、ネーウィン大将の復活にも注目が集まっていた。前年七月のビルマ社会主義計画党（BSPP）に対する爆弾発言以来の公衆の面前への登場だった。しかし、NLDは成功裏にこの見世物を自分たちのものにした。「ナンバーワン」（ネーウィン）の華々しい登場を脇において、NLDは世界に向かって、この日を「ファシストに抵抗する日」と改名すると発表した。この名はスーの父アウンサンによって付けられたもので、この日は「ファシスト」である軍隊に対して民衆がデモをする機会だとした。前年九月の大量殺戮以来、はじめて数千人の学生がラングーンとマンダレーの街頭に立った。

この二週間前、NLDは憲法にかかわる別の待ち伏せ攻撃を軍政側にくらわしていた。三月一三日を「ビルマ人権の日」と宣言したのだ。一年前のこの日、軍政に抗議した学生マウン・ポウンモォが殺され、それに対する憤慨が全国的反乱へと拡大していた。年が進むにつれ、さらに新しい祝日が発表されるはずだった。すべての国家は、祝日によって規定されるものだ。それは国家にまつわる物語を、日々のうつろいのなかで強調する手法だ。このように、新しいあるいは復活された国民の祝日を主張することで、NLDは祝日の機能を軍政からもぎ取ろうとし、さらに軍政の正統性の弱体化を図った。

そして宗教という問題があった。体制への脅威が増すにつれ、スーの敵は彼女が共産主義者に囲まれていると非難しつづけていた。ビルマの単純な政治風土では、共産主義者の逆は仏教徒だったから、敵の嘘を証明する最善の方法は、仏教徒的敬虔さを示すことだった。これはNLDにとって、じつに簡単なことだった。NLDが行くところどこでも、僧侶たちは宿舎ともてなしを提供した。またスーの施物を受けいれ、かなりの数の僧がスーの演説を聴きに集まり、友愛と共闘の精神がNLDとサンガ（僧団）のあいだに確実に育まれていった。

僧侶はビルマ王制の正統性にとって、中心的存在だった。宮廷はパゴダと僧院を建設し維持することでサンガを物質的に支え、それに対してサンガは宮廷からの施物を受領し、王に請われて国の式典と仏教儀礼を執り行うことで、王の統治権を保証した。これこそが、近代以前のビルマ国家を成り立たせた礎石だった。

英国による君主制の破壊は、サンガと世俗支配者の共棲と相互承認という統治モデルを打ち毀した。このことが、植民地期を通して僧侶が抗議の先頭に立った主な理由だ。ビルマの初代首相、敬虔なるウー・ヌは僧侶とのつながりを強固なものに復活させた。だが、「近代化」の意識が強いネーウィンはそれを時代錯誤だと拒絶したので真空状態を残し、後にNLDがそこを埋めることになった。

そして、なにより、どのような民主制度をめざすのかについての根本的な疑問があった。SLORCが複数政党による選挙を宣言した一九九八年九月、ふたつの想定で動いていたように見える。ひとつは、大衆は耳にしたことのあるたったひとつの政党、BSPPが改名した国家統一党（NUP）に投票するだろうというものだ。そしてふたつ目に、NUPに投票しない票はまったく重みを持たないぐらいに細かく分断されるだろうというものだ。軍政の新しい中心人物ソォマウン大将は、選挙が終われば軍隊は兵舎に戻り、それ以上の政治的な役割は演じないと約束した。はたして、選挙に向けて二三五もの政党が登録されるのを目にし、計画に成功したソォマウンは自分自身に拍手を贈ったに違いない。ビルマはこの見せかけの民主制ゲームによって国際社会の承認を得て、地位を高めることができるだろう。そして、舞台裏では相変わらず、軍隊が権力に居座るのだ。

しかし、一九八九年四月、五月の、スーの叙事詩的とも言える旅のあいだに、この軍政の予想は変わりはじめた。NLDは他の諸政党および少数民族集団とのあいだに橋をかけることでその地位を固めだし、これは軍政の描いた快適なシナリオを脅かすものだった。グスターフ・ホウトマンは書いている。「アウンサンスーチーは多くの政治的、民族的諸集団とのあいだに同盟を構築するという成功を収めた。父親とまったく同じように。このことは、国軍にはまったく政治的な役割を与えないやり方で、反体制派を統合する能力があることを示していた」[7]

すべての戦線で国軍は劣勢だった。国軍が反撃すべきときだった。

★

軍政にとって、アウンサンはいまや悩みの種だった。過去半世紀、近代ビルマという意識を形成する基盤であったアウンサンは、いまその娘とその追随者に乗っ取られてしまった。軍事支配にとって都合のいいシンボルからは遠く離れ、革命のスローガンになっていた。いまは、ビルマをアウンサンから切り離すときだ。これが危急の課題であることは、一チャット札の大失態から明らかになる。

現実として独立以来、ビルマのほぼすべての紙幣にはアウンサンの顔が載っていた。ビルマのすべての町には、アウンサンの名がつく通りや広場がある。すべての公共機関には額に入った肖像が掲げられた。すべての小学校に通う少年少女たちの頭は、彼の勇気と知恵とでいっぱいだった。だが、軍政が一九八九年に新しいデザインの一チャット札を導入しようとしたとき、デザイナーは自分の反軍政の気持ちを微妙なやりかたで表現した。[8]

新紙幣はアウンサンの透かしが入るものだった。いつもの高い頬骨、ぐっと結んだ唇、力強い顎という国家的英雄の顔だ。しかし、顎の線を少し柔らかくし、鼻と口元と頬にちょっと手を加えると、父親の顔は娘によく似た顔に見えた。

新札は、軍政がこの優雅な破壊行為に気づく前に印刷され、町に流通した。全国で人びとは、この紙幣を貯めこみ、ささやき合い、そしてまたこのデザイナーが透かしの花弁模様にどうやって八八八八という数字、全国ストの日付を入れ込んでいるかを見つけ出した。軍政に対するこの侮辱が明らかになるや、新札の流通は停止された。そして、これ以後ビルマ紙幣は二度とアウンサンの顔を載せてはいない。

この件については何も語られず、モスクワ流の過去の歴史の塗り替えはなかったが、アウンサンの遺物はうち捨てられたパゴダのように、修復の手が加えられなくなった。この英雄に捧げられた博物館などはもはや維持されなかった。アウンサンスーチーは、その父親が離縁しあるいは抹殺しただろう植民地主義者のしもべ、性的な放蕩者という攻撃を受け、ナッマウ村に立て直されたアウンサンの生家と、彼が暗殺されたとき家族の住居だったタワーレーン二五番地の大邸宅にあった博物館は荒れるにまかされた。もともとアウンサンが暗殺された七月一九日「殉難者の日」は、ビルマのカレンダーのなかで最大の国民的休日で、毎年その準備期間にはラングーン大学の教授たちが市内のあちこちの小学校に出向いて、英雄アウンサンの人生の意味と成果を講義するならわしだった。しかし、この年にはおこなわれず、以後もおこなわれることはなかった。[9]

さて、建国の父を不在にして、SLORCは何を持ち出すのか？　これは明らかに将軍たちの頭を悩ませるテーマだった。五月三〇日、スーが最北の旅から帰って一週間も過ぎないうちに、将軍たちは独自のネタを思いついた。

この日彼らは、二一人のメンバーからなる「ミャンマー名称に対する正しい表記を検討する委員会」を立ち上げた。[10]名前からすれば学問的な団体だが、四人を除いてメンバーはすべて軍人だった。アウンサンが第二次世界大戦の混沌のなかからビルマのアイデンティティーを創出したのなら、将軍たちの挑戦はさらに昔にさかのぼること、英国が廃位したビルマ王たちにつながりを作ることだった。

植民地後の時代、東南アジア全域で帝国主義者につながる名称の拒絶が見られた。セイロンは「聖なるランカ」スリランカ、ボンベイはムンバイ、マドラスはチェンナイ、カルカッタはコルカタになった。これらの変更はしばしば民衆派の熱心な活動家によって提唱されたが、これを告示したのは民主的な政府で、一連の研究と論議を踏まえた決定だった。

ビルマでは、そうではない。なんの相談もなく、この問題についての民衆の気持ちを計ろうともせず、委員会にとってこの仕事をする貴重な時間はわずかだった。創設して三週間も経ずに、「名称改変に関する法」が施行され、ビルマはミャンマーに、ラングーンはヤンゴンになるなど、国内のすべての町や村の名称が変えられた。

この変更はビルマ人にとっては、ほんのちょっとした違いだった。「バマァ」と「ミャンマァ」はどちらも数世紀にわたってビルマ人のあいだではその国を指すのに用いられてきた。変更は国際的な使用を意図したものだった。これはこういうことを意味した。最初に予定していた政権移管のための設置からはるか遠く離れ、SLORCは権力に居座ることを画策し、自分たちにはそうする権利がある、なぜなら自分たちは遠い過去、王たちのいた誇り高き時代、植民地主義者にこの土地が毒されるはるか以前に起源を持つからだと。これはまた、国際的な評価と承認を主張する方法でもあった。五日後、早急な手法であったにもかかわらず、国連（そして、かの『ニューヨークタイムズ』）はこれを正式に承認した。

★

こうしたあいだにも、民主化運動に対する抑圧は続き、数百人以上の活動家と抗議運動に参加した者が収監された。六月の終わりにはその数は二千人に達すると言われ、七月の終わりには六千人に拡大した。対決のムードは急速に高まっていた。

スーにとっての問題は、どのように闘うかだった。どうやって軍政に総選挙の約束を守らせ、それが自由で公正であることを保障させ、そして権力の移譲を確実に実行させるのか？

しかし、ますます高揚する雰囲気のなかで、SLORCとNLDが条件を話し合わなければならなかったはずのゴールは、まったく見えなくなってしまった。おそらく、総選挙は茶番劇のようなものと見なされるだろう。おそらく、逮捕の数が急速に増えるだけで、そして互いに相手を責める雰囲気は、両者のあいだのいかなる話し合いをも問題外のことにした。

このときスーは彼女の側の要求を緩めることよりも、むしろ賭け金を上げるほうを選んだ。対話は不可能だったから、スローガンを武器にした戦争だった。SLORCは全土に巨大な看板を立てだした。オーウェル風に規律と愛国心を呼びかけていた。この看板はいまだにビルマの町や都市に点在しているものだ。NLDは水掛け祭りの期間、考えうる中でもっとも効果が高い反体制スローガンの競技会で反撃した。そしていま、スーは宣言した。非暴力抵抗への永遠の呼びかけとして、NLDのすべての文章に軍政に対する反抗を記すと[11]。六月五日の発表のなかで、スーは市民的不服従と名づけたNLDのキャンペーンを開始した。「多数の人に受け入れられないすべての秩序と権威を無視する義務がある」とビルマ民衆に強く説いたキャンペーンのスローガンは、翌日からすべてのNLDの文書に印刷されることになった。服従を命令する軍政の権利は全面的に否定された。

この動きにNLDの同僚の何人かは反対していた。このキャンペーンははじめ、ベテラン反体制ジャーナリストのウー・ウィンティンが中央執行委員会に提案し、討議にかけられた。マ・テインギーは覚えているが、その日記の記述は「これが決議されるまえに、べつの中央執行委メンバー、ウー・チャンエィがほかの案、NLDはむしろSLORCとの協調を試すべきだと書かれた文書を出した。ドー・アウンサンスーチーはそのことについては検討中だと言われていた。でもそのとき、党のなん人かの学生が彼女に『こわいのですか?』と尋ねると、彼女はパッと対話の考えをとりさげた。彼女を動かすのは簡単だった」

市民的不服従キャンペーンはNLDにとって大きな分かれ目だった。マ・テインギーが言うには、そのあと「みなはこれが危険なことになるとわかっていた。マ・スーの屋敷内に住んでいる学生の数人は、死人に唱える特別なマントラを僧侶にたのんで自分たちに詠んでもらい、突然の死にそなえた。なん人かは数日間、僧院で僧や尼になった」

そんな事態に直面したくないNLD事務所の何人かは、徐々にいなくなり、静かに党との関係を断った。「しかし」とマ・テインギーは言っている。「ドー・アウンサンスーチーのまわりにいる私たちのほとんどは、危ないからと彼女を見棄てることは、忠義に欠けると思っていた」

軍政の反応は、怒りに満ち、速かった。翌六月六日、NLDの指示に従う印刷業者すべてに対し脅しをかけ、そのあとすぐにNLDの出版物に対する全国的な攻撃を開始した。一週間後、八百の印刷業者と出版社が会議に強制的に呼びつけられ、SLORCの路線に明確に従うよう警告された。そこでは、軍事評議会あるいは国軍を「中傷」した者には「断固たる措置」が執られると告げられた。

両者はそれぞれ追い詰められた。ある軍のスポークスマンは、戒厳令は総選挙が実施されたあとでも存続すると言い、議会によって新憲法が承認されるまで権力は手放さないとした。スーはこれに、NLDは「権力の移行に関する問題が解決するまで」は総選挙に参加できないと言って応じた。

六月二六日におこなわれた演説で、スーはタブーを破った。この混乱の年を通じて、その力を保持させてきたタブーを。スーは「ナンバーワン」(ネーウィン)を名指しで攻撃した。シュエダゴンでの言葉のあいだに読み取れた告発をはっきりと口にした。

「ネーウィン大将は」とスーは切り出した。「いまだに、裏でビルマを支配していると広く信じられています。彼には責任があります。彼は国軍をただ自分だけに仕える集団に仕立てあげました。私たちすべてのビルマ民衆の意見では、ウー・ネーウィンはいまだに、このビルマの国のすべての問題を作りつづけています。この国を二六年間苦しませる元となり、そして軍隊の名声を貶めました」と追及した。[12]

これは息を呑む攻撃だった。一九六〇年母親が大使としてインドに送られた実質的な国外追放にまで遡る、生涯にわたる憎しみの沸騰だった。スーは自分の言葉の結果を予想できなかったが、言葉が標的にした人物が、これを重大なものと捉えることは十分承知していた。この全権力を掌握する独裁者は、市井の抗議者の数白人、数千人を殺すことに躊躇などしてこなかったのだから。些細な不安でさえ、彼を野蛮で度を越した暴力へと走らせてきた。ネーウィンの幾人かの妻のひとりは、怒って投げつけられた重いガラス製の灰皿でけがをし、永遠に彼のもとを去ることにした。一九七五年、ネーウィンが住む湖畔の別荘の平穏が近くのホテルのクリスマスパーティーで乱された際には、彼は自ら兵士の一団を率いて襲撃し、兵士といっしょになって客を殴って侮辱し、楽隊の楽器を破壊した。ひとりのヨーロッパ人女性が抗議しようと立ち上がると、ネーウィンはこの女性のパーティドレスを鷲づかみにして引き裂き、この女性をもとの椅子に投げ戻した。[13]この男こそ、いまスーがその角をつかみ捕らえようと決心した相手だった。

★

同じこの演説のなかで、スーは軍事政権の城壁に対してＮＬＤの包囲網をめぐらした。スーはビルマの新しい殉難者の祝日のカレンダーを提示した。将軍たちが、国名の変更を要求した一方で、ＮＬＤは祝日の一覧表をとりこみ、軍政に責のある残虐行為のかずかずを記念した。民衆反乱の八八八八（一九八八年八月八日）であり、ソォマウンによる鎮圧の九月一八日である。本来の「殉難者の日」、七月一九日に、新たな殉難者のリストが付け加えられた。そして直近の、なによりネーウィンをもっとも正確に狙い定めた七月七日、二六年前の一九六三年ラングーン大学学生連盟ビルがその中にいた数知れぬ学生とともに高性能爆薬で破壊され、ビルマに独裁者の時代を呼び込むきっかけとなった。これらの日は大衆デモによって記念されるだろうと、スーは記者会見で語っている。

世界に対し、ビルマ国軍が自国の市民をいかに扱ったかを知らせることもそうだが、これらのデモの目的とは何だったのか？　SLORCが信じつづけ、信じるに足る根拠があると非難したのは、アウンサンスーチーは共産主義者の傀儡であり、これは計画された革命である、それは明々白日だということだ。「彼ら〔NLD〕は、七月一九日の「殉難者の日」、ドー・アウンサンスーチーがしかける対決的なキャンペーンの一環として、シュエダゴンパゴダで民衆を焚きつけ、大衆蜂起の開始を計画していた。この扇動が失敗したとなれば、『八八八八』〔一九八八年八月八日〕の一周年にもう一度やろうと企てていた。大衆蜂起が起これば、国内からより多くの群衆を集めて政府に対抗しする一方、国外からビルマ共産党に訓練された民主愛国軍の構成員を動員する計画で、暫定政府が成立するまで政治的にもまた軍事的にも動員する企てだった」と、SLORCのナンバーツー、キンニュン将軍は八月初めの記者会見で述べている。

NLDがそんな計画を準備した様子はどこにもない。スーの非暴力へのこだわりは一貫しており、その頃までには周知のことでもあった。大規模な政治集会であってさえ、NLDの集会の平和的で規律のとれた行動で証明されている。スーを先頭にした暴力的な政権奪取など文字どおり、考えられない。スーは『ニューヨークタイムズ』のスティーヴン・イーランガーとの電話インタビューで、「私たちは、対決を求める気はまったくありません。私たちの集会を平和的に続けるつもりです。どんな揉め事も望んではいません」と主張している。[14] 七月三日、ラングーン中心部のスーレーパゴダの前でおこなわれた集会には、一万人以上の人が参加し、スーはSLORCに「存在する誤解をとり除く」ために、反対諸政党との対話に合意するよう促していた。

しかし、両者のあいだで話し合うことなどほとんどなかった。軍政側の答えは、言葉ではなく、行動だった。翌日、ウィンティンが逮捕された。NLDの創設に参加し、党内でもっとも戦闘的ではっきりした姿勢を持つジャーナリストだった。これはスーも含め、同僚を震撼させる一撃だった。党はこの痛手の回復に苦闘することになる。彼はその後一九年間、監獄に入れられたままだった。

さらなる答えが数日のうちに示された。軍隊が街に戻ってきたのだ。学生連盟ビル破壊を記念して計画された集会を阻止するため、ラングーン大学を完全に封鎖した。兵士が非暴力の運動をおさえるのにこんなに多く必要なのか、誰もが疑問だった。同日、シリアムの精油所で一発の爆弾が爆発し、ふたりの精油所労働者が死亡、ひとりが重傷を負った。二発目は七月一〇日、ラングーン市庁舎で三人が死亡、四人が負傷。三人の若いNLD党員が取り押さえられて精油所爆破の犯人にされた。「最近の爆弾事件の背後にいて、法と秩序の破壊を企てているのが誰かははっきりしている」とキンニュンは話している。[15] NLDの非暴力の履歴を見れば、この嫌疑は笑止だったが、脅しにはなった。ある外国の外交官が指摘したように、爆弾事件はテロかもしれないが、じつは政権の手先の秘密工作員のしわざだったのだろう。次の弾圧に適当な理由を用意するための。

それから「殉難者の日」まで一週間もなかった。ビルマ国家創設にかかわる式典は、いまや苦いせめぎ合いのなかで紛糾したものになった。この式典の目的は、ビルマ独立のために命を捧げた者を想い起こし、国民に感謝の念と愛国的誇りを吹き込むことだった。それどころか、いまや新たな殉難者のページを増やし、血と憎しみでさらに国家を汚す怖れがあった。

SLORCは、今年はなにも特別な年ではないふりをすることにした。七月一六日、前回ドー・キンチーの葬儀前夜に見られた律儀な儀礼手順に戻り、ユニヴァーシティアヴェニューに招待状を送って、例年シュエダゴンのそばの殉難者廟でおこなわれる式典への来臨を求めた。この招待には、スーの家族の古い友人で、ラングーンの国立美術学校の校長、過去のこの式典では毎度ドー・キンチーのエスコート役だったウー・ソーティンも含まれていた。

NLDの指導者たちは、この招待について検討するため召集された。マ・テインギーは書いている。「中央執行委員会のあと、マ・スーは列席しないことに決めた。彼女は支持者たちといっしょに、公式式典が終わって、廟が一般大衆に開放されときに行進して入場するつもりだ」。スーは、何か問題があるにしても、党の計画に従っていた。「NLDは大衆をコントロールできると、かなり確信していた。だけど、SLORCはまるで、NLDが大衆動乱を考えているかのように非難した」とマ・テインギー。ビルマ人ジャーナリストでAFP通信のベテラン情報提供者、ウー・エディー・テウィンは必死になって、行進に参加する者が平和的であるかぎり、虐殺されることはないという政権からの言質を得ようとした。「彼はSLORCの定例記者会見に出続け、質問を続けて、もし私たちが行進するだけでほかになんにもしなければ私たちは安全なのか、これをはっきりさせようとした」。彼の大変な辛抱強さは、是認の返事を受けることで報いられた。「とうとう彼は確認をとりつけた。たしか一八日の夕方だったと思う。私に電話してきて、それで私はマ・スーにこのことを伝えた」と、マ・テインギーは書いている。

だが、ほぼ同じときSLORCは、まったく異なったメッセージを送るため、拡声器を積んだ軍のトラックを街中に走らせていた。人びとは七月一九日、国家の殉難者に敬意を表することはいつものように自由である、しかし、ひとりとかふたり連れのみであり、行進はできない。新しい戒厳令規則、二／八九が告示された。その内容は、廟への参拝をおこなういかなる者も五人以上の集団を成した際には、三年の禁固、終身禁固、もしくは死刑の対象となり、その宣告は現場の国軍士官によって下され、法廷での審問は必要としないというものだ。

また、同じその夜、ビルマの短いグラスノスチ（情報公開）の試みは、突然の終わりを迎えた。軍政から信任を受けていた外国人特派員で最後にラングーンを離れたのは、ロイター通信の特派員デヴィッド・ストーレイだった。おそらく彼は、正式の査証を受けていたにもかかわらずビルマから国外退去させられた最初で最後の特派員だろう。彼は回想する。「有効な報道査証を持っていたにもかかわらず、一八日の夜ホテルで取り押さえられました。外出禁止の時間帯です。私は断固とした、しかし丁重な仕方で処遇されました。これから起きる出来事を、いかなるジャーナリストにも報道させたくないと彼らが考えていることは明らかでした。ジープで空港まで連れていかれ、兵士の一団に見張られたまま、出発ラウンジの床に置いた簡易ベッドの上で一晩過ごさなければなりませんでした。翌朝、最初のバンコク便に乗せられました[16]」

だから、ロイター通信は、七月一八日の夜遅く何が起きたかを伝えることがなかった。その夜、新鋭部隊の兵士数千人がラングーンの街に轟音を立てて送り込まれた。そのなかには前年八月の抗議運動を押しつぶした大隊も含まれた。道路障壁が主要道路に築かれて有刺鉄線が張りめぐらされ、国軍情報部によって問題を起こす者と認められた数百人が拘束された。ことに醜悪だったのは、市内の病院は負傷者の流入に備えるようにと告げられたことだ。国外への電話とテレックス回線は切断され、ビルマは再びその殻の中に籠った。

★

七月一九日水曜日、「殉難者の日」の夜明け、スーとNLDの同僚は国軍の準備を知った。

「私はマ・スーの屋敷に午前七時三〇分ごろ着いた。伝統に従い、毎月一九日の夜明けには党の本部で僧侶に食事が施される。食事の提供に出席した党員でソーンチュウェイという、郊外のタルカイタから歩いてきたのがいた。彼女がドー・アウンサンスーチーに、検問所があちこちにあるから、マ・スーの安全が心配だと告げた。ほかの人もそうで、計画を考えなおすようスーにすすめた」と、マ・テインギーは日記に書いている。

一九八八年九月一八日と一九日の恐怖の虐殺は、同じように軍の警告が事前にあった、いまだ生々しい記憶だった。この国軍が前回と違う行動をとるだろうと考える材料はひとつもなかった。

マ・テインギーは続ける。「ドー・アウンサンスーチーはそこで、行進をやめると決め、メッセージを書き上げた。それを誰かにガリ版原紙にタイプさせ、こう述べた。抗議のため、人びとはかならず家にとどまり、式典をボイコットするようにと。彼女がサインするとたちまち数百枚が刷られ、ただちに人が送られ、街中に配られた」。この決定の説明でスーは党の同僚たちに、「私たちの支持者をまっすぐ屠殺場に導きたくはありません」と話している。

フェイスブックのない時代、大きな集会を最後の瞬間になって中止することは容易ではなかった。そして、決定が何であれ、熱狂的な準備をしたあとでは、多くの学生はその指示に従おうとは思わなかった。

マ・テインギーは書いている。「数千人の学生はスーのメッセージを無視した。今日まで、この行進に鼓舞されてきた。彼らは予定のサッカー場に集まるのではなく、自分たちだけの集合場所から行進をはじめることにした」

軍は学生たちが廟に近づくことを阻止した。「大勢が警棒で打たれ、大勢が投獄され、午前中ずっと、廟に向かう道で学生が追いかけられ殴られるニュースが入ってきた」。

しかし、驚くほどの数の学生が逮捕を免れた。「午前一〇時三〇分ごろ、モーヘインがマ・スーの屋敷に走ってきて、だいたいどれぐらいが軍から走って離れ、どうにか逃げたか報告した。彼女は『なぜ逃げたのですか？　なぜ座りこんで捕まらないのですか？』とだけ言い、大またでオフィスに消えた。私が思うに、彼女はガンディーと塩の行進のことを考えていた」

一九八九年七月一九日に死者の報告はない。ちょうど一〇か月前、数千人が虐殺されたのとは対照的だった。スーの火急に刷られたチラシが大量虐殺の回避に役立った。しかし、ほんとうの対決はこれからだった。

★

誰もこの次に何が起きるか確かではなかったが、ただ良いものでないことだけは明らかだった。両者のあいだの亀裂は修復するには大きくなり過ぎた。運動にかかわった多くの人はすでに監獄の中だった。残った人びとも長く待つことはないだろう。

マ・テインギー。

その翌日、アウンアウン〔スーの警備隊長〕がとても早い時間に電話してきて、屋敷にくるのは賢い考えではない、どうも状況が良くないと。私は、それならなおさらそこに行かなければと答えた。屋敷に着くと、マ・スーは私に告げた。「昨夜は眠れなかった、自分が逮捕されるべきだと決めるまでは」。もし逮捕がＮＬＤの同僚の運命であるのなら、スーはそれを分かち合おうと決めた。「決心したら、ゆっくり寝られた」。いまアウンアウンに、地区の官憲に電話して、ここに来て逮捕するよう伝えさせた」。党の中央執行委員が、九時ごろ会議のために集まってきた。九時三〇分までに敷地は兵士に包囲され、誰も出入りが許されなくなった。ビルマの最初の民主的首相、ウー・ヌが車で門のところまでやってきて、兵隊たちに追いかえされたそうだ。

あいかわらずの日和見主義者であるこの男は、一年ほど前には自分がいまも正統な首相だと主張し、こんどは米作農民の竹笠、ＮＬＤの選挙用シンボルをかぶって現れたのだ。

この緊迫したドラマのあいだ、スーのふたりの息子たちは母を、昨年のクリスマス以来はじめて訪問していて、事態に巻き込まれた。父親のマイケルは自身の父が亡くなったところで、まだスコットランドに残らなければならなかった。息子たちは子どもに常の、現実離れした空気を持ち込んでいた。「マ・スーは中央執行委と昼食をしながら会議、それで私はキムとアレクサンダーといっしょにお昼。キムの相手をして、モノポリーで遊んだ」と、マ・テインギー。モノポリーはスーの家族のお気にいりのゲームだった。いちどスーとマイケルのあいだでは珍しい感情的なケンカになったことがあった（それでふたりはこのゲームをしないことにした）。

「軍は二時ごろ、中央執行委の退出を認めた。そのあと私たちはそこらに座っておしゃべりし、子どもたち〔学生ボディガード〕のいく人かは昼寝」と、マ・テインギーは続けている。現実ばなれしたムードが続くなか、彼らも意地をはり、むしろ愉快な気分にもなっていた。マ・テインギーの記憶によれば、「私たちはみな、スーが自宅軟禁にはならないだろうと。だって、たぶん民衆が行進してきて救い出すだろうから」。そうだとしても、スーが逮捕されるだろうということは、みなの認めるところだった。

私たちは彼女がどこに連れていかれるかはわからなかった。誰もまったく心配はしていなかった。和やかで陽気におしゃべりして、冗談を言い合いながら。スーが私たちに、誰がいっしょにいてくれるか訊くと、みないると答えた。私もいる、だけど誰かに私の絵の道具を持ってきてほしいと言った。

午後四時ごろ、ひとりの国軍士官が門のところにやってきて、彼女に面会の許可を求めた。私たちはみなで門まで出ていった。マ・スーと私は私のスーツケースに入れていた香水をちょっとつけてから。私たちは、フランス製の香水がいけないと言うなら逮捕を拒否しようと話した。

マ・マと息子は、兵士に付き添われて中に入った。残りの私たちは庭のいちばん奥の、教室や会議に使っていた竹づくりの小屋へ。その辺に座っていると、ひとりのMI〔国軍情報部〕がコウ・ミンスウェに、屋敷に残りたい者のリストを作るよう指示した。コウ・ミンスウェは作ったが、私たちはそれが役立たないと知っていた。辺りが暗くなると、屋敷の中で動きまわる明るい光が見え、ビデオを撮っているのがわかった。

それから私たちは屋敷の前に停まった二台の大きなトラックに乗るよう集められた。私は自分の机の下に置いている服を入れたバッグと、大型の手提げかばんを取りに屋敷に入った。マ・スーは走ってラヴェンダーの石鹸と大きな歯磨きのチューブを取ってきて私に渡し、そのうえトレッキングにはとてもいいからと言って、彼女の高価な皮のサンダルをくれた。私は、歩いて外に出られるかもあやしいのにと断ったが、彼女はゆずらず。私たちはハグして、おたがい大事にと言い合った。ふたりともその顔には、悲しみとか、絶望とか、あるいは怖れとかはなかった。

マ・テインギーと同僚は監獄に連行された。アウンサンスーチーは刑法第一〇条（b）「国家を危険にさらす」罪で、自宅軟禁に処された。

それから九か月後、すべての上級指導者が監獄に閉じ込められ自宅に鍵をかけられた状態でありながら、NLDは圧倒的な多数、四八五議席中三九二議席を獲得して総選挙に勝利する。全体では、SLORCと国軍支配に反対する諸政党で、九四パーセントを超える議席を勝ち取った。

しかし、スーは軟禁されたままで、そして、国軍は権力に居すわったままだった。

それから六年近く、アウンサンスーチーは、その姿を見せなかった。

↑ アウンサン、妻マ・キンチーと三人の子ども、右からアウンサンウー、アウンサンリン、アウンサンスーチー
← アウンサン、妻マ・キンチーと第一子アウンサンウー
↓ アウンサンスーチーの父アウンサンのシルクスクリーン像［ピーター・ポパム所蔵］

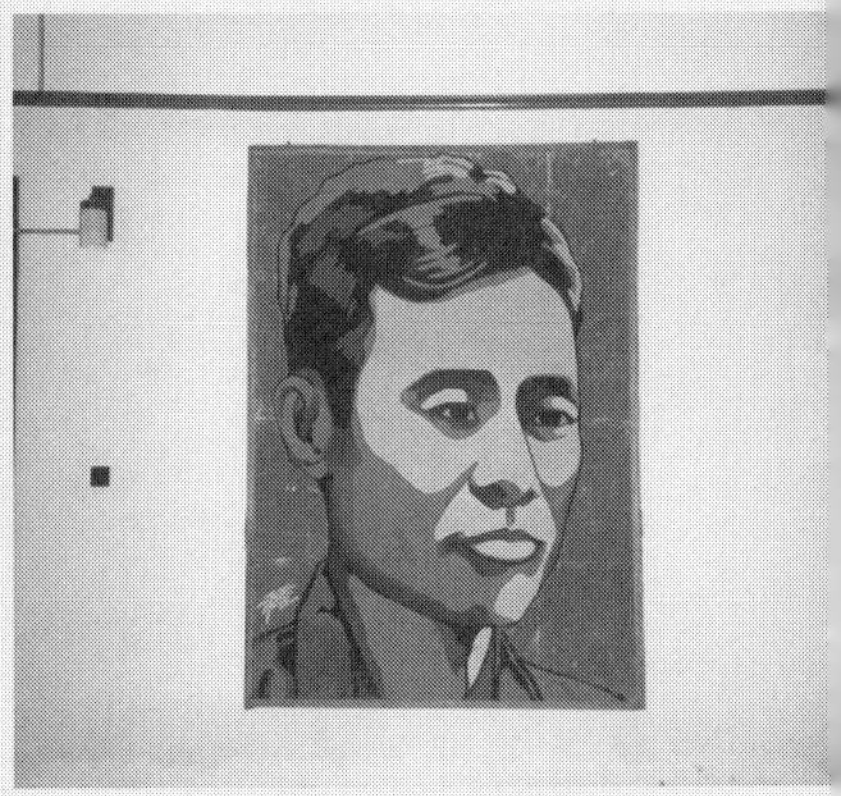

↑『アントニーとクレオパトラ』の舞台衣装のアウンサンスーチーと学友［マラヴィーカ・カルレカール所蔵］
→ ティンティンとキンミン姉妹、ラングーンの高校でアウンサンスーチーやマ・テインギーと同窓［ピーター・ポパム所蔵］
↓ オックスフォードのセントヒューズカレッジ。スーはここで学ぶ［レイチェル・ローリングス所蔵］

↗ 結婚式の日のスーとマイケル。1972 年 1 月 1 日、ロンドン［アリス家の好意により、ゲッティイメージズ所有］
→ マイケル・アリスと、そっくりの双子の兄弟アンソニー［アリス家の好意により、ゲッティイメージズ所有］
↑ スーと幼児のアレクサンダー［アリス家の好意により、ゲッティイメージズ所有］

↗ スーとマイケル。ブータンにて新しい子犬とともに［アリス家の好意により、ゲッティイメージズ所有］
→ スーとマイケルの兄弟と義兄弟。犬といっしょに［アリス家の好意により、ゲッティイメージズ所有］

↑ スーと、マイケル・アリスのチベット研究の師ヒュー・リチャードソン［アリス家の好意により、ゲッティイメージズ所有］
← スー、マイケル、アレクサンダーとドー・キンチー［アリス家の好意により、ゲッティイメージズ所有］

↑ ラングーンのシュエダゴンパゴダ。この外で、スーは重要な最初の演説を行った
→ シェダゴンの祠にある金箔の布で覆われた仏陀像［ピーター・ポパム所蔵］

↖ パガン。ビルマでもっとも有名な歴史的名所［メディオイメージズ；フォトディスク；ゲッティ］
← スー、1995 年 8 月 17 日。友人でアシスタントのマ・テインギーと［マ・テインギーの好意により］
← マ・テインギーが遊説中につけた日記の 1 ページ

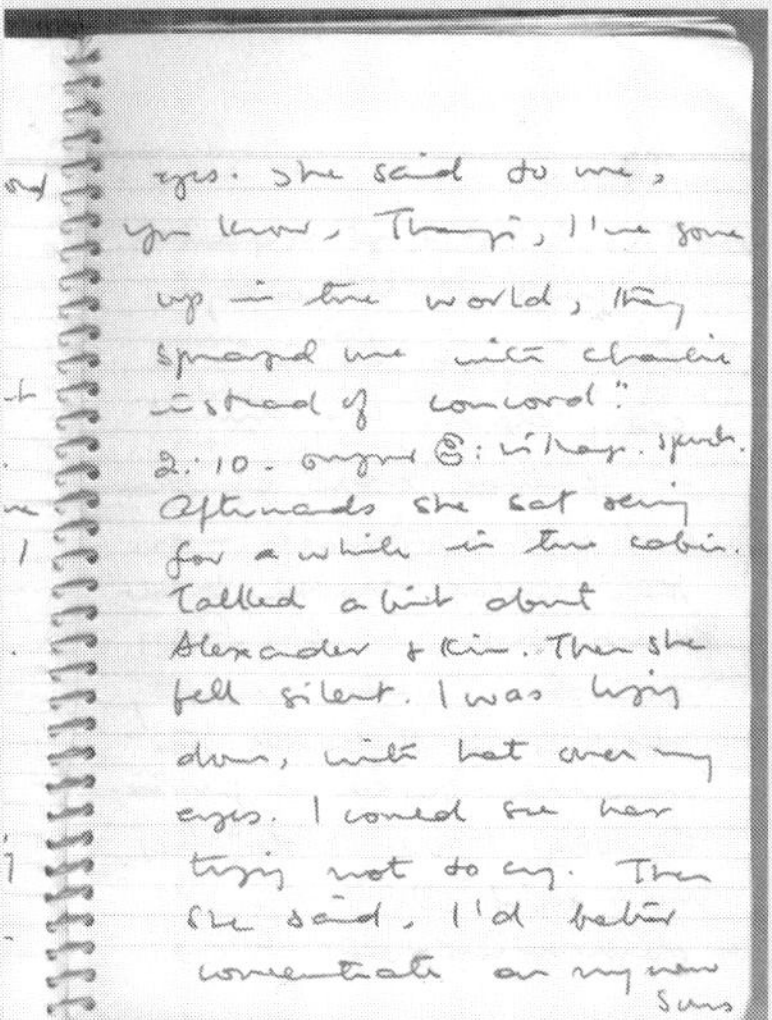
eyes. She said to me,
"you know, Thanyi, I've gone
up in the world, they
sprayed me with champagne
instead of concord."
2.10 - [illegible] : [illegible] speech.
Afterwards she sat sewing
for a while in the cabin.
Talked a bit about
Alexander & Kim. Then she
fell silent. I was lying
down, with hat over my
eyes. I could see her
trying not to cry. Then
she said, "I'd better
concentrate on my new
sons

↗ ベルティル・リントナー、スウェーデン人のベテランビルマ観察者、タイ在住。2010 年 11 月、チェンマイ［ピーター・ポパム所蔵］
↗ ニタ・インインメイ大英勲章 OBE、在ビルマ英国大使館の勇敢な情報担当官、NLD 活動家、一九八九年収監［ピーター・ポパム所蔵］
↗ スーと縁を切った長兄アウンサンウー、妻レイレイヌウェテインと。2007 年 7 月
↑ スー、ウー・ティンウーと NLD 中央執行委員会メンバー。1989 年初め［アリス家の好意により］

第三部 広い世界へ

1　悲しみの幼年期

仏教は無常を説いている。ものごとは常にうつろい、変わらぬものなどないと。アウンサンスーチーはたった一年のうちにオックスフォードの主婦からビルマ国民が慕う指導者に変身したのに、いまは自宅で捕らわれの身であった。だが、その子ども時代も同じくらいめまぐるしい変化に富んでいた。日本軍からの逃亡者として生まれたが、ビルマでもっとも尊敬される家族の子どもとして育てられた。

スーが著したアウンサンの短い伝記には一九四三年当時、ビルマ傀儡政権の国防大臣であった父の写真が掲載されている。坊主頭、喉仏を締めつけるきっちりした制服、突き出た下唇、狂信的とでもいうべき鋭い眼光、まるで現人神である天皇の模範的な僕のような姿だ。

しかし、これは誤解を招く写真だ。彼が結成したビルマ国民軍（ＢＮＡ）の同僚たち同様、アウンサンは、彼の部下の表現を借りるなら、「英国がわれわれの血を吸ったとすれば、日本はわれわれの骨までしゃぶった」ことに気づきはじめていた。[1] 連合軍第一四軍の司令官ウィリアム・スリムは書いている。

「一九四三年の初め、アウンサンの考えが変わってきた、という情報を得た。一九四四年八月一日、〔日本と英国はまだビルマ中央部の支配をめぐって戦いつづけていたのだが〕アウンサンは日本式の独立を軽蔑していると大胆にも公に語っていた。そして早いうちに〔日本軍によって〕粛清されないならば、今後彼がわれわれ〔英国〕に役立つであろうことは明らかだった」[2]

連合軍に対する日本軍の反撃はどんどん撃破されていたが、アウンサン「粛清」の危険は現実味があった。一九四五年三月、アウンサン率いるBNAは奇襲攻撃で日本兵数名を殺害し、連合軍側に寝返った。これに応え、スリムはアウンサンに武器や物資を提供し、小さいながらも役立つ軍隊を連合軍の体制の中に組み入れた。

生涯にわたり冷静沈着だったアウンサンは一九四五年五月一六日、スリムにはじめて面会したときも落ち着いていて、両者の協力はうまくいくかのように見えた。きわめて特別な会見であったため、スリムは回顧録に一語一句引用する価値があると考えた。スリムはこう書いている。

アウンサンが、まるで日本軍の陸軍少将のような制服で剣までつけた姿で現れたので、私の部下のひとりふたりはあっけにとられた。しかし、彼の振舞いはきわめて礼儀正しかった。われわれも同様であったならよいのだが。彼は背が低く、がっちりした、中年早期の精力的な男性で、こざっぱりとした軍人らしい風貌だった。容貌はふつうのビルマ人だが、無表情であることも、知性とユーモアあふれる表情を見せることもあった。彼は上手な英語を話した。

最初の会見で、アウンサンはやや高姿勢になった。自分は人民が創設したAFPFL〈反ファシスト人民自由連盟〉を介して成立したビルマ暫定政府の代表であると言った。彼は連合軍側の司令官のひとりであり、私と協力する用意があるとして、連合軍の副司令官ではなく司令官の地位を要求した。

スリムは驚きで目を大きく見開いたことだろう。「私は反ファシスト人民自由連盟が何であり、誰の代表なのかさっぱりわからないと言った。彼がそのような策を選ぶ立場にはまったくないと指摘した。私は彼の軍隊を必要としていないこと、彼らの助けを借りなくとも日本軍を自分でうまく打ち負かしており、このまま継続できると言ったのだ」。さらにスリムはアウンサンに、「君は殺人罪でお尋ね者になっている、しかも目撃者もいる、そして自分はアウンサンを裁判にかけろと言われている」と言い聞かせた。アウンサンは、一九四二年に日本軍とともにビルマ南部に進攻してきたとき、裏切りを疑われた村長を自ら処刑したとされていた。「ここにやって来てそのような態度を取るとはかなりのリスクだと思わないか」とスリムは感情的になって問いつめた。「いいえ」とアウンサンは答えた。

★

新たに解放されたラングーンでアウンサンが大胆不敵な態度の手本を示していたとき、妻のマ・キンチーは臨月で、数十キロ西、イラワジ河デルタの簡素な村に身を隠していた。夫が連合軍に寝返る準備をしている三月、マ・キンチーと妹とふたりの幼児は貧しい民間人の格好をして、アウンサンのＢＮＡの兵士五人に守られながらラングーンを逃れた。市内に残留する日本兵に身元を知られたなら彼女も子どもたちもひどい仕打ちにあったことだろう。一九四五年六月一九日、アウンサンスーチーはイラワジデルタの小さな村ムウェーサウンで生まれた。彼女いわく自分の名前の意味は、「鮮やかな勝利の奇妙な寄せ集め」だ。

アウンサンがスリムに仕掛けたとんでもない手は成功した。彼は信頼ばかりでなく好意まで勝ち取ってしまった。殺人のお尋ね者、そして日本人協力者であるにもかかわらず、「やはりあなたはイギリス人将校ですね」とスリムの笑いを誘うような返事をして、あたかも自分は連合軍司令官と同等であるかのように思わせる無謀さを持ち合わせていた。アウンサンは鋭くも連合軍が自分の力を利用したがるだろうと見抜いていたし、イギリス人の心理にも驚くほど深い洞察力を示していた。

スリムは次のように書いている。

アウンサンが言うには、当初は日本がビルマに本格的な独立を与えることを望んでいた。だが彼らが自由を与えないどころかビルマ国民に対する手綱をもっときつく締めてくるとわかったので、われわれ連合軍がした約束を頼って望みをこちらに移してきた、と。「いい加減にしろよ、アウンサン」と私は言った。「お前がわれわれを頼りにするのは、こちらが勝っているように見えるからだけだろう！」彼は簡潔に答えた。「勝っておられなかったら、こちらに伺っても無駄なんじゃないですか？」。またしてやられたと思ったし、私は彼の正直なところが気に入った。それどころか私はアウンサンという人間全部が気に入りはじめていた。[4]

疲れ果て、散り散りとなった敗残日本兵がはるか東のタイに向かって逃れていくなか、連合軍はビルマ愛国軍（ＢＰＡ）に援護され戦うことなくラングーンを取り戻し、五月初旬には市内進駐をはじめていた。アウンサンはのべ四年も敵方で戦ってきたにもかかわらず、持ち前の人をひきつける力、向こう見ずな大胆さ、絶妙なタイミングを駆使して、ビルマに返り咲いた新しい主人たちの信頼厚き味方として再び名前を連ねることになった。スーが生まれてすぐ、彼は妻に、日本人はすべて立ち去り市内は再び平和になったという手紙を送った。家族はラングーンでいっしょになった。

アウンサンスーチーが最初に住んだ家はタワーレーン二五番地、シュエダゴンパゴダから一キロ半、市の商業センターの北側、空気のよい郊外の敷地内にある大きめの品の良い邸宅だった。この邸宅は一五年か二〇年前に中国人かインド人の商人が建てたとされている。この家でスーは這うこと歩くことを覚え、字を読むこと、友情、そして身体上の勇気の意味を発見し、九歳になる前には二度も家族を失う悲しみを経験した。

この邸宅は一九五三年に家族が引っ越したあと、ボー・ジョー・アウンサン博物館となり、しばらくはスーの育った最初の家を見学することができた。前章で記したように、軍事政権は「アウンサンスーチー」に似た一チャット札のスキャンダルにはじまり、ビルマの父と尊敬されるアウンサンとのかかわりを徐々に目立たないように断ちはじめ、それがいまでは頂点に達していた。邸宅はまだ建っていたものの、二〇一〇年に私が見にいったときは、住人の男に追い払われた。住んでいる家族は撮影されないよう家の中に隠れて入った。いまは庭の木も茂り放題、そして建物は修繕されないままになっている。近くの茶店にいた男は、年に一度七月一九日の国家的崇拝の痕跡とも言える殉難者の日にだけ屋敷が公開されると教えてくれた。

スーが物心ついたのは、この温かくもせわしい、愛と活気に満ちた家庭でだった。彼女が生まれたのは上の兄のアウンサンウーが二歳、下の兄のアウンサンリンが一歳のときだった。次女のアウンサンチッはわずか数日でこの世を去ってしまった。

何軒かの仮住まいを経たあとで、タワーレーンは家族が楽しめる、はじめてのまともでしっかりした家だった。国に平和が訪れ、独立も間近かのように思われた。また、最近、軍の任務を離れ政治に集中しはじめたアウンサンは誰もが認める一国のリーダーであり、新政府の首相になることが確実と予測されていた。著名な訪問客が大勢出入りし、階下の大広間でアウンサンと時事問題を討論しては帰っていった。一方でスーの母も、家の奥に隠れて銀器の手入れをして日を過ごすような妻ではなかった。マ・キンチーは自分の考えを明瞭に述べる、立派な教育を受け意志のはっきりした、自由でたくましいビルマ婦人の伝統を継ぐ女性であった。家事は、何十年もこの一家で働いてきたインド人のキリスト教徒たちによってなされていた。

　人びとが独立の準備で熱狂していたその時代、アウンサンはめったに家にいなかったはずだ。笑顔ではあるものの思いは家にあらずで、毎朝重いかばんをさげて運転手つきの車に駆け込む。昼には家族との急ぎのランチのため家に舞い戻る。アウンサンが死んだとき、長男のアウンサンウーはまだ四歳だったが、夜遅く、子どもたちが二階で寝ていた際には、父親の著名な客人たちの吸うタバコの香りをかいだだろうし、じきに一国の未来が任せられるはずのビルマ男性たちが討論し批評する、切迫し熱のこもった声が一階から上がってくるのを耳にしただろう。

　そんなことも、そしてあるむし暑い雨季の朝、父が家を出たまま二度と戻らなかったことも、尖った耳とどんぐり目の幼女の記憶には一切残らなかった。その子はたった二歳と一か月、家族のなかの末っ子だったから。

「私が幼すぎて記憶がないころ、父は亡くなった」と、父の一生について書いた本の前書きにスーは記している。[5]そう書いたことは正直だった。正直であることは、マ・キンチーが必死になって子どもたちに叩き込んだ原則だった。幼いころの自分の記憶は信用していなかった。「父は仕事から帰るたびに私を抱き上げてくれたという記憶があります」[6]とアラン・クレメンツに話している。「父が帰ってくるたび、兄ふたりと階段をかけ下りて出迎えると、父は私を抱き上げてくれたように思います」。しかしその記憶が当てにならないと彼女は判断しはじめた。「これはまわりの人たちが何度も私に言うため、増幅されてしまった記憶かもしれません。別な言い方をすると、忘れることは許されなかった。だからこれはほんとうの思い出かもしれないし、人が言いつづけたため私が想像して作りあげた思い出かもしれません」

それでも、彼女が疲労困憊したときやとてつもなくストレスに悩まされたとき、ある思い出がしばしば脳裏をかすめた。マ・テインギーはスーとの遊説日記に、スーがあるとき「風邪を引いているから」と言って父にキスをしなかったが、風邪はうそだったと記している。それからあるとき、父が忘れて彼女を抱き上げなかったとき、命令調で「子どもを抱き上げてください」と言ったことと、彼が「どの子をだい？」というと、「この子よ！　この子よ！」とすねて答えた覚えがあるとも記している。

はっきりと父を覚えていないのであれば、いったいどれだけ寂しいのだろうか。彼女の言うことを信じればまったく問題はない。「父の死のことは何も覚えていません」とクレメンツに話している。「亡くなったなんて知らなかったんだと思います」[7]。しかしここでも、決して感傷的にならないスーの正直さが、むしろ彼女の複雑な心理を隠している。

一方で、アウンサンの死は予測されうることだった。マ・キンチーは結婚した相手が血の気の多い男であると同時にひとつの宿命を背負っていることを知っていた。一九四六年の二月、スーが八か月のとき、アウンサンは英領ビルマ総督、レジナルド・ドーマン＝スミス卿にこう語っている。「国家的英雄はどのくらい生きるでしょうか？　この国では長くありません。敵が多すぎますから。大体三年が関の山でしょう。私自身はあと一八か月ぐらいの命だろうと思っています」[8]。彼独特の叫ぶような笑いを交えつつ、無邪気かつ残酷にこれに似たようなことを妻に話したかもしれない。そしてデルタ地帯への逃亡や戦争時の狂ったような浮沈を経験して、彼女もアウンサンのその言葉を信じたのではないか。

しかし、家族が生きていくのにこれはなんという喪失だったろうか！　自分や愛する人のためだけでなく国全体のための未来を大胆に構想し、力強く打ち立てていった人、生き様もあざやかで、きらめくような存在であった人を失うとは、立ち直れないほどの喪失ではなかったか。スーがまったくなんともないと言ったのを、そのままに受け取ることはできない。

★

生活はそのまま続いていった。とくに変わりもなく。お客はあいかわらず家に流れ込んできた。ただアウンサンを議論で言い込めたくて夜遅くまで居残る者はもはやいなかった。独立後はじめて就任したウー・ヌ首相をはじめアウンサンの政治的同僚たち、生き残っている「三〇人の同志」の仲間、日本軍の元で教練をともに受けたビルマ独立義勇軍（ＢＩＡ）の初代兵士たち、そのほか彼が世話をした人たちがみな悲しい顔をして、幼い遺児たちに哀れみの眼差しをちらちらと向けながら集まってきた。

家長にして稼ぎ手を失ったにもかかわらず、家族はわりと平穏に暮らしていた。キリスト教に改宗したマ・キンチーの父は家族と生涯暮らした。スーはこの祖父を、子どもの時代どんな時でも頼ることのできた人として挙げている。「父の代わりがほしいと思ったことは一度もありませんでした」と、彼女はクレメンツに話している。「それは一緒に暮らしてくれた母の父が理想のおじい様だったからです。寛大でやさしい祖父でした。子どもの私にとっては一番大切な男性でした」。その他にも親戚、いとこたちがいて、スーの家は大所帯で家族の出入りが頻繁な、典型的な拡大家族だったようだ。

その家族の中心に三人のあどけない子どもたちがいた。一番年上の子の名前ウーは、単に「はじめの」という意味だ。一人部屋に寝ているアウンサンウーはふたりの兄妹とちょっと離れて育った。スーの思い出話にもほとんど出てくることがない。ただ近年、彼は軍政に依頼されて、兄妹の共有資産である屋敷をスーが修理してはならないと裁判所に訴えて、彼女の上に暗い影を落とした。スーは自分が「リンにいちゃん（コウコウリン）」とよぶアウンサンリンと一緒のへやをもらい、兄妹仲よく育っていった。

父を失った若き日のスーにとって、マ・キンチーは一番重要な人物となっていった。また、その役にふさわしい人でもあった。「彼女はとても高貴で威厳のある女性で、特徴的な声を持っていました」とパトリシア・ハーバートは思い出を語る。ハーバートはネーウィン時代にラングーンに住んでいた外交官以外では数少ない西洋人で、マ・キンチーの親友となった人物だ。

> とても澄んだ声で、決して横柄にならないのに権威を感じさせる声でした。自然と話に耳を傾けたくなる声で、多分お嬢様にとっては大きな影響力のある方だったと思われます。
>
> 顔は完璧な卵型で髪はいつも美しく仕上がっていて、金の櫛で髪をとめていました。服はたいてい伝統的なアインジーでした。このビルマ女性の綿ブラウスには取り外しのできるボタンがついていて、そのボタンには金やダイヤが入っていることがありました。それらは女性用ロンジーのタメインの色をひきたてていました。
>
> 彼女のおもてなしもすばらしいものでした。コックが作る料理はいつもおいしく美しく盛り付けられていましたし、なによりも彼女の母親らしさが印象に残っています。もちろん彼女は私の母ではありませんが、印象に強く残っています。彼女は人を大切にして心地よくさせる特別な力を持っていました。[10]

スーは自分の人となりは母の高い水準に拠っていると信じている。「母は大変に強い人でした」と彼女はクレメンツに語っている。「母と私の関係は非常に形式を重んじるものでした。私たちが小さいころでも、走り回って一緒に遊ぶようなことはありませんでした。母は私たちに最高の教育を施し最高の人生を与えようと努力していました。時にはとても厳しい人でした。幼いころはそれがいやだったのですが、いまでは良いことだったと思っています。おかげで人生を切り開く力がつきました」

「どんなふうに厳しかったのですか?」とクレメンツは尋ねた。

「何でもきちんと、いつも時間どおりで、すべて正確でした。母は完璧主義者でしたから」[11]

一九五〇年代の中流家庭に育った子ならたいてい食事中、背筋をまっすぐにして座るよう注意されたのを覚えているはずだ。マ・キンチーはそれをもう一歩進めて教えていた。スーがマ・テインギーに語ったことによると、子どもたちの背中が食卓のいすの背もたれにつくことを禁じたらしい。母のその薬は効いた。姿勢についてはでたらめ人間の集まりとでも言えるかのようなオックスフォード大学に入ったスーは、背筋の正しい完璧な身のこなしが注目された。そして、次の世代にもそれを伝えている。マ・テインギーの日記によると、「一緒に旅行しているころの私の姿勢はめちゃくちゃで。マ・スーはなんども私に『マ・テインギー、背筋はまっすぐですよ。何度言わせるのですか?』と言った」。家ではどの子も庭を何度も何度も回って背筋を伸ばして歩く練習をさせられていた。

マ・キンチーはキリスト教と仏教両方の影響を受けて育った。しかし、アウンサンが伝統的なビルマ仏教徒であったため、マ・キンチーは子どもたちが幼いときからビルマ人の圧倒的大多数が信じる仏教の儀礼と教義に親しむようにした。ラングーン小学校時代のスーの学友のひとりティンティンの話によれば、「仏間が家の屋上にあって、毎晩お母様にその部屋に上がって祈るように言われるとスーは話していました。そのときは笑いながら話していましたが、後には彼女も大変熱心な仏教徒になりましたね」[12]

他にもルールがあった。それらはボー・ジョー〔アウンサン〕の子どもたちがしかるべき行儀作法を身につけるためだった。マ・テインギーの記憶によると「子どものころ母は切手をなめることを許さなかったとスーは言っていた。代わりにスポンジで濡らさなくてはならないのだと」。その他（当時英領インド帝国ではどこでもしていた慣わしで）熱い紅茶を受け皿に入れてさましたり、ビスケットを紅茶に浸して食べるのもご法度だった。「こんなご法度だったことをしたときスーはくすくす笑って、『いまはもうしていいのよ、私は大人ですもの』と言う」と、マ・テインギーは続けている。

スーはなんとなく上の兄が母の一番のお気に入りであるように思っていた。その考えがある日確かめられたのは、スーが欲しかったルビーの指輪をマ・キンチーがアウンサンウーに与えたときだった。でも母がどんなに厳しくても、一度も母に腹を立てたことはなかったとスーは言いきっている。マ・テインギーの話によれば「一〇代のころ、お母様と言い合いをしたり問題を起こしたことがあったかどうか、スーに一度聞いたことがある。私には覚えがあるし、私にも母のお気に入りの兄がいて、スーに同情していたから。でも彼女はぜんぜん問題はなかったと答えた」

逆にスーは、母親がいつも相手をしてくれることが印象深かったようだ。

母はどんな質問にも答えてくれました。質問をやめてと言ったことは一度もありません。毎晩母は仕事から帰ると疲れているのでしばらくベッドに横になりました。そんなとき、私は母のベッドのまわりをぐるっと一回まわって足元に行くたびに質問をしました。これはすぐ回れてしまうので、母にとってどんなものであったかは想像がつくと思います。母は「疲れているから質問攻めはやめて」

とは一度も言いませんでした。しかも、私が聞いたほとんどのことは母にはわからないことでした。たとえば覚えている質問のなかに「水はなぜ水と言うの?」というのがありました。答えを見つけるのは至難の業です。しかし母は一度も「そんなくだらない質問はしないで」とは言いませんでした。答えてくれるか、単に「私にはわからないわ」と言いました。そういう母を私は尊敬しました。[13]

ただし仕事に出ているときは子どもの相手をしてはいられなかった。母が仕事に出ていなければ、幼いスーの人生の第二の悲劇は免れられたかもしれないのだ。

スーは、昨今ビルマを牛耳る汚職に満ちた将軍たちに非難の目を向けつつ、アウンサンが軍を辞任して政治に転向するとき、あとに続く者の手本となるため、軍に対して一切年金を請求しなかったことを自慢の種にしていた。ただし亡くなったとき、彼の正直さが収入源のない未亡人に仇となって返ってきた。七月一九日の虐殺で殺された者の親族は、みな一時哀悼金として一〇万チャットを支給されたが、それでは収入の代わりにならなかった。マ・キンチーは家族を養うため、以前働いていたラングーン総合病院に仕事の問い合わせをした。しかし、ウー・ヌ首相の個人的な介入により、患者用便器等にかかわる病院の仕事に戻ることを免れた。彼はボー・ジョーの未亡人のためにはもっと重要な仕事を見つけなければならないと考えた。そういうわけで、マ・キンチーは公務に招かれ、全国婦人児童福祉局の局長の仕事につくことになった。

そのようにして、幼い子どもたちが自分たちだけで過ごす時間が増え、奉公人が遠巻きに目を配った。タワーレーン二五番地は小さな男の子と女の子にとってはすばらしい家だった。シュエダゴンを望む屋上の仏間には、ガラスの屋根がついていた。勇気を奮い起こして屋根のてっぺんまで登った日をスーは忘れていない。

先陣はコウコウリンが切った。「子どもの頃お兄さんが天井に登って、屋根の中央に明かり取りとして作られたガラス張りの丸屋根塔の中までよじ登った様子を話してくれた」と、マ・テインギーは日記に記している。「アウンサンウーはそういうことを一切しなかったが、アウンサンリンはした。一度妹にもするよう勧め、登るのを助けたことがあった。恐ろしかったがスーは兄を信じていたと言った。そして、兄が一歩一歩登り方を説明してくれたおかげで、彼女は実際に登れてしまったのだ」

「ダニュビュの雌獅子」になるべく育ったこの子がこわがったのは、高所だけではない。「兄たちは違っていましたが、子どもの頃、私は暗闇がこわかった」と彼女は言う。「私はほんとうに家族のなかの臆病者だった。こんな私だったのに、世間の人たちが私を勇敢だと思うのが不思議でならない」

兄と妹は大変仲良く育った。マ・テインギーによれば、「マ・スーとコウコウリンの寝床は並んでいたので、夜でもひそひそ話ができた。アウンサンウーは別な寝室に寝ていた。マ・スーはコウコウリンのそばにいると安心だったと話していた」

ところが、リンが九歳、スーが八歳のとき、ふたりは永遠に別れることになる。一九五三年の一月一六日、ビルマが一番過ごしやすい季節のなか、ふたりは自邸の庭で遊んでいた。スーがちょっと中に入っていたとき、リンはおもちゃの鉄砲を玄関まで行く道のそばにある池のふちに落としてしまった。鉄砲は拾えたが、片方のサンダルが池のふちの泥の中に埋まってしまった。走っていって妹を探し出し、手短に何が起きたか話すと、鉄砲を預け、またサンダルを拾いに引き返した。スーはマ・テインギーにその後のことは一切覚えていないと話している。直後に彼が池の中で死んでいるのが見つかった。顔を伏せて浮いていた。

スーは幼すぎて何が起きたか理解し切れなかったし、大人のように嘆くこともできなかった。しかし、コウコウリンの死は深い悲しみとなって後まで頻繁に思い出された。「とても仲が良かったのです。誰よりも仲良しだったし、いつも一緒の部屋で一緒に遊んでいました。彼の死はとてつもない喪失でした。大変な苦痛でした。一番心をかき乱されたのは、もう二度と彼に会えないということでした。子どもというのはそんな風に死を受け止めるのだと思います。もう一緒に遊べない。二度と一緒にいることはないのだと[14]」

心の痛手はずっと残った。彼が生涯一緒だったなら自分が選んだ人生はもっと気楽で、こんなに残酷ではなかったのではないかという思いが残った。兄はとくに優れた人物になる才能を持っていたのではないかと彼女は感じていた。「遊説の旅行中、軍との問題やNLD〔国民民主連盟〕の党員同士の揉め事などがあるとき、『あー、コウコウリンがいてくれたらよかったのに！　勇敢で賢くて、すばらしいリーダーだったろうに』と話した」と、マ・テインギーは振り返っている。

六年間にふたつの死があった。五人家族のなかのふたりを奪われた。生まれてすぐに死んだスーの妹を入れれば三人だ。それでもマ・キンチーと残された子どもたちは、前向きに生きるだけの勇気を心の中に見出すことができた。スーはリンの死についてこのように語っている。「どうしても乗り切れないことではありませんでした。環境が安定していたのでしょう、なんとか乗り切ることができました。憂鬱になったり感情が不安定になったりすることはありませんでした。心をめちゃめちゃにされたり、何もかもがばらばらになったかのような気持ちにはなりませんでした[15]」

それより彼女には、なぜいま、母が家族をよその家に移そうとするのかが理解できなかった。だがとくに迷信深くなくてもマ・キンチーの思いは理解できる。タワーレーンで三人もの家族を失ったことは、限度を超えた話だから。コウコウリンの埋葬が済むとすぐ、家族はラングーンの高級住宅地にあるユニヴァーシティーアヴェニュー五四番地に引越した。政府からの贈り物であるその屋敷はインヤ湖を見晴らすこれもすばらしい商人の邸宅で、母と娘の思い出の家となった。ボー・ジョーの家族のためには最高の屋敷が用意されたのだ。

★

この頃スーは学校に通っていた。はじめはカトリックの私立女子小学校に通い、それから英国大使公邸の筋向いにあるイギリスのメソジスト高等学校に通った。この学校はラングーンの西洋化した知識層や富裕層のエリートが選ぶ学校だった。

学友も本人も口をそろえて、子どもの頃の彼女はとくに目だつ存在ではなかったと言う。母の厳しいしつけに反抗したことはある。「子どもの頃の私はごく『ふつうの子』で、してはいけないと言われることをしたり、するべきことをしなかったりといったふうでした。たとえば宿題をしないで逃げ回ったりしました。勉強は嫌いでした。いつも遊んでいたかったのです」[16]。彼女は自分の「平凡」な態度を父の非凡さと比較している。「父は生まれながらにして、私などとは桁違いに立派な責任感を持っていました。学校に行きだしたときから勤勉で、大変に誠実でしたが、私はそうではありませんでした」

マ・キンチーはスーを何とか洗練された娘に育て上げようと努力を続けた。「手仕事をしないでいることは許されませんでした。いつも縫い物か、刺繍か、それでなければピアノの練習か何かをしていなくてはいけません」と、マ・ティンギーに話している。ところが、英国メソジスト高等学校の友達たちに与えた彼女の第一印象は決してしとやかという感じではなかった。家族のなかの大切な男性ふたりを失ったためか、無意識にスーは男の子になろうとしているかのようだった。

「私たちの学校は共学でした」と学友のティンティンが話している。「でも、スーは少しも男の子たちに興味を示しませんでした。それどころか彼女自身が男の子のようでした。学校の制服はえんじ色のスカートに白の上着だったのですが、彼女はその下に女子用でなく男子用のシャツとチョッキを着ていました。髪はお下げですが、男の子のような黒の編み上げの靴を履いて、足も男の子のようにしっかりとしていて、男の人のような歩き方をしていました[17]」

また、肌も黒く日焼けしていてメソジスト高等学校で二年後輩のマ・テインギーによれば、貴婦人候補には程遠い感じだったらしい。「彼女が言うには、いつも日のさすところで遊んでいるせいだと」。しかしこのおてんばさ加減の理由は、彼女が熱心なガールスカウトだったことで説明できる。母親はビルマのガールスカウトの発起人でもあった。この事実を本人はあまり話さないが、野良犬でさえも行かない荒地を、選挙遊説で何千キロも旅できる力は、ガールスカウトで培われたのかもしれない。

死んだ父親はいつも気になっていた。ティンティンによると「スーはいつも父親のことを話していて、いつも彼を尊敬していることや、父のあとに続かなくてはならないと話していました」。それどころか彼女の夢は父の足跡を文字どおり辿ることだった。「一〇歳か一一歳のころ、私は軍に入りたかったのです」と語っている。「人はみな父のことをボー・ジョーと言います。その意味は将軍。それで私も将軍になりたかったのです。そうすることが、父がしたように一番国のためになると思っていました」。そのうち誰かが彼女に、女子はビルマ軍に入れないと耳打ちしたに違いない。

スーがボー・ジョーの娘であるという評判も、メソジスト高等学校のようにどの生徒も何か自慢できるものを持っている学校では、彼女の待遇を変えることはできなかった。「ビルマ連邦大統領四人のうち三人とウー・ヌ首相の子どもたち、王室が枝分かれしたたくさんの王族縁戚とほとんどの政治家の子どもたち、インターナショナルスクールができる以前の外交官の子女など、昔ながらのラングーン上流社会の子どもたちは、みなこの学校に通っていた」と、マ・テインギーは語っている。「私たちの通った学校は唯一の共学ミッションスクールで、ビルマ一の名門校。当時、保守的な考えの人たちは自分の子どもを共学の学校に入れるのを嫌がった。だから、私たちの両親たちはラングーンでもっとも進歩的で自由な考えで西洋化された人びとだった」

しかし別な言い方をすれば、英国メソジスト高等学校の存在は風前の灯でもあった。戦後イギリスがビルマに戻ったときにできた学校だったが、大英帝国の日々はじつに一九四八年までしか続かなかった。イギリス人旅行作家のノーマン・ルイスがラングーンを訪れた一九五〇年、スーはそのとき五歳だったが、大英帝国の斜陽と落日がすでに見えていたと言う。

★

ラングーンという都市も、イギリスによる英領インド帝国統治が残した典型的な足跡である三つの要素から成り立っていた。まず、人気の少ない北部には防備のしっかりした壁や垣根の裏に軍の基地である駐屯地があった。それから南部の丘陵地帯には、緑の公園や手入れの行き届いた庭の合間をぬう小道や大通りが行きかう、行政官や中流階級ビルマ人とその召使たちの住む住宅地区が広がっていた。この辺りは独立以来の数十年で傷んでこそいるが、いまだに破壊はされていない。そしてどこからでも見えるシュエダゴンの輝くパゴダをいただくこの地区こそ、近代ラングーンにすばらしい熱帯的な風情を与え、ここを近代アジアでもっとも魅力な場所のひとつにしている。

しかしノーマン・ルイスの注意を引いたのは、河の近くにある町の商業中心地だった。それは、この地域の特徴が街のほかの文化とあまりにも違っていて、そして明らかに衰退の方向にあるからだった。

この地区はきっちりと計画されている。「東洋との妥協を拒んだ人びとによって建てられたようで、堂々とした、はっきりした直線によって構成されている」と彼は自分のビルマの旅を綴った書物、『黄金の土地』（Golden Earth）に書いている。そこには、「広く、まっすぐで、街路樹などが投げかける影もない通りに、どことなくギリシャ建築を思わせる荘厳な銀行がたくさん建っている。その立派な建物の前面壁や存在感には、人の居心地や現地の気候などの要素がまったく計算に入っていない。これこそがヴィクトリア女王時代の植民地開拓者たちが内容が薄いと見た、マンダレーの栄光に対するアンチテーゼだった[18]」

しかしノーマン・ルイスは、ヴィクトリア女王時代の栄光でさえもが、街から消えていることに気がついた。「これら建物の巨大な柱は、いまや野良犬や物乞いを足元に置きつつ、惨めな品位を掲げて建っている」

大通りには露店やバラックのむさ苦しい化粧飾りができあがり、ヨーロッパ風だった昔の幹線道路にはいまや東洋の血潮が流れはじめている。港に向かって通りを下るとそこはインド人の居留地になっている。西の方には中国人が住み着き、野外劇場や中国寺院が見える。新政府はその乱雑さを規制することにはあまり力を入れていない。横丁にはくさいごみの山ができあがり、犬やカラスが処理するより早く大きくなっていく。日向で寝ているインド人が餓死していく。反乱軍が時どき上水道を切断する。空き地ができるたび避難民が危なっかしい小屋を立てるのを、新政府は許している。こんなにひどい悪臭のなかでも、ビルマの民衆は平気で「祝祭や瞑想の生活」を続けている。純潔でうららかな姿をして、彼らは日差しのなかに現れる。[19]

メソジスト高等学校に通うビルマ特権階級の学生たちの生活は、かならずしもこの「祝祭や瞑想の生活」という通俗的な固定概念にあてはまるものではなかった。学校そのものは厳しかったが、ロンドンのパットニー地区やジョージタウンでのような恩典を受け、安楽な生活ができた。「学校は街の中央にあるスーレーパゴダ通りにあり、パゴダからは北に行ったところにありました」とティンティンは語る。[20]

ラングーンの一般人は人力車で動いていましたが、私たちの学校の往復は自家用車でした。私の車はモーリス・オックスフォード。みなさまざまな輸入車に乗っていました。そこは大変学費の高い私立学校で、テニスコートをはじめありとあらゆる近代設備が、アメリカ人のメソジスト宣教師たちによって運営されていました。その当時、エリートの大半は英語が話せました。私たちの両親の世代はイギリス統治下で育ちましたから、英語は達者でした。そして、私たちは私立のイギリス学校に通っていたため、英語はよその学生よりずっと上手でした。ビルマ語の授業以外では、英語で話さなくてはいけないというルールが学校にはありました。運動場や食堂でも先生が見張っていて、ビルマ語で話しているのが見つかると止められました。水曜日には、校内にある教会に行かされました。しかし学校には、イスラム教徒や〔ティンティンの家族はムスリム〕、ヒンドゥー教徒の生徒がいました。教会は行かなくてはならなかったのですが、誰にも改宗は強制されませんでした。

また、当時のラングーンにはインターナショナルスクールがまだなかったため、生徒たちは他民族と彼らの言葉に触れて育った。生徒たちはビルマ語、英語以外にもヒンドゥー語、フランス語、ドイツ語などを話した。

将軍になろうという大望を捨てたスーが次に決めたのは、作家になることだった。これも父の夢を追いかけるうちなのだ。短くも劇的な生涯を終えるころ、アウンサンはよく口に出して、政治をやめてフルタイムで書き物をしたいという夢を語っていた。その言葉がさほど逃避のように聞こえないのは、スーが指摘するように「ここビルマでは、政治はいつも文学とつながっていましたし、文学的な人はたいていいままでも政治にかかわってきました。とくに独立という政治に関して[21]」

何かを書きたいという衝動は「私が抱いたはじめての真剣な野望だった」と彼女は語っている。そしてその野望は、文学に傾ける情熱と平行して育っていった。彼女の興味はバックス・バニーからシャーロック・ホームズへ、次はメグレ警部やジョージ・スマイリーへと進んでいった。彼女はいまだにP・D・ジェームズやルース・レンデルを含めた探偵小説に凝っている。また、一〇代のはじめ頃にはイギリス古典のジェーン・オースティン、ジョージ・エリオット、そしてキップリングを詰め込んでいた。キップリングの『キム』は、彼女の次男の名前の元になり、また倫理を説いた偉大な詩『もし』は、軟禁の初めの頃の彼女に大きな力を与えている。スーは「一二歳か一三歳のころ古典を読みはじめました」と言う。「一四歳のころには大変な本の虫になっていました。たとえば、母と買い物に行くときは本を携えていきました。車がどこかに止まるとすぐ本を開いて読みはじめました。赤信号ででも。でもじきに本を閉じなくてはならないので、次に車が止まるのが楽しみで待てないぐらいでした[22]」

彼女は本を通して伝わってくる世界がもたらす刺激や感動すべてにオープンだったが、それは当時の同世代のビルマ人たちもみな同じだったようだ。ビルマ半世紀の孤立が終わったいま振り返ってみると、ビルマ政権が外の世界とそのなすことすべてを意図的に拒否し、国民全員をできるだけ無知のままに置こうと決めてきたのは、異常であるか、あるいは奇跡のように思われる。

「クーデタ以前のビルマは、東南アジアでは比較的良い経済状態にある国でした」とティンティンの妹キンミンが言う。「東南アジアのいたるところから、人びとはビルマに買い物をしに集まりました。ラングーンは東南アジアの宝石と呼ばれましたから、何でもそこで買えたのです[23]」。そして西洋文化が、なんの滞りもなく流通していた。何世代にもわたって英領インド上流社会教育の根底をなしてきたイギリス古典文学から、米国生まれの耳障りな新音楽まで、何でも手に入った。「週末には即興ジャズ演奏会がありました」と、キンミンが思い出を語る。「ダンスつきでした。すごくモダンで、時にはライブのロックンロールが演奏されました[24]」

スーも踊ったのだろうか？　それは疑いなさそうだ。マ・ティンギーの日記に書き残されたことによると、彼女は音楽カセットが欲しいと頼んでいた。スーは遊説中、車で移動するとき、自分が一〇代に知った五〇年代後半から六〇年代前半のヒット曲をテープと一緒に大声で歌い時間を紛らわせていた。

一九八八年に突如ビルマ大衆の前に姿を現したスーは、みなと同じビルマ語を話したが、じつは彼らと同様のビルマ人ではなかった。過去五〇年間、ビルマ人たちの共通経験が他国からの政治的・文化的な孤立であったのに対し、スーの生活はそれと対照的で、同じ時期にあらゆる意味で途切れることなくビルマの外の世界に触れていたのだ。彼女の父は努力して学んだ英語を流暢に話し、中国や日本へ旅し、日本で軍事教練を受け、日本語を学び、後に帝国主義「崩れ」の植民地解放者たちと談判するため、インド経由でイギリスに渡った。彼の娘は、戦後の歴史で唯一ラングーンが国際的な街であった短い数年の間に、そこで育つ幸運を得ていた。それからすぐ彼女は外国に出たので、外との交流は一度も途絶えることがなかった。

★

しかし、ビルマは逆方向に、内向きに進もうとしていた。ビルマ人たちが知っていたラングーンの多様性や開放感はいまでは珍しいものとなった。

第二次世界大戦中のビルマの苦しみは、アジアのどこに比べても厳しいものだった。ビルマは二度も故意に破壊されている。はじめは日本兵から逃れるイギリス兵によって、次はイギリスのアジアへの復帰に反対して最後まで抵抗した大勢の日本兵によって。壊された町や村に佇むビルマ人たちが茫然として見つめる中、相戦うふたつの帝国はビルマを爆弾で木っ端微塵にしていった。港、橋、発電所、工場、炭鉱、油井、それから公共施設、都市、町や村を。すべてが終わったとき、自足自給が成り立った戦前の豊かな植民地など、ほとんど跡形もなくなっていた。そのうえ、こうしたすべてを背負って立てる唯一の人、アウンサンが殺された。彼の努力の結晶ともいうべき独立は、破産したアトリー政府から皿に盛られるように、たやすくアウンサンの後継者ウー・ヌに渡された。それは経費のかかる植民地とのかかわりを放棄することであり、イギリス保守党の言葉を借りると、「船底に穴を開けて船を沈め、一目散で逃れること……つまりは自沈させる」ことであった。

これほどに、望みが叶って困るという典型的なケースもまれだろう。マイケル・チャーニーの記述によれば「ビルマは革命なくして独立を勝ち取った。そのため、競い合う勢力やイデオロギーの絞り込み、すなわち国内統一の過程を飛ばしてしまったようだ」[25]。ビルマは単に経済的、産業的に破壊されただけでなく、酷くも分割されてしまったのだ。生前のアウンサンの失敗はタイとの国境地帯とイラワジデルタに住む大民族、カレンを味方にできず、国家統一に参加させられなかった事だ。ビルマ人が主流を占める彼のBIAは日本と提携する一方で、数々の反カレン残虐行為を問われていたため、カレン族は「コートーレイ」（悪のない土地という意味）と呼ばれる自分たちの国土を決して手離さなかった。

一九四七年のアウンサンのパンロン協定においては、シャン、チン、カチン等、主要なビルマ内の少数民族を国家プロジェクトの味方につけることができた。しかし戦後、ビルマ共産党という手ごわい敵がビルマ統一事業の前に立ちはだかった。共産党はふたつの勢力に分かれた。アウンサンの義理の兄タントゥンが指揮する「白旗共産党」と「赤旗共産党」であり、いずれもラングーンの民主政府を覆すことに専心していた。また、共産党の反乱が問題でない地域では、「盗賊団」や不平を抱く者の集団が武装して、国家統合を切り裂いていった。

ノーマン・ルイスは、これらすべてのことを直に経験した。「ビルマの状況が最後にイギリスの新聞に大きく取り上げられたのは一九四八年、カレン族の反乱軍がマンダレーを占領し、ビルマ政府を転覆させそうに見えた時だ。それ以降、人びとの興味はすっかりさめた。首相は一九四九年七月、ビルマの平和は一年以内に訪れるだろうと告げた。その後、何も聞かなかったので、私はそのようになったのだろうと思いこんでいた」[26]

ルイスはできれば北西にあるインドのマニプールから入って、ゆっくりとビルマ全国を巡る観光旅行をするつもりで訪れた。だがこの考えは長続きしなかった。「到着して三六時間以内に、計画は無理であることが明らかになった。着いた翌朝、新聞を見て少々驚いたことに、ラングーンの郊外フェリーボートが海賊に襲われ、三人の乗組員が殺されたとわかった」[27]。三〇キロ離れた村では「村人すべてが反乱軍にさらわれた。また国のいたるところでひどい戦いが続いているようだった。中には政府軍が町を取り返したらしいという漠然とした報告もあった」。彼が人びとの反対を押し切ってビルマの主要二大都市であるマンダレー・ラングーン間を汽車で旅したいと言い張った時が、彼の旅のもっとも危険な時だったようだ。結局、旅はぜんぶ端折られることになるのだが。

共産党やその他の反乱勢力と戦うビルマ政府の問題を深刻にしていたのは、アウンサンを失っていたことだ。彼のあとを継いだウー・ヌは持ち前の優しい顔つき、穏やかな気質、深い仏教心を買われて一般ビルマ人には大変人気が高かったが、アウンサンの政治力には及ばず、彼のような「筋金入」ではまったくなかった。彼がアウンサンから受け継いだ反ファシスト人民自由連盟（AFPFL）はまとまりに欠ける党で、政治的には両極端のいたるところから集った敵同士の寄せ集めのようであり、その上それぞれが取り巻きまで連れていた。しかも共産党員や少数民族反乱軍が猛威をふるう中で、戦前の繁栄を取り戻そうともがくビルマをよそに、反ファシスト人民自由連盟は分裂しはじめた。

一九五八年の総選挙後、ひどく分裂してしまった党の状況に直面し、ウー・ヌは混乱を鎮圧し国を治めるため、やむなく一時的に軍に政権をゆだねることにした。すぐにネーウィン将軍が暫定首相に就任し、ラングーンの街でルイスが見た混沌は、その後数年にわたりさらにひどくなっていたが、国軍によって整理され、他の町にも一定の平穏が実現されていった。ネーウィンは一九六〇年、付託のとおり礼儀正しく政権をウー・ヌに返した。ウー・ヌは力不足にもかかわらず、その年の選挙で再び多数の信任を勝ち取った。

ただし、ウー・ヌの新政権は任期をまっとうすることができなかった。一度権力の味をしめたネーウィンが再び権力を握りたくなったのだ。アウンサンとともに日本での軍事教練で学んだ反西洋的な狂信的愛国主義や、事業の失敗を通じて身につけたビルマ在住の裕福なインド人社会に対する激しい偏見、そして肉欲を楽しむ割には不思議な潔癖主義の性格もあって、国のためにやりたいことがたくさん見えてきた。一九六〇年に軍の兵営に戻ってから、ウー・ヌに依頼されぬまま、今度は自分ひとりで恒久的な権力を手に入れようと画策しはじめた。

この行動は緻密な準備を要した。軍政に反対する政敵や競争相手とは前もって話をつけ、権力奪取を平和のうちに実現するつもりだった。そのなかのひとりにアウンサンの未亡人がいた。アウンサンはいつも軍事政権に反対していたし、そのため彼自身、政治の世界に入る前に軍を辞めている。アウンサンの未亡人は首相のウー・ヌとは大変近しかった。彼は彼女の新居を世話しただけではなく、以前の屋敷を博物館にさせ、名誉ある役職を彼女に用意したのだ。

一九六〇年にドー・キンチーは、デリーに大使として派遣された。ビルマ女性が大使に任命されたのははじめてのことで、当時社会計画委員会の会長である女性にとっては大変な名誉であると一般的には言えただろう。そのとおりではあったが、同時にそれは象徴としての重要性を備えた人物を目立たない場所へ排除することも意味していた。当人が政治的に目立たないようにしていても、ドー・キンチーは簡単に、軍事政権に反対する人びとの中心になり得た。古くからの言われによれば、ビルマに新しく君臨する王が踏むべき大切な第一歩は、王位をねらいうる者を除外すること。近年は彼らを緋色のじゅうたんにくるんで象に踏ませたりはせず、名誉ある国家の要職につけて遠くに遣わすのだ。

こうして一九六〇年にアウンサンスーチーと彼女の母ドー・キンチーは、デリーに向かう飛行機に乗った。スーの海外居住生活がはじまろうとしていた。

2 五人の仲間――デリー時代

ドー・キンチーとその娘のデリーでの落ち着き先となった屋敷が、現在はインド国民会議派政党の本部になっているのは、皮肉そのものである。本部には、にっこり笑ったある女性のポスターが張りめぐらされている。その女性とは、インド独立交渉の立役者との縁戚関係のおかげで、長年、インドの最有力者でありつづけるソニア・ガンディーだ。

一九六〇年当時、イギリスの建築家ラッチェンスが都市計画をおこなったデリーの緑あふれる洗練された中心部、アクバルロード二四番地の優雅な屋敷に住めたのは、ネルー家の特別の計らいだった。ジャワハルラール・ネルーは、スーの父アウンサンを志を同じくする同志とみなしていた。アウンサンはビルマ独立という極めて重要な交渉のため、イギリスに赴く途中でデリーに立ち寄り、ネルーと会見した。ネルーは彼に助言を与え、新しい衣装一式を贈った。一五年ほど後にアウンサンの未亡人が娘をともない、駐インドビルマ大使としてデリーに赴任してきたときも、ネルーは相応の待遇で迎えた。スーの存命の兄アウンサンウーは、すでにイギリスの寄宿学校に在学中だったため、休暇のときだけインドを訪れた。屋敷は一時的にビルマハウスと改名された。

ちょうどその頃、インドとビルマはそれぞれ別の方向に向かおうとしていた。ビルマでは軍部が、特異な一党支配の社会主義という孤独な道へと国を導いていた。一方、インドは複数政党制民主主義を相変わらず堅持し、独立のために戦い、それを勝ち取った党によってしっかり統治されていた。とはいえ、一九六〇年当時のラングーンとデリーは、相違よりは共通性のほうがはるかに見いだしやすかった。

ラングーンからやってきたスーは、デリーで母国と同じ焼けつくような暑い気候、あざやかな花が咲きほこる街路樹、旧植民地支配者が建設した軍事作戦にも転用できるほど幅広い大通り、そしてラングーン同様に町の中心街からそう遠くないところにある、大規模な軍の駐屯地に気づいただろう。

スーはインドの首都の民族構成にも違和感を覚えなかっただろう。なぜならネーウィンが強制送還を強行するまで、インド系住民がラングーンの人口のうちかなりを占めていたからだ。両国が独立した一〇年くらいの間は、ラングーンからデリーへ行くのはまるで地方から中央に移動するような感覚だった。スーはラングーンのイングリッシュ・メソディスト・ハイスクールに通ったおかげで、エリート層の共通語である英語にすでに親しんでいた。彼女が属す政治家や外交官の階層が享受している特権は、大衆の貧困と同様に、当然のことと思われていた。両方の都市に西洋文化が、ふるいにかけられながらも、ヨーロッパとの距離とか、アジアの倫理観に完全に阻まれることなく、ゆっくりと浸透していた。

しかし、あくまでもデリーは中央であり、ラングーンは地方だった。インドの大都市で四年間過ごしたおかげで、スーは祖国を客観的に見るようになった。ガンディーやラビンドラナート・タゴールなどインドの政治や、伝統文化の解放運動の巨人たちの足跡にはじめてふれたことは、スーの知的成長において重要な位置を占め、インドからイギリスに渡った後、さらに二〇年を経て実を結んだ。

インドとビルマは一九四〇年代後期に、五か月違いでイギリスの支配から脱した。インドは三世紀にわたり植民地支配の重荷に耐え、独立後の発展にもイギリスの影響がみられた。ビルマが軍部に支配され、徐々に抑圧的で息のつまる社会になっていくにつれ、スーはインドにおけるイギリスの影響を肯定的にとらえるようになった。

この時期スーにとって、外国にいたことは重要である。しかもインドでは、外国人であることによるアイデンティティーの危機に悩まずにすんだ。スーは一五歳と半年のときインドにやってきた。母ドー・キンチーは娘を、いままで通っていた学校にもっとも似たミッションスクールに入学させた。ラングーンでは米国系メソディスト派の学校だったが、デリーではアイルランドのカトリック修道女が運営する学校だった。男女別学の「イエスと聖母マリア修道会付属学校」は、スーの親友の説明によると、「ミッション系にふさわしく、男女の学校が大聖堂を挟んで分けられていました」

その親友とはマラヴィーカ・カルレカールだった。彼女はデリーの官僚の娘で、その後の学生時代七年間を一緒に親しく過ごし、友情は現在に至っている。マラヴィーカとスーは彼女言うところの「五人の仲間」と称する仲良し組のうちのふたりだった。厳格で「おそろしい学校」の中で友情は育まれた。「スーもこの学校が好きではなかったと思います」と彼女は付け加えている。

マラヴィーカは子ども時代の思い出をこう語っている。

「じきに、私は新しい学校が嫌いになり、大人になってからもしばらくは学校のそばを通るのすらいやでした。先生たちが大嫌いでした……。長く続く友情を育みましたが、学校ではいつも劣等感を感じていました[1]」

学校にはヒンドゥー教をはじめ、さまざまな宗教を持つ家庭の子女がきていたが、アイルランドのイエズス会修道女たちは常に、ローマカトリックのキリスト教の教義を植えつけようとした。「改宗することは求めませんでしたが、朝は主の祈りとアヴェ・マリアのお祈りを、お昼のベルが鳴ると、ひざまずいてアンジェラスを唱えさせられました。聖書はシニア・ケンブリッジ試験〔インド、パキスタン、マレーシア、シンガポール、ジャマイカで実施されていた英国のGCE大学入学資格試験）の必修試験科目だったので、聖マルコによる福音書を勉強しました。また、卒業試験の正式科目ではありませんが道徳哲学といってキリスト教をベースにした『していいことと、いけないこと』をちゃんぽんにしたような授業もありました」と、マラヴィーカの思い出は続く。

一部の教師たちは人種によって人を見下す癖があり、植民地時代に浸み込んだ人種偏見はそう遠い過去のことでないことを思い出させた。英語のミセス・インスは「優秀な先生」だったとマラヴィーカは認めるが、人種的優位を鼻にかけるところがあった。「ある日、何かの理由でクラス全員が罰せられたとき、『あなたたちはいったい、どんな家庭の子なの？』と、頭をたれて立っている四〇名あまりの女子生徒に尊大な言葉を浴びせました。先生に返ってきたのは陸軍の幹部、上級官僚、外交官、貿易商といった家庭の娘たちの沈黙でした。私たちははっきりと、目上の人に質問したり口答えしたりしてはならないと教えられていたのです、家庭でも学校でもね」

マラヴィーカはこう続ける。「学校で一番よかったことは新しくできた友だちの輪でした」、それは三人のインド人とスーだった。以前からの友だちとは疎遠になり、「学校の友だちとのつきあいが主になりました」

旧大英帝国の向こうの端から来たにもかかわらず、スーは何の違和感もなく受け入れられた。デリーのハビタット・センターでのインタビューに、マラヴィーカはこう話してくれた。「スーは全然エキゾチックではありませんでした。すごく平凡でした！　いまではそう思えないでしょうが、当時はとても地味でした。運転手のウィルソンが運転する大使館のメルセデスで通学していました。髪は二本のきれいなおさげに編み、顔にはクズウコンのおしろいの跡がほんのり残っていました」。クズウコンのように見えたのは、じつはタナカーという種類の木の皮を粉にひいて作った、ビルマ女性が何世紀にもわたって愛用している顔のクリームだった。

じきに、マラヴィーカ、スー、アンジャリ、カマーラとアンビーカの五人の仲間は、ほとんどの自由時間、学校内でも学外でも、一緒に過ごすようになっていた。マラヴィーカはこう語っている。

互いの家を頻繁に行き来していました。どこの子どもでもそうですが、私たちは、大変仲良しでした。スーのお母さまは私の両親の友だちでした、非常に狭い社会でしたから。私たち五人は、よくのんびりとした日曜日の午後、スーの家で美味しいカオスェイ、えび入りご飯をほおばっていました。ドー・キンチーはすてきなご馳走を用意してくださり、お家の別の部屋から、私たちにご挨拶しにきて下さいました。私たちは彼女のことをこわがっていました。スーはお母さまに厳しく監督されていましたから。

スーが私たちと違っているなんて全然思っていませんでした。ビルマのこととか、スーがお父様に抱いている興味について話し合ったことなどありませんでしたが、お母さまはスーに、あなたは誰であるか自覚していないといけませんよ、とおっしゃっていました。もちろん私たちは彼女の父親が誰であるか知っていましたし、私の両親もアウンサンについてすべて知っていました。それは植民地後の南アジアでは話題の一部だったんです。それはまちがいありません。でも私たちにとって、スーは自分たちとまったく変わりありませんでした。「あぁ、彼女は暗殺された指導者の娘よ」ではなく、「彼女は大使のお嬢さんよ」という認識でした。

私たちはいつも、スーが現代ビルマの創始者の娘だと認識していましたが、彼女は政治の世界に住みたいなんてまったく言ったことがありませんでした。それどころか、私の記憶が正しければ、彼女は文学に大変興味を持っていました。よく覚えているのは彼女の背筋のとおった姿勢です。若者のだらしない猫背の姿勢とは無縁でした。あと、自分の血筋をとても誇りに思っていたことです。

「私が誰の娘であるかということを忘れることは決して許されないの」とよく言っていました。歴史はスーの正しさを証明しました。

当時デリーに駐在していたイギリス人外交官の娘、ハリエット・オブライエンはこの頃、アクバル通り二四番地を訪れ、極めて洗練された雰囲気に衝撃的な印象を受けた。

「デリーの特徴である暑さと無秩序が、ビルマ大使公邸に足を踏み入れるやいなや蒸発したかのようだった」と後年、綴っている。[2]

居間は優美な漆の屏風で仕切られていて、涼しく、とてもエキゾチックで、コーヒーテーブルに繊細な彫りがほどこされた銀食器が並んでいた。外界のインドが不潔で土ぼこりぽいのとは対照的にドー・キンチーの公邸は整然として、繊細で洗練されていました。ドー・キンチーはロンジーとアインジーを着て、髪をひっつめにしてまげを頭のてっぺんで結い、象牙のかんざしと金の髪どめと一輪の花を挿していました。相手にしゃべらせておいて、やさしく笑って、それから辛らつなことを言うのです。

ドー・キンチーの娘が現れ、単にスーという名前で紹介されました。政治の話題になると、彼女がいきなり会話に仲間入りしたのに驚かされたことを覚えています。まだ一七か一八でしたが、すでに堂々としていました。

オブライエンによると、「スーのお母さまは洞察力に長け、ユーモアがあり、気前がいい方でした。父アウンサンを神格化している人たちにスーが囲まれているのはよくないと思っていました。お母さまの方がスーよりいくぶん肩の力が抜けた感じで、彼女となら冗談を言いあうことができました。スーはもっと真面目でした[3]」。背筋をピンと伸ばし、真面目で、従順、「母親の厳しい監督のもとにおかれ、極めて地味」……。ここまでのスーについての話から、いつかビルマを活気づけることになる女性の一端を見出すことはできない。この時期の従順で少しおどおどした印象は、学校の修道女たちのせいだったかもしれない。しかしじき、すべては変わることになった。

厳しいイエズス会のもとで過ごした二年間の高校生活も終わり、五人の仲良しはともにデリーの女子大学、レディー・スリ・ラム・カレッジに進学した。マラヴィーカにとってこれは大いなる進歩だった。

マラヴィーカはこう語っている。「イエスと聖母マリア修道会付属学校が最悪だと思っていた理由は私の自由が束縛されていると感じていたからです。レディー・スリ・ラム女子大も同じく修道院のようでしたが、天国に来たように思えました。私たちそれぞれの興味や才能が花開いて、スーが書いた台本を私たちが演じたりしたんです……」

マラヴィーカによると、デリーの堅苦しく古臭い社会では「偉大なるヴィクトリア女王が亡くなってすでに半世紀以上経つというのに、私たちは植民地期以来のヴィクトリア風に養育されました」。レディー・スリ・ラムには比較的、新鮮で現代的な空気が流れていた。わずか六年前に三百名の女子学生からはじまったこの女子大は、デリーでもっとも優秀な上流階級の子女たちに正式の学位科目と講義を、かなり自由な環境で提供していた。

彼女の回想は続く。「レディー・スリ・ラムでは制服がないというのもほかの大学と違っていました。威圧的な門に鍵がかかっていて外に出ることを禁止されていましたが、制服はなく、サリーを着て、好きなことができました。たとえば、食堂で時間を過ごしたりとか。いままでとまるで違っていました」

マラヴィーカも言うように、スーは文学少女だと自認していたが、レディー・スリ・ラムでは政治学を専攻した。そして仲間たちも同じ専攻だった。マラヴィーカによると、「五人とも政治学を専攻しました。私は化学を専攻したかったのです、父がたどった道でしたし、高校で化学の優等賞をもらいましたからね。でも父は、『化学?』と言いました。六〇年代初めの当時は、女子は自然科学なんかやるもんじゃない、うす汚い総合大学なんかに行って男子学生とつきあうんじゃない、上品な女子大に行って政治学をやりなさいってね」

英文学を専攻することについても似通った偏見があったことをマラヴィーカは覚えている。「スーは読書家で、政治学より英文学に興味を持っていたと思います。彼女には文学の素養と文学的知性があったのに、なぜ政治学にしたのか理由は知りません。でも当時、なぜか英文学を専攻すべきでないという風潮がありました、どうしてかわかりませんが」

親たちは娘が何を専攻すべきか、すべきでないかについては強い意見を持っていたが、彼女たちの希望を閉じ込めるつもりはなかった。スーのラングーンの友だちの親たち同様、彼らはデリーでもっとも進歩的で西洋的だった。そして娘たちは上品で文化的でありつづけながらもさらに上級の学校で学び、立派な職業に就くことを願っていた。

レディー・スリ・ラムでは上品であるかぎりは自由にふるまうことが許されていた。「私たちはみな、先生のお気に入りでした」と、マラヴィーカは認める。「私たちは勉強がよくできたし、良い家庭の素直で従順な娘たちでした。授業をサボることなどありませんでした。先生に対して反抗的ではなかったです。プラトンの『共和国』について議論をふっかけたり、ルソーはなぜこう言ったのかとか、そんなことは絶対に言いませんでした」

しかし、ふざけることはあった。マラヴィーカはスーの興味深い一面、後々、彼女のビルマの迫害者と支持者、双方をからかう軽妙で不遜な部分を披露している。

「スーは『アントニーとクレオパトラ』のパロディーを書きました。大変上手にできていましたね。とても気が利いたせりふを使っていました。みなと同様、演技は下手でしたが」。お芝居の写真が二枚ほど残っているが、ウェストを絞ったサテンの長いドレスをまとってサンダルをはき、傲慢な表情をたたえて直立したスーはとてもエレガントだ。マラヴィーカはスーがクレオパトラを演じなかったと断言しているが、出演者の写真ではまるでスーが主役だったかに見える。

「ある意味、レディー・スリ・ラムはフィニシング・スクール（女性が社会に出るまでに必要な教養や作法などを身につけるための私立学校）でした。でも、まったくそのとおりというわけでもありません。私の家族は代々、伝統的にオックスフォードとケンブリッジに留学していたので、父も私にそうさせたいと思っていました。女子大を卒業してすぐお見合い結婚させようなんていう気は、毛頭ありませんでした」とマラヴィーカは語っている。結婚する代わりにマラヴィーカは、スーと同様、オックスフォード大学のセントヒューズ・カレッジで哲学・政治学・経済学の課程に入学することになった。

五人の仲間のうち、スー以外は、レディー・スリ・ラムに二年間在学し、卒業して学位を取得したが、スーは一年在学しただけで、そのほとんどを留学手続きの申請とイギリスへの引越し準備に費やした。当時、デリー駐在の英国高等弁務官だったポール・ゴア＝ブース卿と夫人のレディ・パット・ゴア＝ブース夫妻は、ラングーンの英国大使館に駐在していたとき以来、ドー・キンチーの友人だった。彼らはスーのイギリス滞在中の後見人になってほしいという母ドー・キンチーの依頼を喜んで引き受けた。

スーはインド人の友人たちから温かく受け入れられた。しかし、大英帝国の端からやってきた娘にとって、学ぶべきことは多くあった。インドは彼女にたくさんのことを教えたのだ。スーと母ドー・キンチーはジャワハルラール・ネルー首相と懇意だったが、すでに高齢で、間もなく戦争に発展した中国、（その死後に戦争になった）パキスタンとの問題に精力を集中していた。スーはまた、後にインドの首相となったネルーの娘インディラ・ガンディーとその息子たち、サンジャイとラジヴにも会った。[4]

当然ながら、スーと母にはビルマ人の友人もいて、そのなかには、インド、ヴァラナシに留学していた僧侶ウー・レワタダンマがいた。何年も後、師はスーが自宅軟禁になった際、重要な役割を担うことになる。しかし彼女たちの交際範囲はそれよりはるかに広く、デリーに駐在する外交団全体を網羅していた。ドー・キンチーが催す食事の宴は寛大なもてなしと見事な客あしらいで有名だった。数年後、ラングーンで、ハリエット・オブライエンが「最新の政治陰謀に関する興味深いゴシップを、つねに機知とユーモアを交えながら披露していた」と述べているように、アウンサンが存命中のラングーンのタワーレーン二五番地と同じくらい、デリーのアクバルロード二四番地は政治談議に沸いていたことだろう。[5]

デリーに住んだ人以外にはあまり知られていない事実だが、ここはインテリが住む町だ。ロンドンの高級地区で催されるディナーパーティーでの会話は、客人がどんなに頭が良くても、ややもすれば不動産の値段や有名人のゴシップにおちいってしまう。対照的にデリーでは、知的エリート層がカースト制のせいもあってしっかりと存在し、政治、哲学や宗教の問題など、西洋ではタブーとされるようなテーマに没頭する傾向がある。そんな周囲に、姿勢よく、まなざしを大きく開き、ますます知恵をつけたスーは、注意を払っていた。

ハリエット・オブライエンは、スーが意見を主張することを覚えはじめたことに気づいていた。ラングーンでは男女は多くの場合、比較的平等だったが、若者は年長者に従い、女性は男性に逆らわず、議論を交わしながら真理を追究するより、調和が重んじられる風潮があった。感受性豊かな年ごろにデリーで過ごしたスーは「議論好きなインド人」[6]のくせを身につけた。インド人と言えば、情熱的でくどくどと長ったらしい、激しい議論を好み、テーブルの向こう側にいる相手の敏感な気持ちなどおかまいなしだ。それはスーの個性の一部となり、二〇年後、より礼儀を重んじるビルマの社会で、果てしないトラブルを引き起こすことになった。

一九六二年、インドとビルマは永久に袂を分かった。インドではネルー率いる国民会議派が、前回より減少したものの過半数を得てまた総選挙に勝った。一方ビルマでは、ネーウィン将軍が綿密に計画した、ほぼ無血のクーデタを起こし、ビルマを独自の社会主義国家の道へと推し進めた。スーは自問したことだろう。両国ともアジアの哲学と知恵が浸透し、植民地支配から近年解放された共通性があるにもかかわらず、なぜこれほど対照的な運命をたどっているのだろうか、と。スーはガンディー、ネルー本人、ニロッド・C・チョウドリー、そしてとくにタゴールの生き様について学び、すでにそれぞれの違いに注目し、異なる成果について思考を巡らせていた。

英語は、ビルマでは植民地本国に押しつけられた言語とみなされ、しぶしぶ受け入れられたが、一方教養あるインド人にとっては必須で便利な道具、普及して用いられる言語だった。インドらしさを失わずに西洋的な考えを受け入れる意欲、そしてふたつの文化から新たなものをつくりだす自信と創造性がインドにはあった。タゴールとガンディーは意見の食い違いから不和になったが、ふたりのインドの偉人の共通性について、スーとドー・キンチーの友人であったネルーは、投獄されていた第二次世界大戦中、著書『インドの発見』で簡潔に述べている。

「両者は、それぞれ違った世界観を持っていた。そして同時に両者とも完全なるインド人だった。それぞれインドの違った、しかしながら良い面を表現しているようであり、互いに補い合っていた」[7]

ガンディーとタゴールは彼らの時代の英雄だった。スーは彼らに匹敵する偉大な人物を当時のビルマに求めたが、見つけることはできなかった。祖国ではネーウィン将軍が急速に鎖国政策を進め、インド系住民を国外に追い出し、新聞社を閉鎖し、野党政党を禁止し、政権に反対を唱える者を投獄した。その頃デリーで、スーはラビンドラナート・タゴールが英語で書いた、大いなる自由への叫びを見つけた。

こころに怖れなく、まなざしを高く向けるところ
知識が自由であるところ
偏狭で閉鎖的な壁に世界がこまごまと砕かれていないところ
言葉が真実の深みから現れるところ
疲れを知らぬ闘いがその腕を勝利へ向けて伸ばせるところ
理性の清らかな流れが習慣の死に絶えた荒涼たる砂漠に失われることがないところ
汝によってこころが、思想と行動の深化へと導かれるところ
その自由なる天のくにへと、父であるあなたよ、わが祖国を目覚めさせよ[8]

3　セントヒューズの東洋人――オックスフォード時代

アウンサンスーチーの行動は、父アウンサンのように、いつもタイミングが絶妙だった。ビルマを去ったのは、軍事政権によって母国が徐々に死に向かう直前だった。デリーに着いたとき、インドはネルー首相の晩年の時期で、世襲政治から別の時代に移行するインドを彼女が経験するのに間に合わせたかのようだった。そしてイギリスに着いたとき、そこはこれまでにないポップカルチャーが大爆発している真っ只中だった。

時は一九六四年、ビートルズが「キャント・バイ・ミー・ラブ」「ア・ハード・デイズ・ナイト」「アイ・フィール・ファイン」などのナンバーワンヒット曲を飛ばしていた。スーがイギリスに到着した一か月後、ハロルド・ウィルソンが労働党から首相に選出され、保守党支配の「失われた一三年」に終止符を打った。若い男性たちは肩まで髪を伸ばし、裾広のベルボトムや極端に襟先が長いシャツが流行っていた。女の子たちのスカート丈はどんどん短くなって太ももの上まで達し、セクシーなブーツの丈はスカートの裾とのすき間を詰めた。薄汚れて、霧に覆われ、煙がくすぶるロンドン、陰鬱で皮肉にあふれていた街が、ある日眼が覚めると突然トレンディーな街に変わっていた。モルトンという男性が小さな車輪の自転車を考案した。

そして魅力的なスーが蓮の花のように開花した。

彼女はたった一年でレディー・スリ・ラム・カレッジを退学したが、あとの「五人の仲間」は最上級コースを修了するためもう一年とどまった。マラヴィーカとスーは一学年違いでオックスフォード大学のセントヒューズカレッジの同じ課程で学ぶことになったのだが、一年後ふたりが再会したとき、マラヴィーカは親友の変貌ぶりに驚いた。

「洗練されたスーが現れました」と、マラヴィーカは回想する。「以前は髪をポニーテールに結んでいましたが、前髪をおかっぱに切り、細身の白いパンツ姿で、モルトン自転車に乗っていたんです」

スーがラングーンに帰省すると、昔のクラスメートのティンティンが、モデルを探している絵描きの友だちを助けようとしていた。両手だけのモデルを求めていたのだが、あかぬけしたスーが訪ねてきたら、一日見るなり、その友人は肖像画のモデルをしてほしいと懇願した。「すごく悔しかったわ！」とティンティンは言った。「髪にジャスミンの花を挿し、前髪を下した姿はとても美しかった。完成したスーの肖像画は、それはそれは素敵でした。醜いアヒルの子が白鳥に変身したのです」[1]

ロンドンに着いたスーは、後見人のゴア＝ブース夫妻のチェルシーにある邸宅に数週間滞在したあと、セントヒューズカレッジの新入生として哲学・政治学・経済学課程（ＰＰＥ）の受講を開始するためオックスフォードに赴いた。

彼女はたちまち注目の的となった。インド亜大陸から大規模の移民が押し寄せる前で、イギリスはまだまだ圧倒的に白人のアングロサクソンの国だった。おそらくスーはセントヒューズカレッジ創立以来、ロンジーとアインジーを着て授業に現れた最初の学生だろう。彼女は小柄で、美しく、エキゾチックだった。

彼女は生真面目で過保護な女学生から、エレガントでおしゃれな若い女性に変身していた。マラヴィーカやその仲間の友人だったインド人青年、シャンカール・アチャリヤは、同じくＰＰＥに在学していた。

スーが一年生のときに彼女と親しくなったが、友だち以上の関係には発展しなかった。「スーに会った男子学生は誰もが、彼女に恋心を抱きました。だから私にその気持ちがまったくなかったわけではありません」と認めた。[2]

六〇年代の雰囲気がスーに変化をもたらした。また母親ドー・キンチーの厳しい監督から開放されたことも変化のもうひとつの要因だったが、それにもかかわらず彼女は自分の周囲に蔓延するモラルの相対的な緩みにはまったく共感できなかった。「流行の最先端ロンドン」ではとくにモラルの変化が顕著だった。マラヴィーカの説明では、彼女や友人らデリーのエリート階級は「植民地期以来のヴィクトリア風の倫理観で育てられた。そのためかスーは新しい環境に対して、堅苦しい禁欲的なヴィクトリア朝の反応を示した。しかし、ただそれだけで、つまり田舎者が一生懸命流行に追いつこうとして時間がかかっていただけなら、しばらくして、他の人たち同様、頑なな態度をやめていただろう。だが、彼女の友だちはやがて、スーの倫理はしっかりと根づいたものだと気づくことになる。

「スーはビルマについて、それと善悪について確固とした考えを持っていました」と、友人で同時期、オックスフォードに在学していたロビン・クリストファーは語る。「彼女は厳格な倫理に対する高い意識を、そしてはっきりとした道徳意識を持っていました。彼女はまちがっていると思ったことは絶対しませんでした、絶対に！　ナイーブなまでにその道徳を貫いていましたが、でもいつもユーモアを備えていました」。彼女の確信はどこに由来していたのだろうか。「彼女は幅広く文学に親しんでいました。ジェーン・オースティンの作品を教えてもらったのは彼女からでした、私がイギリス人だというのにですよ」。クリストファーが見るところ、スーの倫理観は、「彼女の伝統的なビルマの素地とちょっとしたイギリス文学作品に対する共感が混じりあったもので、とても興味深かった」[3]

長い年月の間に、スーから強い影響を受けた数人の女友だちは、彼女との友情の思い出を大変ざっくばらんに親しみを込めて綴っている。ラングーンに住むマ・テインギーは後年、日記を残すことになる。セントトヒューズカレッジで出会った友も思い出を綴ったひとりだ。スーより数か月年上の同輩で、同じ学科で同じ学期に一緒に学びはじめた。彼女はアン・パステルナーク・スレーター、ロシアの偉大な小説家パステルナークの姪だった。

「私たちは一九六四年、オックスフォード大学のセントヒューズカレッジの一年生だったとき知り合いました」と、アンはふたりの友情についての回想録に記している。

正直に言うと、最初に声をかけた理由は、彼女があまりにも美しくエキゾチックだったからです。私が持ってないものをすべて持っていました。私はオックスフォードの家庭で育ち、オックスフォードで教育を受けました。高校卒業と大学入学までの長い夏休みのあいだ、ギリシャ中をヒッチハイクし、イスラエルでブドウとトウモロコシを摘み、三等船客で、『アンナ・カレーニナ』を枕に、地中海を渡りました。スーは細身のロンジーをきっちり腰に巻いて姿勢が良く、揺るぎない倫理的信念と生まれ持った社交性で、イギリス人の同輩たちが着ているくたびれたドレス、ぞんざいなマナー、漠然としたリベラリズム、曖昧なセックスのモラルとは極端に対照的でした。[4]

スーはオックスフォードとそこにいる自分についてどのように思っていたのだろうか。ほとんどのイギリスの学生にとって、オックスフォードまたはケンブリッジ大学に入学することは当時も現在でも大きな栄誉であり、良いキャリアの基礎、有用な人脈のネットワーク作りのための、金で買えないチャンスだ。

入学しただけでも立派な成功で、合格祝いをする理由だ。しかし、スーがそう考えていたと証明するような記録はない。

彼女はオックスフォードについてもイギリスについても、そのような畏敬の念を抱いている様子はなかった。彼女は母親の意向にそって行動し、彼女の年齢と階級と教養があれば可能なことをしていた。彼女には上昇志向は、まったくと言っていいほどなく、友だちを、単に好きかどうかで選択しているようだった。

「学生としてはじめて親しくなったとき、彼女は父親について誇らしげに語り、自分の名前の発音の仕方を教えてくれたことを覚えています」とパステルナーク・スレーターは、スーとマイケル一家が最後に住んでいたオックスフォードの家の向かいにあるパークタウンの自宅でのインタビューで語っている。[5] そしてこう続けた。

それは彼女の人格全体のとても大切な部分でした。彼女には上昇志向はまったくなかった。友情についてはとても民主的でした。さまざまな民族の友たちがいて、彼女の知り合いのインド人社会とインド人インテリのエリート層以外にも、私には面白い人とは思えなかったガーナ人の女の子もいました。

それからセントヒューズの寮監には大変親切で、その人もスーに大変親切に接していました。それから年配の女性で私の家族の友人で、とても退屈なユダヤ人のオールドミスの絵描きにもスーは大変親切でした、いつも温かくもてなし、いつも礼儀正しく接していました。そこまで気を使っていなかったと思いますが、外国出身のちょっと風変わりな私の母にも親切でした。[6] このようにして、彼女は自分に役に立ちそうもない人たちと友だちになり、パーティーで友だちの肩越しに別の知りあいを探すような振舞いはしませんでした。

スーは最初から異質な存在だった。エキゾチックな美人で自分の美貌や血統の価値を試すことなどに興味はなく、そんなことより学生たちに蔓延する道徳観に対し激しい反感を持っていた。

スーは、イギリスの偉大な詩人ワーズワースの兄弟の孫娘、エリザベス・ワーズワースによって一八八六年に創立されたオックスフォード大学の五つの女子大学のうちでも、もっとも隔離され中心部から遠い場所にあるセントヒューズカレッジに入った。オックスフォード市内のより由緒あるカレッジにあるような古典的な中世の回廊はなく、建物は平凡であまり特徴がなかった。そのかわり、広い敷地と樹木と緑に恵まれていた。

スーについての回想録の中で、パステルナーク・スレーターは、北オックスフォードの立地が「『遠すぎる』とみなから嫌われていた」と書いている。「バリオールカレッジやセントジョンズカレッジから自転車でちょうど三分」のセントヒューズカレッジは、「軽蔑的な意味でホッケーが強いと評判だった。私たち一年生は古い本館の寮に住んでいた。濃い茶色の扉、長くて暗い廊下、流しでは家庭的な学生たちがハンカチを手洗いしたり、寝しなにココアを作ったりしていた」

どこでも性解放の話題でもちきりだった。何と言っても、『チャタレイ夫人の恋人』の裁判から四年、ビートルズの最初のLP登場から二年というときだったが、少なくともセントヒューズではまだ話しの種の域を出なかった。一年生にとってそれは期待というよりむしろ悩ましかった。[7]「はじめて寮に入ったとき」と、パステルナーク・スレーターは回想録に書いている。

たまに男性が訪れると、来訪を告げる合図として、寮の部屋から部屋へ通じるセントラルヒーティングのパイプをトントンと叩くのだというまことしやかな噂がありました。そのわずか一〇年か二〇年前までは、訪ねてきた男性が帰るまで、女子学生のベッドを廊下に出さなければならなかったという噂もありました。私たちはかならず夜一〇時には戻っていなければならず、延長許可は一番遅くて一二時まででした。苛ついた処女たちと、少数の性的に開放された世慣れた女子学生の巣の中の雰囲気は、息苦しい、ぴりぴりした電車の暑いコンパートメントのようでした。

この環境のなか、スーは可笑しいほど対極にありました。思わず笑ってしまうほどナイーブで、ほんとうに純粋無垢でした。彼女の思い出すべてに繰り返しでてくる特徴は、清潔、強い意志、好奇心、厳しいまでの純粋さです。どんな姿を思い出しますかって？　ふさふさの前髪の下の眉にしわを寄せて、信じられないわというショックと非難の表情を浮かべ、「でもね、アン！」と。私たちは地下の洗濯室で、山積みのロンジーと小さな袖なしブラウスに糊を塗ったことがありました。スーは私にアイロンのかけ方を教えたり、素手で上手にご飯を食べる方法を教えたり、長いドレスの裾の上品な持ち方を教えたり、私の太くて東洋的でない腰にロンジーを巻きつけて結ぶ方法や、床に足を折って座ったとき、足首さえもロンジーからのぞかせない方法を教えてくれました。あと、階段を上がるとき、イギリス流にたっぷり裾を手に持たず、スカートの裾をほんのちょっと脇にたたむことなど。親しくなっても、彼女は変わった存在でした、とくに家系に対する誇りの高さです。それ以外に、いまでもはっきり覚えているのは、あごの下にたれていた絹のような髪の房、白檀の木片をすりつぶして作るおしろい、ドレスの縁飾りにするために集めていたたくさんの絹の見本のハギレ、高く結ったポニーテールに毎日挿していた生花……。

長く退屈で東洋的な礼儀正しい茶会がよくありましたが、私の粗野で西洋的な感性には、その機微と洗練とを感じ取ることはできませんでした。それから他の学生の部屋ではゴシップ談義が夜ふけまで繰り広げられ、みなスーの思い込みはばかげていると思っていました。

みなボーイハントに熱中し、多くはセックスをしたがっていたけど、当時まだ半分禁じられ、半分は関心があるという感じのものでした。セックスに鷹揚であることが常識だとされてましたが、実際には、私たちは鷹揚でもセックスしたこともありませんでした。未経験ゆえの高揚感のなか、未知の世界に対する興奮と不安とがあって、早熟な恋を知る口達者な先輩たちがまわりを魅了していました。このような状況で無垢さを保つのは非常に難しいことでした。ほとんどのイギリスの同輩たちにとって、スーの非難は唖然とさせるもので、滑稽なほど常識外れに思えました。はっきりものを言う女の子が彼女にこう訊いたのです、「誰とも寝たくないの?」と。彼女は憮然として、「いやよ! 夫以外、誰とも寝ないわ。いま? 枕を抱いて寝てるわ」。バカにしたような大爆笑が湧き起こりました。[8]

ピル(避妊薬)がもたらした、新しいモラルの考え方に対するスーの反応が、オックスフォードの同輩たちには可笑しいほど時代錯誤に映ったとしたら、スーにとっても、ここで目にした倫理観の混乱状態はまったく衝撃的だった。

イギリスは植民地の抑圧者だったが、スーはラングーンとデリーで、英国は学問と知識の泉、ジェーン・オースティンやジョージ・エリオット、ジョン・ロックやワーズワース、ジョン・スチュアート・ミルの国だと学んだ。ガンディーは西洋文明について意見を求められ、悪くはないと思うと言ったが、気の利いた答だった。彼は、ジョン・ラスキンの著著をいつも持ち歩いていたし、ガンディーが説いた社会哲学はインドのヴェーダに提唱されていることより多分に初期の英国社会主義にもとづいている。[9] しかし、スーがはじめて直接的に出会ったイギリス、それも暗黒のスラムではなく最高学府で、イギリスらしさと思っていた倫理観が崩れはじめていることを知った。

スーははじめて、父アウンサンとビルマ独立闘争にほとんど関心のない国に来た。まして仏教について大部分の人びとはほぼ無関心で、しかも理解していると思っている少数はおおかたまちがった解釈をしていた。オックスフォードの大学時代は、己を知るための孤独な時期だった。自分の倫理上の信念をどんなにバカにされ、戸惑ったリアクションがあろうと、スーが頑張って主張したときを特定できるとしたら、この時期だ。

彼女の教授のうち、少なくともひとりは、まさにこの理由でスーのことを記憶にとどめている。だが、この著名な哲学者のメリー・ウォーノックでさえ、スーがどんな人物か描こうと手探りの試みをして失敗している。

後年、スーに関する本の書評で次のように書いている。

> アウンサンスーチーは、ＰＰＥの上級コースに在学中、短期間、私の学生だった。
> 彼女は、それ以前またそれ以後教えたどの学部生とも違っていた。彼女は大変知的で考えを明瞭に話し、しかし静かで極めて礼儀正しかった。彼女は友だちの性的願望にまったく影響されていなかった。ある意味ナイーブだったが、やることがしっかりしていて、率直だった。また、彼女は驚くほど簡単に面白がって、いろいろなことを愉快だと思っていた、とくに哲学の授業を。

彼女は母親に、仏教の伝統に沿って、厳しく育てられた。彼女が、一般的な意味で、どんなに宗教的であるか、私はそれまで知らなかった。あるとき、個人の人格に関するごくふつうの講義をしたとき、ジョン・ロックのテキストからはじめ、ロックが提唱した、人は過去の行為を記憶しているところまでがその人である、という命題を検討していた。スーは、「でも、私は、私の祖母〔の生まれ変わり〕です」と言った。彼女のクラスメートと私は、なぜそれがわかるのかと、彼女を質問攻めにした。彼女は、とてもいたずらっぽい表情を浮べて、微笑むだけで、質問には答えなかった。[10]

スーは、イギリスがアジアと三百年も前から出会っていたにもかかわらず、アジアの宗教や哲学を理解することがほとんどできていないとわかった。それは彼女の周囲にいるセントヒューズの学生の知性に代表されていた。漠然とではあれ「仏教の伝統」を論じたことのあるウォーノックほど高名な哲学者でさえ、敬虔な仏教徒が輪廻を信じていることに驚いていたのでは、同輩の学生たちはなおさらだ。

スーの信仰をまとめようとしてウォーノックは大胆にも書いている。「スーの倫理観とは伝統的な仏教の徳、とくに慈愛と誠実さを志すことだ。道徳的であるためには本質的に、悪ではなく、善でありたいと願うことが必然で、彼女はその仏教的真理を示すひとつの生きたお手本である」。仏教の真理を総括する試みにしてはあまりにもお粗末だ。そのような話を聞かされて、「極めて礼儀正しい」スーは静かにため息をつき唇を噛んだことだろう。このオックスフォード大学の哲学者と、たとえば、上座部仏教の基本原理である、限定された存在の三つの特徴である苦、無常、無我について討論したいと提案するなど、なんの意味があるだろう？　無駄な努力はしないほうがいい。

★

スーがオックスフォード大学に対して知的フラストレーションを感じ、モラルが著しく低下していると思ったにしろ、ビルマ人の殻に閉じこもるような反応はしなかった。逆に、彼女は一五年前、兄とラングーンのタワーレーン二五番地のガラス屋根に登ったときのように、イギリスの珍しい習慣をマスターしようと意欲的だった。アン・パステルナーク・スレーターはこう書いている。

彼女はヨーロッパと外国のことを体験してみたいという好奇心があり、親しみを感じさせるひたむきで実際的なやり方で知識を追求していました。たとえば、「クライミング・イン」〔寮の壁をよじ登って中に入る〕というのがありました。デートで帰りが遅くなってしまい、壁を登って寮内に忍び込むことを、学生たちはあっぱれな武勇伝とみなしていたんです。女優をしていたある友だちはませて悪びれもせず、深夜の壁登りの常習犯でした。彼女は二年生になって、一晩と一日を大学の外で過ごすようになり、三年生になると、校則を破って、いろんなボーイフレンドたちと過ごすアパートの一室を借りる始末でした。最初の二年間、おとなしく過ごしていたスーもついに、「クライム・イン」を試したくなって、真面目な友人にディナーに誘い出してもらい、そしてどんな紳士もやるように、大学の崩れかけた庭の壁を登るのを手伝ってもらったわけです。大学の校則がこれほど上品に破られたのははじめてでした。[11]

パステルナーク・スレーターはスーが白いジーンズ姿に変身した瞬間と、そのとても実際的な理由も教えてくれた。それは一九六五年の夏、スーははじめて経験する北国の冬から解放されたところだった。東南アジアの人にとっては言葉につくせないほど長く暗い冬だったろう。その頃イギリスでは、ローリング・ストーンズの「(アイ・キャント・ゲット・ノー)サティスファクション」、バーズの「ミスター・タンバリン・マン」、ビーチ・ボーイズの「カリフォルニア・ガールズ」やビートルズの新アルバム「ヘルプ!」といった曲がヒットしていた。そして、かっこいい新しいスーが現れた。「あちこち行くのに実用的な手段ですが、ロンジーを着ていては危なっかしいです」。はじめて迎えた夏学期にスーは白いジーンズと最新のかっこいい、小さい車輪の白いモルトン自転車を買いました。天気がいいある夕方、ユニヴァーシティーパークスに沿った砂地の自転車専用道路で、たった一回練習しただけで、乗り方をマスターしました」

それよりもう少し苦労したのは、伝統的な舟遊びのパンティングだった。インド人の友だち、シャンカール・アチャリヤがこぎ方を教えてくれたが、練習中のぶざまな写真まで撮られてしまった。

パステルナーク・スレーターが指摘するように、サイクリング同様、パンティングは「オックスフォードの夏の必須技能」で、スーは操作できないままでいるわけにいかなかった。しかし、見た目より難しいことはすぐわかった。「パントは平たい底の、浅いお盆のような小船です」と、パステルナーク・スレーターは書いている。「小船の重さ、動きの悪さと不恰好な形は言葉で言い表せません。台所の食器棚を浮かべて漕ぐような感じです。パントを覚えるのは、とくに自分で漕ぐのはほんとうに難しいです。船がゆっくりと丸く回っていたかと思うと、先端から恐ろしい勢いで、ジグザグに左右の河岸へ方向を変えるのです。ゴンドラの船乗りみたいに舵を取れるようになるには、棒をしっかり抱くように持って船を押し出し、それから棒を舵のように左右に振って漕がなくてはなりません。

早朝、もやのなかをひとりで出かけたスーは、夕暮れ、ずぶぬれでしたが勝ち誇った様子で戻ってきました」[12]。しかし、アチャリヤが撮った、水に浮かぶスーのスナップは、操作を完璧にマスターする前だったようだ。これまで出版掲載されたスーの写真のうちで、もっともカッコ悪いものだろう。醜いアヒルの子の三つ編みが復活し、頭のてっぺんには白い水泳帽。濃い色のジーンズは皺しわで、その輪郭は、パステルナーク・スレーターが「スーは難点がまったくなかったわけではありません、腿があの頃はまだふっくらしていました」と評したとおりだ。パンティングのエキスパートが推奨する、直立の姿勢で棒をできるだけ胸の近く、杖のように持つのではなく、スーは膝を曲げ、腕を伸ばして手に棒を持ち、いまにも船から向こう岸へ跳ぼうとしているような格好だ。

このほかにイギリスでは飲酒の習慣があった。仏教の第五の戒は飲酒を禁じている。大体のイスラム教徒は戒律として守っている。一般の仏教徒においては、ほどほどにアルコールを嗜む者が多いが、スーは絶対に飲酒をしない。だが、オックスフォードではみなが飲んでいて、頻繁に暴飲した。それでスーも一度は試してみなければと思ったのだ。「好奇心からどんなものかとね」と、パステルナーク・スレーターは書いている。

スーは、最終学年の最後に、こっそりと、シェリーだかワインだかのミニボトルを買ってきた。もう少し世慣れたインド人の友だちふたりをこの通過儀礼の助産師と侍女として従え、ボードリアン図書館の女子トイレにこもった。スーはこの浅ましい体験に似つかわしいと、流しやトイレが並ぶ場所をわざと選んで、お酒を試した。そして以後、永遠に拒否することになった[13]。

スーは内気で自ら厳しいルールに縛られていたものの、だんだん友人の輪が広がっていった。パンティングを教えてくれたシャンカール・アチャリヤは、親しい仲間だった。彼は、スーがデリーで知り合ったインド人の友人たちと同じく上級公務員層の出身で、父はロンドンに外交官として赴任していたため、大学に入る前の四年間は英国で学び、イギリスの習慣になじんでいた。

「スーはそもそも、イギリス人よりインド人たちとの方が居心地が良かった」と、アチャリヤは思い出を語る。「なぜなら彼女の文化的背景は、ややヴィクトリア時代風でインド人のと似ていたからです[14]」。ふたりともPPEで学んでいて、スーがオックスフォードに到着して間もなく友だちになった。「私たちのバックグラウンドはとても似ていたので、すぐに意気投合しました」と語っている。「それはこういう事情だったのです。基本的に彼女は、異性とのつきあいから隔離されて育ちました。インドでは女子大学に行き、おそらくオックスフォードでも、男性との付き合いに関しては、かなり隔絶された生活を送っていたと思います。彼女はとても内気な人でした。私は以前からイギリスで生活していたので、それほどシャイではありませんでした」

アチャリヤは、スーに対して「ちょっと一目ぼれした」ことは否定していないが、「彼女が出会ったどの男性との場合とも同じように」彼らの友情はずっと冷静でプラトニックな状態のままだった。じきに、彼は別のインド人女学生とつきあうようになり、やがて、その彼女と結婚した。スーは共通の興味にもとづき、イギリス人とつきあうときのぎこちなさを感じさせない、ただしあっさりした好意以上には発展しない、そのような人間関係を築くのが上手だった。

スーとの関係について、外交官になったロビン・クリストファーはこう語っている。「ロマンスではありませんでしたね、まったく純粋な友情でしたよ。しかし、大変仲の良い友だちでした。クリスマスにはサセックスの僕の実家に来て過ごしました。素敵な友情でした。午前も午後も一緒に勉強しましたし、よくお昼も一緒に食べました。ほとんど毎日のように彼女に会っていました[15]」。クリストファーによると、「僕が選んだガールフレンドについてスーが遠慮なく批判する」ほどふたりは親しかった。だからといって、彼女たちから恋人の座を奪おうという意図はまったくみられなかった。

サイクリングの楽しみを発見した同じ夏、スーはそれともまったく違う経験をした。それは長い目で彼女の人生を見れば、はるかに大きな影響を与えることになった。

スーの人生において極めて重要な人物で、守護天使のように、彼女のお手本となったのが、ドーラ・タンエーという中年のビルマ人女性だ。若い頃は美貌を誇る有名な歌手で、一九三〇年代、ビルマの初期のレコード産業の人気歌手だった。父アウンサンがビルマ独立交渉のためロンドンに来た際、マ・タンエーは彼と親しくなった。彼女はアウンサンに頼まれ、ビルマ側がイギリス政府のために主催した答礼レセプションで歌った。また、ラングーンに持ち帰るみやげ物を選んで買うよう頼まれもした。何年も後にタンエーがスーに会ったときには、自分が選んだ大きな人形が当時のままあると知って喜んだ。

タンエーは、オーストリア人のドキュメンタリー映画製作者と結婚してヨーロッパに移り住み、後半の人生は国連で一連の仕事に就いた。最初の任地、デリーでは国連情報センターの運営に携わり、ドー・キンチーおよびその家族と親しくなった。その後、独立したばかりのアルジェリアに転勤になり、首都アルジェで同様の情報センターを立ち上げた。

スーがオックスフォードにいたとき、タンエーはアルジェリアの首都アルジェに住んでいた。一九六五年の夏、タンエーを訪ねたが、到着した数日前、無血クーデタでベンベラ大統領が権力の座を追われたばかりだった。スーと母がインドに移った後、ビルマで起きた植民地支配と同じ独裁政治への揺り戻しが、いま、ここマグレブの砂丘と椰子の木の風景のなか、スーの目の前で繰り広げられていた。二〇歳になったばかりのスーにとって、オックスフォードで必読の素っ気ない政治の教科書に興味をそそられなかったとしても、アルジェで目撃した闘争と苦しみは別の問題だった。解放のための政治が、情熱と困難をともないながら、目の当たりに繰り広げられていた。スーは人生ではじめて、たとえ短い期間とはいえ、参加者として運動に共感とエネルギーを注ぎ込んでいた。それはビルマで二三年後に彼女を待っている闘争運動に似ていた。

スーは「たくさんのパーティーに招待されましたが、それよりも、アルジェリア人に会い、アルジェリアで何が起こっているかにはるかに興味がありました」と、後年、タンエーは書いている。「長期間の闘争で打撃を受けた人たちを援助するいくつかのプロジェクトを運営するアルジェリアの団体と接触しました[16]」。スーは自由闘争の闘士たちの未亡人らのために、家を建てるボランティアが必要なことを知りました。彼女はヨーロッパや北アメリカから来たボランティアたちとともに、大きなキャンプでプロジェクトのための労働に数週間参加した。

オックスフォードに戻り、学生生活を再開したが、順調とは言えなかった。母親に強いられ、本人にとってさほど興味のない学科に入っていた。「スーは、ほんとうは哲学・政治学・経済学（PPE）をやりたくありませんでした」とアン・パステルナーク・スレーターは言う。「学科を変更しようとしました。林業学ならビルマのために役立つのでやりたかったのに、気が利かないオックスフォードの関係者たちが許可しませんでした[17]」。それで英語を専攻しようと考えたんです。それならきっと好きな学科だっただろうし、「容易に『中』の成績をとれたでしょう」（とパステルナーク・スレーターは確信する）。しかしそれも許可されなかった。結局「下」の成績に終わったが、この結果はおそらく専門科目に興味を喪失した度合いを示している。大学の友人たちは彼女がもっと良い成績を収めることができたはずだと思っている（スーは後年アラン・クレメンツにこう語っている。「私は先生またはその教科が好きな場合だけ、一生懸命勉強しました」）。

しかし、スーは大学生活を楽しみ、新たな友だちを作り、そして二年生の終わりごろ、恋に落ちた。「彼女は若いパキスタン人学生で、後にパキスタン外務省に入ったタリク・ハイダルと知り合いました」とシャンカール・アチャリヤは覚えている。「彼はクイーンズ・カレッジに在籍していました。私たちは知り合いでしたが、仲が良かったわけではありません[18]」。ハイダル氏は、輝かしい大使のキャリアを終えて最近退官し、現在国際情勢についてパキスタンの新聞に記事を書いている。だが、この本のためのインタビューは断られた。スーがこの付き合いについて公に何も語っていないので、彼との関係を彼女がどう考えているかは知るよしもない。しかし、彼に対する愛情がかなり長い間続き、少なくとも最終的には彼がその愛に報いなかったのは明らかだ。ある大学の友人によると、彼女は「オックスフォードを卒業して少なくとも一年」は彼について話していた[19]。

スーの友だちには、ハイダルのことを良く思わないものがいた[20]。「彼はちょっと虫の好かないヤツでした」とひとりは言った。「あまり感じ良い人じゃなかったですね。ま、こう表現しましょうか、私たちはスーが彼と付き合っているのがあまりうれしくありませんでした。とくに親しくなりたいと思うような印象の人ではありませんでした」。イギリスから独立後、インドとパキスタンが二度目の戦争をした一九六五年当時の両国の緊張状態が、この対立感情に反映されていたのかは定かでない。

この時点のスーの人生において、ひとつの問題が具体的になりつつあった。ハイダルとの失恋はそれを示していた。彼女が将来進む道はまだはっきりとしていなかったが、それとは対照的に、インド亜大陸のエリート公務員の子弟である友人たちの将来は順風満帆だった。仲間のうち、次のふたりの進路はその典型だろう。

シャンカール・アチャリヤは、オックスフォード大学で優秀な学位を取得後、ハーバード大学の博士課程に進み、世界銀行で重要なポストに就いた。一一年後、デリーに戻り、そのキャリアの頂点として、インド国家公務員の最重要ポストのひとつ、主席経済顧問を務めた。マラヴィーカ・カルレカールは、セントヒューーズカレッジ卒業後、インドに戻って国内の大学で重要な教授職に就き、『インド女性問題研究ジャーナル』誌を編集した。ふたりとも、イギリスで勉強したという共通の経験を持つインド人と結婚した。母国に戻り、それぞれ刺激的で居心地がいいインドの支配階層にぴったりとおさまっていた。

アン・パステルナーク・スレーターのような友人たちにとって、将来はさらに描きやすかった。彼女はオックスフォードで生まれ育ち、クラスメートのクレイグ・レインと結婚し、夫はイギリスの名だたる現代詩人となった。夫婦とも大学の教授になり、いまでもセントヒューズから徒歩五分のところの、アンが育った実家に住んでいる。

スーにとってそのようなまっすぐな道は用意されていなかった。学部の学生時代、少なくとも一回はラングーンに帰省している。若さ、美貌、血筋と三拍子揃っているスーに見合う相手を探そうと周囲は沸きたった。しかし、ハイダルのせいか、他に理由があったのか、ちょうど良い相手はいなかった。

ラングーン時代の学友ティンティンは、間接的にスーの相手を探す試みにかかわっていたと言っている。「ビルマに帰国したスーは私とそういう話をしました」

名前は言えませんが、彼女と同じオックスフォード出のある人を結婚させる動きがありました。残念ながら、彼は良くなかったので、私は言いました。「ダメよ、彼と結婚しようなんて思ったら、彼はバカだから！」。彼の弟が私たちのクラスにいて頭が良かったのですが、女の子は自分より年上と結婚するのがふつうでした。でもその兄は頭が悪かった。彼女に、「わかってるの、退屈するわよ」と言ったら、彼女は別に恋していたわけでもないので、「わかってる、わかってるわよ」と返事しました。「私は正直に意見した。でも決めるのはあなたよ[21]」と私は言いました。

スーはまったく同感だった。

オックスフォードの友人たちに比べ、スーの選択肢は限られていて興味をそそられなかった。ネーウィンは権力の座について間もなく、西側との関係を絶ちはじめ、フォード財団やブリティッシュ・カウンシルなどの機関を閉鎖し、学校での英語教育を禁止し、ビルマ人の海外訪問や外国人がビルマを訪問することをますます困難にした。センチメンタルな民族主義者がビルマ鎖国の黄金時代と銘打った、英国が来てビルマの扉を開く前の時代に、あらゆる方法で時計の針を数百年、巻き戻そうとしていた。この政策はゆっくりと見えない形で一九八八年の反乱に至る緊張を高めた。だが、その政策はスーたちのような海外経験を持つ者にとっては、もっと直接的な影響があった。インドとイギリスでの豊かな体験をした後、母国に戻ることはまったく魅力に欠けていた。

しかしながら、ビルマは、心の故郷とは言えないまでも、やはり故郷であることに変わりはなかった。一九六七年、スーが大学を卒業した年、ドー・キンチーはデリー駐在大使退任を決断した。ラングーンに召還されたわけではなかったが、政権と彼女との間には共通理解が乏しく、ビルマを代表するのはさらに困難だった。外交官の給料は滑稽なほど安かったうえに、税金を免除されていたにもかかわらず、帰国すると四万チャットの税金を請求された。独裁者に対して素っ気ない態度をとってきたドー・キンチーへの、典型的でささいな仕返しだった。

根っからの外交官だったドー・キンチーは、引退のほんとうの理由を決して明かすことはなかったが、おそらく、ネーウィンの政策が打ち出されていくなか、夫アウンサンの遺志が徐々に失われ、裏切られたと感じただろう。それと同時に、逃亡中で疎遠になっていたとはいえ、北京の文化大革命の影響を受けた、非合法のビルマ共産党のリーダー、タントゥンと兄妹であることが政権との関係をさらに悪化させたのは否めない。

ビルマ軍が権力を握った最初の時期にあたる一九五八年～一九六〇年、経済発展に貢献したのはアウンジー将軍だった。一九八八年に軍政に対して、公に痛烈な批判をし、その後、短期間ながらもスーの同僚として国民民主連盟（NLD）のトップを務めた、あのアウンジーである。

アウンジーは戦争中、ビルマ国民軍第四ライフル部隊でネーウィンの部下だった。そして一九六二年のクーデタで軍が権力を恒久的に掌握した際、産業大臣のポストを与えられ、期待されたビルマの急速な工業化を監督することになった。[22] 穏健な社会主義者で、国営産業と平行して民間の産業や貿易を維持することを主張した。

しかし、ネーウィンは次第に、もうひとりの部下で、「赤い准将」と称される、急進的な共産主義を手本にした経済政策を好むティンペーに影響されるようになっていった。一九六三年、いまやビルマの政策をとり仕切っている革命評議会は、ビルマ版の毛沢東語録とも言える『人間と環境の相互関係のシステム』と題した本を発行した。歴史家のマイケル・チャーニーによると、それは「マルクス主義、歴史的弁証法、と仏教の混ぜ合わせ」で、その内容はビルマに社会主義的な仏教徒の理想郷を築く条件の解説書だったが、仏教の教義の不常の概念、「アニッカ」に従い、ここは一時的な天国であったとしても最終的な理想郷ではないと認めていた。

この本の解釈にビルマ学者は何世代も戸惑いつづけ、たいがいが消化できない寄せ集めの理論だと評している。しかしこれほど単純な主題はないのだ。つまり、隣国の中華人民共和国の極左的なオウム返しであることは自明の理で、有名なビルマの諺「中国がつばを吐けば、ビルマは泳ぐ」を反映するものだ。

チャーニーはこの本の主題を要約している。

信頼できる階級は、社会の物質的な必要を満たす者、農民や産業労働者に限られていた。これらの生産者の勢力が社会、経済制度を変えようとしたとき、既存の制度によって欲求を満たしていた階級が、物質的および精神的な生産者を抑圧した。この抑圧は社会の階級間の対立を招いた。このような社会的対立を解消するには、それを生み出した諸条件を廃絶しなければならない。それによりはじめて、抑圧のない社会主義の社会が確立できる。[23]

『人間と環境の相互関係のシステム』の出版は、アウンジーのような「資本主義者たち」にとって悪い予告だった。ティンペーが考える経済政策の威信が急速に高まるにつれ、アウンジーはさまざまな役職から解任され、一九六五年、スーがアルジェリアの太陽の下で労働していた頃、ついに逮捕された。

これでティンペーは、すでに中国で展開された徹底的な共産主義改革、つまり米穀市場、輸出入、規模にかかわらずすべての民間企業の国有化を邪魔されずに実施できることになった。ラングーンでは、やがて街の小さな麺の屋台に至るまで国有化されるという苦々しい冗談が語られた。すぐにはそんな兆候は見られなかったが、ビルマは経済破綻に向かっていた。二年後、ドー・キンチーは、このような状況に嫌気がさして、デリーでのインド大使を辞任しラングーンに戻ってきた。

大学を卒業したスーは、ビルマで母と合流する選択肢もあっただろう。しかし、ビルマのアカデミックな世界は骨抜き状態で、イギリスの大学での研究を生かせるような適当な研究者のキャリアの可能性などまったくなかった。彼女にみ合った男性を仲人に紹介してもらい、急速にアジアの僻地になりつつある国で、アジア流の妻の生活に落ち着くというのも、あるにはあったが、さらに魅力に欠ける選択肢だった。

もしかしてドー・キンチーは、娘がそのいずれかの道を歩んでくれることを願っていたのかもしれない。ところが、スーはまったく違う道を選んだ。彼女が反対されたことは想像に難くないが、自分で後年記した手紙に、自分の選択について、母と兄にいつも言うことをきかないと思われていたと記している。[24] この選択がそれに当てはまるとしたら、十分大人になっていたスーは手ごわいドー・キンチーに対しても臆さず反抗したことだろう。実家に帰る代わりに、美人でカリスマ性あふれる友人、マ・タンエーを手本にして、スーは将来がどうなるかを試してみることにした。ビルマで得た名声を捨て外国で人生を築いた彼女を、スーは「困ったときに頼りになるおば様」と慕っていた。

4　選択のとき

ある人たちは人生の方向がはっきりわかっていて、その目的地へ向かう。他の人たちにとって、人生はむしろ悩めるパズルのようだ。スーの兄、アウンサンウーは、スーがオックスフォードで勉強しているあいだ、ロンドンのインペリアルカレッジで電気工学を学んでいた。「彼は父親に風貌が似ていたが、妹のような魅力は持ち合わせていなかった」と、昔のロンドン時代の知人は厳しい見方をしている。兄は要領よく米国でさっさと就職し、ビルマ人女性との結婚を果たした。その間、ビルマの市民権を放棄し代わりに米国市民権を選んだ。

一方のアウンサンスーチーは、人生の進路に悩む後者のタイプだった。彼女の葛藤と困惑は、その頃撮った写真から読みとることができる。一九六五年にデリーの屋敷で軍服姿の父アウンサンの写真の下に立ち、撮られた一枚がある。ロンジーとアインジーをエレガントに着こなし、すでに花の髪飾りをしている。しかし彼女は無表情で、ただ頼まれて立っているだけだ。五年後、スーはニューヨークの国連事務総長ウー・タントの令嬢の屋敷のパーティーに出席する。盛大な催しに、糊の効いたゆったりした袖の白いアインジーを着た彼女は美しかった。だが、主催者のエィエィタンが生き生きとした表情でカメラに向かってほほえんでいるのに対し、スーは力強いまゆとおなじみの前髪の下で眼差しはうつろ、憂いに沈んでいて、ふっくらとした唇はむっつりしている。スーはデリーの外交官居住区のなかの瀟洒な邸宅に暮らし、そして世界でも屈指の大学で三年間を学ぶという恵まれた環境に育っていた。しかしこの世界は、彼女の無表情が示すように、スーの人生の目的地ではなかった。彼女は経験を通して糸口を見つけようとしていたが、自分は目的地からまだほど遠いことに気づいていた。

オックスフォードの友人アン・パステルナーク・スレーターは、スーのことを心配していた。「私の脳裏に当時の断片的な記憶がまるで写真を扇形に広げたように残っていて、実際、彼女の手紙に添えられていたスナップ写真もあります」と彼女は書いている。「ロンドンのスーは緑のアームチェアに頭を高くもたげ、まじめで、悲しげで、どこに行ったらよいか不安げで、空元気だけで、まるで未知の空間を進んでいるようでした」

彼女はオックスフォードを離れ、かんばしくない成績をたずさえて、イギリス到着以来のホームステイ先であるロンドンの後見人の屋敷へ向かった。ゴア＝ブース卿夫妻は、大都会のもっともエレガントで瀟洒なチェルシー地区のキングスロードからちょっと入ったところに建つ、ジョージ王朝風の美しい邸宅、ザ・ヴェール二九番地に住んでいた。スーは建物のたる木の下のこじんまりした部屋をあてがわれ、家族の一員のように接せられた。

彼女は家庭教師のアルバイトを見つけ、またゴア＝ブース夫妻の友人でビルマ学者のヒュー・ティンカーのアシスタントとしてしばらくの間働いた。それは有益な交友関係を築くことになり、また故郷のニュースを知る機会にもなった。職業という観点からみれば、大した収入にはならなかったが。

パット・ゴア＝ブース夫人は、いまや高齢だが、本書の下準備をしていた頃、ビルマ情勢に深くかかわっていて、スーを娘同然に思っていた。ロンドンの彼女の家で筆者がインタビューしたときは、「ディディ（おばさん）」というインドの愛情を込めた呼び方で「私のことをディディと呼んだの」と思い出していた。「スーは適応能力に優れ、家族の一員になりました。いつも率先して食器洗いを申し出てくれましたし、お料理に興味を持っていました。大変礼儀正しい徳のある娘でした。夫ポールのそれらしい知識、アイルランド人の一風変わったユーモアとヨークシャー根性の混じったところを大変尊敬していました。彼女は三級の学位に甘んじてよく耐えていました。家の子どもたちの宿題を見てやったり、クロスワードパズルをしたり、とね。ビルマの伝統的な優雅さをすべて備え、魅力的でおもしろくて大変インテリでした[2]」

東洋風の正しい礼儀は東洋では非常に重要だが、西洋的にはときとして卑屈な印象を与えてしまう。英国の知り合いは、ややもするとスーはできすぎている印象を与えると評した。しかし、アン・パステルナーク・スレーターや他のオックスフォードの友達は、スーが頭の中に自分の言葉を持ち、必要なときはそれを言うのに何の遠慮もしないことに気づいていた。兄アウンサンウーがスーに会いにゴア＝ブース家を訪問したとき、兄妹のよそよそしさは明白だった。「なぜお兄さんとの仲がそんなに悪かったのでしょうかね」とゴア＝ブース夫人はしばし考え込んでから、「おそらく、兄は妹の魅力がうらやましかったのでしょう。彼の英語は彼女ほどではありませんでした。お互いに礼儀正しかったけれど、それ以上ではなかったわ」

この時期スーは、軍事政権との間に残っていたつながりを静かに切り捨て、後戻りできなくなることになる。ネーウィンは残忍な暴君であることに加えて偽善者だった。国民にはつらい体制を押し付けておきながら、自らは頻繁に海外旅行にでかけ、ビルマで禁じた娯楽や贅沢に耽っていた。彼はスイスの銀行にかなりの貯金を蓄えていて、何人も妻を持ち、オーストリアとドイツの温泉保養地でくつろぎ、アスコット競馬場に行き、ウィンブルドンの家を含め、海外に立派な屋敷を何軒か所有していた。

だが、ネーウィンの富と権力をもってしても、アウンサンの娘を彼の信奉者として従えることはできなかった。一九六七年の春、ネーウィンは英雄アウンサンの子どもたちに、ウィンブルドンの屋敷へ挨拶にくるよう招いたが、期末試験の準備で忙しいとの理由でスーは招待を辞退した。外交官の妻として生涯を過ごし、スーの母親代わりだったゴア＝ブース夫人は、これはまちがいで、そのときに現実に目を向けさせるべきだったと後悔している。「外交上、私たちは『行きなさい』と言うべきでした。しかし、同時に私たちは彼女の独立心を誇りに思いました」[3]

★

ゴア＝ブース夫妻にはスーより二歳年上の双子、デーヴィッドとクリストファーがいた。デーヴィッド・ゴア＝ブースはオックスフォードで学び、卒業後、父親のポールに続いて外務省に入省、デリーの高等弁務官のポストで外交官のキャリアを飾った。一九九七年にエリザベス女王がインド亜大陸を訪問中、デーヴィッドは労働党外務大臣のロビン・クックと派手にやり合った。クリストファーは対称的に、カジノの仕事についた。彼はダーラム大学で、別の双子のひとりと親しくなった。あるときクリストファーがこの友達を両親のチェルシーの屋敷に連れてきたとき、スーもたまたまそこに居合わせ、スーにも友達を紹介した。

　背が高く、ぼさぼさ頭の、優しい、愛想の良い男性、マイケル・アリスはかなり年取って見えたが、スーより一歳年下だった。気さくで、優しい振舞いの裏には、壮大でちょっと変わった野心を隠していた。彼と一卵性双生児の兄、アンソニーはハバナで生まれた。英国人の父親ジョン・アリスとフランス系カナダ美人のジョゼット・ヴェアンクールの息子だった。ジョンがカナダ総督トゥイーズムア卿（推理小説家ジョン・ブッチャンとして知られる）の副官として駐在していたとき、ジョゼットと恋に落ち結婚した。[4] マイケルとアンソニーの双子と長女のルシンダは、ロンドンに落ちつく前はイタリア・アルプス、ジュネーブそしてペルーをめぐる子ども時代を送った。双子たちはカトリックの寄宿学校、ワース・スクールに送られ、そこではベネディクト会修道士の指導を受けた。

学校卒業後、マイケルは近代史を学ぶためダーラム大学に進んだ。このときすでに、専攻からかなりそれたチベットの文化、言語、宗教と歴史に好奇心を注いでいて、なぜ近代史を選択したのかはよくわからない。

この不可解な興味は、父親がインド旅行から持ち帰ってきたチベットの祈禱輪筒（祈禱文の入った回転式の円筒）によって偶然植えつけられた。マイケルはその輪筒の仕掛けより、筒の中に入っていた紙に書かれた神秘的な文字に魅せられてしまった。筒はチベット人によって、彼らの信心を表現する多くの方法のひとつとして考案されたものだ。ワース・スクールの教師、アンドリュー・バーティーがたまたまチベット語を少し知っていて、マイケルのチベット文字解読を助けたことから、彼の生涯にわたる強い関心が芽生えた。

スーがオックスフォードからゴア＝ブース家にやってきたころ、同級生のタリク・ハイダルとの不幸な恋愛を彼女はまだ心に引きずっていて、重い気持ちはさらにもう一年ほど続いた。彼女の恋愛に関してはもうひとり候補者がいたようだ。ゴア＝ブース夫人はどのような経緯で知るに至ったか思い出しながら語った。「スーから、私はビルマ人の誰それと結婚したいという伝言をもらったとき、ポールと私は南アメリカを旅行中でした。大変義理堅く誠実な娘でしたので、彼女は許可を請うのではなく、ただ知らせてきたのです」。ハイダルの一件と同じように、この件も無に帰した。結果的には何も発展しなくて良かった。というのも、名目上はスー同様、ネーウィンに反対する派閥の出身だったが、「彼は裏切り者であると判明しました。後に政府の大臣になったのです[5]」

実らなかった恋があった頃に、やせ気味の、ぼさぼさ髪のアリス青年に対する興味が芽生え、そして育ちはじめた。マイケルにとっては最初から何の迷いもなかったようだ、オックスフォードの学位を持ち髪に髪飾りをしたこのビルマのお人形は、いままで見た中でもっとも魅力的な人だと。「彼はしょっぱなから彼女にまいっていたよ」と彼の兄アンソニーは言っている。

多くの東アジアおよび東南アジアと同様、ビルマ人たちは外国人との付き合いに対して否定的な感情を持っていた。最近、大英帝国支配から離れたところはとくにその傾向があった。スーの母親ドー・キンチーがいかに洗練され、世情に通じていたとはいえ、ビルマ人が持つこのような感情について変わりはなかった。しかし、スーにとってはまったく違っていた。彼女は一九六〇年代に成人を迎えた世代で、西洋ではあらゆる偏見は投げ捨てられる時代だった。彼女はもう何年もコスモポリタンな人たちと交わり、異人種間の交際は一般的だった。この点、彼女のインド人の友人たちは極めて保守的だった。カースト制による圧力と期待がパートナーを選択するうえでいまなお、非常に大きく支配する傾向にあった。ビルマでは、インドのようなカースト制は存在しないが、乗り越えなくてはならない主な障害は純粋で単純な排外主義だった。さらに、ノーマン・ルイスがつけ加えているように、「外国人は見習い僧として仏教僧院で短期間修業していないことから、人間として失格だとみなされていました[6]」

かつてタリク・ハイダルと恋に落ちた際、結婚相手がラングーンの実家でさまざまな困難を引き起こすであろうことは、彼女はすでにわかっていた。だが結局のところ、人間の心には逆らえない。表面的にはより有望だった候補者たちには、難点があった。ビルマの青年は学校時代の友人ティンティンに「まぬけ」だと却下され、それにもうひとりのビルマ人は裏切り者になった。

そしてそこに、彼女が知り合ったアリス青年、彼はすでに彼女に恋をしていた。ふたりが結婚を考えたとき、彼の特徴はすでによくわかっていた。彼は思いやりがあって、思慮深く、忍耐強かった。彼がタリク・ハイダルやデーヴィッド・ゴア＝ブースのような優秀で非の打ちどころがない男性ではなく、大使の素質があるわけでもなく、夢見がちなタイプであるとしても、おそらく大したことではなかったのだろう。将来進むべき方向について不確かなスーにとって、兄アウンサンウーのように何を望んでいるのか、またどのように得るかをはっきりとわかっている人よりも、もうひとりの探求者が伴侶として必要だったのかもしれない。マイケルのような人物となら、女性はただ夫の後についていくのではなく、同じ条件で人生を築く機会を得る可能性があった。

そのためには、自分の娘はビルマ人と結婚すべきだという考えをかたく持っていた母ドー・キンチーを説得しなくてはならなかった。しかし、スーは彼女とはもう三年間も離れて暮らしていて、自分の足で立つことを学んでいた。ビルマの最高権力者の招待を断るほどの心の強さが自分にあることを発見していたのだから、母親を説得する方法も見つけるだろう。そのマイケル・アリスのチベットに対する好奇心は、多くの人にとって風変わりと思われても、この場合は重要な利点となった。スーがオックスフォードで知っていたほとんどの人は、彼女を育てた宗教について漠然としたイメージしか持っていなかった。しかしマイケル・アリスは、彼女がこれまで会ったどのイギリス人よりも仏教についてすでによく知っていた。

★

ふたりはまず反対の方向に向かって飛び立つ、見事に新しいスタイルでロマンスをはじめた。スーとマイケルは次の三年間、ほんのわずかしか会えなかった。インターネットはまだ存在せず、国際電話は法外に高く、緊急時のためのものだった。そこでスーとマイケル・アリスは、彼らの愛を航空便で運ばせた。この期間の最後まで彼らがまだ続いたということは、互いの思いが強かったことを証している。

ごくわずかな人しか魅了されない何かに魅せられることは、ときに強みとなる。マイケルは近代史で学位を取得したが、ダーラムでは空き時間を利用してチベットの歴史、文化、宗教、言語についてできるだけ多く学んだ。「ダーラムにまだいたとき、マイケルはヒュー・リチャードソンと親しくなりました。彼はチベットに関する大家で第二次世界大戦前、ラサの最後の英国総督代理でした。つまり公式代表者でした。そしてヒューは彼の良き指導者となったのです」とマイケルの兄アンソニーは語っている。[7] 彼はチベット研究におけるもうひとりの優秀な権威、マルコ・パリスと知り合った。大学を卒業したマイケルはなによりも、勉強した国へ実際に行き、そして本物の専門家になりたかった。チベットはこれまでも入国するのが難しかったが、一九五一年に中国共産党によって中国に併合されて以来、外国人は完全に入国を禁止されていた。

しかしながら、いくつかの「小さなチベット」が高きヒマラヤ山脈のチベット高原の外辺に存在し、古来の文化と言語を守っていて、しかもより容易に行けた。たとえばいまはインド内のジャムー州とカシミールの一部のラダック、当時はインドの保護国だったシッキム、そして独立仏教君主国で観光客を締め出している、外の世界にほとんど知られていないブータンがあった。

仕事は思いがけない幸運から巡ってきた。マルコ・パリスはブータンの首都ティンプーの王家が、王族の子どもたちの家庭教師を探していることを知った。若いマイケル・アリスはすでにチベット語をかなり習得していて、高いレベルの一般教養も身につけている、理想的な候補者とみなされた。

ちょうどそのころ、スーはブータンとは反対方向のニューヨークへと飛び去っていた。一九六〇年代後半のニューヨークほど、わくわくするような場所はなかった。アンディ・ウォーホールとヴェルヴェット・アンダーグラウンド、ロバート・ラウシェンバーグと抽象表現主義、ブッディスト・ビーツやラスト・ポエッツそしてブラック・パンサーなど、みな、注目を得るため競いあっていた。しかしどれひとつとしてスーが興味をひかれるものはなかった。大西洋を越えニューヨークにやってきた理由は、親しいビルマ人の友人マ・タンエーだった。彼女はアルジェリアから戻り、現在は国連本部で働いていた。マ・タンエーはマンハッタンのミッドタウンの小さなアパートで一緒に住まないかと、スーを招いた。

スーのキャリアという観点からも、米国に移る十分な理由があった。学部の成績が悪かったにもかかわらず、マ・タンエーはニューヨーク大学の国際関係論の教授で東南アジアの専門家フランク・トレガーに、スーを大学院生として受け入れてくれるよう頼み込んだ。彼女は三級の汚名をそそいで大学院の学位を取得し、新世界の味を楽しみ、自立して自活できることを証明すると同時に、コスモポリタンで世事に長けたビルマ人の友人たちと一緒にくつろぐこともできる。

しかし、この計画には欠点があった。スーがやったりやらなかったりの学業の間中、彼女を悩ませた同じ問題だ。彼女は何を勉強したかったのか、そしてなぜ？　究極的には何を目指しているのか？　ドー・キンチーはスーに哲学・政治学・経済学の学位をとるよう強いたが、彼女は興味を持てなかった。大学は彼女に合った科目に変更することを許可しなかった。かんばしくない成績を埋め合わせるすばらしい方法を見つけたかに思えたのだが、また暗礁にのりあげてしまった。

スーはマ・タンエーのベックマンプレースにあるアップタウンのアパート、国連本部近くのファーストアヴェニューとイースト四九番通りから、グリニッチ・ヴィレッジのワシントンスクウェア近くの中心部にあったニューヨーク州立大学に通いはじめた。しかし数週間経ったころ、それはうまくいかないように思えた。

「ニューヨーク大学への往復で長時間バスに乗らなくてはなりませんでした」と、マ・タンエーはスーについてのエッセイの中に書いている。「バスに乗るとスーは目まいを起こすので、これは大変でした。また彼女が通っていた教室までのルートだった、公園脇のバス停からワシントンスクウェアまで、浮浪者たちがしばしば危険なことを引き起こしていたんです」[8]。それで、彼女は学校をあきらめてしまった。

一九八八年以後のスーの活動を知るかぎり、この説明には納得がいかない。「自分は挑戦者だと思う」とスーはアラン・クレメンツに語っている。[9]「私はあきらめない」と。挑戦者なら、やると決めたことをやり通す方法があったはずだ。バスで目まいを起こすなど問題ではない。ベックマンプレースのマ・タンエーのアパートからレキシントンと五三番通りの地下鉄駅まで歩いて五分、そしてE線に乗って西四番通りまで八つの駅、そこから教室まで二分程歩けば着く。一九六八年のニューヨークは確かに、いまに比べて少し荒れていた。また若い女性がひとりで行くには危険な所がたくさんあった。だが、ベックマンプレースとニューヨーク州立大学のキャンパス内は安全な場所だった。トレガー教授が大学院に受け入れてくれたことは、野心のある学生にとってはまたとない得がたいチャンスだったに違いない。もし片道二五分以内しかかからない通学がそれでも問題だったなら、ほんとうに意欲のある学生であればキャンパスに近い場所に部屋を見つけ、ウェートレスのバイトをしてでも家賃を払っただろう。マ・タンエーは彼女の友だちの顔を立てようと親切にしてくれたのだが、ほんとうの問題は、またもや、スーの気持がそこにはなかったということだ。

もっと説得力のある説明は、その数週間のうちに、トレガー教授がネーウィン政権内の高官と親しい間柄だということをスーが知ったというものだ。[10] 彼女は対立する政治陣営からの注目には、たとえばウィンブルドンのネーウィンの屋敷への明らかに退屈な招待であれ、最大の配慮をもって対処しなくてはならないことを学んでいた。

しかしその一方、彼女の父親アウンサン以来の国際舞台において、ビルマ人のなかで疑いもなくもっとも偉大な政治家が、彼女のニューヨークの家からわずか二ブロックという近距離にいた。その人物とは一九六一年以来、国連の事務総長を務めてきたウー・タントだった。もし大学が目まいやその他の理由でだめだとしても、はるかに期待できる展望が足元に開けていた。「国連は私たちが住んでいたところから徒歩で約六分だった」とマ・タンエーは思い出している。「まずそこで働いて、勉強は後ですればいいのでは、とね。申請、推薦状、面接を経て、そしていつもながら長い時間がかかる面倒な手続きの末、スーは入ることができました」

★

ウー・タントは今日あまり振り返られないが、一九六〇年代に育った人はだれでも、大変な名声と地位にありその珍しい名前とツルッとした繊細で心配げな顔立ちは、世界各国の元首とともによく知られていた。当時は、世界大戦の激変から二〇年たらずしか経っておらず、冷戦の真っ只中で、真面目な知識人は国連が世界統治の新しい時代を導いて、武器に頼らずにすべての紛争を解決できるといまだ夢見ていた。ウー・タントは「世界の大統領」にもっとも近い仕事をすべく創設された国連事務総長として、それを実現するのに理想的な人物と思われていた。

彼は事務総長の職を一九六一年から一九七一年まで務めた。前任者のスウェーデン人、ダグ・ハマーショルドが飛行機事故で亡くなったのは、世界ではじめて核戦争がもっとも現実に起こりそうになったキューバ核ミサイル危機のただ中だった。ウー・タントは困難な状況で指揮をとることになった。ウー・タントの鋭い才覚と冷静さ、低姿勢な交渉術は、ケネディとフルシチョフを核戦争の瀬戸際から引き戻すことに寄与した。彼はコンゴにおいても戦争終結に際しきわめて重要な役割を果たし、ほかにも多くの国際紛争解決の重要な役割を担った。ウー・タントはまた、国連の人道主義的な、環境および開発ミッションの立ち上げにあたって、中心的な役割を果たした。一九六五年には国際理解についてジャワハルラール・ネルー賞を受賞した。任期中、ソ連が提案した主要勢力圏を代表する三名の事務総長体制を阻止するのにも成功した。もしそうなれば、永久に行き詰まることは目に見えていた。おそらく彼の魅力と柔軟性の最高の証は、すでに重病だった任期の終わりに、なおもロシアおよび米国の指導者たちと会話する仲だったことだ。

国連の利益はビルマの損失だった。もし民主主義がビルマで存続していたなら、ウー・タントはその中心にいたはずだ。ウー・タントが劇的な昇進をする一〇年前に、ノーマン・ルイスはラングーンで彼に会い感銘を受けていた。一九四九年、情報省の事務次官であったウー・タントは、英国の旅行作家ルイスに、ビルマ全土をまわる旅行計画のアドバイスをしている。ウー・タントは「私が訪ねたいところへ行ってはいけない理由はないと言った」と、ルイスは書いている。「後でわかったことは、ビルマ全土を旅行したいなどという要請を受けたのは、彼にとってははじめての経験だったこと。しかし彼は疑問を持っていたとしても、ビルマ人の一般的な社交儀礼以上に丁重な態度でそれを被い隠していました[11]」

就任当初でさえ、ウー・タントは人を戸惑わせるような話を紡ぎ出すことに長けていた。「ウー・タントはラングーンからマンダレーまでの鉄道サービスは運行していると言いました。ただし、線が途切れているので少々不便だ。途切れた区間をつなぐ手配はちゃんとできている。乗客をバスか牛車で運ぶが、もし時折止められたとしても、通行料のようなものを要求するためだ。つまり、そのおかげで暴力沙汰が起こらないと[12]」

国連の記録および、ベトナム戦争の収拾がつかなくなるにつれウー・タントと米国との関係が急速に悪化したことが示すように、彼は植民地主義と新・植民地主義に対して強い反感を抱いていた。新たに独立し国連に加盟した旧植民地が国連で安定した立場を保てるよう、できるかぎりのことをした。しかし彼はネーウィンのように苦々しい思いを抱いている民族主義の狂信者ではなかったし、植民地支配者がおこなった善いことを悪いことと一緒くたにして潰そうとはしなかった。ネーウィンのウー・タントに対する敵意は、彼の狭量な心の表れだ。インド独立に重要な役割を果たしたインド高等文官は、英国が去った後の行政分野を引き継ぐ能力があった。ウー・タントはインドの高等文官と共通する意識を持ちあわせていたが、残念ながらビルマ国内には、そうした人材が欠けていた。「タントの夢は英領ビルマ政権の文官になることだった」と、彼の孫タンミンウーは書いている[13]。代わりに彼は大学以来の友人、ウー・ヌ首相の右腕になり、一九五五年のインドネシアのバンドンで開かれたアジア・アフリカ会議の書記、そして会議が生み出した非同盟諸国運動の創立者になった。

一九五〇年代のほとんど、ウー・タントはウー・ヌの事務官で、そのもっとも信頼できる側近かつ相談相手として、持ち前のわがままと気まぐれで問題を起こす友だちウー・ヌの外交上の体裁を保ってやっていた。そして一九五七年、凋落していくウー・ヌの最後の政府で、ウー・ヌは彼に、ビルマの常任代表としてニューヨークの国連本部へ行くように言った。その提案の背後にネーウィンがいたかどうかはわからないが、ネーウィンは軍事政権のための予行演習として翌年、国の統治権を引き継いだ。ウー・タントをニューヨークへ送り出すことは、首相ウー・ヌのもっとも有能な助言者を国の政治から永久に葬ることであった。そして四年後、ウー・タントは当時世界でもっとも強いとされる役職へ突然押し上げられた。

★

スーは国連最高峰の人物に仕えることになったが、地位の低い目立たない立場で「行政と予算問題の諮問委員会」を支えるスタッフのひとりだった。後に国連の外交官になったタンミンウーによると、「実際の生活は予想以上にひどい」ものだった[14]。彼女はまた、家からバスですぐのベルヴュー病院で毎週数時間のボランティア活動に従事し、現実のニューヨークを体験した。そこでは患者に本を読んであげたり、話し相手をしたり、この巨大な病院に収容された大勢の浮浪者、路上生活者そして不治の患者たちを援助した。

スーがたとえひどいホームシックにかかったとしても、ラングーンを除けば世界でもっとも影響力があり教養もあるビルマ人共同体に簡単に行ける圏内にいた。ウー・タントのハドソン河を見渡す上品な屋敷には子どもや孫も一緒に住んでいて、ときおりスーとマ・タンエーが、日曜の昼食とか家族の誕生日に招かれたりした。事務総長公邸は「だだっ広い七寝室ある赤レンガの建築で、一部が蔦に覆われ、芝生で敷き詰められたハドソン河沿いの二・四ヘクタールの丘の斜面に建っていた」と、そこで育ったタンミンウーは綴っている。[15]

地図上はリバーデールの一部でしたが、他のあらゆる意味において、ビルマの小さな一区画でした。いつもさまざまなビルマの客人が一晩から数か月にわたって滞在していて、そしてどんなラングーンの上流階級の家にもいる乳母、メイド、料理人、庭師などの召使い（すべてビルマ人でした）が仕えていました。ビルマ人の踊り子や音楽家たちが時どき、ガーデンパーティーで披露をしました。新鮮な切花を飾った仏教の祭壇が一階の特別な場所に祀られ、使用人が忙しそうに働いている白黒のタイル張りの台所からは、カレーの匂いがいつもただよっていました。

マ・タンエーによると「ウー・タントと彼の家族は温かく迎えてくれた」。しかし、パーティーの招待者と親しい間柄であっても、事務総長はその日の政治問題の話題に引き込まれることは避けていた。[16] さすが、彼は外交官社会のグリース・ポール（油を塗った木の棒で、立てて上まで上ったりする競技に使われる）の頂に登っただけのことはある。

ウー・タントはラングーンの本国政府とは公式なつながりはないとはいえ、世界でももっとも権威あるビルマ人の外交官であるため、職務上、彼のところに出入りするビルマのあらゆる党派とも、良い関係を維持しなくてはならなかった。そのなかにはネーウィンに任命された大使館員も含まれていて、彼らと、マ・タンエーやアウンサンスーチーのようなビルマから移住した反政府の立場の客人とは、食卓に並んだ魚カレーを一緒に食べながらも、警戒した視線を交わしていたに違いない。アウンサンが何年も前に指摘しているように、派閥闘争はビルマに絶えず付きまとう悪であり、人びとを分裂させるネーウィンのやり方は争いをさらに悪化させた。

当時国連におけるビルマの常任代表だったウー・ソーティンは、この点においてめずらしい人物だった。政権とへその緒でつながってはいたが、政府に反対する人たちとも友好関係を保っていた。彼のリバーデールの家は国連事務総長公邸ほど立派ではなかったが、そこで開かれるビルマ人の集まりに、スーとマ・タンエーは招かれた。「私たちは彼と奥さんと子どもが好きだった」と、マ・タンエーは書いている。「彼は進歩的なタイプで羊とヤギの区別をしなかった。彼の家では議論や討論をすることができました。ときには熱くなりましたが、でも大部分はとても良い感じだった」[17]

とはいえ、ソーティンはネーウィンの雇われ人で、命令は命令だった。スーとマ・タンエーはあるとき、きわめて不愉快なランチパーティーにずっと居続けなければならなかった。スーにとっては醜い脅威にさらされるはじめての体験で、これがネーウィン将軍の政治的手法だった。

マ・タンエーは、リバーデールへの招待は国連総会の会期中にでの軍上層部全員と催されるいつもの昼食会のたぐいだと思っていた。「ビルマの代表団の何人かが、私たちに会いたいと言ってきた」と彼女は記している[18]。ソーティンの家に到着すると「国連総会に出席しているビルマ大使の代表団全員が、壁に並べられた椅子やソファに座っていた」。スーは部屋の一方の端、ふたりのお偉いさんの間に座らされ、マ・タンエーは遠く離れたところに座らされた。「私たちは他愛のない話をしていた」と彼女は記している。「ウー・ソーティンは丁寧に微笑んでいたが、不安げだった。この集団はスーに対する判断を下すために座っていることが明らかになった。しかし、なんのために？」

すると、国連総会のビルマ代表団の団長が発言した。

スーが国連で働いているとはどういうことだ？　どのパスポートを彼女は使用しているのだ？　彼女の母親はもはや大使ではないのだから、スーは外交官パスポートを返上すべきだ。彼女がそうしなかったというのは信じがたいことだ。外交官パスポートを違法に所持していることを自覚しているはずだ。明らかに不正なことで、できるだけ早く正さなければならないと。全員がへつらうように従いながら、この攻撃を聞いた。彼らの目はスーに向けられ、ささやきながらこの考えに同調した。

マ・タンエーはスーの返答を記録していた。誰もそのとき予想することはできなかったが、これは一五年後にシュエダゴンパゴダで百万人の前での演説をするための控えめな予行演習だった。彼女は記している。

スーの冷静さと落ち着きは私をとても安心させました。彼女は大いなる尊厳をもって答えました、とても静かな口調で。彼女はロンドンの大使館で新しいパスポートをずっと以前に申請しましたが、いまに至っても返事がありません。この異常な遅延の理由がなにかはわかりません、と。彼女は勉強のためニューヨークに来なくてはならなかったので、古いパスポートを使用しました。

ロンドンから来た大使が立ち上がり、スーが新しいパスポートをなんか月か前に申請したことを認めた。その部屋にいた私たちはもちろん全員知っていた。同じような遅延行為をもたらすビルマの官僚の混乱と無能力さを。[19]

上品ぶった軍事法廷は首席代表に徹底的な屈辱を与えるかたちで終わった。ラングーンに戻ったら混乱を解決すると約束して。スーは有益な教訓を学んだ。年が若く女性であることにかかわらず、仕事について愚か者に土下座をする義務はないことを。

これはスーがスーであるがゆえに適用される特別な義務の免除であると彼女が十分に理解していたかどうかは定かでない。事を荒立てようとする度胸を持った、なにがしかの不満を抱くふつうのビルマ人に、それが適用されるわけではないのだ。マ・タンエーによると、スーは国連の政府代表部のある友人とよく、ざっくばらんな政治討論をやっていたが、あるときスーの批判的な意見が度が過ぎると感じて、彼はスーにからかうように言った。「あなたは自分の信念に自信を持つだけでなく、人間関係に自信を持っているんだね！」その勇気が彼女の、シュエダゴンから自宅軟禁に至るまでの支えとなった。

★

仏教は不思議な宗教である。すべての異なる宗派が同じ創立の師、ゴータマ、釈迦族の予言者、悟りを開いた人、そして同じ教え、同じ四聖諦（四つの聖なる真理）、同じ道徳的な戒を説いている。それらのほとんどは、宗教的実践の中心的要素として、座って瞑想する。しかし何世紀ものあいだ、北インドの大僧院や仏教大学の破壊とインド本土からの仏教の消滅によって、各宗派は分裂してしまった。以来、共通性があるにもかかわらず、互いに関係を持たなかった。あらゆる宗教と同様に、仏教の各宗派の信徒は自分たちこそ正しい道だと信じる傾向にあり、互いに無関心であることが宗派同士のつながりの欠如を示していた。仏教では、イスラムのスンニ派とシーア派が互いに迫害し合うようなことはないし、他の宗教を異端だと非難したり改宗を積極的に勧めたりはしない一方で、宗派を一致させようという運動の努力や歩み寄りも見られない。

仏教各派をまとめようとした数少ない試みのうち有名なものがあったが、その例外においても、各派はまとまらないという原則が証明された。アメリカ人で仏教に改宗したヘンリー・オルコット大佐は、ブラヴァッキー夫人とともに神智学協会の共同創設者となり、全仏教の宗派をひとつの教団にしようとした。彼はスリランカで仏教典礼を書き、スリランカの仏教権威に認められるのに成功した。また、東洋のさまざまな国々の仏教の衣の色で構成された、赤、ピンク、白、インディゴ、サフランの横長の縞から成る美しい仏教の旗をデザインした。この旗は、ビルマで今日においても非常に人気がある。しかし、これらのグループすべてを合体させる努力の痕跡は、いまやほとんど残っていない。仏教徒たちはおそらく彼にこう質問したのだろう、その必要があるのかと？

遠いブータンにいたマイケル・アリスは、チベット仏教の変形であるブータン仏教にさらに精通していったが、そうだからといって、似た教えであるとはいえまったく異なる流れの上座部仏教を信奉する若い女性とすぐ一緒になれるわけではなかった。彼らは物理的に離れていた。しかし、何かが彼は自分にとっての運命の人だとスーに確信させたのだ。それはおそらく私たちがただ「愛」と呼ぶものだが、そのくらいにしておこう。

ふたりはロンドンで出会った当初から、手紙で連絡し合っていた。それらの手紙の内容は厳重に守られた秘密のままだ。私たちが知っているのは、一九七〇年の夏アリスがブータンからの休暇で英国に戻ったおりにニューヨークを訪れ、そこで彼とスーは正式に婚約したということだ。次の春、スーは約束どおりブータンの首都ティンプーの彼を訪れた。そこでマイケルはすでに三年も働いていて、結婚したらティンプーに住もうと計画していた。旅行はうまくいった。間もなく彼女は義理の兄になるアンソニー・アリスに、ふたりの婚約を正式に許可してくれたことへのお礼の手紙を書いた。結婚するにあたり、ビルマ伝統の条件がまだあった。彼女は母親と兄からまだ許可を得られない事実を嘆いていたが、不安になりすぎるということはなかった。[20] スーは、前々から好きだったアリス家の一員になれる見通しが立ったことの、幸せと誇りを語っていた。「国連の事務局での三年目の終わりにスーは選択しました。国連でのキャリアがどれだけ約束されていてすばらしくても、夫と子どもの方がはるかに望ましいと考えたのです」とマ・タンエーは記している。[21]

彼女が新しい生活をはじめるまで、好きでなかったニューヨークでのきつい仕事は残すところあと六か月という時期に、スーはものすごい勢いでマイケルに手紙を書き送っている。[22] 彼女のティンプー訪問から結婚式までの八か月間で、彼女は二日に一度彼に手紙を書きつづけた。合計は一八七通だ。

このうち何通かは書くのも、受け取るのもつらい内容だった。もしマイケルが特別な問題を抱えた人と結婚することに何らかの懸念を持っていたとしても、これらの手紙はそれを取り除いただろう。

ひとりの兄は無関心で、もうひとりの兄は子ども時代に亡くなったため、子どもたちのなかでアウンサンの炎をたやさず受け継ぐのはスーしかいなかった。それは何を意味していたのだろうか。彼女にはわからなかった。占い師ではなかったから。しかし、彼女は父親の遺志の重さを肩に感じていた。父アウンサンの死から二〇年以上たったいまも、その存在がビルマ情勢にどれほどの重みを与えているか、スーはすでに気づいていた。ネーウィンはスーをお茶に招くだろう。そしてその招待を受けるにしても断るにしても、その答えが問題となる。スーは国連でささやかな仕事を手に入れた。そして彼女が所持していたパスポートが、外交上の事件となった。その重さは、父親が何と言ったか、何をおこなったか、何を信じたかなど自分には関係ないと決めつけて、つまり兄アウンサンウーのように外国市民となってどこかに落ち着き、すべてに背を向けることによってのみ、受け流すことができたものだ。しかし、思春期のふさぎこんでいた頃でさえ、スーはそうしたスタンスを取る兆しさえもみせなかった。

英国人と結婚することは、アウンサンの遺志に忠実であるための当然の方法とは言えないし、忠実でありやすくするわけでもない。しかしスーは恋をしていた。恋は恋なのだ。彼女に唯一できることは、意志によって、何がなんでも忠実であるように努めることだ。そして婚約者がそれを完全に理解し、それがどのような意味を持つかをあらかじめ十分に理解していることが重要だった。そうでなければ、この結婚はありえなかった。それが結婚の前提条件だった。

「最近スーが私に送った、ニューヨークからブータンへの一八七通の手紙を読み返しました」と、アリスは二〇年後に記している[23]。そして彼は手紙を引用した。それはスーの世界中の支援者と崇拝者の間で有名になったことばだ。

私はただひとつだけ、あなたにお願いしたいことがあります。もし私の国の人びとが私を必要とするときが来たなら、私が彼らのために私の務めを果たすようあなたが助けてくれますように。

そのような状況がもし起きたなら、貴方はそれでも構いませんか？　ほんとうにそうなるのかどうかはわかりません。しかし、可能性はあるのです。

マイケル・アリスは躊躇せず、これらの条件を受け入れた。彼の愛のすばらしい証拠以外の何ものでもない。ふたりは一九七二年一月一日、ロンドンで結婚した。

5　スーパーウーマン──あるいは「オックスフォードの主婦」

スーとマイケルは、仏教式の結婚式をチェルシーにあるゴア＝ブース家の屋敷で挙げた。チベット人のラマ僧、チメ・ヨンドロン・リンポチェがほら貝を吹き鳴らすなか、招待客らは床にあぐらをかいて座るカップルを聖なる糸でぐるぐる巻きにした。スーのオックスフォード時代の親友のひとり、ロビン・クリストファー卿は「素敵な結婚式でした」と述懐している。「私も聖なる糸を持ってふたりのまわりを歩きました。すばらしいふたりの結びつきをまさに証明するものでした！」[1]。それは魅力的でロマンティックなできごとだった。英語圏のふたりの仏教徒が、シャングリラに新居を構えに飛び去る直前に、ロンドンのワールズエンドとガンダルフスガーデンから数百メートルの場所で結婚式を挙げるとは[2]。

しかし、魅惑的に見えてもロマンティックな物語は少ないもので、かならず影の部分がある。結婚式はスーのビルマ人というルーツと、仏教に興味を持つマイケルというふたりに対する出席者からの理解ある承認の場だった。しかし、ボー・ジョーの一人娘という地位にもかかわらず、祝いの席を欠席した人たちの存在が、この場に影を落としていた。ビルマ大使の姿はなく、スーとネーウィン政権との冷えた関係が公に確認された。それより心が痛むのは、スーの母と兄がこの場にいなかったことだ。感動的な結婚式と、スーの寛大な後見人が主催したハイドパークホテルでの披露宴だというのに、ビルマでもっとも名誉ある子どもの結婚式というより、孤児の結婚式のようだった。

スーとマイケル・アリスの互いに引き合う愛の力について、疑う余地はない。新婚当初の写真では、スーの瞳はかつてないほどの輝きに満ちている。オックスフォード大学在学中にデリーに住む母を訪ねたときの生真面目な無表情、ニューヨーク時代の憂鬱で心ここにあらずという表情、友人のアン・パステルナーク・スレーターが言うところの「生真面目で、悲しい、自信なげ」な表情は消えている[3]。一九七三年、はじめてふたりしてビルマを訪れたときの写真では、スーはこれまでになかった輝きを放っている。彼女とマイケルはぴったりと身を寄せ合い、ともに白い服を着て、太陽にまぶしく照らし出された部屋の床に座ってカメラを覗き込んでいる。マイケルの表情は幸せに酔っている。そしてスーは神聖なまでの美しさをたたえている。同じ年、ネパールで撮られた写真では、スーは幼いアレクサンダーを抱いている。前髪の下のにっこりと開いた口から白い歯がこぼれる姿は、まるで東洋版オードリー・ヘップバーンだ。

彼らは現代風の完璧なカップルにみえた。ある程度までは仏教徒であり、ふたりとも仏教思想や仏教儀礼や仏教美術に精通しているが、しかし迷信などにとらわれることはなく、明らかに世俗的だ。二〇世紀後半の若い世代に属していて、互いの人種や育ちの違いなどは、熱烈な愛情で溶かしてしまうことができる。年長者の世代が持つ、腰を据えて定職に就くといった常識的な希望は、ふたりで大冒険に乗り出す夢からすれば無意味に思えた。冒険は現実のものになった。ふつうの外国人がせいぜい二週間しか滞在しないティンプーに一年間、そして次の一年の大部分をネパールで過ごし、赤ん坊を連れてビルマへ数回小旅行にでかけ、そして何年後かには日本やインドヒマラヤに長い旅行に行くという生活だった。

これは話の明るい部分である。では暗い部分はどうだったろう。

多くの現代的な女性の場合、実際にはほとんどは決められたように、むしろ古風な結婚生活を送ることになる。往々にして夫婦双方、どんなに理解と見識があったとしても。

ふたりがチェルシーで出会って以来、マイケルは幸運に恵まれ、チャンスをものにした。ブータンおよびチベットの言語と文化と歴史の研究に、五年近く没頭した。それはチャールズ・ダーウィンにとってのビーグル号の航海と同じくらい、彼の将来のキャリアにとって基礎となるものだった。これからはチベット研究者の間で、誰もマイケル・アリスを素人よばわりできないだろう。

それではスーはどうだろう？　彼女は平凡な学位を得、パートタイムで大学生の学習指導を少しと一時的な研究をちょっとこなして、ニューヨークの大学院に入学したものの数週間で辞め、そしてアウンサンの名前と人脈を使って国連で単純労働に近い職を得たが、三年後、結婚のため辞めた。彼女は偉大な人物の誇り高き娘だったが、自分の実力ではほとんど何も成し遂げていなかった。さらに悩ましいことには、自分自身の方向性を持っていないようだった。それでも彼女は自分が誰であるか忘れることができず、自分の結婚に厳しい条件をつけた。「もし私の国の人びとが私を必要とするときが来たなら……」、しかしそのときが来るまでは、彼女は不幸せな存在、夫につき従う妻だった。

★

彼らはブータンへ飛んだ。マイケルはこの地にすっかり馴染んでいて、王宮の家庭教師を続けながら、ブータンのあらゆることについて知識を深めていた。自由な時間にはふたりして、目がくらむような王国の険しい谷を、あるときは自分たちの足で、あるときはポニーの背に揺られながらトレッキングした。少なくとも一度はトラックの荷台に乗るはめになり、通りがかりにアジア種のグースベリーをつまんだりした。

マイケルにとって、これは基礎研究の集大成だった。これが終われば、キャリアの次なる重要なステップ、博士論文を書くための十分な資料が揃うと彼は考えていた。一方、スーにとってこれはエキゾチックな間奏曲だが、それ以上のものではなかった。景色はすばらしいけれど、いつも同じだった。現地の料理には豚の脂と唐辛子が欠かせない材料だが、ほとんど口に合わなかった。「いつもお腹を空かしています」とラングーンの知り合いに打ち明けたことがある。[4] 彼女の訴えに、母はビルマ料理の基本食、涙がでるほど辛い、油で揚げたバラチャウン（叩いてつぶした干しえびと魚のすり身に砂糖、唐辛子、タマリンドペーストを加えて炒めたもの）を、ホーリック（英国の粉末乳清）の空きびんに詰めて送ってきた。あるとき届いた小包を開けると、びんの底がひび割れていた。ガラスの破片が混じっているかもしれないから、捨てるべきかどうかふたりは議論したが、結局一度に食べてしまった。

マイケルが頻繁に小旅行に出かけているとき、スーの相手をしたのはパピーと名づけた、ブータン国王の大臣からプレゼントされたヒマラヤン・テリアの子犬だった。スーは新しいペットをとてもかわいがった。イギリスに戻る際には一緒に連れ帰り、愛されるペットの常だが、その後一家のおまもりのようなものとして、ともにずっと暮らした。一九八九年、ビルマでＮＬＤの遊説をしている最中に、パピーが老衰のため死んだという知らせが届き、彼女は悲しみに暮れることになる。

スーとマイケルのブータン滞在中、ブータンは国連に加盟した。スーは国連の複雑怪奇な仕事の流れについて、王国の小さな外務省にアドバイスした。また、王宮の衛兵たちに英語を教えたが、彼女自身によると、厳しく規律を保とうとする先生の前で、体格の大きい生徒たちは身を縮めていた。マイケルはティンプーの空いた道路で車の運転を覚えたが、スーに運転技術を伝授するのはうまく行かなかった。ブータンに来てちょうど八か月過ぎた八月、スーは妊娠したことに気づき、ふたりは帰国を決めた。

クリスマスにはロンドンに戻っていた。マイケルはロンドン大学の東洋アフリカ学院（SOAS）で、ブータン在住中の研究にもとづき、ブータンの初期史に関する博士論文を書きたいと考えていた。指導教授のヒュー・リチャードソンは、以前から彼のチベット研究の指導者だった。マイケルの実家の援助でゴア＝ブース家にほど近いブロンプトンに、小さなアパートを購入した。一九七三年四月一二日に、長男アレクサンダーが生まれた。

親なら誰でもわかることだが、子どもが生まれた一年目は特別なときで、あとから思えば不思議な、いろんなことが起こるものだ。アレクサンダーが生まれてわずか数週間後、マイケルとスーは赤ん坊を連れてアジアへ戻ることになった。チベット研究者たちの間に、マイケルの特別な経験と知識が知れわたるや、ブータンと文化的に近い、ネパール北部の僻地クータンとヌブリへの調査隊のリーダーを依頼されたのだ。以後ふたりはヨーロッパを一年近く留守にする。

スーにとってはこの時期、ラングーンを二回訪問できたことがより重要だっただろう。一回目は初孫のアレクサンダーを、祖母にお披露目するためだった。この若夫婦が、どのようにドー・キンチーが迎えてくれるか懸念していたとすれば、それは杞憂だった。ドー・キンチーは、初めはこの結婚が心配だったが、温和で学のあるこの若者に十分満足した。「彼女はとても、彼を気に入った」と、スーのかつてのアシスタント、マ・テインギーが日記に記録している。ドー・キンチーはマイケルの昔風のイギリス式マナーが気に入っていた。「スーが出かけていると、戻るまでマイケルは食事に手をつけない。マイケルが出かけていたあるとき、とてもお腹がすいていたスーは、すぐ席について食事をしようとした。お母様は、彼はいつもあなたを待っているでしょうと優しく釘をさした。それで、彼女も待たなくてはと思い直した」

ドー・キンチーは、彼らの訪問を喜んでいたはずだ。一九六七年にデリーのインド大使を引退してからは、ほとんど家に引きこもっていた。年に一回、健康診断のためユニヴァーシティアヴェニュー五四番地から出かける以外、屋敷の外に出ることはなかった。[5]

しかし、隠遁者のような暮らしをしていたわけではない。彼女はいつでも気前良く、陽気に客人をもてなしていた。インテリ、元政治家、失脚した軍人、外交官などが彼女の居間に集い、政治の中枢のなかで誰が旬で、誰が終わった、地位が上がった、下がったなど、最新のゴシップで盛り上がった。しかし、湖の向こう側に住む独裁者ネーウィンとの静かな戦争では、一歩も譲ることはなかった。

ドー・キンチーの抵抗と寡黙、軍事政権に対しては一センチでも譲ることを拒絶し、しかし同時にいかなる攻撃に対しても、ハリネズミのようにくるまって自分をさらすことを拒む態度は、ネーウィンが自家薬籠中の物としているビルマの政治ゲームの非情な性質を、深く理解していることを示している。このゲームでは、敵が著名であることは手を緩める理由にならない。逆にそれは、完全に勝利するまでありとあらゆる武器で攻撃する理由となるなのだ。そのもっとも目に余る例は、ネーウィンがいかにウー・タントの遺体を辱めたかであり、その事件はマイケルとスーの二回目の訪問の数か月後に起きた。

スーの元上司は、彼女が国連を去る少し前の一九七一年に、国連事務総長を辞していた。すでに体調を崩していて、国連総会の挨拶で「職務の重責」を譲るにあたり「解放感に近い大変ほっとした気持ち」だと心境を述べた。在職した最後の数年間は、とくに世界が難しい状況だった。それから三年も経ない一九七四年一一月、彼は肺がんを患って死んだ。ラングーンに埋葬するため、娘と娘婿と小さい子どもたちが棺に付き添い、当時は大変な長時間を要した飛行機で戻っていった。

ウー・タントの家族が、ビルマでどのような応対を受けるのか、またウー・タントとネーウィンとの亀裂の深さを完全に知っていたかは怪しい。チャーター機がミンガラドン空港の駐機場に停まったとき、出迎えの政府役人はおらず、棺と遺族のために政府が霊柩車やリムジンを用意することはなかった。

教育副大臣のウー・アウンティンが出迎えたが、それは彼が、偉人ウー・タントが地方の学校の校長だったときの教え子だったからで、恩師を無視する一味に加わることに耐えられなかったからだ。彼は閣議で、葬儀の日を国民の休日にして敬意を表するよう提案すると、その場で解任されることになる。

結局、棺は空港からボロボロの赤十字の救急車にのせられ、一般市民が最後の別れを告げられるよう臨時の安置所、昔の競馬場に運ばれた。そばに置かれた花輪には「名を明かすことができない一七名の公僕」との札がついていた。

ふたりの同世代のビルマ最有力者の間には、もう何年も敵愾心が燃えつづけていた。ウー・タントの孫、タンミンウーはこのとき八歳の少年で、両親とともに、ウー・タントが祖国へ向かう最後の旅路に同行した。彼によると、ネーウィンが怒り心頭に発したのはウー・タントの態度にではなく、彼が長年の秘書ならびに側近として仕えたウー・ヌのことに対してだった。

ウー・タントは、世界で最高位の外交官になるずっと以前から、極めて外交的だった。一九五〇年代、ビルマ首相だったウー・ヌのロシア訪問が台なしになるのを、彼ひとりの才覚で救った。一方的に、そしてソ連・ビルマ間にまったく関係がないにもかかわらず、ウー・ヌは頭ごなしにフルシチョフに向かって、ソ連のユダヤ人に対する抑圧的な政策を批判した。ウー・ヌは何度かこのテーマについて怒りを爆発させ、ソ連が非公式に抗議した。ウー・タントは上司に何とか考え方を改めさせ、その後の演説をすべて書き直して、ビルマと世界第二位の超大国の関係悪化を免れさせたのである。

　ビルマの元首相は、何をしでかすか予測できない危険人物の傾向があった。一九六九年初め、ウー・タントがアフリカ訪問中に、すでに敵対していたウー・ヌとネーウィンが同時にニューヨークを訪問したのは不運だった。ウー・ヌは政治家としてのキャリアを立て直そうとしはじめていたころで、旧友がニューヨークにいないのに乗じて国連本部で記者会見を催し、そこでネーウィン政権とその行動を厳しく非難し、革命を呼びかけた。

「国連のなかで、国連加盟国の政府を転覆する呼びかけなど前代未聞だった」と、タンミンウーは書いている。[6] ウー・タントはウー・ヌに電話し、彼を叱責し、謝罪させたが、偏執的で短気な独裁者の自尊心をなだめるには遅すぎた。「ネーウィン将軍は怒っていた」とタンミンウーは書いている。「そしていまや、ウー・タントとウー・ヌが共謀していると確信するようになった。部下たちに、ウー・タントを国家の敵と見なすよう命じた」。ウー・タントが翌年、私的にビルマに帰国した際、軍政はパスポートの更新手続きを引き伸ばして侮辱し、ネーウィンは面会を拒んだ。だが、ネーウィンにとって復讐の最高のチャンスとなったのは、ウー・タントの死だった。

　棺は芝が刈られていない競馬場のど真ん中に置かれたままだった。最後の別れを告げに大勢の人がどんどんやってきたにもかかわらず、翌日、国のメディアは遺族が許可なく遺体を母国に運んだのは違法であり、訴追される可能性があると報じた。ウー・タントの死からすでに一週間が経ち、ようやく葬儀をおこなう許可が下りたものの、ビルマの偉大な政治家は小さな民間の墓地に葬られることになった。遺族の悲しみは、恐怖と怒りとストレスで極限に達していて、偉人を埋葬してこの不愉快なやりとりにけりをつけるためなら、この最後の屈辱を受け入れることにしていた。しかし、これで終わりにはならなかった。

一九七四年は、ネーウィン政権にとって転換点となった。「赤い准将」と称されたティンペーは長年、革命評議会（一九七四年、同じ顔ぶれで構成されるえせ文民政権に置き替えられた）の最有力者だった。正統派マルクス主義経済への急速な転換を掲げ、きわめて重要である米の買入と分配を含め、ほとんどすべての経済の国有化を指揮した。市場経済の破壊および計画経済への転換によって、それを採りいれた他国と同じ影響がビルマにも及んだ。生産性は急落し、闇市が隆盛を極めた。英領時代、ビルマはアジアの米倉として知られていたのに、いまや生産量は毎年減少していった。早くも一九六五年、ネーウィンがこのとき驚くほど率直な気分だったこともあり、ビルマ経済は「めちゃくちゃ」で、もしビルマが肥沃な土地でなかったなら人びとはみな飢え死にしてしまうだろう、と自ら認めたのである。

一九七〇年になると「赤い准将」の命運が尽き果て、辞任に追い込まれたが、彼がおこなった改革の悪影響はまだ続いていた。政府が支払う米の買取価格はあまりに低かったため、農民は米をため込むか、繁盛している闇市場に売った。米が手に入らない政府は安い配給米の支給量を減らさざるをえず、消費者はその不足を補うためさらに闇市場に頼るという悪循環に陥った。

その結果は、前代未聞の社会不安で、五月のビルマ鉄道公社のストを皮切りに、つぎつぎと他の産業にストが波及した。軍は大規模デモを容赦なく鎮圧した。八月に入り、モンスーンによる広範囲な洪水が原因でコレラが発生し、全体の状況がさらに悪化した。

そんな状況のところへ、ウー・タントの遺体が戻ってきた。そしてネーウィンの遺体の扱いは、いつも反政府運動の急先鋒である学生たちに、彼らが求めるシンボルを与えた。国を貧困と隷属の状況に陥れている男が、何百万ものビルマ人が国家のヒーローと敬う人物を、厄介者のように扱ったのだ。これは耐え難いことだった。

葬儀の日、タンミンウーと妹は大叔父の家に残された。葬列で騒ぎが発生し、子どもたちが巻き込まれないようにと両親が心配したからだ。それでタンミンウーは、異常な、とりわけ遺族にとって深く動転し傷つく一日の出来事を目撃しなかった。彼はこう書いている。

仏教式の葬儀は予定通り執り行われたが、車列が墓地へ向かいはじめると、大勢の学生が棺を乗せた霊柩車を止めた。一日中、何千人もの学生が集っていて、数千人の見物の人びとは彼らに声援を送っていた。ジープに取り付けた拡声器で「平和の建設者、われわれの敬愛するウー・タントに、われわれのやりかたで敬意を表し最後の旅に付き添うのだ」と宣言した。祖父の弟のひとりが学生たちに、家族だけで静かに埋葬させてくれ、その後でほかの問題を取り上げてくれと懇願したが、無駄だった。棺を奪いトラックで、ラングーン大学へと走り去っていった[7]。

当時この事件にかかわった学生で、現在はラングーンに住むある年配の編集者は次のように語っている。「われわれは棺をトラックに乗せ、何千、何万もの仲間とともにラングーン大学のキャンパスに向かっていった。まずコンヴェンションホールに、棺に入った遺体を安置した。何も計画はなかった。それから栄誉にふさわしい埋葬場所はないかと思案し、われわれで埋葬しようと言いだした。するとまわりにいた人たちが、大きな墓石をつくるためのお金を私たちに渡しはじめた」[8]

この後、数日間に及び膠着状態が続いた。棺は「老朽化したコンヴェンションホールの真ん中の演壇に安置され、むんむんする熱気のなか天井の扇風機が音をたててまわっていた」と、タンミンウーは書いている。[9]何万人もの人がキャンパスに流れこみ、学生たちが立ち上がってウー・タントに対する政府の扱いのみならず、抗議行動の抑圧や経済政策の失敗を糾弾し、学生の政府に対する反抗は政治的様相をおびてきた。

ようやく政府は、国葬ではないものの公葬をおこない、ウー・タントをシュエダゴンパゴダのふもとに埋葬するという妥協案を示した。しかし、棺を埋葬しようと再度試みたが、またしても学生たちに奪い去られてしまった。さきの活動家がつぎのように回想している、

棺をキャンパスの門の近くの学生会館があった場所に運んだ。一九六二年、ネーウィンが起こしたクーデタの数か月後、彼が建物内にいる学生もろとも爆破した場所だ。ここに埋葬し、平和の廟と命名した。これはネーウィンを怒らせ、事態はさらにエスカレートしていった。

五日後、ついに軍が真夜中にキャンパスを急襲し、われわれに催涙ガス弾を撃ち込んできた。われわれは催涙ガス弾を拾い、投げ返したが、人数で圧倒された。軍は銃を使って実弾を撃ちはじめたので、私たちは学生寮が何棟かあるキャンパスのさらに奥に逃げこみ、火炎瓶で防戦したが彼らのほうがずる賢かった。兵士たちは建物を囲み、こちらが石や火炎瓶を投げようとすると、すでに捕まえた学生を人間の盾に使ったので、攻撃できなくなった。今度は実弾やあらゆる武器でわれわれ

を撃ちはじめたので、われわれはついに降伏し、逮捕された[10]。

その晩、少なくとも九名の学生が殺されたとされるが、実際の数はもっと多いだろう。何百人もが逮捕され、多くの者は刑務所に長い間服役することになった。棺は軍の兵士と装甲兵員輸送車両に護衛され、二度目の埋葬に向かったが、市内のさまざまな場所ではさらに多くの暴動が発生し、警察署が破壊され、政府の庁舎と映画館数軒が壊された。抗議行動を鎮圧するために、軍はまた発砲し、市内の病院は負傷者であふれた。

暴動と軍隊による武力弾圧が続く中、ついにウー・タントはシュエダゴンパゴダ付近の駐屯地公園に葬られた。「ホテルにいると、朝六時ごろ電話で起こされた」と、タンミンウーは書いている。「電話は政府のエージェントと名乗る人物からで、ウー・タントの遺体を大学から取り戻したと言った。武力を用いずに催涙ガスだけを使ったとも言った。私たち家族は最後のお別れをすることを許された。ビルマから出国することを要求され、約一週間後、ニューヨークに向かった。ずっと後になり、その日起こったことの規模と重大さを理解した[11]」

学生の怒りの爆発の結果は、軍事政権によるすべての学生と若者に対する弾圧で、それは活動家であろうとなかろうと区別はなかった。戒厳令が敷かれ、マンダレー大学とラングーン大学は閉鎖され、五か月間再開されなかった。それに加え、文化的抑圧もあった。ネーウィンのタリバン路線がまたはじまった。すべてのズボン、とくにジーンズ、その他外来の西洋風ファッションは禁止された。長髪の男子学生はすべて髪を短く切ることを強いられた。それは床屋へ行かせるという意味ではなかった。当時、外交官の両親とラングーンに住んでいたハリエット・オブライエンはつぎのように書いている。「ウー・タント暴動で忘れられないのは、学生の友だちが髪の毛を房ごと切られたことです。兵隊たちに通りから引っ張っていかれ、無理やり銃剣で髪を切り落とされました」[12]

★

スーとマイケルは、スーの元上司の葬儀が独立以来もっとも血なまぐさい政治対決の発端となったことを知り、驚愕した。しかしながら、研究者の妻で子どもを産んだばかりのスーが、この事件について何らかの公の発言をすることは論外だった。実際、彼女はそのようなことはしないと明確に約束していた。それは数か月前、米騒動のあと、大洪水やウー・タントが死ぬ前、スーとマイケルが、一歳を少し過ぎたばかりのアレクサンダーを連れてドー・キンチーを二回目に訪問したときだった。政府の役人がスーを呼び出し、「反政府活動」にかかわるつもりがあるかと尋ねた。[13]彼女は、外国に住むかぎり、絶対にビルマの政治にはかかわらないと彼らに伝えた。彼女は自分の言葉に忠実だった。

しかし、彼女はすでに自分が果たすべき務めについて思い悩んでいたようだ。翌年ラングーンを訪問した際、アウンサンの「三〇人の同志」のひとり、退役したチョウゾウ准将に会った。「おじさま、最近はほとんどお孫さんの面倒ばかりみておられると聞きました」と非難するように言った。「国に対する義務は終わったと思っておられるのですか?」。チョウゾウは、回顧録に当時のやりとりを記録している。彼はこう答えた。「私は国のために義務を果たしつづけるつもりですから安心なさい。だが、あなたも自分の役割を果たす必要がある」[14]

★

ラングーンが人民のパワーをはじめて味わっていたころ、スーとマイケルとアレクサンダーはイギリスに帰国し、今後どうするか迷っていた。夫婦ふたりにとっては十分だったブロンプトンのアパートは、よちよち歩きの三人目が加わると無理があった。マイケルは、ロンドン大学東洋アフリカ学院（ＳＯＡＳ）の職員と彼の博士号について協議していたが、結論は出ていなかった。ブータンにおける六年間の研究成果をまとめるのに静かな環境を必要としていた。そこで一家はマイケルの父と継母、ジョンとエヴェリン・アリスが引退後の生活を送っているスコットランドのグランタウン・オン・スペイの大きな家に、一緒に住むことになった。三人は数か月間そこに滞在し、また南へ向かったが、ロンドンでなくオックスフォードに落ち着いた。ブータンの歴史的基層に関するマイケルの博士号の論文計画がＳＯＡＳに受理され、オックスフォード大学セントジョンズ・カレッジの特別研究員の職を得たため、わずかな給料が入ることになった。

一家は初め、オックスフォード郊外、サニングホール村の一軒家に引っ越した。友人のアン・パステルナーク・スレーターが「かわいいけれど非実用的な家」と評している。しかし一九七七年になると、セントジョンズから大学のフラットを貸してもらえることになった。[15] そこはスーがかつて在学した大学のすぐ近くだった。その同じ年、ふたり目の子が生まれ、作家キップリングの物語のなかでスーのお気に入りのキャラクター、キムと名づけられた。卒業一〇年後にしてスーは慣れ親しんだ地区に戻り、夫と家族とともに暮らすことになった。オックスフォードで学んだ多くの人は、その後いつまでもそこにとどまろうとするので、旧交を温める機会となった。
「でも太陽に照らされた当時の思い出は、ときおり辛さをともなう」と、アリス家が住むクリック・ロードのフラットから八百メートルも離れていないパークタウンに住むアン・パステルナーク・スレーターが書いている。「フラットは北オックスフォードの感じのよい家の一階にあった。一見広いようだが見かけ倒しだった。家族はほとんどの時間を、南向きの広いリビングで過ごしていた。それ以外には、陽のささない暗い北側に小さなキッチンとベッドルーム、そして子ども部屋兼予備の部屋として使っている窓なしの小部屋があった[16]」

寛大に誰でも受け入れるビルマ流もてなしの文化に育まれたスーは、その伝統を守っていた。毎年ニューヨークから来て長く滞在するマ・タンエーのほか、ビルマやブータンからの大勢の客人がフラットを訪れた。スーはみなを迎え入れた。しかも子ども時代には当然の存在だった召使の助けはなく、より厳しいイギリスの気候のなか、幼いふたりの子どもを見ながら、忙しい夫がいる中で。彼女は多忙を極めるようになった。

「図書館に行く途中、自転車のかごに、スーパーの袋に入った安い果物や野菜を詰め込んで、スーが町のほうから重そうにペダルを踏んでやってくる姿をよく見かけた」と、パステルナーク・スレーターは書いている。

午後、幼児だった娘を連れて何度か訪ねると、キッチンで安い日本の魚料理を作っていたり、大きな出窓用のカーテンをミシンで縫っていたときには、波打つ黄色い木綿生地にうずもれていたり、自分のための安上がりでエレガントなドレスをすばやく仕上げたりと忙しそうにしていました。マイケルは博士論文に一生懸命でした。スーは夫の邪魔にならないよう、アレクサンダーの世話をしなければなりませんでしたし、ひきもきらないお客を泊めて食事を出さなければなりませんでした。でもスーは、常に優雅に静かな家を保っていて、豊かで濃い色あいのブータンの絨毯やチベットの掛け軸で飾りつけされた居間は温かい雰囲気に満ちていました。けれど、陰に隠れた、台所に積まれた鍋や釜の間に、不安や疲れやストレスがひそんでいました。[17]

「マイケルとスーは互いを補い合い、天国で結ばれたような理想的なカップルでした」とオックスフォードの学監で親友のピーター・キャリーは語っている。「それはすべてがバラ色だったからではなく、その逆で、苦労がいっぱいあったからです。実際には大変険しい道のりでした[18]」。ロビン・クリストファーは、スーがマイケルの靴下を含め、目の前にあるものすべてにアイロンをかけていたことを覚えている。「誇りをもってその役割をこなしていました。それは、彼女のもっと女性解放主義的な友人たちに、いくぶん逆らう気持ちで」と語っている。

スーは同じ研究者の妻、日本人の大津典子と親しくなった。彼女の夫もまた大学の研究員だった。「じつは、最初に夫のマイケルと知り合いになりました」と、典子は語っている。「一九七四年、ロンドンのSOASで同じチベット学の学生で、マイケルに会いました。最初から彼がいい人だと思いました。ハンサムとは言えないけど、みなをほっとさせる大きな優しい心の持ち主でした[19]」。彼はブータンで過ごした経験を語ったが、典子にはそれがコミカルに思えた。イギリスのホラー映画『恐怖の雪男』に出てくる主人公の雪男を連想させた。「ボサボサの髪に長身、まるでヒマラヤから突如現れた大男のようでした。彼がまず私に言ったことは『妻はビルマ人です』、それも誇らしげに」

偶然にも、私たちは一九七五年にみなで、ロンドンからオックスフォードに引っ越しました。みなとは、私と日本人の夫でソビエト経済専門家の定美、スーとマイケルと幼いアレクサンダーのことです。おかげで、お互い大変親しくなりました。スーと私が同じアジア人で、アジアから来ていた人が少なかったのも、幸いしました。私たちの友情には、オックスフォードのほかの友人たちにはない親近感がありました。

はじめてロンドンで見たスーは、ビルマの衣装をまとった美しい若い女性が乳母車を押している姿で、前髪をおでこに垂らし、髪をポニーテールに結んでいました。まるで一〇代のように見え、彼女の父親ぐらいにふけて見えるマイケルより一歳年上の二九歳だとは信じられませんでした。[20]

スーは父が戦時中日本と深くかかわっていたことから、すでに日本に興味を持っていた。両国の多くの違いにもかかわらず、共通点もたくさんあった。たとえばもって生まれた礼儀正しさ、控えめなこと、そして勤勉な習性、日々の仕事に対して注意深く丁寧なこと。

「お互いレシピを交換したり、いっしょにオックスフォードのアーケード市場に買い物に行ったりしたものです」と、典子は語っている。

いっしょにリバティーのプリント生地をウインドーショッピングで品定めし、セールになるやいなや買い求め、スーは民族衣装のロンジーを縫いました。

マイケルはチベットに関する研究でどうにか家計を支えようとしましたが、わずかな収入だったため、スーが言ったものです。「ねえ、ノリコ、私たち、あと一〇ポンドしか残ってないの！　どうしたらいいの？」でも彼女は安い材料で美味しい食事を作る天才でした。私ができるときは、いつもみなをうちに招待して和食をごちそうしました。

「マイケルは料理がうまくありませんでした」と典子は語る。「料理するのはいつもスーだったんです」。スーはいつも家庭をひとりで切り盛りしようとしていたが、それは彼女の禁欲的な完璧主義という特徴を示すものだった。パステルナーク・スレーターは、「スーは私に、そしてもちろんマイケルに対しても、批判的で非難がましいことがありました」と、語っている。

さえないディスカウントショップに彼女を車で連れていったときのことを思い出します。「なぜこんなものを買いたいの、アンティークを買ったらいいのに」と言ったら、スーはこう答えました、「これで十分よ、アンティークなんかにお金を費やす必要ないわ」。私は松材の毛布箱とかそのような物にお金を費やしていたのに、彼女は安い店で買い物をしていました。おそらく彼女に金持ち気取りの文化人のたぐいだと思われていたことでしょう。実用主義に徹していた彼女は、大それたものなどいらない、だって子どもの家具なのだからと考えていました。[21]

それとは対照的に、安直な食事については拒みつづけた。「彼女のプライドがフィッシュ・アンド・チップスやバーガーといったファストフードに妥協することを許さなかった」と、典子は語っている。「彼女は常に家族に、作りたての家庭料理を食べさせようとしていました」

スーはたとえ自国の伝統でなくとも、しっかりとそれを守るようになっていた。たとえばクリスマスプディングが嫌いで絶対食べないくせに、儀式のようにクリスマスの六か月前にクリスマスプディングを作った。後年、日本に典子を訪ねたときは、ふたりとも好きではないのに、クリスマスプディングをおみやげとして持ってきた。キリスト教に改宗する様子もなかったが、別のオックスフォードの友人によると、クリスマスカードを毎年一番はじめに出すのはスーだった。また、母親ゆずりのヴィクトリア朝的な厳しさで、自分の子どもたちやその友だちを罰した。子どもたちが成長するにつれ、四人の子の母となったアン・パステルナーク・スレーターが言うように、「スーはいつもお定まりのパーティーを開いて、伝統的な子どものパーティーゲームを準備していました。でもルールをきっちりと厳しく守らせるので、私の子どもたちはびっくり。あるときルールをほんの少し変えただけで、ごほうびを渡してもらえなかった。自由で柔軟な子どもたちにとって、スーは親切だが、厳格で、気楽にできない、絶対的な正義の人でした[22]」

彼女は真実を語ることに関しても、同じくらい頑固だった。たとえ人の感情を損ねかねなくても。マイケルが不本意なことを言うと、彼女は憤然として理解を示さなかった。イギリスの社交的偽善についての会話を、典子は覚えている。

彼女とスーは、イギリス料理がおおむねまずいことについて意見が一致していた。マイケルの前でスーはこう言った。

「ノリコ、よく知ってるようにイギリス料理はひどくまずいことがあるでしょう。招待されて食事がまずかったら、私は美味しいとは言わないわ。私はうそをつけない人なの。でもマイケルは尋ねられると、いつも『美味しいお食事をありがとうございました!』と言うの」。マイケルを見つめながら、「彼はなぜそうするのかしらね?」とつけ加えました。

マイケルの答は、「そりゃ、礼儀の問題さ、僕の感謝をあらわす方法だよ」。「そんな必要ないわ。私だったらそんなこと言わないわ」とスーは言い返し、そして私に向かって、「マイケルは寄宿学校でまずいイギリス料理を食べて育ったの、だから鈍感になってしまったの」。彼はただ目を丸くして天井を見上げ、肩をすくめました。

これはスーとマイケルの生活をワンシーンにまとめたようなものです。マイケルに何を言っても彼は笑顔を浮かべるだけで。スーと一緒ならかならず家庭料理にありつけると知っていたからでしょう。

マイケルは幸運な男で、自分でもそれがわかっていた。ピーター・キャリーはこう語っている。「結婚して最初の一五年間は、マイケルがすべてだった。セント・アントニーの研究員、セント・ジョンの研究員、ブータンとヒマラヤ仏教の博識ある学者。彼は一家の稼ぎ手で結婚生活の中心、彼女は支える人、北オックスフォードの主婦だった。彼女はアウンサンの娘だったが、北オックスフォードの主婦に変身していた[23]」

スーは、親友たちには自分がかかえるフラストレーションについて話していた。マイケルは一九七八年に論文を書き上げ、博士号を取得したが、スーは彼がその後、せっかく苦労して手に入れた学位を十分生かしていないと感じていた。

「彼にもう少し自分を売り込んでほしいと思っていたようです」と、アン・スレーターは語っている。「積極性に欠けていると思っていました。あなたの夫は私の夫よりやり手でラッキーねと、私に言っていました。理由のひとつは、マイケルが私の夫のように野心的に前に突き進もうとするタイプではなかったからです。私には夫のクレイグに何をしなさいと言う必要はありませんでしたが、スーはマイケルの背中を押さなければならないと感じていて、そうしなくていい私をうらやましがっていました」[24]

スーは現代の母親の典型的な部類にあてはまる。つまり学歴や専門的な職歴があるにもかかわらず家事に追われていて、そのあいだ夫は自分のキャリアを積み上げるのに没頭している、しかもそれは気が遠くなるほど時間がかかる。しかし、スーの場合、そこにもうひとひねりあった。スーはふたりの息子に対して、母親の義務としてまた権利として完璧でありたいと願ったが、それはできなかった。せまいフラットで、マイケルがチベットの文献を読み解くのにもがいていたとき、スーはふたり目の子にこそ母乳を与えようと必死だった。

パステルナーク・スレーターが述懐している。

彼女はアレクサンダーにも母乳を与えられなかったけど、キムはもっともっと気むずかしい赤ん坊でした。マイケルは論文を仕上げようと必死で、寝つかない赤ん坊にスーが母乳を与えようとしつづけてよく衝突がおきました。結局、飲ませることができずあきらめました。同じ経験をしたことがなければ、彼女の心の痛みを理解できないでしょう。とくに当時は、みなして母乳が一番良いと言っていた時代で、それが流行っていました。ついには、一晩中泣きわめかないようにと、キムを夜はスーから離してみようと小児病棟に泊まらせたりもしました。

結局ふたりの息子たちは哺乳瓶でミルクを与えて育てた。スーの断固とした意地が、時として家族全員に裏目にでることがあるという実例だった。パステルナーク・スレーターに言わせると、彼女の心の痛みは、「負けを認めようとしない持って生まれた性格、または二番目に良い方法で満足できないこと」の当然の結果だった。

★

一九八〇年に入り、一家の状況は上向きはじめた。マイケルは博士号を得てウォルフソン・カレッジの上級研究員になり、給料も少し増えた。大学の狭いフラットからはじめての、そして唯一の、まともな一軒家に引っ越した。そこはちょうどアン・パステルナーク・スレーターとその家族が住むパークタウンの、門がついた柵で囲われた庭園の反対側だった。アレクサンダーは北オックスフォードの上流階級が通うドラゴンスクールというプレップスクールに通学しはじめた。間もなくキムもそこへ通うようになった。ようやくスーは台所の流しとミシンから目を離し、自分のやりたいことについて考える余裕ができた。

「自分にふさわしい役割はなにか、彼女が一生懸命探していた」ことをキャリーは覚えている。「彼女は、主婦にしてオックスフォードの大学教授のパートナーになるのが私の運命かしら？　と言っていました」。パステルナーク・スレーターはこうも言っている。「彼女はさらに真剣に、さらに集中し、さらに本気に、さらに野心的になっていきました[25]」

彼女はマイケルの仕事を手伝うようになった。そして一九七九年に亡くなったヒュー・リチャードソンに捧げられたエッセイ集の共編者として名前を記された[26]。オックスフォードの有名なボードリアン図書館でパートタイムの仕事につき、ビルマの蔵書を担当した。大学にまた入学し英文学の学士をめざそうと試みたが、大学時代の成績が三級の上と芳しくなかったため入学を許可されなかった。後年、スーはインタビューで、「母親専業で過ごしたその時期は大変楽しかったのですが、専門的で知的な行為とは落差があるものです。そのころに、チベット語と日本語をなんとか勉強しましたが、学業を中断しなかった人たちにくらべるとやや不利だったと思います」と語っている。[27]

そこで彼女は、子ども時代の最初の夢だった作家になることを、控えめに試みた。

子ども向けに、自分が一番よく知っている国、ビルマ、ブータン、ネパールについて短い本を三冊書いたが、後に、それらは取るに足らないつまらない作品だったと正直に評している。もっと重要なものとしては、『ビルマのアウンサン』という父の小伝をオーストラリアのクイーンズランド大学出版から一九八四年に出している。スーの伝記を著したジャスティン・ウィントルは「アウンサンが理想化されている」と評した。確かに偶像を破壊する内容ではないし、あまりにも短編で重要な研究作品とはならないが、理解しやすい透明な文体で、全体が洞察力と愛情でつらぬかれている。

スーは書いている。「アウンサンは自身について、病弱で、不潔で、食いしん坊で、まったくもって感じの悪い子どもで、言葉をしゃべりはじめるのがあまりにも遅かったため、家族がオシではないかと心配したほどだったと率直に書いている。三人の兄は早くから教育を受けはじめたのに、彼は『母が一緒についてきてくれないと』学校に行くのを拒んだ[28]」

最終章の最後の段落では、アウンサンがなぜ人気がありリーダーとして成功したかを解説している。それはネーウィンが支配するビルマ政権の指導力に対する、暗黙の非難だった。それはスーのマニフェストにもなるものだった。彼女はこう記している。

アウンサンに魅力を感じたのは、急進派よりも、信頼し尊敬できる指導者のもとで自分たちの平和で豊かな生活を送りたいと望む大多数の一般市民だった。大衆は彼のなかに、自分のことより国の利害を優先し、権力の頂点にあるときでさえつつましく控えめで、特権を追い求めることなく指導者の責任を引き受け、そして洞察力と政治力に長けていたにもかかわらず心の奥に純朴さをとどめていることを見抜いていた。ビルマ国民にとって、アウンサンは助けが必要な際に国の誇りと名誉を救った人物だった。彼の人生はビルマ人にとって心を奮い立たせる拠りどころであり、彼の思い出は政治的良心の守護者として存在しつづけている。[29]

子どもたちが成長するにつれ、スーはまたビルマに思いを寄せるようになり、落ち着かなかった。彼女はほとんど毎年の夏、母と過ごし殉難者の記念日に父を弔うため、ひとりかあるいは家族とともにビルマに帰省した。後年、母が脳梗塞で倒れる二年前、ビルマ仏教のシンビューという儀式を受けさせに、息子たちをビルマに連れて帰った。これは五歳から一二歳くらいまでの少年が参加し、仏陀が王族の身分を捨て真理を探求する決意をしたことを再現する得度式だ。スーはアレクサンダーとキムにビルマ語は教えていなかったが、ふたりはビルマ名と英語名を持ち、両国のパスポートを持っていた。そして今回、ビルマのもっとも大切な通過儀礼も体験させた。

いずれかの夏休み中の訪問のおり、彼女にとって後年、重要な役割を持つことになる人物と知り合った。ボードリアン図書館の代理で、ラングーン大学のビルマ古典文学の書籍を探しにいったとき、上級図書館司書で母の友人のコウ・ミンスウェと話し込んだ。彼はスーに、「あなたにわれわれの祖国を救ってほしい」と言った。スーは「でも、どうやって?」と返した。[30] ミンスウェにもわからなかったが、彼女が誰であり、いずれ果たす役割があるだろうことを再認識させてくれる人のひとりだった。一九八八年、政治に飛び込んだとき、ミンスウェは彼女の側近になった。

　息子がふたりとも学校に通うようになり時間ができたスーにとって、祖国と再びつながるには研究者の立場が最良に思えた。マイケルが歩んだ道を辿り、ロンドンのSOASの博士課程でビルマ政治史を専攻することで、父について書いた小伝を学術的な研究に展開する機会だと考え、入学を申請した。しかし、このときもまた、オックスフォード大学のPPE（哲学、政治学、経済学）の成績が低いため不合格だった。選考員たちは、研究のうえで彼女の政治理論の理解が不足しているとの判断を下した。

　今回も不合格となりスーはショックを受けたが、現代ビルマ文学について論文を書くよう薦められた。彼女は準備としてSOASで一年間の授業を受け、個人指導教員アンナ・アロットの指導で、多数のビルマ語の本を読み、そして試験を受けた。

「私たちは何冊かビルマの小説をいっしょに読みました。それらについてエッセイを書くようにいいました。彼女はビルマ人の観点から書いていたので、大変啓発的でした」と、アロットは語っている。[31]試験はビルマ語の語学力と現代ビルマ文学の知識をみるものでしたが、問題なく合格しました。

　またSOASで、京都大学の東南アジア研究センターが外国人客員研究員を募集していることを知った。スーは申請し、一九八五〜一九八六年度の客員研究員の奨学金を授与され、ビルマ独立運動を研究することになった。これは日本の文書庫にある資料を深く研究し、父が日本でどのような体験をしたか知る、またとない機会となる。父の伝記を書くという計画は脇におかれることになるが脱線したわけではなかった。いつもの強固な意志で、パークタウンの家のバスルームに大きくプリントした漢字をぺたぺたと貼りめぐらし、記録的な速さで日本語を習得するのにとりかかった。

　一家はまた海外に行くことになった。スーはキムを連れて一時的に日本へ引っ越すことになった。キムは日本の小学校で、チャレンジングな一年間を過ごすことになるだろう。その間、マイケルはインド高等学術研究所で二年間の客員研究員の資格を授与され、アレクサンダーを連れ、インドヒマラヤのシムラに向かった。そして家族四人は、休暇のときには合流することにしていた。

★

彼女はまたアジアに戻ってきた。一八年前、デリーを離れてオックスフォードに行って以来、アジアの国でこれほど長く過ごすのは久しぶりだった。日本は史上最大の経済ブームの真っ只中にあった。彼女にとってそのような現象は、ロンドンのヒッピー族やニューヨークのロックバンド、ベルベット・アンダーグラウンド同様、まったく関心がなかった。しかし、ビルマに多くを与えると言いながら、ほんの少しのものしかもたらさず、それも非常にあいまいなかたちでしか約束を守らなかった国に住むことは、興味深くもあり、難しいことでもあった。ビルマにとって兄弟国である日本は、かつて白人支配からの解放と大東亜共栄圏における同輩の地位を約束したが、魅力的な名前をしたさらに厄介な形の植民地主義であったことがしだいにわかるようになった。

スーは日本料理が大好きで、日本人の勤勉さと文化を高く評価していたが、批判的であることもあった。彼女は日本人が尊大で金儲けに夢中であることに気づき、またなぜ優れた美的感覚を持っているにもかかわらず醜い現代都市を造るのか理解に苦しんだ。彼女の父は東京に滞在したとき売春婦をあてがわれ狼狽したが、彼女はビルマでは許されないようなやり方で、日本の男性が女性に対し威張り、いじめるのにあきれた。

彼女は京都と東京を往復して、父を知る元日本軍軍人たちにインタビューし、防衛庁の図書館や国会図書館などに保管された原資料を漁って、何かアウンサンについての発見がないかと探し求めた。

しかし、オックスフォードに住んでいたときから友人の日本人、郷里の京都に戻っていた大津典子によると、長い目で見れば、彼女自身の変容に比べて、この学術的な猛勉強はさして重要ではなかった。何年も後のインタビューで、スーは「若いときには、ビルマの国と私の父のことを切り離して考えることはできませんでした。私が幼いときに父が死んだため、彼のことを国と結びつけて考えていました。だからいまだに父のイメージと私の国の概念とを切り離すのは難しいのです[32]」。大津典子の意見では、父の人生と業績を知ることに没頭した数か月間は、スー自身にとって決定的に重要だった。彼女とビルマの運命を再びより合わせようとするこれまでの断続的で計画性のないプロセスにとって、最初の転換点となる「きっかけ」だった。

週末に何度かスーとキムは、琵琶湖をのぞむ田舎に住む典子と定美を訪ねた。典子は日本で過ごした数か月の間に、スーが変化するのを目の当たりにした。スーが大学で出会ったビルマ人留学生たちは、彼女に対して敬意と、曖昧だがしかし強い期待とが交じり合った様子で接した。これは彼女にとって新しい経験だった。

「彼女とキムは京都大学の海外からの研究者用の宿舎、インターナショナルハウスに滞在していましたが、そこには若いビルマ人研究者たちもいて、とても良い子で、優秀な青年たちでした」と典子は語っている。「スーに対する彼らの態度は、ほかの人たちとはまったく違っていました。それは彼女の父に対する尊敬の念からでした」

スーの最初の伝記を書いた三上義一も同じような影響を指摘している。「日本で、彼女ははじめてビルマの学生たちに接した。彼らはみな、ビルマのことを同じ言い方で語っていた。懐かしさ、愛国主義、彼女の父への尊敬の念……。彼女は日本に来て、父の影を追うことになった。が、そのイメージはよりはっきりとして、現実的なものになったのである。そして、彼女のなかで使命感が芽生えはじめた[33]

典子はひとりの留学生のことをとくによく覚えている。彼の日本のあだ名はコエちゃんといった。「コエちゃんはスーを尊敬している男子留学生のひとりでした。彼はラングーンに帰ったのですが、空港で兵隊たちに囲まれ、所持していたバッグからピストルが発見され、インセイン刑務所に七年間収容の刑を宣告されてしまいました」

「理由は武器の不法所持ということでした」。しかし典子とスーには馬鹿げていて、信じがたく、恐怖を感じさせるものだった。「コエちゃんは真面目な学生で、日本の古典文学を研究していました。日本では銃器の所持は全面的に禁止されていて、私たち日本人でさえ、ピストルなどの武器を手に入れることはできません。完全に違法なのですから。たぶん兵士がコエちゃんのバックにピストルを入れたのでしょう、彼に罪を着せるために」。彼女とスーが抱いた恐ろしい疑惑とは、インターナショナルハウスの留学生たちの誰かがスパイで、コエちゃんがスーと親しくしたために罰せられたというものだ。

英国にいたなら、ビルマはいつでも遠いエキゾチックな国で、ビルマの問題や現状はイギリスの日常生活にさして影響しないといつまでも思っていられただろう。だが、ビルマ独立後、もっとも緊密な外交関係と通商関係を維持し、ネーウィンを一貫して支援していた日本に来たスーは、ビルマ社会というものに戻ったのだ。ここにはビルマのスパイがいた。より端的に言うと、ここには彼女が誰であり、なぜ価値があるのかを正確に理解しているビルマ人学生たちがいた。

典子はこう語っている。

尊敬と期待が入り混じった気持ちで彼らから見られていることに彼女は気づきはじめました。コエちゃんもそのひとりでした。彼はほんとうに優秀で将来有望な青年でした。京大で博士号をとるのはとても難しいことです。彼に何が起こったかを知り、彼女は少なからず責任というか罪を感じていました。そして自分の人生や果たせる役割について考えが変わりはじめたのです。彼女が政治の世界に入った理由のひとつでしょう。興味深い偶然の一致ですね。アウンサンは日本に滞在し、スーも日本に滞在した。そして父と娘は同じような体験をしていき、ふたりとも闘わねばならない革命というものを抱えることになった。偶然の一致だと思いませんか。でもスーがそのように感じていたのだとほんとうにそう思いました。

クリスマスには、マイケルとアレクサンダーがスーとキムに合流するため京都に来た。日本では、クリスマスはたいした行事ではないが、お正月は一年のうちでもっとも盛大な祭事だ。大晦日に、スーの家族はみなで田舎に住んでいるオックスフォード時代の友人を訪ねた。

「近所のお寺に、除夜の鐘をつきに一家を連れていきました」と典子は語っている。「翌日、スーがどんなにビルマを懐かしがっているか、はっきりとわかりました。そう遠くない場所にビルマの仏像が祀られたお寺があると聞いたことがありました。スーにその話をすると訪ねてみたいと言いました。お正月休みで門は閉まっていましたが、裏にまわって声をかけました」

門番が彼らのために、寺の門を開いた。

仏壇に柔和な微笑みを浮べたビルマの仏像が祀られていました。スーは「おおっ！」と言って黙り込みました。彼女はいつもお金を無駄使いしない人でしたが、僧に五千円渡してお経をあげてもらい、そして仏像の前の土間にひれ伏しては立ち上がるお辞儀を何度も繰り返し、手を合わせてビルマ語でお経を唱えていました。

これまでスーと私はイギリスと日本でつき合っていただけで、ビルマではつき合ったことがないということに、そのとき気づきました。外国人としての彼女、それが意味することを含め、そんな彼女の姿しか知らなかったのです。いま、日本の田舎の村で、ビルマの仏像と向き合って、突然彼女はビルマ人の心を露わにしたのです。

彼女はビルマでしかほんとうの自分にはなれないのではないか、と直感しました。スーは人生を安泰なイギリスでずっと過ごす方がいいのか？　危険や困難がともなうとしても、ビルマにどっぷりつかる方が幸せではないか？

マイケルとアレックスはインドへ向かい、キムは学校へ戻り、スーは研究を再開した。しかし、スーの変貌の準備は整った。「日本での滞在が終わりに近づいた頃、お茶とともにいただく私たちお気に入りのおまんじゅうを持って、会いにきてくれました」と典子は思い出す。典子とその友人は、いつもざっくばらんに話す仲だった。

お茶を飲みながら彼女に言いました。「スー、もし私があなただったら、ビルマに帰るわ。あなたの国はあなたを必要としている。あなたがビルマでできることはたくさんあるでしょう、あなたの英語力だけでもとても役に立つわ。マイケルはインドのどこかの大学で研究員の仕事を見つければ、ふたりともそう遠く離れ離れにならずにすむし、子どもたちは寄宿学校に入れることができるでしょうし……そう思わない？」

いつもだったらスーは即座に答えるのですが、このときはただうつむいて、何も言いませんでした。

でも私にはその答えがわかっていました。

やがてスーは顔を上げました。「ノリコ、あなたは正しいわ」

それから二年後、政治とはまったく関係のない理由で、スーは再びビルマに戻っていった。そして、その後のスーの人生が展開しはじめた。

第四部 王国の継承者

1　軟禁の孤独

「私が逮捕されたあの日」と、一九九五年にスーの屋敷を訪れたアメリカ人ジャーナリストに彼女は語っている。「この庭は、まだとても美しい庭でした。見渡すかぎり、ニワシロユリが咲いていました。ブルメリアやいい香りのイエロージャスミン、クチナシの花、それに南アメリカ原産で、成長とともに色が変わる『昨日・今日・明日』と呼ばれるパラグアイジャスミン。この庭はそうした花々でいっぱいでした」[1]

しかし、軟禁されて以降、彼女はこうした花々を眺めることも、その匂いさえ厭うようになってしまった。

一九八九年七月二一日、国家法秩序回復評議会（SLORC）のスポークスマンは、「国家秩序を乱し国家を危険な状態に陥れる活動により法を犯した」として、アウンサンスーチーと国民民主連盟議長ウー・ティンウーを最低一年の自宅拘禁とすると発表した。彼らは、その年初めに制定された、軍による即決裁判を認める新しい法律のもと、法廷訴訟にかけられることなく拘束されたのだった。

悲劇はそれだけではなかった。スーの側近、四〇数名の同志たちもインセイン監獄に投獄されたのだ。そのなかには、軍部が首都弾圧をはかった際、彼女の屋敷で「殉難者の日」をともに過ごした、友人であり同僚でもあるマ・テインギーも含まれていた。刑務所に入れられず外部拘禁となったのは、スーとウー・ティンウーだけだった。

スーは、自分も彼らとともに刑務所に収監するよう要求した。軍政がそれを拒否すると、彼女は抗議のハンガーストライキを決行した。軍政側が彼女の要求を受け入れ、仲間とともに収監するまでは何も食べないと言い、その間、彼女は水とフルーツジュースしか口にしなかった。

一六歳になったアレックスと一一歳のキムは、スーの屋敷で彼女といっしょに過ごしていた。父親を亡くしたマイケルは、その後の処理をするあいだ、子どもたちを先に母親のもとに行かせていたからだ。だが、彼らは突然、自分たちとはまったく関係のない意志の戦いの目撃者になってしまった。彼らには、理解し難いものだったに違いない。

妻が軟禁されたことを知ったマイケルは、すぐに家族のもとに向かうことにした。幸いにもパスポートのビザは、ビルマ入国に有効なものだったため、関係当局にビルマに向かうことを伝え、ただちに出発することができた。しかし、七月二四日、ラングーンのミンガラドン空港に到着した彼は、重大な危機の真只中に降り立ったと思い知らされた。

「飛行機が着陸し、機体が停止すると」と、彼は後に書いている。「駐機場にたくさんの兵士が配備されているのが見えました。飛行機は軍隊に取り囲まれました」[2]。マイケル・アリスが不安に駆られないはずがなかった。フィリピンの反対勢力の指導者ベニグノ・アキノ・ジュニアが亡命先から帰国した直後、マニラ空港の駐機場で射殺されたのは、わずか六年前のことだった。だが、マイケルが暴力を振るわれることはなかった。彼はひとりの将校に連行され、イギリス大使館との連絡を禁じられた。そしてスーがおかれたのと同じ軟禁の条件に従うことに同意するなら、スーと子どもたちに会ってもよいと告げられた。彼は即座に従うことに同意し、その後、空港からユニヴァーシティアヴェニューの、兵士に取り囲まれた屋敷まで車で送り届けられた。後に彼はこう書いている。

門が開き、車が敷地の中に入りました。いったいこれからどうなるのか見当もつきませんでした。再会した日、スーはハンガーストライキの三日目に入っていました。彼女の要求はただひとつ、彼女が逮捕されたときに屋敷から連れ去られた彼女の若い支援者たちとともに、刑務所に収監されることでした。彼女が一緒にいれば、彼らを虐待からいくらかでも守ることができるだろうと考えていたのです。逮捕された七月二〇日の夜、最後に食事をしてから八月一日の昼くらいまで、一二日間というもの彼女は水しか口にしませんでした。[3]

スーの政治キャリアは軍事政権との対峙の連続だったが、それはダヌビュの場合と同じで、またひとりでの抗議だった。夫ははじめてそしてたった一度だけ、仲介役を果たさなければならない状況に追い込まれた。当局が彼女の要求を受け入れる意思がまったくないのは明らかだった。家族としては妻であり母親であるスーが痩せ細って死んでいくのをただ黙って見ているか、妥協策を探るかのどちらかしかなかった。スーが死んでも、彼女を支持する投獄されている若者のためにも、ほかの人たちのためにもならないとマイケルは主張した。夫の説得でスーは条件を緩和させること、つまり、投獄されているNLDのメンバーたちが虐待を受けないという確約がなされることを条件に、いまいる屋敷に留まることと、ハンストも止めることを承知した。

屋敷には通じる電話はなくなってしまった。スーと息子たちがおもしろいと思ったのは、彼女の軟禁が開始されると、数人の兵士が大きなはさみを持ってやってきて、電話線を切断したことだ。電話がなくなってしまったため、マイケルは妻が出した条件を、定期的に様子を見に来る士官に伝えた。彼らはただマイケルが伝えることを聴いて去っていった。明らかに内容は士官たちの権限を越えることだからだ。

その間にもスーは衰弱していった。マ・テインギーの日記によると、彼女は二月にはすでに「壊れそうで、張り子の紙でできた人形のように痩せていた」とある。自らに課した試練のなかでスーは、常に「非常に冷静」だったとマイケルは書いている。「そして息子たちもそうだった。断食のあいだ、彼女は静かに読書をしたり、私たちと話をしたりして過ごしていました」。しかし、マイケル自身は途方に暮れていた。「冷静を装ってはいたものの、まったく冷静ではいられなかった」と告白している。ただ待つだけの苦痛はついに終わりを告げる。彼はラングーン市庁舎での軍上層部全員との会議に呼び出された。スーの要求を述べたが、その様子は後のため、記録として軍のビデオカメラに収められた。八月一日、彼が到着してから一週間後、スーのハンスト開始から一二日後、緊張状態は終わりを告げた。

「ひとりの国軍将校がやってきて、当局の代理として、若者たちに拷問を加えないこと、また彼らに対する訴訟は、しかるべき法的手続きのもとに処理をすることを保証すると伝えた」と、彼は書いている。「彼女はこの妥協案を受け入れ、観察を命じられた医師たちによる治療を拒みつづけていたのも、ようやく承諾し点滴を受けました。彼女の体重は五キロ以上も減っていました。当局側があの約束を実際に守ったかどうかは、いまだにわかりません」[4]

スーはある種の子どもたちすなわちNLDの学生たちを失った。そしていま、彼女は他のメンバーも失おうとしていた。自分の家族である。彼らは、彼女の自宅軟禁が開始されてから丸一か月を一緒に過ごしていた。マイケルのビザはまもなく期限切れになるところだったが、当局は彼と息子たちがいっしょにイギリスに戻れるよう、ビザの延長を承諾した。「その後、スーは元の体重と体力を取り戻した」と、彼は書いている。「息子たちは、監視兵たちから武術を習いました。みなで屋敷をかたづけました」[5]。その後、学校がはじまる日が迫り、九月二日三人は屋敷を去った。そして再び家族全員がそろって会うことは、もう二度となかった。

スーは、自分の選択がもたらした心の痛む個人的な犠牲について、また、子どもたちに彼女の選択がもたらした悪影響について、ほとんど口にしてこなかったし、多くを語りたがらない。「母親として」と、彼女はアラン・クレメンツに語っている。「最大の犠牲は、息子たちと別れることでした」。しかし即座に、それは当然の結果だったことを付け加えている。「ほかの人たちが私より多くのものを犠牲にしていることを、私は常に意識しています」[6]。もう少し話してほしいというクレメンツの誘いにのって、スーはこう付け加えている。「私が最初に政治の世界に足を踏み入れたとき、家族はたまたま私といっしょにいて、私の母の面倒も見ていました。ですから、私が突然彼らのもとから去ったのでも、彼らが私から離れていったということでもありません。私たちはゆっくりと、徐々にこの状況に順応する時間を持つことができたのです」

彼女のこうした言葉を、受け入れがたいほど冷酷なものと受け取る読者もいるだろう。しかし、スーは慎重に言葉を選んで話していた。軍政と長く続く意志の戦いのなかで、それは武器となりうるものだった。彼女が決してしたくなかったのは、彼女を軟禁している連中に、自分と家族が受けている苦痛が耐え難いほどであるとか、別離という時間をかけた拷問に苦しんでいると悟られることだった。

前述したように、アウンサンスーチーの長い試練は、ある面で比較されるソビエトの反体制活動家サハロフやネルソン・マンデラが体験したそれとは明らかに別なものだ。つまり、軍政が彼女に対して十分明確にしていたように、アウンサンスーチーは永久国外退去に同意することで、試練を終わらせることができたという点にある。

家族が地球の反対側へと追いやられているなか、たったひとりで幽閉されている彼女にとって、精神的な支えは、学校が休暇に入ったら息子たちが会いに来てくれるという期待だった。だが軍政は非情にも彼女の期待を見抜き、その心の琴線を断ち切ろうとした。マイケルと息子たちがオックスフォードに戻ってまもなく、彼らはそれがスーと会う、あるいは少なくとも再会を見込むことのできる最後のチャンスだったことを知る。彼らがビルマ大使館はマイケルに、息子たちのビルマのパスポートは無効となったと冷たく告げた。彼らがビルマ国民としての資格を失ったため、という理由だったが、その根拠は明らかにされなかった。「これは明らかに、スーを子どもたちから引き離すことで、彼女の抵抗の意志を打ち砕き、永久国外退去に同意させようというもくろみでした」と、マイケルは記している。一九八八年まで、スーと子どもたちは一か月以上離れて暮らしたことはなかった。彼らが再び会うことができたのは、それから二年以上も先だった。

★

花の香りが漂うユニヴァーシティアヴェニューの静けさのなか、マイケルとアレクサンダーとキムは、スーがやせ細り衰弱して死のほとんど直前まで行った様子も、当局との合意が得られた後、徐々に回復していった様子もずっと見守っていた。だがその間にも、屋敷の外の街中では、SLORCが民主化活動の根絶をはかっていた。

スーのハンガーストライキの動機ともなった、党の同志への扱いに対する彼女の不安は、非現実的なものではまったくなかった。一九八八年九月一八日の弾圧から一年間で三千人が反体制活動の容疑で収監され、その数はスーが軟禁されてから一九八九年一一月までの四か月間でさらに二倍となった。収監者のなかには、彼女の党の同志たちも数多く含まれていた。彼らは、新たに権限を与えられた軍事裁判所で即決裁判にかけられたが、拷問も頻繁に受けていた。スーの自宅軟禁がはじまって一か月後、抗議のハンスト中止からは三週間後、米国大使館からの公電が明かした内容によれば、政治犯たちへの拷問のなかには、たばこの火を体に押し付けたり、性器に電気ショックを与えたり、激しい殴打で目や耳に生涯残る後遺症を負わせたり、時には撲殺することもあったという。[7] 国境地帯での小規模だが残虐な内戦が長引くにつれ、何百という政治犯への非道な処罰は日常的なものとなっていった。彼らは、北部シャン州の反政府勢力を制圧しようとする国軍に徴用され、武器を運搬するポーターとして荷役労働を強要されたり、人間地雷探知器として部隊の前を歩かされた。地雷が爆発しなければ部隊が安全にその先に進むことができるからだ。

　この一年半のあいだ、軍政に反対するため動員された何百万のビルマ人は、恐ろしい報復を受けることになった。スーは、自分の名前や名声が届かないことで保護を失い不当な取り扱いを受ける同僚に比べると、単に自宅軟禁されているだけのことは不満を漏らすようなことではない、と常々主張してきた。実際、彼女のこの主張は正しいものだった。「軍事政権がおこなったのは、元政治犯の身元をさらすことだけではない」と、一九八八年以降、何千件もの虐待のケースを検証してきたビルマ政治囚支援協会は報告している。「軍政を非難したり、反論したりすればどういう結果になるかの例として、彼らを歩く広告塔にしようとする企みがある。多くの元政治犯たちは、ひとたび政治犯となったら、それは決して消すことができないと何度も語っている」

　スーの同僚のうち上級幹部の何人かは、事実上ほぼ永遠に口を封じられた。一〇月三日、中央執行委員会の老闘士で反体制派ジャーナリストのウィンティンに三年間の重労働の刑が言い渡された。しかし、その刑期は何度も繰り返し延長され、二〇〇八年にようやく解放されるまでその投獄期間は一九年に及んだ。しかもそのほとんどの期間は独房監禁だった。また、ウィンティンが投獄された二日後、スーが母親の介護のためラングーンに戻ってきた際、スーにとって最初の政治的指導教官のひとりとなった作家で戦争の英雄マウン・トーカに、二〇年の刑が言い渡された。病気で弱っていた彼にとって、それは事実上の死刑宣告だった。

ビルマ以外ではほとんどその名を知られないマウン・トーカだが、一九八八年の春に爆発した国民の民主化への覚醒、そしてそれがいかに情け容赦なく、また執念深く踏みにじられたかを象徴する存在である。元海軍将校で後に作家に転向した六一歳の彼は、スーが民主化運動に身を投じる決意をする以前、反乱の初期に反体制運動の学生が軍により虐殺された数々の場所を案内したことがあった。また、ラングーン総合病院でスーがはじめての政治演説をおこなったときに、いっしょに登壇したのも彼だ。大きな耳でくさび形の鼻を持ち、縞のTシャツを着ていても太鼓腹がわかる体格の持ち主だった。

元国防相のティンウー同様、彼の経歴はアウンサン将軍とその娘スーの全盛期にまたがっている。彼は戦時中、ビルマ海軍にいたが、その当時、彼の乗った船、メイユー号が英国軍からアウンサン将軍の指揮下に引き渡された。引き渡された船にスーの父、アウンサン将軍が儀礼のため乗り込む際に、警護の儀仗兵を指揮したのが彼だった。

彼は二等水兵として海軍に加わり、海軍少佐の位まで昇進した。一九五六年、乗っていた船が難破して沈没し、彼と二六名の乗組員は二床の救命いかだに乗り込んだ。そのうちのひとつが沈没し、乗っていた全員が死亡した。もうひとつのいかだに乗っていた乗組員も七名が命を落としたが、彼を含む残りの船員たちは茹で菓子と雨水だけで一二日間を生きのび、救出された。その苦難について書いた著書『哨戒艇一〇三号』(*Patrol Boat 103*)で、彼は一躍有名になった。一九六九年に海軍を退役してからは、ビルマでもっとも評判の作家のひとりとなった。自身のジャーナリズムに対する妥協を拒みつづけたことで一九八八年以前にも、何年にもわたって抑圧されてきたウィンティンとは異なり、マウン・トーカは、社会主義政権下で国営雑誌の編集長を務めていた。ウィットに富み少々風刺の効いた作品は、絶大な人気を博した。退役海兵だった彼は、転覆することなく政治の風に乗って帆走する才能に長けていた。

彼を知るスウェーデン人のジャーナリスト、ベルティル・リントナーによれば、「彼は愛すべきすばらしい男でした。一九八八年までは国中を回って、文学の講演をしていました。講演会場では国軍情報部のスパイが常に客席の最前列に陣取って監視していましたが、彼は戦争の英雄でしたから、不当に処罰することはできませんでした」[8]。彼はまた詩も書いており、さらにシェークスピアのソネットやジョン・ダン、ロバート・ヘリック、パーシー・ビッシュ・シェリー、ウイリアム・クーパーの詩など、英語の詩のビルマ語への翻訳も多く手がけている。彼は、流暢な英語を話した。鎖国体制をとっていた時代のビルマにあって、世界に扉を開くべきだと主張した数少ない人のひとりだった。

一九八八年の民主化運動の高揚を、ビルマに真の変革が訪れるチャンスだと見て取った彼は、スーと友達づきあいになり、運動がどのように発展しているか詳しく理解できるよう彼女を助けた。一九八八年八月にはデモを非人道的な方法で制圧した当局への抗議の手紙に名を連ね、NLDの中央執行委員会が発足したときにはそれに加わった。だが彼の活動は、それにとどまらなかった。彼はビルマ海軍に公開書簡を送り、軍事政権に抗議する人びとの側につくよう強く呼びかけた。

彼は臆することなく当局を非難した。彼はラングーンの繁華街で小さなコピー屋を営んでいたが、一九八八年の民主化運動に関する詳細を記したドキュメンタリー、ベルティル・リントナーの『憤り』（*Outrage*）が出版されると、その一冊を手に入れて店に置き、店にやって来る客で信用できる者には、外に持ち出すことはさせなかったが、コピーをとることを許した。

だが彼は筋萎縮症を患っていて、ＳＬＯＲＣが彼を捕らえにやってきたときには病状はすでにかなり悪化していた。彼は軍隊内部での反乱を扇動したとして、禁固二〇年の刑を宣告された。「インセイン監獄に入ったとき、彼はすでに筋肉が萎縮する慢性疾患を患っていました」とスーは後に書いている。「こわばってぎくしゃくした動きしかできず、入浴や身支度、食事などの日常のことも介助なしにはできなくなっていました」。ウィンティン同様、彼も独房に隔離された。退行疾患が進んだ彼にとって、それは暴力を加えずしてなぶり殺しにされるようなものだった。

「彼はコンクリートの床に放り出され、死んだのです。あっという間に」と、リントナーは語った。「治療も何も受けさせてもらえませんでした。それは罰でした。彼が、アウンサンスーチーを公共の場に引っ張り出した張本人だったからです」

彼は、独房の中でも詩を書きつづけた。その最後の詩「たった一本のマッチ棒」（"Just One Matchstick"）のなかで、彼は「マッチ棒一本以外、何もなかった」と書いている。だが、一本のマッチ棒が世界を変えられるのだ。

小さな火花が大きな炎へと変わると、
この世に存在するゴミがすべて焼き尽くされる。
ろくでもない、無節操な人間たちとともに。

一本のマッチ棒は、未来に向けた歴史的な碑を建てるだろう。[10]

二〇年後、マウン・トーカが一本のマッチ棒でつけた火から生み出された灰で、未来に向けた歴史的な碑が建てられた。

一九九一年六月、彼は獄中で亡くなった。六五歳だった。

★

逮捕や拷問、そして死者が増大するに従い、実際一九八九年一一月までに百人に及ぶ活動家が新法により死刑判決を受けていたから、プラカードを掲げた者、スローガンを声高に叫んだ者は、次は自分ではないかと恐れながら生活していた。スーは、人生の半分以上を英国で暮らしてきた。そこには貧困や犯罪、あるいは老いの恐れはあるが、死の恐怖が政府の政策手段として利用されることはほとんどなかった。彼女は、死の恐怖が支配の基本手段となることをビルマで知ったのだった。彼女の目には、ビルマに充満する恐怖こそが、ビルマの発展の妨げとなっていると映った。

「腐敗の元凶は権力ではなく、恐怖だ」と、彼女は軟禁される数か月前に書いた『恐怖からの自由』(*Freedom from Fear*)と題した、一九九〇年に世界中で出版されたエッセイのなかで述べている。「権力を失うことへの恐怖がそれを行使する者を腐敗させ、権力による惨劇の恐怖がその対象となる者を腐敗させる」恐怖、ビルマ語でバーヤは、「あらゆる善悪の感覚を破壊する」とし、それ故に腐敗の源泉となると書いている。「恐怖と腐敗は非常に緊密に関係していますから、恐怖が浸透した社会では、腐敗がさまざまな形で深く染みついてしまっているのも不思議ではありません」

一九八八年の暴動に火をつけたのは、経済危機だけではなく、世の中が恐怖に侵され、歪められていることに対する若者たちの嫌悪感だ、と彼女は述べている。ビルマで許される権威との関係のありかたとは、無抵抗に完全な受け身でいることしかなく、人びとの自己主張は、「為政者たちが手にすくった水」のように脆弱なものだった。「法と秩序」、英語では比較的ニュートラルな言葉だが、ビルマ語ではニェイン、ウッ、ピ、ピャー（nyein-wut-pi-pyar）、つまり文字どおり「沈黙させること、うずくまらせること、打ち砕くこと、押しつぶすこと」となる。[11] SLORCがビルマ国民に強要するのはこの態度であり、それに抵抗して人びとは蜂起したのだった。

抵抗者たちが示したのは違った態度だ。このエッセイでスーはこう書いた。

手のなかにすくわれた水のように
私たちは
エメラルド色に冷たくひっそりとしている
だが、変わることができるのだ
手の中で
鋭く尖ったガラス片のように[12]

「ガラスの破片とは、握り潰そうとする手の中で身を護ろうとする、小さいながらも鋭く尖った輝きを放つ力、握りつぶそうとする圧力からの解放に不可欠な人びとの勇気の火花を象徴するもの」と、スーは書いている。

だが為政者たちが、国民をまるで水のように呑み込むのに慣れてしまい、そしてまた人びとも呑み込まれるのに慣れっこになってしまった状況において、勇気などどこで、どのようにして見出すことができるのだろうか？　国連の世界人権宣言のような国際的な意思表示、さらに人権を無視する国家の行動を取り締まる役割を国連に与えた、スーの昔の上司であるウー・タントや彼の後継者たちの努力は、立派なものであり重要なことだった。だが彼らの力はひどく限られていた。港湾労働者組合書記長ウー・マウンコーが、ＮＬＤ活動家のなかで獄中死を遂げた最初の人物となってしまった日、国連人権委員会の緒方貞子はビルマにいて人権侵害の調査をしていた。これはまさに国連の無力さを見せつける事実だった。

要するに、ガラス片のような勇気というものが非常に重要となる。だが、スーは国外の読者たちが自分の言っていることの大きさを理解できないのではないかと懸念した。なぜなら自由な社会に暮らす人間にはビルマ人の立場に立って考えることは極めて難しいからだ。「日常生活のなかに恐怖というものが不可分の一部となっている環境において、堕落せずにいるために要する努力は、法の秩序によって統治されている国に暮らす幸運な人びとにはすぐには理解できないものです」と、スーは述べている。[13]　だがしかし、ビルマが変わるためには、彼女や仲間たちの闘いにおいては、多大な努力が必要だ。単に政策や制度を変えたり、あるいは、ただ生活水準向上に向けた努力だけではだめだ。自由や民主主義、そして人権というものをただ繰り返し叫ぶだけでは何も変わらない。社会が変わるためには、国民が変わらなければならないのだ。

これは難しいことではあるが、なしえないことではない。結局、スーが言うように「それは人間の自己改善と自己救済の能力であり、人間と単なる獣とを区別するもの」なのだ。そしていまこそ自己改善、自己救済が必要とされていた。「真の改革とは、精神の改革です。それは、国の発展を方向付ける精神的姿勢や価値観を変える必要があると考える、知性ある信念から生まれるものです。精神の改革がなければ、古い体制の悪行を生み出したビルマ国軍の力は、そのまま続くことになってしまいます[14]」

こうした理想論は何年間も人びとの心に響くものであり、彼女の明確な呼びかけとなった。しかし人びとが是非とも問いたい疑問があった。それは、SLORCによる組織的な残虐行為を前にして、この「知性ある信念」はいったいどこから得られるというのかというものだ。そして問題の解決にはこれだけで十分なのだろうか。スーは当時こうした疑問について自問する初期段階だった。「聖人とは試しつづける罪人だという言い方があるように、自由な人とは抑圧されながらも試しつづける人」と彼女は述べている。彼女に刺激されたのか彼自身の判断か、いずれにしても、この疑問を探求する彼女にひとつの手がかりをくれたのは、マイケルだった。

息子たちがビルマへの入国を無期限で禁止される一方で、マイケルのビルマ訪問は認められた。おそらく彼がいっしょに帰国するよう妻を説得するだろうとの体制側の期待があってのことだったのだろう。しかし、それが体制側の読みだとすれば、それは大変な勘違いというものだ。「彼女を説得しようなどとはまったく考えもしなかった」と彼は語っている[15]。むしろ彼らは、どうなるかわからない状況のなかで、彼いわく「すばらしい休暇」を楽しんだ。ふたりの絆は深まり、夫婦は彼女がしていること、そしてその理由を理解しあったのだった。

一九八九年一二月一六日、マイケルはラングーンに降り立った。それは、日本で家族が再会した日からちょうど四年後にあたった。日本では、大津典子が彼らをビルマ仏が置かれた寺に案内していた。「完全に世界から隔離され、最後に彼女とふたりきりで過ごしたあの日々は、何年にも渡る私たちの結婚生活のなかで私がもっとも幸せを感じたときでした」と、マイケルは述べている。「それはすばらしく平和な日々でした。スーは厳しい日課を自分で設け、私が邪魔する中、勉強したり、ピアノを弾いて過ごしたりしていました。彼女は、いくつもの仏教の経典を覚えたりもしていました。私は何日もかけて、持ちこんで来たクリスマスプレゼントをひとつずつ出していきました。私たちは、たっぷりと時間をかけて、いろいろなことを話しました。これが近い将来、彼女と会う最後の機会になるなどとは思ったこともありませんでした」。息子たちと同様、その後のマイケルのビザ申請は、幾度も却下されることになる。それは、妻に国外退去を説得できないとわかった軍政が「彼らの目的を遂げるのには役に立たないと判断した」ためだったのだろう、と彼は考えた。

マイケルが邪魔したスーの「厳しい日課」のなかには、瞑想も含まれていた。軟禁がはじまってから、彼女は朝の四時半に起床し、一時間のヴィパッサナー、つまり座っての瞑想で一日をはじめるようにしていた。だがそれは、簡単なことではなかった。「私は師についたことがなく」と、数年後に彼女は書いている。「最初の頃はかなりイライラして苦痛でした。心を制することができないことが何日もありました。自分自身にひどく腹が立ち、効果よりもむしろ害のほうが多いのではないかとさえ思いました」[16]

だが、マイケルが持参したクリスマスプレゼントのなかに、驚くほど役に立つものがあった。棘のある木と岩山、そして広々とした青空に朝陽が昇ろうとしている絵が表紙に描かれたペーパーバックだった。それは、ラングーンに住む僧侶、セヤドー・ウー・パンディタという筆者の、『現世における仏陀の救いの教え』(*In This Very Life: The Liberation Teachings of the Buddha*)というタイトルの本だった。この本は彼女の心を開き、何もせずにただ静かに座って瞑想する実践的なガイドブックとなった。

アウンサンスーチーの心の広さについて、彼女のオックスフォードの友人、アン・パステルナーク・

スレーターは、「いま、なによりも鮮明に思い出すのは、スーの優しさ」だと彼女は記している。「ある日の早朝、私は毎朝しているように（年老いて病気の）母のところに行くと、スーが母と一緒にいたのです。彼女は、服もきちんと着ずに頭が混乱した様子で徘徊している私の母を見つけて家に連れてかえってくれたのでした。スーが真剣に優しく母に話しかけてくれていたこと、そして帰り際、私のことを心から心配してくれていたことを忘れることができません」

スーは、自国の宗教のなかに「価値の多くは公平無私であることや寛容さと結びついている」ということをいま一度学ぶことになった。後に彼女が述べているように、それは「十波羅蜜（上座部における）」や「十王法」のうちもっとも重要とされるものだ。[17] しかし、これを誤解してはならないと彼女は警告する。それは、「現世の名声や来世の恩恵を期待した抜け目ない計算づくでの施し」を称えるという意味ではない。むしろ「それは公平無私であること、欲望をおさえる有効な解毒剤であるとともに幸福や調和を生み出す美徳の泉としての、寛容で寛大な精神の重要さを認識することです」。スーは直感的に、自分の道徳にもとづく行為と政治とは切り離せないものだとすでに悟っていた。マイケルからのプレゼントのおかげで、彼女はそれをより深める方法を習得しはじめていたのだ。

★

のんびりとしたすばらしい、夢のような彼らの休暇は終わりをむかえた。マイケルが去り、彼女はとうとう、ほとんどひとりぼっちとなってしまった。

彼女が完全にひとりきりだったわけでは、もちろんない。東洋では、ほんとうにひとりきりになるのは山の洞窟に住む隠者の僧侶ぐらいでしかなく、しかし、その僧侶でさえ完全にひとりになることはないかもしれない。

敷地の門外と内部には全部で一五人の完全武装した兵士が、昼も夜も詰めていた。そして彼女の忠実な話し相手であり家政婦のドー・キンキンウィンとその娘メーママ、そしてメイドのマリアがいた。三人とも、スーの軟禁刑の条件に服していた。敷地内の小さな家には、スーの叔母のドー・キンジーが以前と同様に住んでいて、自由に屋敷への出入りが許されていた。

だが、それだけだった。一六年前、アレクサンダーが生まれてから一度も経験したことのないほど、彼女は孤独だった。何か月ものあいだ、人びとの注目の的、ビルマ社会、そしてビルマをはるかに超える国際社会の関心と懸念の中心となっていた状態から一転、彼女はまるで世界から消え去ってしまったようだった。なによりも顕著だったのは、大変な喧騒から、いまではまったくの静寂に至ったその落差だった。

一年半前、彼女が母親のキンチーを病院から連れ帰ると、昔は家族で暮らした屋敷が、母親の病室になった。静けさに包まれた。そして、ネーウィンが辞職を発表すると、屋敷はほとんど一夜で、人であふれる政治の研究所へと様変わりした。その翌年、兵隊が二度も大挙して押しかけ、屋敷は包囲された。二度目に包囲された一九八九年七月二〇日、つまり「殉難者の日」の翌日、彼女の党の同志全員が軍の大型トラックに載せられ、刑務所に連れ去られた。彼女はふたりの息子と三人の使用人とともに、一〇数人の兵士に監視されながら、ふつうの家庭生活の異様な模倣劇のなかに取り残されたのだった。マイケルがイギリスから飛んで来て隔離された彼らに加わり、この劇は完全な形になった。

だがいまは、家族も去っていった。学校へ、仕事へ、西側世界へ。カチンの老婆は幼い孫たちに「わたしたちのクニの王様は、かわいいひと、ちっちゃくてかわいいひと」と語りかけたが、残された彼女は、いったい何の女王だろうか？　彼女が検分した土地すべての女支配者？　それには程遠い。一五人の兵士が一挙手一投足を監視する中、彼女が命令できるものは何もなかった。

ほかの何者でもないとしても、彼女は少なくとも彼女自身の女王だ。母ドー・キンチーが教えてくれたように。

★

彼女は、負けた。それが重要な点だ。彼女はあの、長老、ナンバーワンと称されるネーウィン将軍に決闘を挑んだ、何百万人もの人びとに応援されて。だが、銃を持つ彼に対し、彼女は花を投げつけるしかなかった。彼女は決闘に負け、監禁され、その鍵は捨てられた。

アウンサンスーチーの人生を従来の政治的観点から見ると、こうなる。不本意な人生だった、と。突然の挑戦、大喝采、疲れを見せない遊説、全国的な支持の広がり。そして、何もなくなった。完全な敗北による無。翌年の選挙での圧倒的勝利は、銃を持った男たちによって冷ややかに無視された。一五年にわたりすべてをなくした孤独、その間、運動の復活を試みては数年で押しつぶされ、再び幽閉される状態が繰り返された。二〇一〇年、ようやく彼女は解放された。つくりものの選挙とつくりものの国会のおかげで、将軍らがスーを話の枠外に、彼女の屋敷と同様に狭くてわずかな公的立場に、永久に留める方法を見つけたからだった。

その醜く狭い場所が、スーの政治人生の第二段階を象徴していた。二〇一〇年一一月、彼女が解放される以前から、報道関係者たちは彼女のすぐの引退を予想していた。スーはすでに六五歳で、バスの老人優待パスをもらえる年齢に達しているのだ。[18]二〇一一年の『フィナンシャルタイムズ』紙に、悲しいかな彼女はすでに単なる「ビルマの皇太后」になってしまったのではないかと危惧する読者の投稿が掲載された。[19]軍政にとってはどちらかと言えば無意味な置き物で、ビルマ情勢に詳しいロバート・テイラーの言葉を引用して、「政治的日常の尖端」にいるのではないか、と。[20]彼らのような書き手の口に上るのは、「悲劇」という言葉だ。悲劇的なムダ、悲劇的な運命……。ハッピーエンドの希望のかけらもない記事ばかりだ。

だがそのような観点からスーの政治的キャリアを見ると、彼女が自宅軟禁されていた期間、とりわけ軟禁の最初の非常につらい時期に、彼女がいかに思考を確立したか、そして世界ではほとんど知られていなかったこの新しい思考が、この一五年間にビルマのなかで静かに力を蓄積していった動きといかに結びついていたかを見落としてしまう結果となる。またさらに、初期の成功を政治体制の変容につなげることに失敗したにもかかわらず、また、彼女が何年ものあいだ、社会から強制的に姿を消されていたにもかかわらず、いまだに、ほんとうに多くのビルマ国民の忠誠を得ているという事実も見落とされてしまうだろう。

彼女が地下運動の象徴であり、その守護神として静かに現れたこと、そして依然として大衆の支持を得ていること、このふたつの事実は、極めて緊密に結びついている。この事実は、たとえば「サフラン革命」と呼ばれる二〇〇七年九月の大量の僧侶による反乱が、その頂点として一団の僧侶が軍の道路閉鎖を解かせスーの屋敷に向かう結果となったことの理由を説明するものだ。それはまた、軍の上層部が彼女の父アウンサンにまつわる崇拝を系統的に徹底的に解体し、手を尽くして彼女を片隅に追いやり、悪者に仕立て上げようとしてきたにもかかわらず、いまだに彼女をビルマ国内最大の脅威と見なしている理由でもある。

軟禁後、彼女の思考がどのように変化していったかを示すことが必要だろう。

★

英国とインド、そしてビルマの文学に傾倒していたスーにとって、ビルマの課題は、西側の政治形態を模倣することでも、バンコクのように資本家たちが押し寄せて占領するのを許す許可と暴政とのバランスをとることでもなかった。ネーウィンの下でビルマの被った歪みは、国民の魂に対する侮辱であり、犯罪であり、長期にわたる虐待だった。問題は、ネーウィンの作った落とし穴、国が陥ってしまった窮地から抜け出す方法を見つけることだった。確かに、民主主義はそのひとつだが、ほんとうの課題はひとつの政治体制を別のものに挿げ替えるよりも遥かに大きなものだった。そして彼女が、この国や彼女自身をこうした罠、窮地、迷路から抜け出す道を指し示す一条の光を見いだしたのは、まさにこの自宅軟禁されていた時期だった。

スーは、一九八六年、シムラにいたあいだに、研究をもとに書き上げた長い論文の中で、「偉大なる魂」であるガンディーとその同時期に活躍した人びと、そしてインド文芸復興における先人のおかげで、インドが成し遂げたことを賞賛している。「インドでは、政治的なリーダーシップと知的リーダーシップは、大抵、一致していた。さらに、一九世紀末頃から独立の時期にかけて、たくさんの優れた指導者たちが途切れなく現れた。これによって、社会的かつ政治的な運動が試行錯誤しながら成熟するための総合的な枠組みが構築された」と、彼女は書いている。[21] このような枠組みが、ビルマには明らかに欠けていた。しかし、だからと言ってビルマにはそれが存在し得なかったわけでは決してない。その意味は、近代のビルマが経験したことは、そのような進化を遂げるには十分な時間がなかったということにすぎない。彼女は、ビルマ学術研究協会を設立したイギリス人学者のJ・S・ファーニバルの言葉を引用し、その言葉は的を射たものだと述べている。一九一六年、彼はこのように書いている、

われわれは、人間的なビルマを求めていた。そこでは個々のビルマ人が、極小の単位の体現者であり代表者であるという奇妙な実体を。それは、諸個人のあらゆる行動を覆う規範であり、われわれが知るこの国において、不可欠かつ継続するすべてを表すもの、つまりバークの言う、先人といまを生きる者、そしてこれから生まれくる者同士の協力なのである。

われわれが国家の構築を援助せんと願うビルマ国は、発掘されたばかりで修復中の古き仏塔のごときもの。大量の瓦礫を取り除く〔ことが必要である〕。われわれは、慎重に基礎を整え、レンガをひとつずつ積み重ね、建物を構築しなければならない。しかし私個人の強く信じるところ、未来のビルマを恒久的なものとするには、古い基礎の上に建てられなければならないと考える。[22]

スーは次のように述べている。「このような考えのなかにこそ、ビルマ復興の種があるのだ。過去と現在、そして未来の間に不可欠なつながりを構築しようという強い想い、新しい建物が永続するよう、古い基礎を整えるために『大量の瓦礫』を除去しようという願いだ。しかしその復興は、達成されなかった」

一九八八年のビルマ帰国の少し前、日本でビルマの学生たちと出会い、彼らの彼女に対する期待が鮮明に心に残る中で書かれたこの論文は、埃にまみれた古い知識人運動を解剖する以上のものだったことは明らかである。意識的だったか無意識だったか、あるいはその中間だったかは別として、スーは自分の使

命と挑戦を描いている。それは、彼女のような生まれと教育、そして世界についての知識を持った人間が、達成したいと夢見るものだった。それは「殉難者の日」の真昼の決闘で、頂点に達した。悲惨な敗北、拘束、屈辱、そして離散だった。しかし、あの恐ろしい体験を超え、そして奇妙なことにあの恐ろしい体験を通じ、そのおかげで、彼女は突破口を見いだした。それはすべて、瞑想からはじまったのだ。

★

スーの知的で精神的な旅は、為政者たちが手を尽くして彼女を孤立させ、つまはじきの状態にしようと試みたにもかかわらず、彼女がなぜ、どのように自国の人びと、そしてビルマの国境を越えて何百万という人びととの結びつきを保ち、人びとを励ましつづけてきたかを示すものだ。それはこの二〇年間の物語の大半を占めている。その過程で、彼女は少なくともファーニバルの言う「古い基礎の上」、つまり仏教の真理の上に、ただしビルマ仏教の評判の悪い古い機械的で硬直的なそれではなく、幸せな再生を約束する「功徳を得」ることによって人びとが日常生活のなかで仏教の価値に生きることのできる、新しいビルマの再建をスタートさせたのだ。「あらゆる物質的な援助を剝ぎ取られると、人びとを支えるのは、長い間受け継がれてきた文化的、精神的な価値だけです」と、スーは自宅軟禁の最初の年に書いている。[23] 将軍たちは、ビルマでもっとも優れ輝いていた人から「あらゆる物質的な援助」を剝ぎ取り、スー自身を歩く影へと貶めた。残された唯一の道は、後ろへ退くことだけだった。

2 大差の勝利――総選挙とNLD

一九九〇年五月二七日の日曜日、いまだ自宅軟禁状態のアウンサンスーチーは、三〇年ぶりにビルマでおこなわれる自由な国民総選挙で一票を投じた。投票用紙は封筒に入れて封がされ、軍政の役人によって彼女の屋敷から持ち出された。

多くの外国観測筋はこれを、無駄なジェスチャーと見なしていた。外国メディアは数週間にわたって近々やって来るビルマの総選挙の行方に注目し、結局は不正に操作されることになるだろうと結論づけていた。

軍事政権は、自らにとって有利な結果を確実に得られるよう、つまり彼らのお抱え政党ビルマ社会主義計画党（BSPP）が名前を変えただけの国民統一党（NUP）の勝利となるよう、権力を駆使してあらゆる手段を講じていた。

アウンサンスーチーが前年の一九八九年七月二〇日から自宅軟禁におかれたことで、国民民主連盟（NLD）の最高指導部は機能不全に陥っていた。スーと同じ日に拘禁状態にされた退役将軍でNLDの党議長ウー・ティンウーは、一二月に三年間の強制労働の刑を言い渡され、インセイン監獄に収監されていた。彼らの側近はほとんどが収監され、この先数年間は公共の場に出ることができない状態にあった。党は二年前の夏にNLDに入党した、太った冗談好きの七二歳の元大佐、ウー・チーマウンの指揮のもと、残った必要最小限のスタッフで動いていた。

明けて一九九〇年一月、軍政は、スーの個人的な人気による脅威をなくそうと、配偶者が外国人である国民には被選挙権を認めないとする新しい法律を作って、スーの立候補を禁止した。NLDのキャンペーンでは、写真を印刷した横断幕やTシャツ、ポスター、バッジ、スカーフなど、彼女の姿はどこにでも見られた。彼女の演説を録音したカセットテープも露店で売られていた。だが彼女自身は、厳しく幽閉されたままだった。

国軍情報部（MI）のトップ、軍事政権ナンバー2の権力者、キンニュン将軍は、二度にわたり、スーの党は国家にとって厄害以外の何物でもないとする長い演説をビルマ中に流した。八月五日、将軍は、いまや耳にタコができる、NLDは共産主義者に蝕まれているという非難を繰り返した。その翌月にはある記者会見で、ミャンマー国内の反逆者と国外裏切り者集団の謀略だと糾弾し、七時間にもわたって、それまでとは正反対の主張を続けた。その演説は、後に、『反逆者と裏切り者集団の謀略』（*The conspiracy of treasonous minions within the Myanmar naing-ngan and traitorous cohorts abroad*）という、いささか人目を引く題名の三百ページの本になって出版された。

しかし、NLDを骨抜きにしようとする作戦は、彼らが望む好結果をもたらすための一端でしかなかった。国家法秩序回復評議会（SLORC）は、軍の徹底癖を駆使し、残された課題に取り組もうとしていた。スー以外でも国軍の支配にとって敵とみなされる者は、元首相のウー・ヌも含め、次つぎと自宅軟禁に追いやられていった。

軍政は、反体制派支持の比率が高い地域を特定し、それを解体していった。総選挙までの数か月の間に、少なくとも五〇万人の人びとがいま住んでいる場所を追われ、遠く離れたマラリアが蔓延する劣悪な環境の地に作られた、にわか造りの居住区への移動を強制された。

事実上、集会や戸別訪問、報道記者会見など、従来の選挙活動は全面的に禁止された。国軍への批判は犯罪行為と見なされた。戒厳令規則のもと、五人以上の集会は以前同様違法とされたが、選挙登録をしている九三の各政党は、七日前までに開催を予告することを条件に一度だけ集会を開くことが許された。また、国営テレビで一〇分間、国営ラジオ放送で一五分間の事前に承認を受けた演説が一度だけ、各党に認められた。

天の加護が確実に自分たちの側にあるよう、投票日は軍政が吉日とみなす日が選ばれた。五月二七日、この日はラッキーナンバーとされる九に絡む数字が多く含まれている日だった。まずその日自体が2＋7で9、そしてこの日は、五番目の月の四番目の週、つまり5＋4で9ということから、この日が総選挙の日に選ばれたのだ。

選挙監視委員を派遣するという米国の申し出は、そっけなく断られ、選挙の数週間前から外国人の入国は一切禁止された。

投票日の前夜、将軍ら軍上層部はこれまでの仕掛けがうまくいったと喜べただろう。ミャンマーとなったこの国は、ネーウィンが愚かにも通貨を廃止してから、複数政党参加による選挙の可能性を持ち出して憲法を書き換えようとするなど、この二四か月間、ギリギリと絞りあげられるような状態をずっと味わってきた。だがネーウィンが「あの女」、スーのことを呼ぶときに使う言葉（彼は彼女のことを絶対に名前で呼ばなかった）を封じ込めて以来、全体的に状況は改善された。

一世代にわたって政策を規定してきた社会主義のイデオロギーは、ビルマ社会主義計画党（ＢＳＰＰ）とともにゴミ箱に捨てられ、ビルマは再び世界経済に対して国を開いた。西洋諸国のなかには、過去に何千人もの武器を持たない国民を冷酷に虐殺してきた国と通常の貿易協定を結びたがらない国もあったが、タイやシンガポール、韓国などにはそんな抵抗感はなく、木材やヒスイ、貴石、海産物などをビルマが低価格で提供する貿易協定の締結にわれ先に飛びついた。

韓国石油公社が、外国企業としてはじめて石油の陸上探査を許されたのを皮切りに、その後すぐに、シェルや出光、ペトロ・カナダ、そして最後にはAMOCOやUNOCALといった米国の石油会社までもが続き、ビルマ政府との契約を締結した。一九八八年九月一八日に軍隊が轟音をあげてラングーンの中心部になだれ込んだとき、一千万ドルにも満たなかったこの国の外貨準備金は、いまでは二億ドルから三億ドルまでになった。

八八八八(一九八八年八月八日)の民主化運動の蜂起やその翌月の軍事弾圧を記念する大規模なデモはすべて、厳戒態勢のなかで全面的に禁止された。その一方、米国政府のさらなる軟化の兆しで、将軍ら軍事政権はペプシコ社と現地瓶詰め工場設立の合意書を交わした。SLORCは、良い統治とはどのようなものか少しは理解しているということを一般市民、そして全世界に誇示するため、大規模な環境美化キャンペーンをはじめた。それは、ネーウィン自身が一九五八年に彼の暫定政権下で実施した清掃作戦を想起させるもので、ラングーンの公共建築物は新しく塗られたペンキで輝いた。

SLORCがいかにして権力を掌握したのかを忘れていない西側ヨーロッパと米国政府は、彼らのこうした態度に依然として不信感を抱いていた。だが国軍が効率よく選挙を実施し、国民統一党(NUP)が確実に過半数の票を獲得し、あるいはこれほど多数の政党が票を取り合うことで、ビルマ国軍による権力保持が完全に正当化されれば、彼らのビルマを見る目も変わると思われた。

★

もし軍事政権が、NLDとスーが国内遊説のあいだに見たのと同じ光景を見ていたならば、選挙に対してより慎重な姿勢をとっていたかもしれない。つまり、国内が真の安定状態になるまで待つ必要があるとして、総選挙の実施はずっと先、将来の霧の彼方に押しやっていたかもしれない。

ネーウィンの重大な演説以降、ビルマでは民主主義の概念が全土にまき散らされていった。だが実際、民主主義についてビルマ国民はどれほど理解していただろうか？　四四歳以上の人であれば、自分たちにも選挙権が与えられ、ウー・ヌが大差で勝利した最後の自由選挙のことをおぼろげに記憶している者もいるだろう。しかし、外の世界との交流を一切遮断した鎖国状態で、一党独裁政治のなかで育ったそれよりも若い世代は、民主主義がどのようなものか、ほとんど実感がないだろう。

確かに知識は乏しかったかもしれない。だが、一九八九年前半に選挙遊説をはじめると、スーは人びとの飽くことのない関心の強さを知った。「四半世紀にも及ぶ偏狭な独裁主義のもとで、浅薄で否定的な教義のなかで育ってきたにもかかわらず、ビルマ国民の洞察力や政治へのまなざしは鈍ることはなかった」と、遊説中の小論の中で彼女は語っている。

それどころか、無検閲の情報や客観的な分析によって、議論や討議に対する彼らの欲求はさらに研ぎ澄まされたように感じられた。

社会制度としての民主主義に対する知的な推測が、人びとの間に広まっていた．議会政治や人権、法の支配といった基本的な考え方について、自分たちで解釈する姿が見られた。

ビルマ国民は民主主義を、単なる政治形態のひとつではなく、個々人の尊重を基盤にした社会的かつ観念的なひとつの総合的体制として見ていた。[1]

国営メディアは、民主主義や人権といった外国から輸入された概念を「ビルマ固有の価値にとって好ましくない有害なもの」として蔑視したが、スーは、それがビルマの文化に根ざした信仰体系と完全に結びつくものだという考え方をずっとしてきた。「仏教は人間に最大の価値を授けてくれる。誰もが、自分のなかに自分自身の意思と努力で真実を見出すことができる潜在的な力を持ち、また他の人たちがそれを見出せるよう助ける力も持っている。ビルマ人が他の民主主義国の人びとと同じだけの権利や特権を享受する資格がないというのは、ビルマ人を侮辱する考えだ」

だが党の最高指導者たち全員が指揮をとれず、軍政による厳しい威嚇にさらされている状況で、NLDの政策を有権者たちに伝えるのは非常に困難なことだった。末端のNLD活動家たちは、まるで麻薬の売人のようにコソコソと動き回り、支持者となり得る人たちに小声で売り込みをしなければならなかった。だが少なくとも、彼らには活動のよりどころとするマニフェストがあった。[2]

それは極めて合理的な文書だった。いまのビルマには憲法がない、と指摘していた。新憲法は、ピットゥフルットゥすなわち「国民議会」と呼ばれるいわゆる国会で、議席を獲得した他の党の代議員たちと共同して起草される。行政、立法、司法の権力を分離する。国家主権は国会に与えられる。ここが重要な点なのだが、軍を含むその他の国のすべての機関は、国会に対し説明する責任を負う。何十年もの間続いたビルマ国境地帯での紛争は、「少数民族」に「政治、行政、経済運営に関し、法に沿って自己決定する権利」を含む、一九四七年憲法が定めたよりも大きな自治権を与えることで終結する。軍事支配によって情け容赦なく削減された教育、保健、社会福祉などを、以前よりも遥かに重視する。SLORCが導入を開始した経済の自由化は続行するが、ビルマの農民たちの利益は保護される。

★

実現できるはずはなかった。NLDの党員たちは牢獄の鉄格子の中で夢を馳せ、自分なりの構想を練っていた。しかし、いまや選挙の結果がどうなろうと、軍が権力の移譲をする意思はまったくないことを考えれば、徒労と言えるかもしれない。軍の「手にすくわれた水」でいることに慣らされ、昔のBSPP、いまのNUPのやり方や欠点にもすっかり馴染んでしまった国民、つまり彼ら軍政の国民は、プライバシーが保たれたひとりきりとなる投票ブースの中で危険な新しいことには背を向け、何年もの間彼らを外国の陰謀から守ってきた国軍の権力に感謝の念を示すだろうと、軍政は確信していた。

確信のあまり、軍上層部は少しばかり油断するようになった。彼らは一部の外国人ジャーナリストやテレビニュースのクルーに、投票所に並ぶビルマ国民の取材を許可したのだった。投票日が近づくなか、戒厳令の規制が一部解除された。スーの屋敷を取り囲む兵士たちは、一時的に私服警官に替わった。軍隊や制服の警官たちが街から姿を消した。それは、ビルマではお馴染みの消える魔術で、スーの母親の葬儀でも見られたものだ。権力の「ゼロサム」（全部か無しか）的態度の表現だった。大勢いるか、まったくいなくなるかのどちらかだ。たとえ姿がどこにも見えなくても、彼らがさほど遠くないどこかに潜んでいることはビルマ人の誰もが知っていた。とはいえ、NLDはこの規制緩和を巧みに利用し、ピックアップトラックに乗って街に繰り出し、ラングーンの人びとにかならず投票するよう懇願して回った。

結局のところ、人びとは懇願される必要などなかった。五月二七日の早朝から、人びとが続々と集まりだし投票所となった学校や行政オフィスの前には長い列ができはじめた。軍は、何か策略をめぐらしているかのように影をひそめ、姿を消すことによってその存在を明確にしていた。まるでビルマが魔法で一夜にして民政に変わったかのように、投票は市民の監視のもとでおこなわれた。人びとはよそ行きの服で投票に向かい、市民として重要かつ極めて稀なこの義務を果した。インドと同様に、登録された各党はすべて、投票用紙に描かれた政党を象徴するシンボルで表された。このシンボルにはビーチボールや櫛、テニスのラケット、傘などもあった。ハトのようなメッセージ性の強いシンボルは禁止されたが、NLDは抜け目なく、農民が被る麦藁帽子、カモゥックを党のシンボルとして選んだ。それによって、普段どおりの農民服で投票に現れる支持者たちに、その選択をわかりやすく示すことができた。

全国で二千万人以上の有権者があった。軍が反乱軍と戦っていた七つの選挙区では、すべての選挙が中止され、その他の国境地域の多くでは、衝突による混乱のため、わずかな有権者しか投票することができなかった。それでもほとんどの地域において、投票率は非常に高く、有権者が投じた票は総計で七二パーセントに及んだ。

この選挙のもっとも驚愕すべき奇妙な点は、総選挙が憲法不在の状況でおこなわれたということだ。一九七四年の旧憲法は、SLORCを生み出した一九八八年九月のいわゆる「クーデタ」により消滅し、それ以来、憲法は存在していなかった。NLDをはじめとする各党は、総選挙で勝利した政党が最初におこなわなければならない重要な任務は、憲法の起草だと考えていた。しかしやったことのない草案作りをどのように実現するのかは、誰にもわかっていなかった。

投票日の夜遅く、外国メディアでは中国の新華社通信が、三〇年ぶりとなるビルマの総選挙の結果についてその第一報を伝え、ＮＬＤの候補者でヤンゴンのセイカン地区から立候補したサンサンという名の女性が過半数の票を獲得したと報じた。

この結果に続いて、選挙結果が怒濤のように流れ込んできた。軍部をショックと恐怖に陥れたのは、選挙結果はほとんどがこれと同じようなもので、圧倒的な数の票がＮＬＤに投じられたことだった。

有権者たちは、常緑青年協会や国民平和安寧党、ウー・ヌの率いる民主平和連盟、さらには軍のお抱え政党のＮＵＰなど歯牙にもかけなかった。アウンサンスーチーの党、ＮＬＤの圧勝だった。

それから数日のあいだ、結果が次々と発表されたが、実質的にはどれも同じような結果となった。軍事政権は、すべての結果が出揃うまでには三週間ほどかかると発表したが、わずか二四時間のうちに、最高指導者たち全員が収監されたり自宅軟禁されたりしているスーの党が大差の勝利を獲得したことが明らかとなった。そして誰もが、次に何をなすべきかわからずにいた。

バンコクからこの選挙の行方をこまかく追っていたベルティル・リントナーは、まさにこのとき、ＮＬＤは、怒りの銃弾を一発も放たずにビルマを変革する最高のチャンスを逃したのだという。「最後の最後に、軍事政権は外国メディアの入国を許可した」ことを指摘し、彼は、これはＮＬＤに極めて希少で貴重な武器を与えたことになるのに、ＮＬＤはそれを使いこなすことがまったくできなかったのだとしている。

この選挙はインターネットなどが登場する前の時代だったが、それでも実際、投票日にはテレビネットワークなど世界のメディアが押し寄せた。現状が思わぬ方向に向かっていると認識した軍政は、とにかく投票結果の発表を遅らせせよう遅らせせようと、投票箱をラングーンに運んで集計をするため時間がかかるとか、さまざまな理由をつけて選挙結果の公表を先延ばしすることに必死になった。しかし、すでに誰の目にもNLDが勝利を収めたのは明らかだった。

この時点〔すべての票が集計される前に勝利が確定した段階〕で、NLDは勝利宣言をすべきだった。ラングーンの党本部で記者会見を開き、すべてのメディアを呼び込んで、選挙に勝利を収めたと発表し、それにもかかわらず、党のリーダーが自宅軟禁されているのはおかしい、と明言すべきだったのだ。今日の午後三時、われわれはアウンサンスーチーのところへ行って彼女を解放する、と。そして、スピーカーを載せた車を何台もラングーンに走らせ、みなが三時にユニヴァーシティアヴェニューに集結するよう呼びかけるべきだったのだ。そうすれば、何百万という人びとが集まってきただろう。彼らは屋敷の門をこじ開け、彼女をテレビ局に連れていけたし、彼女は最高責任者となって国軍とその他の人びとに平静と忠誠を呼びかけられただろう。すべては、四八時間以内に終わったはずなのに。[3]

しかし、そのようなことは、一切起きなかった。なぜかというと、党が本質的にリーダー不在だったためだ、とリントナーは言う。

NLDは、事態の処理を誤ったのだ。アウンサンスーチーが自宅軟禁に追い込まれると、NLDは党首を欠く政党になった。マ・テインギー、ウー・ウィンティン、指導部にいた頭のいい人物たちはすべて逮捕されてしまっていた。そのため、退役軍人で人の好い老人ウー・チーマウンのような、指導部のなかでも二流の者がリーダーシップを取るしかなかった。チーマウンは、すべを取りまとめ、選挙を勝利に導く力は持っていた。しかし彼は、ようやく国軍が選挙を実施し、公平な選挙がおこなわれるよう見守ることで誠意を見せてくれたのだから、われわれも誠意を見せて事を荒立てではならない、などと言ったのだ。彼らは、怖気づいたのではない。ただ、読みを誤ったのだ。彼らも誠意を見せてくれたのだから、こちらも誠意を見せなければならないと言うことで、軍が再編制して反撃する時間を与えてしまったのだ。

大挙してユニヴァーシティアヴェニューに押し寄せ、党のリーダーを解放する代わりに、NLDは党本部の前に大きな黒板を設置し、人びとに現状を伝えた。現代のニュース番組でよく使われる、選挙速報の手作り版といったものだ。ビルマの各地から選挙結果が到着するあいだ、この黒板は何週間もそこに掲げられ、新しい結果が到着するたびに黒板にチョークで書き込まれた。当初、黒板を眺める人びとは歩道から道路にまで膨れあがり、新たなNLDの勝利が書き出されるたび、歓声を上げた。

だが数日が過ぎ、まだ未確定議席が残っているにもかかわらずNLDが驚くべき勝利への道を辿っているとわかると、最初の新奇さは薄れ、人びとの数は減っていった。人びとはほんとうに良かったと口々に語り合った。だが、それにいったいどういう意味があったのだろう？　次は何が起きるのだろう？

六月中旬、選挙から二週間以上が過ぎた頃、まだ選挙結果が出ていない選挙区が残る中、SLORCは、NLDが絶対多数の票を獲得したことを認めた。最終的に、NLDは全体の八〇パーセントを上回る三九二議席を獲得した。だが彼らの勝利の大きさは、それに留まらなかった。少数民族地区の少数民族民主連盟（UNLD）の傘下にあるNLDの同盟政党の合計獲得議席数は六五を占めた。シャン州の同盟政党であるシャン民族民主連盟（SNLD）は、二三議席を獲得し、全国第二の政党となった。最終的に、NLDとその同盟政党は全体の九四パーセントを超える議席を獲得したのだ。NLDに造反するまで党首としてスーの同僚だった元将軍ウー・アウンジーの民族連合民主党は、一議席しか獲得できなかった。国軍の代理政党NUPは、何十年も権力にあったビルマ社会主義計画党（BSPP）の化身で、国軍の後ろ盾があったにもかかわらず（あるいはむしろそれ故に）、獲得した議席数はわずかに一〇議席だった。

SLORCがさらに大きなショックを受け、偏執的な不快感を募らせたのは、ラングーンのダゴン地区のように、有権者の大半を現役の兵士が占めているような地域でも、NLDが議員に選ばれたという事実だった。ビルマの政治状況は完全にひっくり返り、国軍ですら何かが起きたことを否定することはできなかった。六月中旬、彼らは明らかに次にやるべきことがわからず、敵意ある世論を浴びせられる中で凍り付いていた。

「最終的な結果は、来週中に出されるだろう」と、テリー・マッカーシーとユリ・イスマルトノは、一九九〇年六月一五日付けの『インデペンデント』紙で報じている。

いまのところ、国軍は政権をどのように文民政府に移行させるのかの決定を拒否しているが、これがいつ実現するのか、またいつアウンサンスーチーを解放するのかもわからない。選挙の一週間前までは、明確な多数派はいないだろうから、議会を難なく操作することができると確信していた国軍は、いまでは基本計画がなく、昔の妄想にまた囚われようとしている。[4]

SLORCの計画について尋ねられた軍事政権のスポークスマンは、世界中の目が向けられている民主主義の勝利ではなく、まるでゲリラ地域の厄介な不意打ち攻撃の影響について話しているかのように語った。「誰が敵か味方かもわからない。だから、極めて慎重に行動しなければならない」と『インデペンデント』紙に語っている。[5] 権力移譲したらＳＬＯＲＣは解散するのかという質問に対し、スポークスマンのイエトゥッ大佐は、「そうだ、しかし周知のようにＳＬＯＲＣはそれ自体が国軍だ。ＳＬＯＲＣは解散しても、国軍は存在しつづける」と答えている。

ＳＬＯＲＣがようやく統一した対応を取るようになったのは、七月になってからのことだった。それは、２＋２＝５というようなオーウェル風の、権威主義的な軍事政権の典型的な特質を示すものだった。外国メディアが皮肉を込めて伝えた報道によると、選挙は政府を選ぶのが目的ではないと彼らは語ったという。彼らは、すべて解釈上の行き違いによるものだとしたうえで、憲法もないのだから、政府も存在しえない、まず憲法を制定した上で、それから政府をつくるべきだと主張した。したがって、当選した四八五名あるいはＳＬＯＲＣが選ぶその一部と、顧問として加わる国軍将校の追加要員（結果的に、それは選出議員の六倍という膨大な数の追加要員となった）の責務は、憲法を起草することにある。憲法の草案が作られ批准されてはじめて、文民政府が政権につくことができるのであり、それまでは、ＳＬＯＲＣが引きつづき実権を握るとした。

それは、いまにはじまったことではなかった。五月の初旬、マッカーシーは次のように報告している。「選出された団体は、そのなかから政府を選ぶ国民議会になるのではなく、国の新しい憲法を制定する権利を与えられた憲法制定会議となる、と国軍は述べている」[6]。権力が移行される前にそのような会議が必要であることは、ビルマ国民が「ネーウィンの鼻で息をする男」と呼ぶ、後継者候補である野心家のキンニュンが、何度も繰り返し口にしてきたことだった。[7]

しかしキンニュンは何度も、軍事政権のトップであるソォマウン将軍の反論を受けていた。一九八八年九月の弾圧以降、将軍は「政府の道に花を添える」と言っており、ＳＬＯＲＣの唯一の役割は、新しく選ばれる政府のために道を舗装することだと語っている。一九九〇年一月九日、彼は「選挙をおこない、政府を発足させることが、われわれの任務である。選挙が終われば、政府が発足するのを監視するのはビルマ国軍の責任ではなくなる」とあらためて表明していた[8]。投票当日にも、彼は再度このことについて語り、六月二日付の『エコノミスト』紙がそれを次のように報告している。「国家評議会議長であるソォマウン将軍は、票を投じながら、どの政党であれ勝利を獲得した政党に政権を移譲すると記者に語った」。国軍と外務省の複数のスポークスマンは、新たに選出された政府は「いつでも速やかに活動を開始して政権を握ることができる」としている。

だが、それはそのときの話だった。ＮＬＤがあらゆる対抗候補を倒しても、2＋2が5となるのは目に見えていた。

★

一九九〇年五月二七日のビルマ総選挙は、政府を選ぶのではなく憲法制定会議のためのものだとする軍政側の主張は、その後一八年間も唱えられつづけた。それは長年権力にしがみつくためのアリバイ作りで、民主主義国家への変革の道造りを果てしなく遅らせる行為を正当化しようとする姿勢を示したものだった。現在もこの主張は軍事政権を擁護する者たちの間では、聖典のような絶対的な地位を獲得している。二〇一一年二月、ハワイ大学でアジア研究の教鞭をとるビルマ人学者マイケル・アウントゥインは、ある新聞の記事でこう書いている。「実際当時、信頼のおけるビルマの学者はみな、ＮＬＤもアウンサンスーチーも、あれは国政選挙ではなく憲法制定会議の選挙であることをわかっていたと明らかにしている[9]」

この主張は確かに、SLORCが権力にしがみつくことを正当化するのに役立つものだった。だが、ベテランのビルマ観察者であるリントナーが指摘するように、それはどう考えてもおかしい。「選挙は、ピットゥフルットゥ、つまり国民議会を選出するためのものだった」と、選挙当時『ファーイースタン・エコノミックレビュー』紙のビルマ特派員だったリントナーは言う。

新しいピットゥフルットゥ、国民議会の議員数は、元のBSPP〔ビルマ社会主義計画党〕一党からなる国民議会と同じで、ただ、多くの政党の代表者が参加するものだった。投票日より前に、当選した四八五人の国会議員のなかから軍が選ぶ百人が、これとは別に軍が選出した六百人とともに新しい憲法を起草するとは誰も言わなかった。その通告は選挙から二か月たった七月に発表された。新しい憲法が必要であることは明白だが、それは議会が決めることで、軍が決めることではない。結局自分たちに都合の良い百人を選ぶのならば、四八五人を当選させる意味はどこにもない。それは、まったくつじつまが合わないことだ。

つまり一九九〇年には、まちがった政党が当選してしまったということなのだ。もし一九九〇年に国民統一党が勝っていたら、数週間のうちに新しい政府が発足していただろう。すぐに議会が召集され、軍の承認が得られ、憲法を起草することができたに違いない。まちがった政党が勝ってしまった、それが肝心な点だ。軍は、そうなることを予想していなかったのだ[10]。

★

選挙と、その奇妙な結末についてのアウンサンスーチー自身の見解は、推測の域を出ない。彼女は、ラジオやテレビで現状を知ることはできたが、公のコメントを発表することは禁じられていた。

そして彼女の隔離は、さらに厳しさを増していった。一九九〇年七月までは、スーはラングーンの英国大使館宛てに送られ、SLORCによって配達される家族からの手紙を受け取ることができた。実際キンニュンはその事実を誇らしげに語っている。七月一三日におこなわれた記者会見で次のように語っている。

われわれは〔彼女に対して〕非常に寛大な態度をとっています。〔彼女は〕自由に動くことが許されています。彼女の敷地や住居の修理も援助し、毎週診療も受けさせています。彼女の要請を受け、不ぞろいの歯を矯正する治療さえ提供しました。彼女の夫マイケル・アリス博士と息子たちは、イギリスから手紙や食料品、物品、本、書類などを、ラングーンの英国大使館を通じて送ってきます。われわれは、これらの手紙や物品、食料品などをすべて、アウンサンスーチー女史に届ける任務を引き受けているのです。[11]

だがこのキンニュンの自慢話を聞いた彼女は、こうした「好意」をすべて拒否することにした。もし彼女が、それまでの要求どおり、インセイン監獄の仲間たちのもとに行くことができないのならば、自分だけが自宅に軟禁され、軍事政権に手厚くもてなされる者として描かれることは断じて許せないことだった。後に彼女は、次のように語っている。

〔SLORCは〕家族とのコミュニケーションを許すことで、私にとてつもない施しをしていると考えているように見えました。それは、実際には私の権利です。私は、特別な施しなど受け取ったことはありません。ですから、彼らの施しも受けません。また、私は彼らが私を一年以上自宅軟禁する権利など持っているとは思っていません。実際、彼らは選挙で勝利を得たNLD〔の党員たち〕全員を逮捕する権利など持っていないのです。ですから、このようにしたのは彼らがおこなっている不正に対する一種の抗議であり、彼らの好意は受けないという私の意思表示でした。[12]

彼女の屋敷に送られてくる大量の手紙や物品、サービスなどが突然途絶えた。そして彼女の孤独な生活は、さらに厳しいものとなった。

軍政は、彼女がいつ解放されるかという見通しを示そうとせず、それどころかスーが新しい政府で役割を果たすことなど、まったく受け入れ難かった。キンニュンは、SLORCが歯の治療を許可していると自慢したその同じ記者会見のなかで、その問題についても言及している。

NLDは、アウンサンスーチー女史が新しい民主国家の設立に指導的な役割を果すべきであり、アウンサンスーチー女史がSLORCとの協議を主導すべきであると公然と主張している。いったい、どちらが重要なのか？　政権を獲得してアウンサンスーチー女史を解放することか、それともビルマの国と国民の長期にわたる利益か？　私は現代というものが、個人的好みや個人崇拝を理由に、特定の人物を国家の長期的利益のための任務につかせることを主張すべき時代ではないと考える。

そうしている間にも、ビルマの政治ゲームは新しい段階に入ろうとしていた。当選議員の人狩りである。

3　聖人万歳——亡命者と反乱軍

　ビルマはこれまで一度も自由な時代を味わったことがないというのが誤りであるように（実際自由な時期は一九八八年八月から九月までの二六日間しか続かなかったが）、一九九〇年五月の選挙で新政府が樹立されなかったというのも誤りだ。時のビルマの政権移譲は首都ラングーンでなされる代わりに、新政府樹立の誓約は、タイの国境近くマラリアが蔓延するジャングルの中で、絶えずビルマ軍からの砲撃の恐怖にさらされながら表明されたものだった。

　スーは、独裁制社会における恐怖の果たす作用について、短いながら将来に対して影響力のあるエッセイ『恐怖からの自由』（*Freedom from Fear*）の中で、弾圧する側もされる側も、恐怖によりいかにその行動が歪められるかということを慎重に言葉を選んで指摘している。「権力を失うことの恐怖がそれを行使する者を腐敗させる。他者に優位に立たれ、侮辱され、あるいはなんらかの仕方で傷つけられるのでは、という恐怖が敵意に火を点ける」

　このエッセイは、彼女に自宅軟禁が科される前に書かれたものだ。スーの党、国民民主連盟（ＮＬＤ）とその同盟陣営が選挙に勝利した時点で、何十年にもわたりビルマを脅かし抑圧してきた者の恐怖、犠牲者の復讐の怒りにさらされる恐怖が、政権交代への希望をむしばんだ。「軍上層部の者たちは、恐怖で金縛りになっていた」と、ラングーンにいた西側の外交官は話している。「抑圧されてきた者たちから復讐を受けるのではないかという恐怖。いわゆるニュルンベルク・シンドロームと言えるもので、アルゼンチンやチリの政治改革をあれほどまで長引かせたのもこれだった」

まず、国家法秩序回復評議会（SLORC）は、選挙結果を六週間にわたり小出しに発表することにした。NLDが圧倒的な勝利を手中におさめたことがほぼ確実となった時点で、SLORCは違反や不正行為がなかったかどうかについて敗れた候補者の申し立てを調査するとして、政権交代まで二か月の猶予期間を設け、時間稼ぎにでた。NLDの党首代行、当時自由の身で党の最高位だったチーマウンは、当初弾圧を避ける意図もあって、SLORCにあまりプレッシャーをかけるのは賢明ではないと判断し、軍政への時間的猶予を認めるなど慎重姿勢をみせていたが、最終的に七月二八日と二九日の両日、選出議員を招集し、ラングーンの中心部にあるガンディーホールで党大会を開催した。

党大会の最後にNLDは、政権移譲を先延ばしするのは「恥ずべきこと」と非難し、SLORCによる憲法制定会議の案は問題外であり拒否するなどの内容を含んだ「ガンディーホール宣言」を発表した。NLDは、「政府を樹立するに足る圧倒的多数の議席を勝ち取ったNLDが、最低限の民主的な権利行使を禁止されるのは政治の在り方に反するもの」であるとして、軍事政権に対し、政権移譲の最終期日を九月三〇日とすると通告した。

だがゲームの終わりが近づいていた。党大会がおこなわれる前に、SLORCは選出議員から出されるいかなる要求も拒否するとして、先に布告第一／九〇号を発令したのだった。ピットゥフルットゥ（国民議会）への議員は選出されたものの、いまや国民議会の招集を語れる者は誰もいなくなった。SLORCは、国民議会を招集する前に、憲法制定のための国民会議というそれまで誰も耳にしたことのない、SLORC主導の、新憲法起草のガイドラインをつくる会議を設ける必要があるとした。そしてその憲法制定会議が新憲法起案のガイドラインを策定した後、実際の憲法を起草する国民議会が招集され、新憲法の草案を作成するが、それはＳＬＯＲＣの承認を受けなければならないとするなど、新憲法の制定にいつまでかかるのかその期限は曖昧なものだった。草案作成の期限が提示されることはなく、さらに総選挙で選出された議員たちは憲法制定国民会議への参加資格すらなかった。そのかわり、ＳＬＯＲＣは自分たちに都合の良い代表を独自に選ぶとともに、今回の選挙で選出された議会は憲法制定のための議会にすぎないとして、ＳＬＯＲＣは選出議員に対し、政府を樹立するいかなる権利も放棄するとした「一／九〇宣誓」に署名するよう強要した。

こうした偽の裁定をもってしても、相変わらずネーウィンが牛耳る軍事政権のリーダーたちは、自分たちが権力を失う恐怖を抑えることができなかった。ビルマの昔の王族たち（そしてまさに英国の植民地主義者も）が固執してきた、敵対する者は厳重に鍵をかけた牢獄に閉じ込めておく必要があると考える封建的なやり方に替わる方法を考えられなかったのだ。

ＮＬＤが軍政に示した政権移譲の期日まであと三週間となった九月六日、ＳＬＯＲＣはＮＬＤのまだ残っているリーダーに目標を定め、チーマウンとその側近を逮捕し、反逆罪で一〇年間の禁固刑を科すとともに、二二名のＮＬＤ中央執行委員会メンバーのうち一八名を拘束した。ＳＬＯＲＣはまた、ＮＬＤ一般党員のうち四〇名以上の議員を「一／九〇宣誓」への署名を拒否した理由で逮捕した。そのなかの二名は逮捕後まもなく獄中死している。拷問によるものと思われる。アウンサンスーチー自身はどうなったのだろうか？　当時ＳＬＯＲＣは、ラングーンの各国外交官に、彼女が今後いっさい政治活動にかかわらず、国外退去するならば解放すると語っている。

いまや軍事評議会との和解はなくなってしまった。ビルマは、一九八八年の七月にネーウィンが「複数政党による民主制」を宣言して以来ひとまわりして、精神異常のような暴君が圧政をふるった昔とまったく同じ状態に戻ってしまったのだ。

国民の支持を得て選出され、新政権に就くはずの者たちはみな、いまや危険な状態におかれていた。新たに選出された前途有望な議員たちの一部は、ただラングーンにいても逮捕されるだけで何も得るものはないと判断した。ラングーンの北二百キロにあるパーカウン地区選出議員、スーの従兄弟で彼女と同じく西洋で教育を受けたドクター・セインウィンをリーダーとする新たに選出された議員八名は、ビルマ東部の山岳地帯をひたすら歩き、最終的にマナプロオという地に辿りついた。そこはジャングルの中の陣地で、長年にわたりビルマ軍と戦ってきた反乱軍の連合組織、ビルマ民主連合（DAB）が本部を置く場所だ。まず、議員たちは反乱軍との休戦を宣言し、自分たちが新政府を樹立しつつあると発表した。選出議員二五〇名以上の支持があると主張し、最初はマンダレーの僧院で、その後ラングーンの外国政府大使館で新政府を樹立しようとしたが、その試みが失敗に終わった事情を説明したうえで、その代わりに、マナプロオにセインウィンを首相とするビルマ連邦国民連合政府（NCGUB）を樹立した。

数か月後に、私が彼らと会い話をした場所がそこだった。

★

ビルマ軍のあらゆる攻撃に対し、なんとか固守してきた陣地ということから想像できるように、マナプロオは容易に近づける場所ではない。一五年ほどのあいだ、そこはビルマでもっとも頑強かつ難攻不落だった少数民族軍、カレン民族解放軍（KNLA）の司令部が置かれている場所で、陣地の入り口には「自由を、さもなければ死を」というスローガンが掲げられていた。陣地は、東側にモエイ川、西側に草の茂る練兵場から真っ直ぐに立ち上がる険しい山々に挟まれた細い棚状の場所にあるため、彼らは生きのびることができた。山の背後に連なる険しい山岳地帯の向こうにサルウィン川が流れ、ビルマ軍が陣を敷いている。

外国人がマナプロオに行くには、唯一タイ側から近づくしかない[1]。私はある雑誌社からマナプロオとそこに住む住民を取材する依頼を受け、カメラマンのグレッグ・ジラードと、バスでタイの国境の町メーサリアンに向かい、そこで小さなホテルの主人に目的地近くまで運んでくれるよう頼みこんだ。

出発して間もなく、舗装道路はなくなり、轍のできた泥だらけのデコボコ道を何時間も揺られ、浅瀬を渡り、曲がりくねった樹木が生い茂る山の中を進んでいった。われわれの乗ったピックアップトラックがダメになると、運転手が別のトラックを止め、われわれはそのトラックで川沿いの村メーサムレップに着いた。村では、舗装のされていない通りに沿って、小さな食堂と船外機用のチェーンやスペア部品を売る店が並び、その終点はサルウィン川の川岸にあるサイコロ賭博の賭博小屋になっていた。

われわれはついに戦闘ゾーンに踏み入った。川を渡った真正面には外からは見えないがビルマ軍の監視所が置かれていた。メーサムレップの竹造りの店は、風が吹けば倒れそうだが真新しかった。一年前、この村はビルマ軍の砲撃で全滅してしまったからだ。われわれが着いたのは四月の初めだったが、その数週間前にもビルマ軍がカレン族の村々に砲撃を加えていた。

川のところでわれわれは、目的地の方向に行く、車のエンジンを船外機にしたロングテールボートを見つけた。船の舵取りをするのは一〇歳くらいの少年だった。乗客で満杯になるとボートは走り出した。涼風が顔をなで、身体の両側に川の水が跳ねかかった。われわれはサルウィン川からモエイ川に分け入って南東に向かい、東岸にはタイ領の木を払った山々が、西岸には緑濃いビルマの森が広がり、前方には灰色をした鋭い円錐型の山頂がぼんやり見える。ボートは何時間もゆっくりと川を上っていった。そしてようやく川の西岸の砂利に船首を突っこんで停まった。ついに目的地に着いたのだ。

それは一年でもっとも暑い季節の、しかも一日のなかでもっとも暑い時間帯だった。モンスーンが到来する数週間前、マナプロオは焼けるような熱気のなかで静まり返っていた。萱葺き屋根の高床式バラックでは反乱軍の若い兵士たちが退屈そうに寝そべっていた。日陰では鶏やアヒルがコッコー、ガーガー鳴き声をあげていた。

だが眠くなるほどのんびりしているという印象は見せかけだった。この一〇日間、ビルマ軍は毎日カレン族の拠点を攻撃し、われわれが到着する一週間前に引き揚げたばかりだった。彼らはカレン族の九つの村を砲撃、爆撃し、村々を破壊して村人ふたりを殺した上、多くの村人に傷を負わせ、三千の村人を山中やタイ側にある難民キャンプに追いやった。マナプロオにはサルウィン川から迫撃砲が打ち込まれ、一日に四回も戦闘機が飛んできて、日を追う毎に爆撃の音が近くなってきた。ビルマ軍はここからさほど遠くない丘の頂上を奪取し、反乱軍にさらに強大な圧力を加えていた。反乱軍は前年ここよりさらに南にあった六か所の川沿いの陣地を失っていた。マナプロオはいまや反乱軍が死守する残り少ない砦のひとつだった。

★

カレン族が当初は独立を、そして後半は自治政府樹立をめざして断固たる抵抗をおこなう根本的な理由のひとつは、「ビルマ連邦」と呼ぶものが、ただの言葉でしかないことだ。「植民地支配が最初に否定したのが彼らの歴史だった」と、マーティン・スミスはその古典的な歴史書の中で、ビルマの武装反乱について理由を述べている。「一九四八年一月四日に成立した新生ビルマ連邦は、それまでの歴史に存在した、国民や国家とは異なるものだった」[2]

マナプロオを取り巻く山や川は、ビルマの中央平原を帯状に取り巻く南北に連なる山脈の南側に伸びたところにある。この独特の地形が先史時代からわれわれがビルマと呼ぶ国の発展を条件づけるものとなってきたのだ。スミスが書いているとおり、そこは「自然にでき上がった民族移動の通路」になっており、「アジア中央部の高原から、人びとの継続した流れがある」[3]。山や川は侵略者にとっては危険をともなう障害となるが、同時に山々が取り囲む地域に統一を求めて住む人びとにとっては防護壁となっていた。

数世紀にわたり数十の民族グループが「人類学者にとっての研究材料の宝庫」ビルマに定住し、絶え間ない出会いと融合が続いていたが、その間ひとつの統治が長く続くことはなかった。都市国家を築いたモン族、ビルマ族、アラカン族、シャン族といった、さまざまな民族の権力者が他民族を統治しようとしたが、結局自然の障壁が、しばしば谷間の王国間の勢力闘争を弱め、強大な勢力に発展することはなかった。

たとえば、イラワジ河流域にあった大都市パガンは一一世紀にビルマ族のアノーヤター王のもとで支配的な勢力となったが、その栄華は長続きしなかった。一四世紀から一五世紀にかけ、それ以前から台頭していたタイ系のシャン族が権力を握ったが、一六世紀にはモン族のペグー朝にとって代わられた。中央平原に住んでいたビルマ族が再度優勢になり、一八世紀にはアラウンパヤー王のもとで支配したが、最終的にモン族とアラカン族の王国を征服し、大体現在のビルマと同様の王国ができ上がったのは、英国のビルマ侵攻の直前だった。アラウンパヤー王が立てたコンバウン王朝はその後、半世紀にも満たない間に滅んだ。

全人口の約三分の二を占めるビルマ族は、その数ゆえに国土を支配し、その後数世紀にわたってこの土地がビルマと呼ばれるようになるのだが、長い歴史のなかに横たわる異なる民族グループ間の反目は決して消えることがなかった。民話のなかには、ビルマ族の圧制や不正を告発する物語が数多く残っている。「ユーワ（神様）が世界を創造したとき、彼は地上の土地のうち三か所を手でつかみ、それを自分のまわりに投げた」というカレン族の創造神話があり、ジョージ・スコットにより再び語られている。この伝説では「そのなかのひとつからビルマ族が、別のひとつからはカレン族が、そして三つ目からは外国人のカラ族が生まれた。カレン族は話し好きで、他の民族より話し声がうるさかったため、創造主は彼らの数が多すぎると考え、その半分をビルマ族の方に投げた。そのためビルマ族が圧倒的に多数を占めるようになり、ついにはカレン族を支配し、それ以来抑圧するようになっていった[4]」

平原からきた連中は、山地に住む部族を征服しようと、彼らの土地や女たちを略奪し、税をつり上げ、彼らを奴隷にしようとしたこともあり、ふたつの民族の間の憎悪は何世紀にもわたって積み重なっていった。その後、日本軍の侵略がはじまったことで、事態は新たな段階に入った。

現在、国境付近には約二百万人のカレン族が定住し、またラングーン近くのデルタ地帯には二、三百万を超すカレン族が住んでいる。一八八六年、英国が三度目で最後となるビルマ侵攻を果たして上ビルマを併合し、全ビルマの支配権を獲得すると、ビルマ族は英国の直接支配に従わざるを得なくなったが、カレン族を含む少数民族には、ある一定の範囲の自治権が与えられた。カレン族には仏教徒と精霊信仰のアニミストが混在していたが、そこにキリスト教の宣教師が大勢なだれこみ、原始的な精霊信仰者たちの改宗がはじまった。

一九四二年、日本軍がビルマに侵攻し、カレン族兵士が英国に忠誠を誓うと、日本軍とその同盟軍であるアウンサン将軍率いるビルマ軍の両方から、決して許すことも忘れることもできない残虐きわまりない制裁を受けた。カレン族のリーダー、ソーターーディンが一九八五年にマーティン・スミスに語っている。

「戦争時代に何が起こったかを知れば、カレンの人びとがビルマ人を信頼できるなどと思えない。ビルマ人はカレン人を殺害し虐殺し、カレン族の村々を略奪した。そんなことがあって、カレンの人びとがラングーンのビルマ人を信頼すると真面目に信じる人がいるだろうか？」[5]

独立交渉期間中、カレン族は自らが祖国とする地を堅持しようと抵抗した。国境地帯で最大の民族グループのカレンは、ビルマ連邦における「民族」の内部自治を認めるとするアウンサンの示した有名なパンロン協定への署名を拒んだ。[6]その代わりに、彼らはビルマ国家に対して武器を取って立ち上がり、それ以来闘いつづけている。マナプロオの陣地はいまや終わりなきゲリラ戦争の最前線となっていた。

しかし一九八八年半ばから続く、ビルマ中央部における反体制運動の大規模弾圧で、マナプロオの土地は新たな意味合いを持つようになった。いまやそこは、ビルマにおける民主化改革を求める活動家にとっての最後の隠れ場所となったのだ。

★

一九八八年の夏、ラングーンやその他の場所で発生した最初の虐殺事件のあと、ビルマ軍が政府への反抗者への徹底した制裁に本気であることが明らかになると、政治亡命者がこの地に集まって来だした。ビルマ軍は、そうした山岳地帯には山賊や未開の蛮族が大勢住み着いているとのプロパガンダを流したが、ラングーンやマンダレーから脱出した最初の学生活動家たちが森の中から現れると、カレン族の戦士たちは彼らを迎え入れ、我が家にいるような気分にさせた。マナプロオに最初にやってきたラングーンの学生活動家のひとり、タウントゥンは、「彼らは私たちを温かく迎え入れてくれ、息子のように世話をしてくれた」と語っている。[7] 新たに選出された議員がその地に到着する頃には、マナプロオにはすでに国内亡命者の大規模なコミュニティが形成されていた。

早朝、まだ空気が涼しいうちに、カナダ人の写真家グレッグと私は、各グループを順番に訪問して歩いた。雄鶏が鳴き声を上げ、川に低く立ち込める霧が、山側の樹木にまで立ち登っていた。川では全ビルマ学生民主戦線（ABSDF）中央委員会に所属する自由のために闘う戦士が衣服の洗濯をし、歯を磨き、ある者は冷たい水に飛び込んで身体を洗っていた。ある者は居住区の北側に建てられた竹と籐でできた家が並ぶ村の埃っぽい道路を掃き清め、掃いた枯葉を山のように積みあげて燃やしている。中央委員会の外務担当委員は医大の卒業生だったから、マラリアにかかって寝ている学生患者が横たわる小屋を見回っていた。マナプロオで二、三週間暮らした人間で、体を衰弱させるこの病気を免れた者はいない。

そこからほど近い小さな丘の上には、健気にも連邦大学と名のるキャンパスがあり、タイのポップミュージックのズンズンいうリズムが聞こえていた。それは単に大学でありたいと願っているだけで、英国から来たジャネットとカナダから来たジェニファーのボランティアの教師が、ビルマ各地から集まってきた数十名の亡命学生に英語、経済、歴史、音楽その他を教えていた。教室とはいっても小さな小屋で、本の数も少ない。しかし、学生たちの勉強意欲は旺盛で、しばしば講義や個別指導の授業がランプとロウソクの明かりの下で深夜近くまで続けられていた。

異なるグループ同士の連帯を調整するDABは、森の中に長屋を建て、そこに本部を置いていた。そこで私は、ビルマの最西端アラカン州出身の弁護士で民主化活動家、一九六〇年代には学生運動のリーダーだったカインソートゥンに出会った。彼によれば、ネーウィンの支配下における裁判制度の改変により、弁護士として活動することはほとんど不可能になったという。一九七四年以降、経験を積んだ判事らは法解釈係りに追いやられ、裁判そのものが将軍の友人たちの手に収められてしまい、判事が実際の裁判で発言するということはなくなってしまった。「人びとは法律というものをよく知る弁護士を選ぶことはなくなり、その代わり、判事に顔の効く弁護士を選ぶか、さもなければ地区の評議会の所に行くか、あるいは直接ネーウィン宛てに嘆願書を送付するように変わっていった」とカインソートゥンは言う。「法律というものは現在のビルマには存在しません。われわれのようなラングーンの弁護士はスーパーマンみたいなものです。法律のないところで法律業務をおこなっているのですから」と語った。

ＮＣＧＵＢがここに来ると、こうした既存のグループや他の人びとのいるところに一緒に本拠地をかまえ、他の居住者たちの場所から少し離れたところに頑丈なチーク材造りの家を建て、そこに七名の議員全員が移り住むようになった。そしていまやこの地の人口は約五千人を数えるまでになった。われわれが訪問した時には首相のセインウィンは不在だったが、ちょうど彼の下で外務大臣を務めるピーター・リンビンがヨーロッパを駆け足で回り、沢山の良いニュースをたずさえて戻ってきたところだった。ジュネーブで開かれた国連人権委員会小委員会の専門部会ひとつに出席するだけの予定が、ヨーロッパ各国政府からの多数の招待や好意の表明を受けたのだった。

彼は当然受けるだろう質問を予測していた。「彼らにわれわれ政府を認めてくれるよう頼んだりはしなかった」と言う彼は、「いまそんなことをするのは馬鹿者だけだろう。まずわれわれがしなければならないのは友人を作ること。われわれがどんな人間か、彼らが知るようになれば、われわれを信頼せざるを得なくなる。そしてわれわれの方も、学ばなければならないことが沢山ある。たとえば、正しい連邦政府のあり方とか。私はヨーロッパにいろいろ学びに、そして大勢の友人を作るために行ってきた」と語った。セインウィン博士も同じ意見だった。彼が率いる連合政府は、暫定的な組織であり、ピットゥフルットゥ

（国民議会）の開催が許され、正式な政府が樹立されればすぐに解散することになる。ビルマ国内で実際の活動をおこなうのが明らかに不可能なことを考えると、彼らにとっては、国境のタイ側にあるメーソットを本拠地とする同盟グループ、国民民主連盟―解放地域（NLD-LA）と協調して、外部世界との橋を築くことが急務だった。

★

議員、弁護士、学生活動家、教師、カレン族戦士とともに、マナプロオは僧侶のコミュニティも抱えている。僧侶たちは建築中の全ビルマ青年僧侶連盟（ABYMU）本部に住み、「聖人万歳」の看板を掲げている。将軍たちはみな、伝統的なビルマ仏教徒で、長年にわたり従来の仏教の信心を持ちつづけているが、一九八八年の反乱以来、僧侶たちと軍事政権との間の溝は広がっていた。

スーとNLDの同僚たちは、民主化運動の当初からサンガすなわち僧団との友好関係を築いてきた。一九八八年後半の遊説期間中、また一九八九年の最初の六か月間、NLDはビルマ中の僧院で手厚いもてなしを受け、パゴダで行われる宗教儀礼に参加した。同時に、ビルマの大衆の間に湧き上がってきたスーの人気は、彼女が単に政治的リーダーとしてではなく、ますます宗教的な人物として見られるようになったことを表している。彼女は菩薩、人びとを苦しみから救う聖なる人や、ビルマ語でナッタミーと呼ばれる天使や精霊のひとつ、過去に為政者により不幸な死をとげた歴史上の人物と同等に扱われる、現実に存在する象徴的人間として崇め奉られるまでになっていった。[8]

一九九四年二月にビルマを訪問した日本の学者、根本敬は次のように指摘する。「ビルマの人びとがアウンサンスーチーに求めるものと、彼女自身が将来望む民主的ビルマとの間には大きな溝があるように思える。アウンサンスーチーの一般的な支持者は、苦悩するビルマを救う女神（ナッタミー）として彼女を崇めがちだ。もしアウンサンスーチー自身がこうした個人崇拝に満足しているのであれば、両者の間に乖離は生まれないだろう。しかし彼女はそういう人ではない」

スー自身は何らかの女神として自らを崇拝の対象とすることを常に否定しつづける一方で、政治運動を開始した初期の頃から道徳と倫理が自分のメッセージの根底にあることを明白に示してきた。この信念について、彼女は決して揺らぐことはなかった。そのため、大勢の人びとと同様、野蛮で無能な将軍たちの下で数十年ものあいだ、苦難の道を歩まなければならなかった僧侶たちが、スーに対し支持と連帯を表明したことは驚くにあたらない。

このふたつのアウンサンスーチー像、すなわち、迷信的な人びとのあいだで共有される彼女の聖人像と、将軍たちに敢然と立ち向かい政治革命を起こす指導者として国民の心と感情に訴える彼女の姿は、一九九〇年の八月（ビルマでは雨季の真最中）、ひとつに重なった。それは、その年の五月に投票ブースのプライバシーが守られた空間でビルマ人たちが示したＮＬＤへの強い支持が、軍政によって裏切られたと徐々にわかってきた時期と機を一にしていた。

信心深いローマカトリックの国々で、マリア像が血の涙を流す奇跡が起きたとされる話と同じようなことが、選挙の後にビルマ中に広がっていったのである。地方のお寺や家々にある仏像の左胸が膨れだし、滴が染み出ているという噂が広がった。「この話はラングーンやタウンジーといった大都会に住む人びとにも信じられるようになった」と、根本教授は伝えている。この「奇跡」を、大勢の人びとはアウンサンスーチーにとっての幸運の前兆だと受けとめた。膨れた左胸は仏陀の母マーヤーを象徴する。ビルマでは仏像の左側にマーヤー像を置くことが多いからである。そのことから「左」は「女性」や「母」の力の象徴とみなされ、それはスーの持つパワーが次第に膨れ上がり、ビルマを苦難から救ってくれることを意味している、と多くの人々によって解釈されたのである。[10]

同様のことがビルマ各地で起こった。ビルマ人の良心の集合体を具現化するとされる僧侶たちでさえ、独立以来はじめて為政者たちの無慈悲な行為に怒りをあらわにして立ち上がったのだ。

ビルマは記念日が大好きで、とくに政治的に重要な記念日は忘れない。八八年八月八日の民主化蜂起に対する軍による大量虐殺事件が発生してから二度目の記念日にあたる八月八日が近づいてきたが、議会招集の様子はいまだにまったく見られず、何らかの抗議が避けられないのは確実だった。極端な不安状態にある軍事政権にとって目を奪われる新しい点は、その日起こった怒りの抗議のうち、もっとも強烈だったのは学生によるものではなく、僧侶たちによるものだったことだ。

記念日のその日、数百名にのぼる僧侶たちが、夜明け前にそれぞれ托鉢用の鉢を手に、マンダレーの僧院を後にした。その行進自体には取り立てて珍しいことはなかった。僧院近くに住む信徒たちが年中、毎朝僧侶に食べ物を喜捨することで功徳を得る、という仏教の教えから続けられてきた、変わらない儀礼の一環だからだ。今回何が違ったかと言えば、僧侶たちは托鉢用の鉢を逆さまに抱えていたことだ。それは僧侶たちによるボイコットを象徴的に示すもので、軍政を一時的に破門するという表明であった。国軍には功徳が得られないようにする、サンガだけが与えられるパワーを軍政には与えないという意思表示だった。そして僧侶たちの行進には次々と数千人の俗人も加わっていった。

市の周辺には騒乱に備えて軍隊がすでに配備されていた。兵士が僧侶を含むこの行進を見て止まるように命じたが、それが拒否されると、銃を発砲した。少なくとも四名が射殺され、そのうち二名が僧侶だった。

この流血事件に対し、サンガは無期限で軍政をボイコットすることを公式に表明した。このことはたちまちマンダレーからビルマの他の地域にも伝わっていった。一〇月までに、軍政は僧侶たちにボイコットの撤回を命じ、従わなければその僧団を解体するという通告をつきつけた。その結果、ラングーンにある一六〇の僧院の僧侶一万五千人、首都にいる僧侶の四分の一の数の僧侶がストライキを決行した。ビルマの宗教上の首都、マンダレーでは二万人の僧侶がストライキに参加した。

一九八八年に学生たちと労働者たちが集団で反政府デモを起こしたときの軍の対応は、まさに残酷極まりないものだった。何千人もが情け容赦無くなぎ倒され殺されていった。だが今回は、抗議が僧侶によるもので、しかも圧倒的な数だった。それはまさに一七年後に再び起きたサフラン革命の場合と同じような抗議だった。一般人が立ち上がればすぐさま流血の惨事につながるのに対し、僧侶による抗議に対する軍事政権の反応には、明らかに強い躊躇があった。

一方で軍は、敵対的な僧院を解体し、抵抗する僧侶を還俗させると脅迫した。この脅しは実行にうつされ、三つの僧院宗派が解体させられた。そして軍は抗議の再発に備え、マンダレーに軍隊を配備した。「軍は一二以上の僧院に奇襲をかけ捜索をおこなった」と『ワシントン・ポスト』紙は報じている。

そして政治的パンフレットからパチンコに至るまで、禁止されているいろんな物を没収していった。ビルマの以前の首都だったマンダレーは、まるで占領下におかれた都市のようになった。しかし占領軍は外国からの侵略者、一八八五年にマンダレーを制圧した英国などではなく、ビルマ語でタッマドーと呼ばれる、ミャンマー国軍だ。ヘルメットを被り、自動小銃を提げた兵士やロケット弾発射砲を抱えた兵士が徒歩やトラックに乗り、各地区をパトロールしていた。町の中心部、鉄条網の道路封鎖には兵士が配置され、主な十字路や施設を兵士が警護していた。この週のある日、外出禁止令が敷かれる午後一一時になると、兵士たちはドイツで設計されたG３攻撃ライフル銃を手に、住民居住地区を一列になってパトロールしはじめた。それはまるで敵の支配地域をパトロールする戦闘部隊のようだった。[11]

しかし一方でサンガを追放しながら、これと同時に、まったく違った方向からのアプローチもされた。八月の僧侶虐殺に対する謝罪をせまったサンガに対し、数人の将軍たちが僧院に出向いて膝をついて許しを乞うたのだ。「軍が仏教僧院の長老たちをなだめる努力をしはじめた」と『ワシントン・ポスト』紙はこの動向を伝えた。「将軍たちが長老僧の前に進み出て許しを乞う様子がテレビで放送された。また僧院にカラーテレビや輸入清涼飲料水など、非伝統的な供物を将軍たちが寄進する様子も放映された」

★

ＳＬＯＲＣのこの相反する対応は、軍政が後押しする国民統一党（ＮＵＰ）が大量の票を失ったことに加えて、この僧侶たちの挑戦が軍政の正統性に対する痛烈な攻撃だったという事実を露呈した。

植民地以後の政権の正統性はどの国でも崩れやすく、内部分裂が起こりがちなものだ。ビルマ史における最初の四〇年間、正統性というのはただひとつの名前に代表されていた。ビルマ軍の神聖なる父、新生ビルマ建国の英雄、アウンサンだ。首相のウー・ヌは、ボー・ジョーの戦友で、アウンサンが計画していた国家プランを彼の死後も引き継ぎ、広い意味での社会主義的政策を基本に、各少数民族をゆるやかな形の連邦体制で中央のビルマに結び付け、殉難者に代わって統治した。

一九六二年にネーウィン将軍率いる軍事評議会が権力を掌握すると、アウンサンの名前があらゆる機会に再び引き合いに出されるようになった。ネーウィンによる権威主義は、とてつもなく反民主主義的な体制への劇的変化を正当化する根拠を、アウンサンの記述のうちに見つけたのだ[12]。一九五七年、クーデタ勃発のまえ、ネーウィンの子飼いの学者マウンマウン（一九八八年に短期間だけビルマ連邦大統領となっている）が、自分が編集長を務めるラングーンの新聞『ガーディアン』紙に、「ブルー・プリント」と題された小論を掲載した。これはアウンサンが描いたビルマの将来像だと思われているものだ。一九四一年初め、彼が当時滞在した日本で書かれた小論の中で、未来のビルマの指導者アウンサンは、議会政治を「個人主義の精神を助長するもの」と批判し、ビルマも「〔一九三〇年代の〕ドイツやイタリアのような強力な国家統制を目指すべきだとし、「ひとりの指導者によるひとつの党、ひとつの国家」を提唱し、「反対政党は必要なく、個人主義などもってのほかだ。国民はすべて個人の上に君臨する国家に服従すべき」としている。

これは、アウンサンが日本の敗戦後、戻ってきた英国との同盟を受けて提唱した民主主義の統治モデル、ビルマが独立の際にとった政策とは完全に相反するものだ。実際この「ブルー・プリント」は、長年、アウンサンが書いたとされる著作物の中にいつも入れられてきた。しかし、ビルマ研究者グスターフ・ホウトマンは、この著作がアウンサン自身による記述ではなく、自分たちファシストの優位性を示そうとした日本軍内の彼の比護者が口述し、それをアウンサンに書き取らせたものだということを示す、説得力のある証拠を発見している。だが、マウンマウンがこの著述を、神格化された国家の指導者の著作であり、独裁主義者の為政法として位置づけたため、ネーウィンは国をあげてのアウンサン崇拝を途切れさせることなく、問題なく堅持することができた。

すべてはアウンサンスーチーの出現によって劇的に変化した。すでに述べたように、アウンサンの娘スーが軍政に敵対する勢力を取り込んでいったことで、軍事政権は、あの世から自分たちに恵みを与えてくれていると考え、長いこと崇拝してきたひとつの象徴、アウンサンと自分たちを切り離し、静かに徐々にアウンサン将軍への崇拝を弱めていこうとした。

それでは軍政は、自分たちの権威の承認をどこに求めるのか？　権力を掌握したとき、ソォマウン将軍は、ＳＬＯＲＣはこの先長期にわたって権力にしがみつく意図はなく、ただ複数政党制民主主義、文民支配にできるだけすみやかに移行する計画であることを強調した。しかし、「あの女」が選挙で楽勝したいま、速やかな権力移譲は論外だった。ＳＬＯＲＣは、無期限に権力の座に留まる必要があるのだ。だが、どのような理由を政権移譲の無期限延長の根拠としようというのだろうか？

アウンサン将軍を政権固持の理由として利用できなくなったことで、軍政はその正統性をずっと昔の一八八五年、英国軍によって途絶えたビルマ王たちに求めた。「ビルマ」という呼称を植民地化された国家を想起させるものとして忌み嫌い、それを捨て（「バマァ」という語はビルマ人自身によって何世紀もの間使われてきた呼び名だったのだが）、国名をミャンマーと変えたのが変革の第一段階だ。しかしこれはあくまで海外向けのジェスチャーだった。民衆が王を受け入れたと同じように、将軍らが国民に受け入れられるためには、王のように振舞う必要があった。そして、数千年にもわたるビルマ王政の基盤は、あくまで王とサンガの結びつきにあった。

仏陀とその継承者が特定の王の支配権を承認することで、その王は人民の目から見れば正統な王となった。僧侶たちが浄化の儀式をおこなってはじめて、王政はそのカルマにもとづいて正しい方向に進むことができるとされていた。それは共棲的な関係だった。僧の是認に対し、王はサンガの保護者として、自ら僧侶に僧衣や食物を与え、仏教信仰の偉大なる栄光を具現化するため、持てる財産の大部分を僧院やパゴダ建設のために投じた。王は同時に究極の権威者であり、サンガの特定のグループが、まちがった方向に外れた場合、サンガの一部の認定を取り消す権利を有していた。

ＳＬＯＲＣ、とくにソォマウン将軍が、いまもっとも必要としているのがこの関係だった。国民が認める政権としての正統性は、金を払ってでも必要なのだ。とくにアウンサンの娘が民衆の選挙による圧倒的な信任を得て政権委譲を迫るいま、ＳＬＯＲＣにとって正統性の獲得は一刻を争うものだった。しかし、軍がそれを喉から手が出るほど必要としているとき、頼みとする僧侶たちは顔を背け托鉢を受けないことで反対の意志を示し、敵対する側についたのだ。将軍たちが僧侶たちの扱い方をめぐって深刻な分裂を来したのは無理もないことだった。強硬なネーウィン路線支持者が、強大な力で僧侶を叩き潰そうとする一方、より現実的な軍人や迷信に怯える者は、何とか妥協点を見つけようと必死になっていた。たとえそれが僧侶たちの前に出てひざまずき、彼らにコカコーラを寄進するようなことになったとしても。

ネーウィンのまわりを固めた大部分の将校たちがそうだったように、軍事評議会の名ばかりの長で、二流で教養のない叩き上げ軍人のソォマウン将軍が、人民と僧侶の両方からの重圧に耐える能力がないのを証明してしまったのは驚くことではない。将軍の頭の中の考えと路上で実際に起きていることとの食い違いがはじめて民衆のまえに明らかになったのは、僧侶の反乱から一か月後の一九九〇年一一月、将軍のおこなった長い散漫な演説だった。「われわれが独立への努力を語るとすれば」と、彼はプロムの町の地方行政官を聴衆とする演説で語っている。以下はＢＢＣによって傍受された一部。

われわれが話をすべきある特別の時代を選ぶとするならば、三〇人の同志の時代を抜きにしては語ることなどできない。ビルマの独立が三〇人の同志によって勝ち取られたものであるとするならば、この三〇人の同志こそがビルマの核となる力である。わがビルマ国軍は、そういう核となる力から誕生し、そして今日に至るまで存在してきたのである。言い換えてみれば、わがビルマ国軍は、いつも常にそこにいたということだ。独立への戦いのあいだも、そして独立の後も、わがビルマ国軍はつねにそこにあり、その時どきで国家を危機から守ってきたのである。

冗長な話を通して、独立国家を生み出した英雄たちの列に、自分を組み入れたいという強い思いが表れている。言い換えれば、表立って名前を口に出せないアウンサンと同じ列に並ぶのだということを、ソォマウンは言いたいのだ。さらに将軍は、一九八八年の反乱について、あたかも起こった事件に対する罪の意識を拭えないかの様子で語りはじめた。

同じような状況が一九八八年に起こった。誰もが知っているように、ビルマ国軍が混乱を沈静化させる必要があったのである。一九八八年と言えば、いまからそれほど昔のことではない。そのとき何があったかは、決して忘れてはならない。私自身は、なすべきことをしただけであり、国家の歴史からみても、私自身の経歴からみても、決して恥ずべきことではない。わがビルマ国軍の役割は、国家の核となる力であり、そのビルマ国軍は国民のなかから生まれたものである。このことを理解するのは、非常に重要なことである。私が理解しているのは、わがビルマ国軍は国民と離婚することはできないということだ。わがビルマ国軍は、ビルマ国軍の将兵に、このことを理解するよう常に教えている。

それでは彼自身の役割はいったいどうなっているのだろう？　人民や僧侶が流した血で汚れた手を持つ将軍の役割は？　いったいどうしたら自分が国民のために役立っていると確信できるのだろうか？

「私は決して嘘をつかない人間だ」と口ごもりながら言う彼は、「自分の人生のなかで一度として嘘をついたことはない。私は規律に従い、法を守って仕事をしてきた。他人に対して嘘をついたことはなく、私に向かって嘘をつく人間は大嫌いだ。これから先どれだけ長い間他人の嘘に耐えなければならないのか？」

それから一年ほどのうちに、彼は完全に常軌を逸してしまった。一九九一年一二月二一日にラングーンで開かれた国軍幹部将校たちによるゴルフトーナメントで、将軍はリボルバーを振りかざし、その場の人びとに向けて、自分はビルマの初期の王朝のもっとも偉大なる、そしてもっとも平和を愛したチャンシッター王の生まれ変わりだと宣言してしまったのだ。この事件から四か月後の一九九二年四月、ソォマウンが健康上の理由により辞職したとの素っ気ない発表がなされた。

★

正統性とは何を意味し、どのようにして得られるものだろうか？　ドイツの社会学者マックス・ウェーバーは、下された命令に従うのは、恐怖からという場合もあるだろう。だがほかの理由、感情的な「好意」、あるいは信仰や思想における「理想」が理由になることもある、としている。ウェーバーは、スコットランドの哲学者デヴィッド・ヒュームの論を取り上げている。ヒュームは、政府の権威は世論によっていると主張する。利害関係、恐怖、有利な立場への期待などを持つ世論だが、同時に正義を求める世論もある。為政者が納得しない人びとを説き伏せるのに十分な軍隊を招集する前に、少なくともいくらかの国民がその為政者に従うのが正しいと納得していなければならない。

しかしビルマの総選挙の影響および、ＳＬＯＲＣがその結果を無視する決定を下したことで、軍事評議会の正統性の度合いは著しく低くなった。占領軍は、一九世紀に英国軍がビルマで起こした三度の戦争でしたように、占領地域を力で制圧することはできるが、それは正統性のあることではない。ＳＬＯＲＣは当時の英国軍と非常に似た立場におかれていた。恐怖のみによる統治をはかっていたのだ。

一九九一年の春、私はマナプロオを訪問した後、当時外国人に許された唯一の方法でビルマ本土を旅して回った。つまりガイド付ツアーに参加したのだ。都会の人びとは恐怖に凝り固まっていて、外国人とはいっさい話をしたがらなかった。私はマナプロオで会った弁護士、カインソートゥンから手紙を預かり、ＮＬＤ中央執行委員会の委員でビルマ弁護士協会の女性会長、ドー・ミンミンキンに渡すよう依頼を受けていた。私は彼女から良いインタビューが取れると期待し、同時に彼女から重要人物の何人かを紹介してもらえるかもしれないと期待していた。しかし物事はそのように簡単には進まなかった。

彼女のオフィスは、ラングーンの中心にある商業地区の建物がゴチャゴチャと入り組んだ場所にある建物の二階にあった。彼女は慇懃に私を迎え入れ、カインソートゥンからの手紙を渡すと、机の後ろで立ったままそれを読み、その後その手紙を私に戻し、すぐにその場から立ち去るように言った。「貴方がここから出ていった途端、国軍情報部があの階段からここに上がってくるでしょう。彼らは貴方がここで何をしていたのか知りたがり、私に何か手渡さなかったかと尋問するでしょう。だからその手紙を早くどこかで処分してください」。この翌月、彼女は逮捕され、二五年の禁固刑が言い渡された。はたして私と会ったことがその原因だったのかどうか、私には知るすべがなかった。

恐怖に支配されるというのはこういうことだ。しかし、それは単に恐怖だけであり、いやいやながらの敬意でもなければ、軍にはこうした行動をとる特権があると認めるものでもない。われわれが再びツアーバスに戻り、スパイではないかと思う人間たちから離れて安全になると、ツアーガイドたちはSLORCに対する軽蔑や嫌悪感を隠すことなく表した。ガイドらは、強制労働によって造られた道路を指差し、家をブルドーザーでつぶされた人びとのために市の中心部から離れて造られた、みじめでみすぼらしい家が立ち並ぶ新しい町について説明してくれた。古代都市パガンでのガイドに、密かに自分はジャーナリストだと身分を明かし、自転車を借りて特別にひとりだけの個人ツアーを頼み、新しく作られた悲しい町を見て回った。そこは外国から訪れるツアー客に対しパガンを見栄え良くするため、パガンの漆塗り職人が軍政によって連れてこられた町だった。総選挙の後、一般のビルマ国民は野蛮で正統ではないとみなす軍政の命令に従わざるを得なくなっていた。

グスターフ・ホウトマンは、ビルマ語のふたつの言葉、両方とも大雑把に「権力」と訳される言葉「アナ」と「オウザ」の間にある大きな違いを指摘する。アナは、「国家のむきだしの権力」、「オウザ」という言葉は、本来の意味として「栄養」という意味があり、そこから「肥沃な土地」のように何かに強さを与えるものという着想につながる言葉だとする。ホウトマンはオウザを「影響力」とも訳している。

「アナとオウザというのは、権力と影響力のように互いに混じりあう」と、ホウトマンは述べている。「他者に対して大きな影響力を持つ人間は、多くの場合、権力が与えられていて、そして権力を持つ地位にある者はまた他人に影響を与える」[13]。アウンサンのような偉大な指導者や、ごくわずかのビルマ王（チャンシッター王も含め）は、アナとオウザの両方を備えていた。そのため、彼らは磁力のように民衆の心を捉えて離さなかった。だが、一九九〇年の総選挙の結果、SLORCは残ったオウザをすっかり使い果たしてしまったと知った。「国軍は一九六二年以後、ずっと権力を行使し、支配者として君臨してきたが、自分たちの独裁権力（アナ）が国家を統率するのに堪えられないと気づいた。そしていまや、彼らは目に見えず、移ろいやすく束ねることのできない何かが、ビルマ中の影響力（オウザ）のある人びとや人気のある人びとの間に流れていることに恐れを抱くようになった。彼らはそうした人物により、自分たちの特権が剝奪されるのではないかと恐れている」と彼は綴っている。

将軍たちは、オウザを具現化した、全国民の上に立つひとりの人間、すなわちアウンサンスーチーを、人びとから完全に隔離し、締め出したから、彼女の持つ大きなオウザは行使されるはずがないと安堵していた。しかし、彼女がユニヴァーシティーアヴェニューの屋敷に軟禁されながら、いかに自分の時間を過ごしているかを知れば、将軍たちは安心してはいられなかっただろう。

★

アウンサンスーチーは、一五年以上も軟禁状態にあったが、最初の数年が一番厳しかった。彼女は、あらゆる機会を捉えてそう伝えてきた。二〇一〇年一一月の解放直後、彼女はBBCの特派員、ジョン・シンプソンに「最初の数年は最悪でした。深い谷底に突き落とされましたから」と語っている。

生きていくのに必要な慰めとなる人のすべてが、彼女からひとつひとつ取り上げられていった。党の仲間たち、友人たち、子どもたち、そして夫と。誰かと話す電話も取り上げられた。まだ家庭を思い出させる、家族からの手紙と本やおいしい食べ物の入った小包は届いていた。しかし選挙に備えて、キンニュンは、スーが多大に有するオウザを少しばかり得ようとして、軍事政権は彼女を優遇し親切にしていると、ビルマの一般大衆ならうらやましさで卒倒するようなぜいたく品を、彼女のために渡したと報道陣に話した。スーに宛てた小包のひとつを開け、ジェーン・フォンダのエクササイズ用ビデオ、エンサイクロペディアブリタニカの百科事典、数冊の小説、缶や瓶詰の食品など、箱の中味をカメラの前に並べて写真に撮らせ、『ミャンマーの新しい光』紙に掲載させた。

この一件以降、スーは一九九五年に解放されるまで、いかなる手紙も小包もいっさい受け取りを断った。彼女のとったこの拒絶については、とくに子どもたちが二年間、会うことをいっさい許されず、いかに母親と連絡をとりたかったかを考えれば、頑固で非情だとして非難もされた。しかし投獄されている党の同志たちと同じ境遇に耐えることで、連帯を示そうとした彼女の心情は、理解されるべきものだ。軟禁されている者に手紙を受け取る権利はあるはずだ。しかし、手紙が温情で渡されるというのなら、自分の特別な立場ゆえに温情で許されるすべてのものの受け取りは、拒否すべきであった。

彼女の孤立は深まっていた。ビルマ国内からも海外からもひとりの訪問者もいなくなった。牢獄につながれ、食事を差し入れてくれる親戚もなく、飢えかかっている同志たちとの連帯を保つため、彼女は軍政からの食べ物の差し入れを断っていた。そのうえ使えるお金は一銭も持っていなかったため、監視兵たちに指示して屋敷から家具を持ち出させ、それを売って食料を買う金に換えた。彼らはスーの指示に従うように振舞っていたが、実際それらの家具は、国軍の倉庫に保管されていた。見せかけの取引によって得られたお金は、細々と命をつなげるほどの乏しい額だった。スーは後にあるインタビューでこう語っている。

時には食べ物を買うお金がないこともありました。次第に栄養失調状態になって、髪の毛が抜け落ちるまでになり、ベッドから起き上がることもできなくなってしまいました。心臓に障害をきたしたのではないかと心配しました。身動きをする度に心臓がドクン、ドクンと鳴り、息をするのも苦しいほどになって。通常は四八キロある体重が四〇キロぐらいにまで減ってしまいました。死ぬとしたら心臓病で死ぬか、さもなければ餓死するのだろうと思っていました。それに、視力も落ちましたし、脊椎の退化が原因で脊椎炎にもかかってしまいました[14]。

そこで彼女はいったん話を止めると、人差し指で自分の頭を指して言った。「でもここまで駄目になることはありませんでしたけれど」

時には荒れ果てた古い屋敷で真夜中に目を覚まし、父親の霊がそばにいると感じることがあったという。「時には夜になってから階下に降りてきて」と、別の特派員に語っている。「家の中を歩きまわり、父の写真に見入って父をとても身近に感じることがありました。そんなときは父の写真に向かって言うんです。『お父さん、お父さんと私、私たちふたりであいつらに立ち向かいましょう』って。父が傍にいると思うととても安らかな気持ちになりました。時どきほんとうに父が隣にいるのではないかと思ったくらいです[15]」

スーはそれまでにいくつもの大きな悲しみを味わってきた。父アウンサンの暗殺、その六年後の兄の死など。しかし、今回の自宅軟禁のような過酷な試練にはそれまで一度も遭ったことがなかった。その試練は彼女が内面に蓄えていた力のすべてを要求するものだった。

数年後、彼女は南アフリカのナタル大学から名誉博士号を授与されるが、それについて、感謝の念をこめながら感想を述べている。「この名誉学位の授与は、私たちの運動の意義に共鳴して、伝説の英雄たちが加勢に駆けつけてくれたのと同じくらいに大きな意味を持つものです[16]」。夫マイケルが代読した彼女の返礼スピーチでは、過酷な日々の間に学んだ事柄についても語られている。

「人生の長く厳しい道のりで、時には苦痛以上にほとんど何も与えられないにしても、存在を脅かす苦難から力を引き出す能力を磨くのには、より大きな苦痛が必要です」と彼女は述べている。「多くの知恵は、気楽な人生よりもむしろ苦難の道から得られるものです。自宅軟禁の数年間に、私はラビンドラナート・タゴールの詩から貴重な教えを学びました。中には不十分な翻訳があるかもしれませんが、自分自身で見つけるのは難しい、心の奥底の自由な魂に触れたものです。この詩には「ひとりで歩め」(“Walk Alone”)という厳しい題がついていますが、そこに込められたメッセージもまた厳しいものです。

人があなたの問いに答えないなら、ひとりで歩きなさい。
人が無言で壁に向かうことを恐れ、立ちすくむなら
ああ不幸なあなたよ
己の心を解き放ち、ひとりで声をあげなさい

人があなたに背を向けて荒野に置き去りにしたら
ああ不幸なあなたよ
茨を踏みしめて歩きなさい
血に塗れた道に沿ってひとりで歩きなさい

嵐の吹き荒れる夜に人が明かりを掲げてくれないなら
ああ不幸なあなたよ
稲妻に焼かれる苦痛であなた自身のこころに火をつけなさい

そしてそれが燃えるままに放っておきなさい

スーはさらに続けた。「この詩は心を慰める詩ではありません。そうではなく、人はもっとも過酷な試練からこそ力を引き出すことができる、苦悩を土台にした忍耐の砦が築かれると教えてくれるのです。己の苦痛の発する稲妻の炎で心に火を点けることを学んだ人間が、負けを知ることなどどうしてできるでしょう？　人生が差し出す最大の試練から学び、それを潜り抜けられた人にこそ勝利は約束されるのです」

しかし、それ程過酷な試練が約束する「勝利」とは何を意味するものなのだろう？　ただ単に、ひとりの女性が苦しんだから、将軍たちが降参するという意味ではないだろう。いったい何を意味するのか？

★

自宅軟禁中、母親からしつけられた規律の精神が蘇り、スーを助けることになった。「規律ただしい生活をはじめようと決心して、きちんと時間割を決めて物事を進めることにしました」と後に彼女は語っている。「時間を無駄にした上、成長が止まったままになってはいけないと思って。それでまず朝は四時半に起床して一時間瞑想することにしたのです[16]」

これは新たに加えた習慣で、軟禁された当初からはじめたものだった。彼女は突然、ビルマ中でもっとも忙しくもっとも必要とされた人間から、世界の時間をすべて自分のものとしてもてる、しかもそれを分かち合う相手がひとりとしていない状態になった。

それまで仏教徒として彼女がおこなってきたのは、昔からの習慣を踏襲してきただけだった。一九八六年には息子たちに、すべてのビルマ人の母親がするよう、シンビュー儀礼をおこなった。その年のはじめ、彼女は日本の田舎を訪れた際、ビルマ様式の仏像を前にして、突然強い信仰心を見せたことがあった。週に一度、仏壇の前で数珠を数えて呪句を唱えるのも習慣のうちだった。選挙遊説中、マ・テインギーは、スーが毎週自分の生まれた曜日の火曜日に唱えていた呪文について日記に書き記している。もっとも火曜日を忘れなければの話だが。

明かりが消え、今日が火曜日でなくてよかったとスーに言った。スーが理由を聞くので私は笑い、火曜日には数珠を四五回数えなくてはならないでしょうと。彼女は四四歳だと思うけど、自分の生まれの火曜日には一〇八個の数珠を四五回も数えていた。ニャムドゥにいた四月四日は、一五回しかできなかったらしい。仏の冒瀆になるかもしれないが、私はそのあと火曜日にはわざと忘れて言わなかった。私は呪文や経や数珠が、ひとの運命を変えるとは信じない。変えるのはメッタ〔慈愛の心〕だけ。スーには、何百万の人びとの愛と祈りがある。

この日記が書かれたのは一九八九年四月だった。だがそれに続く恐怖のドラマの数か月は、スーの完全な隔離で最高潮に達したのだった。いまやスーには、単に決まりきった古い呪句を唱えるよりも、何か奥深いものが必要だった。

仏教徒によれば、仏教では自分が教えを必要とした時に、教えが得られるのだという。「一九八九年に自宅軟禁となる少し前」とスーは後に書いている。「ウー・パンディタ僧正にお目にかかる機会を得ました。師は、偉大な教師、その言葉が常により良い在り方への助けとなる、偉大な精神的指導者たちの良き伝統の中で、特別なお方です」[18]

ウー・パンディタ僧正は、スーの屋敷からそれ程遠くないラングーンのゴールデンバレーの瞑想センターを拠点にして指導をおこなっており、内省を目的とする瞑想では世界的に有名な指導者だ。直接の説法や書きものを通して、師は、実践的な仏教を教えるが、それは、家具造りや庭の手入れを教える人が、そのやり方を指導するように、簡潔でわかりやすい。

スーがクリスマスに夫マイケルからプレゼントされた師の講和本『現世における仏陀の救いの教え』(*In This Very Life*)には、「われわれは、人から尊敬を受けるために瞑想をしているのではない」と書かれている。「われわれは、世界の平和に貢献するために仏教の修業に努めている。仏陀の教えを守り、信頼にたる師の教えを受け、それを受けた人間もまた仏陀の浄化世界を他に伝えられるように学ぶのだ。己の中に浄化されたものが見えたとき、ひとは他人を感化し、ダンマ、すなわち真理を分かち合うことができる」

ビルマが石油や天然ガスを売りはじめる前は、瞑想が国の一番重要な輸出品だった。しかし、ウー・パンディタ師とその亡くなった師マハーシ・セヤドウの教えは、仏陀の真理を密接に反映したものだが、両者の教えは革命的だった。

六〇年ほど前までは、瞑想は僧侶だけがおこなうものだった。仏教では、すべての人間が良くも悪くも、前世からの輪廻によるカルマを持って生まれてくると信じられてきた。生涯を僧侶として過ごすことを自ら進んで選んだ人間は、仏教のニバーナという到達点、すなわち解脱の域にもっとも近い人間とされ、農夫や商店主などは到達点からかなり遠い人間とされていた。[19]

僧侶は自らを浄化するため、そして仏陀の真の教えを他の人に伝えるために瞑想をおこなう。信徒はみじろぎもせず多大な努力を要する瞑想をしている僧侶と同じことをする必要はない。その代わり、功徳を得るため、僧侶に食料や衣服などを寄進する。信徒が裕福な場合、パゴダを建てることでもっと大きな功徳を得られるとされている。この仏教世界をヒントにした、いささか偏った固定観念がオーウェルの風刺小説『ビルマの日々』(*Burmese Days*) で取り上げられており、そこには「貪欲で賄賂まみれのビルマ人商人」が、改心して良い人間に変わろうと悪事で稼いだ金をパゴダの周囲に振りまくという話が書かれている。[20]

だがすでにオーウェルも書いているように、いまではこの固定観念は古くなってきている。

英国が一八八五年にビルマ王制を廃止したとき、同時に彼らは千年ほどのあいだ、激動のなかを生き抜いてきたサンガも否定してしまった。僧侶たちは王という後ろ盾を失ってしまったのだ。それこそが、常に僧侶が英国統治に対する反乱の先頭に立ってきた理由だった。今後は誰が僧侶たちのために法衣や托鉢の鉢を与えてくれるのだろう? これまで王と分かち合い享受してきた共棲関係や神聖化の関係において、誰が彼らのパートナーになるのか?

王と僧侶の相互に支え合う関係の空白期が、一種の精神的共和主義とも言える革命思想を産み出した。つまり王の代わりに国民が新たな庇護者、新たな王として出現したのだ。ひとりひとりの民は貧しいかもしれないが、結集すれば偉大な集合体となる。新たな動きの中心となったこの革命的な思想は、ウー・パンディタ師の法話集、『現世における仏陀の救いの教え』にも書かれている。信徒たちはもはや解脱までに、百回以上の輪廻を繰り返す必要はなくなった。一般の信徒たちは僧侶にならって、何時間も瞑想のときを過ごしはじめたのだ。これまでのように、来世で浄化されるのではなく、一度の人生で「浄化を体現」できるようになったのだ。同時に、信徒たちは、瞑想によってもたらされる他の効果も得ることになった。特筆すべきは、信徒たちが徐々に道徳的な進歩をとげるようになったことだ。「道徳とは他の存在と主体とが一体化した感覚の現れである」と、ウー・パンディタ師は書いている。

この革命的な考え方は、その後の仏教拝礼の動き、ビルマにおける一般信徒による瞑想という新たな仏教拝礼の運動の基礎となった[21]。ビルマ国内で、男女を問わず約百万のあらゆる年齢層、あらゆる階級の人びと、これはビルマの国軍の二倍の数、全時間を僧侶として生活している僧侶の数の約二倍にあたるが、こうした一般民衆が、ウー・パンディタ師のような指導者のもとで、個人的な浄化を求めるものとしてだけでなく、社会的浄化の方法として瞑想をはじめるようになっていった。

ラングーンのパンディタラーマにあるウー・パンディタ・センターに代表される瞑想センターの多くは、いまや各地で都市部のもっとも立地条件の良い土地を保有し、多くの専門職知識人や国軍将校も含む、じつに多くの人びとの忠誠を一手に集めて、潤沢な資金を持つパワフルな組織となっている。

これらの組織は、徳の高い高僧である師を中心に運営され、政治的な活動を避けるよう慎重な配慮がなされているため、軍事政権は干渉することができない。知的面でもまた社会的にも、瞑想センターは、ビルマのなかでもっとも解放されたところ、つまりスパイを恐れることなく自由に意見を交わし合い、思い出を語り合える場所なのだ。一九八八年から八九年にかけて発生した暴力事件や、その後の数年にわたる軍政による暴走、過去五〇年にわたってその名に相応しい国家機関を築けずにいる軍事政権の失政の下でも、人びとは、毎週何時間も、心の平安を求めて瞑想を続け、瞑想センターはいよいよ堅固で安定した組織となっている。そして繰り返し言うが、彼らは決して政治活動に足を踏み入れなかったにもかかわらず、強固な連帯意識と資金を持ち、あらゆる不正を排除する姿勢から、善に直結する確かな存在として、ビルマの将来を決定する大きな影響力を行使する可能性を持つようになった。

一九八九年の夏、ウー・パンディタ師がおこなった講和に謙虚に耳をかたむけ、そして師の本を読み、毎朝起床して瞑想することによって、スー自身もその新たな動きの一端をになうことになっていった。

一九八八年八月、スーはシュエダゴンで数十万の人びとの前で最初の公式演説をおこない、すばらしいデビューを果たした。その一年後、自身の屋敷で静寂と孤独に包まれながら、自身の存在をひとりの近代ビルマ人と位置づける意味で、もっと注目すべき新たな一歩をスーは踏み出した。

元国防大臣でスーが率いるNLDの議長ウー・ティンウーも瞑想をおこなっている。実際、ネーウィンによって追放された後は僧侶として過ごしていた。現在、議長代行を務めるウー・チーマウンも熱心な瞑想家で、アラン・クレメンツとの会話のなかで、瞑想することの意味を簡潔に語っている。

「スーが逮捕されたあの日、ワシらは一緒になって大笑いしながら話をしとったと聞いたら、きっと驚くわな」と、スーの逮捕について言い、彼は話を続けた。

話し手は、過去に起きたことに何の悔いも感じとらんから。過去の「私」はもう死んでいるんだから。同じことで、いま話し手は、未来の「彼」に起こるかもしれんことなど心配しとらん。実際、「彼」はその身のほどなどまるで気にしとらん。ワシが努力しているのは、そのときからそのときへと自覚して生き、すべての生けるものに対してわけへだてなく、執着しない心で、できるかぎりの奉仕をすることだな。宗教が政治をどうにかできるか？　考えんな。ただワシの最善を尽くすだけだ。[22]

そしていまスーが彼らの列に加わった。「多くの仏教徒の同僚と同じように、私も軟禁されている間の時間を有効に活用して、瞑想をおこなうことに決めました。実際はそんなに簡単なことではなかったのですが」と彼女は書いている。[23] しかしウー・パンディタ師の講話本を手に入れてから彼女は前進した。「正しい瞑想のやり方がわかってきて、より多くの時間をそれに費やすようになりました。瞑想の喜びを知れば知るほど、長い時間を瞑想して過ごそうという気になります[24]」
仏教の師から学び、毎日クッションの上に座って何時間も瞑想のときを過ごすことは、他のどのような手段にもまして、スーが将来どの様な方向で政治にかかわるかを決定する大きな影響力を持つことになった。「私たちは、より良い民主主義、慈しみと慈愛のあるより完全な民主主義を求めています」と数年後、スーは語ることになった。「政治において愛や慈しみを語ることは決して恥ずかしいことではありません。愛や慈しみというものの価値は、政治に含まれるべきものです。なぜなら正義は常に慈しみに左右されるからです。私たちは『慈しみ』という言葉の方を好みます。『慈悲』という言葉よりずっと温かくて優しい響きを持つからです[25]」

ネーウィンを非難した強烈な言葉を、彼女は二度と使おうとはしなかった。

一九八九年六月、「ネーウィン将軍は」と、彼女は将軍を攻撃していた。「国軍を人びとから疎外した責任者です。国軍をただ自分の言葉に応えるものに作りあげたのです。ウー・ネーウィンは、いまもなお、ビルマに問題を作りつづけています。二六年にもわたってビルマ国民に苦悩を与えつづけているのです[26]」

スーを自宅軟禁に追いやった、強烈で人を痛めつける冷酷な言葉だった。「ウー・パンディッタ師は、サンマーヴァーチャー、つまり正しい話の大切さについて説かれました」と、一九八九年に師に拝謁したときのことを、彼女は後に書いている。「言葉とは、単に真実のみを語るのではなく、すべての人びとに調和をもたらすよう、優しく、心地よく、そして有益なものでなければなりません[27]」

もしスーがネーウィンに抗議する演説の前に、ウー・パンディィタ師の説話を聞いていたら、暴君に対する激しい言葉は使わずにすんだかもしれない。もしそうだったとすれば、自宅軟禁からは逃れられたのだろうか？　それはビルマ史につきまとう、数多くの「もし」のひとつだ。

4　ノーベル平和賞

一九九五年七月一〇日、じつに二一八〇日に及ぶ軟禁の後、アウンサンスーチーは突然解放された。彼女はちょっとした別人となって、劇的に違う世界に姿を現した。

解放されたその日、彼女はラングーンで記者会見を開き、将来に寄せる期待について声明文を読み上げた。記者会見で撮られた写真には、別人のような彼女の姿が写っている。頬はこけ、孤独に耐えたこの六年間、いかに厳しい生活を送ってきたかを物語っている。だがそれが逆に彼女の目の覚めるような美しさを強調していた。軟禁によって食料や何やかや不足していても、美しさは損なわれていなかった、シワひとつなく、恐怖の影も、悲しみのかけらもない。蒸し暑い七月の気候に、黒い前髪が湿り気を帯びて額に垂れ下がり、頬やまぶたには赤みがさしていた。彼女は常に実年齢よりも若く見られる女性だが、五〇歳の誕生日から三週間が経ったその日も、その年齢には見えなかった。ただ、彼女の顔つきにはそれまでに見られなかった大人の風格があった。五〇歳の人妻でふたりの子どもの母親である成熟した女性についてこうした印象を持つのはいささかおかしなことだが、この顔と一九八九年の選挙遊説時の彼女の顔を比べると、誰もがこうした印象を抱く。驚異的な遊説をおこなったあの頃の彼女は少女のようだった。いま、彼女は過酷な試練を単に生き抜いただけでなく、瞑想の指導者が約束したとおり内面から浄化されたのだ。

「ようやく自由になれると聞いたときは頭の中が真っ白になった」と、数日後に彼女は話している。

「同僚たちと再会してはじめてやっと大きな幸せに包まれた気持ちになりました。解放されて最初に会ったのは、一九九〇年に党を率いて勝利に導いたウー・チーマウンとその妻でした。ふたりに会えてそれはほんとうに嬉しいことでした。それまでは何も考えることができない状態でしたから。そのとき思ったのは、ようやく自由になれる、ならばこれからはいままで以上に懸命に仕事をしなくては、ということでした」[1]

世界中にアウンサンスーチー解放のニュースが流れると、南アフリカ聖公会の大主教デズモンド・ツツが歓喜の声をあげた。「アウンサンスーチーが解放された！　信じられないくらいすばらしいことだ！　一九九〇年の二月にネルソン・マンデラが刑務所から釈放されたあと、威厳を少しも損なうことなく自由の道へ大きく踏み出した時とそっくりではないか。世界中がその姿に熱狂した時とまったく同じだ」[2]

記者会見の声明で、スーは南アフリカの状況に関しても触れている。「私が自宅軟禁状態にある間に、世界のあらゆる場所で信じられないほどの変化が起こっていました。そして改善に向けたこうした変化はすべて、対話を通してもたらされたのです。一時は南アフリカで憎むべき敵同士だった人たちが、いまは人びとの暮らしの向上のために協力し合っています。どうして私たちは、同じ改革を期待できないのでしょうか？」[3]

だが、彼女が対話についての希望を断言ではなく、哀調を帯びた疑問のかたちで託したとすれば、それにはそれなりの理由があってのことだった。彼女が自宅軟禁におかれていた期間、世界の関心を引きつけた自由への闘争にかかわった、彼女と同じような立場にあった人びと、すなわち、マンデラ、ツツ、ハベル、ワレサその他の民主化運動家の多くが、いまや世界を動かす指導者となり、ある者は権力の中枢に収まっていた。だがスーの解放は、あまりに突然で予期しなかったものだ。彼女自身も世界中の他の運動家にとっても、今後事態がどこに向かうのかは推測の域を出ない状態だった。

★

解放はスーにとって、同時期に解放された党の中央執行委員会の仲間たちと再会し、彼らとともに国民民主連盟（NLD）の老朽化したオフィスに戻って仕事を再開し、選挙以来、国家法秩序回復評議会（SLORC）によってバラバラにされた党を元に戻すことができるということを意味した。解放の一か月後、彼女は「まず必要なのは、わが党にとって適切な事務所としての設備です。いま私の目の前にあるのは古びたタイプライター一台という有様なので」と語っている。[4]

解放はまた、殺到するさまざまなインタビューをさばくことも意味していた。自宅軟禁となる前の彼女は、世界の中でビルマに関心を持つほんの一握りの人びとのあいだでだけ同情をよせられ懸念される人物だった。しかし、世界から隔離されている間に、彼女はスーパースターになっていたのだ。

さして重要ではないことから、すべてははじまった。「親愛なるスーへ」の言葉ではじまる手紙は、レイチェル・トリケットからのもので、一九九〇年、ビルマの総選挙の二週間後、夫の気付で彼女宛てに送られていた。「当セントヒューズカレッジ理事会は、貴方に名誉フェローの称号を贈ることに決定したことを謹んでご報告申し上げます[5]」

苦い思い出のあるこの大学からの、このような名誉称号授与の知らせを聞いて、おそらくスーは眉をひそめただろう。なぜならこの大学は、彼女が専攻科目を変えようとしたとき、二度にわたってそれを却下し、ふたつ目の学位習得をめざして他の研究機関に受講申請した際、卒業時に与えられた三級の学位を理由に申請を却下されることになったのだ。ただしその頃には、彼女は一切の手紙の受け取りを拒否していたから、この表彰の話はもっと重大なニュースに埋もれることになる、一九九二年の半ば以前に耳にしたとは思えない。

この大学の表彰があってからさほど経たないうちに、欧州議会が彼女にソ連のもっとも有名な反体制活動家で、当時まだシベリアに国内追放されていたサハロフ博士の名前を冠した「思想の自由のためのサハロフ賞」を授与することを決定したというニュースが伝えられた。また、同じ年にはトロロフ・ラフト人権賞の授与も決まった。しかしさらに大きな賞が彼女を待ち構えていた。

それは一九八九年一二月に、オックスフォード大学の法学及び法哲学教授ジョン・フィニスがオスロに推薦状を送ったことではじまった。他の推薦人もまた彼女を推した。中でももっとも重要で説得力のある支持者のひとり、ヴァーツラフ・ハヴェルは、最終的に彼女の後見人になっている。そして、一九九一年一〇月一四日、オスロのノーベル委員会は、アウンサンスーチーにノーベル平和賞を授与すると発表した。

この発表でＳＬＯＲＣが考えを変え、スーとの交渉に踏み出すだろうと想像するのは、彼らの心理をまったく理解していないことだ。とはいえ、将軍たちも事の重大さに気づいていない訳ではなかった。将軍たちが世の中から彼女のことを忘れさせようと、あらゆる手を打っているまさにそのなかでのノーベル平和賞の受賞は、スーが国際的支持を得たことを意味しているからだ。当時ＳＬＯＲＣの議長だったソォマウン将軍は、スーのノーベル賞受賞は自分にとって屈辱だと受けとめ、そのショックから二度と立ち直れなかったといわれている。そのせいか、授賞発表の二か月後、将軍はゴルフコースで発狂したかのような振舞いを見せ、さらに四か月後、強制的な辞任に追い込まれた。

スー自身が賞を受け取ることはできなかったため、一九九一年一二月一〇日、オスロで開かれたノーベル賞授賞式では、息子のアレクサンダーとキムが彼女に代わって賞を受け取った。ノーベル委員会のフランシス・セイエルステード会長は、授賞の理由を心に深く響く言葉で語った。

「彼女への授賞については、さまざまな感情、しかも多少複雑な感情を引き起こします。本日、この平和賞受賞者は、この場に出席することができません。私どもが認めた偉大な事業は、残念ながらまだその目的を達成していないのです。彼女はまだ闘っています。正義の闘いを。そして、彼女がいまこの場に来られないことが私どもの心に恐怖と懸念を呼び起こします」

権力もなく、権力を望み得ない状態で、彼女の堂々とかざす勇気と決意による行動がどのような役割を果たしたというのか？　セイエルステード会長は続ける。「平和と和解を求める正義の闘いのなかで、私たちは手本となる人、私たちが人生の目標とする人、私たちのなかから最上のものを引き出す象徴となる人に頼りながら生きています。アウンサンスーチーは、まさに私たちの手本であり、目標とする人物の象徴なのです。彼女はその手段と結果がひとつとなる理想の実現に全力を投じようとしているのです」

会長はまた、彼女がいかに大きな影響を彼女の父アウンサンとマハトマ・ガンディーから受けているかについて述べた。そして、いささか難解だが基本的なこと、すなわち彼女を含むこうした未来への理想を示す人にとっての成功は、かならずしも政治的な達成のみで語られるべきではないという指摘をした。「アウンサン将軍は、その闘いの途上で暗殺されました」と、彼は聴衆に歴史を思い起こさせた。「しかし、将軍をビルマの政治から取り除こうとして暗殺を企てたのだとしたら、その首謀者たちはまちがいを犯したことになります。将軍は、結果的に自由ビルマの象徴となり、現在も自由な社会を目指して闘う人びとに闘う勇気を与えているからです。彼が命をもって示した手本とその勇気は、彼の死後四〇年を経て、アウンサンスーチーをして彼女が必要としていた政治活動の出発点へと向かわせたのです」

スーの闘いについて語られるもっとも奥の深いところ、答えを求める人びとがいまも知りたがっていることは、彼女が権力を得るチャンスがどれくらいあるのかということだ。ガンディーやアウンサン将軍、その娘アウンサンスーチーのような人物にとっては、その生死はさほど重大なことではない。

セイエルステード教授はまた、ノーベル平和賞を授与することにより、ノルウェーが彼女を西側のものだと主張しているとして非難される可能性についても述べている。「人権というもっとも基本的な概念は、西側社会のみではなく、すべての主要な文化圏において共通の思想である」。そして彼は、スーが一番好きだという、ビルマの灼熱の大地で暮らす人びとの心の中に永久に宿る崇高な道徳的精神を謳った一節を読み上げた。

木の陰はじつに涼しい
親の陰はもっと涼しい
師の陰はさらに涼しく
王の陰はそれにもまして涼しい
けれど、どんな陰より涼しいものは仏陀の教えである[6]

そして一八歳になったスーの長男アレクサンダーが、母親の代理としてスピーチに立った。スーの過酷な運命がこの家族を引き裂き、長男と一四歳の弟が誰にも言うことのできない葛藤を抱えていることを思えば、それは誰の胸にも強烈な感動を与える瞬間だった。スピーチのなかでアレクサンダーは、母親が下さなければならなかった選択に対して明確な理解を示している。「母はしばしば反体制派政治家としてとらえられていますが、私たちは母の闘いが基本的には魂の闘いだということを理解しなければなりません。母が言うように『真の革命は魂の革命』なのです。母は常日頃言っていました。『人生を百パーセント生きるには、他者の必要とするものを叶えることに対し、責任を引き受ける勇気をもたなくてはならない、そうした責任を負いたいと思わなければならない』と」

彼の言葉はマ・テインギーが語ったある出来事を思い起こさせる。それはスーが選挙遊説中の船旅で、マ・テインギーとふたりで使っていた小さな船室に戻ってきたときの話だ。スーが学生ボディガードたちの破れたシャツにつぎ当てをしながら、オックスフォードの家で息子が小学校に着ていくシャツに名前を書いた布を縫い付けたという思い出を語っているうちに、彼女の目は涙で一杯になったという。

ベルティル・リントナーもこの授賞式に出席していた。「アレクサンダーのスピーチは信じられないほどすばらしかった」と彼は語る。「その場の聴衆全員が魅せられたように彼のスピーチに聞き入っていた。スピーチが終わると全員が立ち上がり、喝采を送り、それは永遠に終わらないぐらい続いた。全員が互いの顔を見交わし、この子はいったい何者だ？　という表情を浮かべていた。スピーチの後、私はマイケルに「あのスピーチは貴方が息子さんのために書いたものですか？」と聞いたら、マイケルは「ええ、私がある程度書いたのですが、あの子がそれを全部書き直したのですよ」と答えた。マイケルも息子のスピーチに感動を受けた様子だった。ノーベル賞委員会の人びとも彼のスピーチほどすばらしいものはいままで聞いたことがないと語っていた」[7]

★

このノーベル賞委員会の決定が実際にソォマウンを狂気の淵に追い込んだのだとすれば、オスロはS

ＬＯＲＣの誕生以来もっとも重要な政治的変化をビルマに与えたと言える。だが悲しむべきことに、それはビルマをより文明的な国に引き上げる助けにはならなかった。

ソォマウンの後を継いでＳＬＯＲＣの議長の座についたタンシュエ将軍の台頭は、スーと彼女の家族にとって短期的には幸運な出来事だった。[8]タンシュエの経歴は、偏執狂的な軍事独裁においてはいかに頻繁に、きわめて凡庸で選ばれる見込みのない候補者がトップになるかの実例だ。

連合国軍と日本軍が数か月にわたって血みどろの戦闘を繰り広げたビルマ中央部の町チャウセで、一九三三年に生まれたタンシュエは、とくに目覚しい軍功をおさめた記録がないにもかかわらず、静かに階級の上位に昇り、ネーウィンが党員の前で複数政党による民主主義実現の期待をちらつかせた一九八八年七月開催のビルマ社会主義計画党（ＢＳＰＰ）党会議で国防副大臣に任命された。ソォマウンが自ら戦列を離れた後、将軍最上位の座はタンシュエと国軍情報部部長キンニュンとの間で争われることになった。

キンニュンは、映画俳優のできそこないのようなスタイルで、七時間もの長い記者会見をおこなった。彼はアウンサンスーチーに対する体制側からの中傷や侮辱の大合唱を焚きつけた張本人で、ビルマのトップに座る将軍たちのなかではもっともハッキリとした話し方をする、狡猾で野心家の男だ。ネーウィンにもっとも近く、各国の外交官には人当たりが良くて近づきやすい印象を与える人物だった。だが英語は下手だった。記者団を前にうんざりするほど長い演説をしたうえ、「何か質問は？」と訊くべきところを「何か答えは？」と言ったりするのだが、それでも臆せず英語を使った。そんな大胆さがありながら、しかしキンニュンにはふたつの弱点があった。国軍情報部のトップとして、他人の悪事をすべて知っているという縄張り争いでは有利なことが、他の軍人たちに憎しみを抱かせる原因となっている点、そして国境での実際の戦闘経験が皆無であるという点のふたつだ。そのことが実際の戦闘経験を持つ国軍のライバルたちとの致命的な差となっていた。決め手がないタンシュエ将軍にも劣る点だった。

タンシュエ将軍の台頭はまた、権力に屈する人間と同様、権力を行使する人間も同じように恐怖で歪んだ人間性を持つ、というスーの洞察を裏づけるものだった。タンシュエのような人間は、恐怖に支配された社会のなかでのみトップに躍り出て、その地位にとどまっていられる。彼の経歴全体を見ても、彼ほど野心も成功への期待もない、完全に無能な人間という印象を与えた者はいないだろう。しかし他人に恐怖を起こさせるほどの力もないこの男が、突然トップに躍り出たのだ。

タンシュエと話をしたり交渉したりしたことのある人間は、一様に彼に対して好意的な印象を抱くことはなかったようだ。ある人は「チビでデブ、ボソボソと話す男」と語る。また、別の人は「退屈な奴」と語る。「これといった個性のないやつ」「われわれの指導者はまったく教養のない男」「将校にはかなり知的な人間も多くいたが、タンシュエはその中に入らない。少しヤクザみたいな印象の男だ」「何かのまちがいでトップに収まった男だ」など、悪評は尽きない。タンシュエについて一番褒め言葉に近いものと言えば、「頭から尻尾まで古狐そのもの」[9]という元世界銀行の役員の言葉くらいだろう。

いまやビルマを統治するのは、タンシュエ、キンニュン、マウンエィという三人の軍人の三頭政治だった。マウンエィも、英国の退役外交官によると、これまた「頑固で想像力のない」軍人で、「輸出許可などの件でもまったく馬鹿げた決定をしつづける、経済というものをまるで理解していない」人間だ。[10]老齢のネーウィンは影の指導者として背後にひかえていたが、国軍内部を暴露する回顧録がなくトップレベルの離反者がいない中、彼がどれくらいの影響力を持っていたかは判断しがたい。しかし、新しい指導者らが、心機一転の必要性を感じていたのは明らかだった。

その結果、タンシュエ将軍は、軍事政権トップの座につくと、ビルマ国軍の残忍な異教徒迫害によって大量にバングラデシュに逃れていた二五万人のイスラム教徒難民ロヒンギャを、再入国させ受け入れることに同意し、また元首相のウー・ヌを含む数百人の政治囚を釈放した。[11] 見せかけに日刊紙『労働者日報』紙（*Working People's Daily*）の廃刊を命じ、新たに『ミャンマーの新しい光』紙（*New Light of Myanmar*）と名前を変えて登場させたが、その内容はそれまでと同様、一方的で退屈なものだった。

こうした変化のなかでもっとも重要なのは、タンシュエが一九九三年に連邦団結発展協会（ＵＳＤＡ）を設立したことだ。この協会は、政治団体ではなかったものの、政権が悲惨なまでにＮＬＤに奪われていた市民の支持を掻き集める一手段だった。形の上では、これは大きな社会的組織だった。公務員はこの団体に加入するよう求められ、拒否すれば職を失った。しかしいったんこの協会に加入すると、コンピューターやスポーツ、芸術、音楽、仏教などの学習コースから、農民への助成金までが提供された。この協会の主たる目的は、協会員をＮＬＤから引き離すことにあり、ビルマ中のすべての社会団体に厳密な統制を働かせ、国軍が繰り返し汚れ仕事のために使う大勢の民兵を育てることにあった。

ＵＳＤＡは、まったく支持を得られなかった軍政にとって、選挙後の人気回復にもっとも有効なツールであることを証明することになった。賄賂と抑圧を織り交ぜて何百万というビルマ人を国軍側に引き寄せ、少なくとも表面上は、軍政を正統性のあるものとした。つまりヒュームのいうところの「利害関係の世論」だ。しかし「正義の世論」は、選挙の後遺症のなかで悲惨なまでに失われていた。国軍による利益供与は効果絶大で、一五年を経ずにビルマの人口の半分以上がこの協会に加入するまでに膨れ上がった。

アウンサンスーチーもまたタンシュエ将軍の「対応」リストに入っていた。しかし、それは憎きＮＬＤとの対話を開始することに興味を示したからではない。一九九二年、ビルマに対する世界最大の支援国で、一九五五年の戦時賠償により疲弊した経済状態から脱出できて以来の同盟国である日本は、米国政府の圧力のもと、政府開発援助大綱を纏めた。これは、支援国が援助国における人権と民主主義に注意を払うことを求める内容のものだった。日本は一九八〇年代に急成長を遂げ、いまや世界第二位の経済大国となったが、いまだに米国からの道義的圧力の影響を受けやすく、一九八九年一月にはビルマへのすべての援助を一時的に停止することで軍事政権にショックを与えた。

しかしながら、日本が世界ではじめてSLORCを正式に承認した国となったのは、その翌月のことだった。いま、ビルマと日本の両国は再び手を組んでビジネス展開をしていくことに意欲的で、日本は将軍たちに、ビジネスをおこなうには人権問題という障碍を取り除く必要性があると強調した。

わかりやすいのは、西側世界全体が要求するように、「あの女」を解放することだった。しかし、軍政の選挙での痛烈な屈辱はいまだに記憶に新しく、タンシュエは煮え切らない態度をとった。彼はNLDとの話し合いをすると発表したが、実際にはその方向に動くことはなかった。そしてそれから二年以上も過ぎてはじめて、将軍はスーの家族に彼女の屋敷を訪問する許可を与えた。

最初に訪れたのは夫マイケルで、一九九二年五月のことだった。彼は二週間滞在したが、以前と同様、屋敷の外の人間と連絡を取ることは禁じられ、基本的に、マイケルもスーの自宅軟禁と同じ条件に従うことになった。バンコクに戻ったマイケルは記者会見で、スーは「健康上問題はないが、格別よい状態でもない」と話し、スーはビルマに留まる覚悟を決めたと語った。「彼女にとってここまでの道は決して楽なものではなかった。しかし、私が一緒にいる間も、彼女は自分よりずっと苦しんでいる人が大勢いるということを繰り返し指摘していた」と語っている。

それはきわめて政治的な声明で、健康状態の不安、体重の減少や脱毛、軍政からの支援をすべて拒否すると決めたことによる孤独な生活のなかで、きわめて貧窮した状態にあったことについてはほとんど語らなかった。しかし、同時に、彼の発言は、ビルマ国家の宣伝で描かれる西側の甘やかされたポスターチャイルドという人物像とはかけ離れていることを強調するものだった。「質素で規律正しい生活というのはこういうことです」と言うマイケルは、自宅軟禁の間中、スーは「政治、哲学、文学、仏教の講話本を読みふけり、ラジオに耳を傾け」、屋敷の各部屋のカーテンを「手縫い」していたこと、また政府の意向に関して、彼女は「オープンマインド」であることを語った。

もちろん、政府自体の考え方はオープンとは程遠いものだった。将軍たちにとってもっとも望ましい解決は、自分たちの手を血で汚すことなく、スーがどこかに消え去ってくれることだった。一九九一年三月、ソォマウン将軍がまだ政権の座にある時に、ロンドンのビルマ大使館がマイケルに連絡してきて、スーにロンドンに戻るよう手紙を書いてはどうかと打診した。彼はその提案をきっぱり断り、彼女がどう回答するかは十分にわかっていると答えた。

SLORCはそれでもまだあきらめなかった。彼らは、大勢の現場スパイから、スーが瞑想をしており、以前より仏教の信仰を深めている様子を知った。そこで、同じ一九九一年にウー・レワタダンマという高僧を呼び寄せ、軍政の代理としてスーの屋敷に行き、彼女に国外退去を説得してくれるよう頼んだ。

この高僧は適当に選ばれたわけではなかった。ウー・レワタダンマ師とスーの一家は何十年にもわたって交流が続いていたからだ。一家はラングーンではじめて師と出会い、デリーに移り住んだ時に再会して交流が復活した。師は、サンスクリット語とヒンドゥー語を学ぶと同時に、大乗仏教をより深く学ぶため、インドのヴァラナシ大学に留学していた。スーがマイケルとオックスフォードに落ち着き、ふたりの間に最初の子どもが生まれた時期は偶然、レワタダンマ師もバーミンガムに仏教寺院を設立するため英国に渡った時期だった。こうして両者の間には再びカルマで定められたような強いつながりが復活した。

だから軍政は、スーに国外退去を同意させるのに夫以外でこれ以上ない、より影響力のある人物を見つけ出したのだ。スーの僧侶に対する多大な敬意を反映し、彼女はむげに高僧の願いをはねつけることはしなかった。そうではなく、スーは高僧の薦めに応え、実際に国外に出ることに同意するとした、但し四つの条件つきで。すなわち、文民への政権移譲、政治犯の全員釈放、政府が運営しているテレビ局とラジオ局で五〇分間の放送許可、そして最後に一五キロ以上ある空港までの道を歩いて空港に向かうことを認めることの四条件である[12]。

軍政が彼女の屋敷の外にビルマ語と英語で「すべての破壊分子を粉砕する」と大きく書いた看板を掲げた、自宅軟禁期間でもっとも苦しかった時期でも、彼女のユーモア精神が絶えることはなかった。

★

ウー・レワタダンマ師も簡単にあきらめる人間ではなかった。彼女に国外退去を説得するのは無駄だと十分にわかっていたが、スーと軍政との間で早急な話し合いが必要だと信じていた。そこで高僧からの圧力と日本政府や早期解決を願う世界からの圧力で、両者はようやく会見することになった。それは一九八九年一月のスーの母親の葬儀以来のことだった。

二度の話し合いがおこなわれ、一回目が一九九四年九月二〇日、タンシュエとキンニュンが出席し、二回目はキンニュンと他に二名の将軍が参加した。一〇月二八日におこなわれた二回目の会談の様子は、翌日『ミャンマーの新しい光』紙の一面に掲載された。その日の新聞ではタンシュエ上級将軍に一番大きなスポットが当てられ、短い記事で、将軍がトルコの独立記念日に祝辞を送ったことが書かれていた。他の軍事政権上層部のひとり、副首相の海軍中将マウンマウンキンも一面を飾り、彼が投資に関して日本のビジネスマンと会談した様子が報じられていた。他には、米国代理大使が農林大臣を訪問し、運輸大臣がパキスタン大使の表敬訪問を受けた記事が掲載されていた。

しかし、新聞の読者がその日一番注目した記事は、疑いもなくその見出しのとおり「SLORC第一書記キンニュン中将とアウンサンスーチー女史との対話」だっただろう。そこには三枚も写真が掲載され、一番大きな写真には両者が巨大な生け花を挟んで互いに微笑んでいる様子が写っていた。ふたりの対話の背後に何があったかは一切語られず、スーの党の役割やNLDそのものについての言及も一切なかった。何も説明がないという点では、軍政によりスーが五年以上自宅軟禁状態にあることも触れられていなかった。だが見出しのとおり、ついに「対話」は実現したのだった。

報道は、「両者の話し合いは率直で誠意がこもったものだった」とし、「ビルマの政治・経済の現状、政治・経済改革、さらに国家の福祉制度について長期的展望に立った段階的な対策などが話しあわれた」としている。文法的なまちがいがなかったことは、スーが記事原稿に目を通した可能性を示唆していた。

そして、それで終わりだった。会談が終わるとスーは再びユニヴァーシティアヴェニューに車で送られ自宅軟禁に戻された。この会談は、その後の八年間でスーがビルマの軍事政権の指導者とおこなった交渉という意味ではもっともその言葉に近いものだったが、それでどこかの方向に向かうというようなものではなかった。その後両者の間で秘密の協定があり、スーの解放とその後の対話の続行を認めたという噂が飛びかったりした。しかし、スーは極秘の連絡網を通じてそれを完全に否定する声明を発表した。「私の解放に関してもその他のいかなる懸案に関しても、どんな秘密の取引もしていないし、これからもすることはありません」と彼女は断言している。

空疎な「対話」とその九か月後のスーの解放は、軍政への日本の影響が重要であったことを物語っている。[13] 日本大使の公邸は、スーの屋敷から見える場所にあった。一九九五年七月一〇日、外国人としてはじめて軟禁現場で起こっていることについて情報を外部に流したのは日本の外交官だった。警察本部長を乗せた白い車がスーの解放を言い渡しに、午後四時にユニヴァーシティアヴェニュー五四番地に入っていくのを目撃している。その後、日本政府は、以前約束したとおり、スーの解放を歓迎する声明を出し、ビルマへの支援をまもなく再会すると発表した。

戦時の日本軍によるビルマ統治は最悪の状態で終結したが、両国は長いあいだ、独特の二国間関係を享受していた。戦争時代にアウンサン、ネーウィン、その他多くの反帝国主義者が日本の軍事訓練を受けただけでなく、多くのビルマ人学生が奨学金を得て日本に留学して勉強し、こうした人びとが後にビルマに戻って多大な影響を与える人物に成長していったのだ。西欧に対抗してはじめて近代化に成功したアジアの国として、ビルマが決意も新たに独立国家の道を歩みはじめたとき、日本は親戚の伯父のような寛大な気持ちを持って援助しなければと感じていた。

ビルマの将軍たちは、日本のやり方から西側との交渉の仕方について多くを学んでいた。太平洋戦争中そして戦後の日本が西側から受けた厳しい試練がビルマに教えたのは、いじめのような西側の要求は無視はできないものの、日本のように言いなりになる必要はないということだ。かたちの上では相手に名誉を譲ったようにみせながら、現実のやり方は違っていてもいいということだ。日本は常日頃から軍政に日本が降伏後にしたのと同じように、とくに米国政府を満足させるため、表向きはもっともらしい憲法を制定するよう説得してきた。同じ理由で、日本政府は、軍政にアウンサンスーチーを解放することの重要性を理解させようとした。つまり、彼女との交渉の開始を告げるものとしてではなく、ましてやＮＬＤに権力を移譲するためでもなく、西側の機嫌を取るためにこそ、彼女の解放は重要だと説明した。大事なのは象徴的な要求を認めることだった。必要最小限の行為で、将軍たちは今後も国を支配し、以前と同様に政権を維持することができるのだから。

軍事政権は、結局、日本の考え方に従うことにした。だが、長期的には、こうしたジェスチャーの外交は失望しか生まない。この場合のジェスチャーというのは、スーの解放であり、更なる進展を約束するように見えたが、さらに調べていくと中味のないものであることを証明することになった。約束は当てにならないことが判明した際には、誠実さの証拠として示したことはまったく逆のものになってしまう。

米国の国連大使マデレーン・オルブライトは率直にも、将軍たちにそれを早期に明確にしろと発言した。スーの解放から二か月後の一九九五年九月、一九八八年以来訪れた米国人のなかで最高の地位にある人物がラングーンを訪問し、キンニュンに、ビルマにおける民主主義への移行について、世界を納得させるには、スーを解放しただけでは決して十分ではないと伝えた。オルブライトは日本を含む各国に対し、民主主義に向けた真剣な対策が見られるまでは、ビルマに対する投資を一時停止するよう要請した。

いまや米国とビルマの関係は雪解けには程遠い状態となり、オルブライトの訪問は、一九八八年の武器輸出禁止以降はじめて、ビルマに経済制裁を科すとする議会の要求にクリントン大統領が同意したことで、両国関係をさらに凍りつかせることになった。

★

SLORCがスーを解放してもかまわないと考えたひとつの理由は、スーはもはやそれほど重要な人物ではないと彼らが信じたからだった。選挙結果は、一時的な成功で、六年というのはずいぶん昔のことであり、国家的プロパガンダの熱狂的な取り組みは、十分な効果を発揮している、それに彼女はたかが女だと。それは単に希望的観測と男性優位主義が混じりあった旧態依然の思い込みで、一九九〇年に彼等が足をすくわれる原因にもなったものだ。そして、そうした考えは、たちまち彼らの愚鈍さをさらすことになった。

スーは、屋敷の門のところで、グラグラした台の上に登り、扉の上についた忍び返しにつかまるといういささか威厳の損なわれた格好で、即席の政治講話をするつもりはなかった。彼女が解放された当日、ラングーン中にスー解放のニュースが駆け回ると、ユニヴァーシティアヴェニューに人びとが集まりはじめた。屋敷の中で、スーは数か月前に刑務所から釈放された党の最高指導者のふたり、ウー・ティンウーとウー・チーマウン、そして他の党指導部が活動できずにいるあいだ、党首代行を務めたウー・アウンシュエと会っていた。まもなく、以前学生で彼女のボディガードをしていた者たちや事務方のアシスタントたちの一団が、以前の職に復帰しようと、通りを波のように押し寄せた。その多くは数年刑務所に入れられた者たちだ。選挙運動中、スーの個人秘書を務めたマ・テインギーは、一九八九年に別れる前に、フルタイムで画家として活動をしたいため、もうスーを助けることはできないと告げていた。しかし、一九九五年にスーが解放されると、代わりの者がみつかるまで数日間助けてほしいという要請にテインギーは同意し、翌日スーの屋敷に現れた。

ラングーンの一般市民もまた彼女のもとに駆けつけた。スーが解放された翌日の七月一一日までには何千という数の人びとが彼女を一目見ようとスーの屋敷を取り囲んだ。スーは最初直感的に、集まった人びとの中に進み出ようと考えたが、ティンウーとチーマウンがそれを止めた。長年の厳しい拘禁状態にあって身体が弱っており、そして中には変なやつ、つまり国軍のスパイが混じっていて、彼女に危害を及ぼさないとも限らないからだった。代わりに、扉の向こう側に集まった人びとを喜ばせようと、机が屋敷から持ち出され鉄の門扉にくっつけて置かれた。突然スーの頭が扉の上に、副官たちに付き添われて現れた。集まった人びとは拍手を送り、大歓声を上げた。

スーは一〇分間の演説をおこない、民主主義の実現の可能性がまだあること、それには忍耐が必要であること、そして、彼女とその党ＮＬＤが、近い将来に軍政との対話の場につけることを期待している旨を語った。その後、彼女は台から降りた。アイロンの効いた白いワイシャツを着たサングラス姿の国軍情報部員らが、成り行きを観察していたが、これで終わりだと思ったとたん、彼らの考えはまちがいだと知らされた。集まった人びとの一部は去っていったが、それを超す数の人びとがやってきた。彼らは一晩中その場から離れなかった。朝になると、人びとの集まりはさらに数を増していった。礼儀から、スーは再び台に上がって演説をおこなったが、それでも人びとはその場を立ち去らなかった。マイクや拡声器が設置され、何か特別な集会のようになってきた。人びとはその翌日もスーの屋敷前に集まり、スーは再び演説に立った。そしてその状態は、その次の日も、そのまた次の日も続いた。

この状態は一週間ずっと続き、それでも人の集まりはなくなることがなかった。ついにスーと仲間たちは、そうした状態が続くと自分たちの仕事ができなくなると判断し、今後は毎日集会を開くのではなく、週末だけ屋敷に来れば、スーや党の上層部の者たちが交代で話をするからと、集まった人びとに解散するよう説得した。

週末の対話集会は、すぐさまラングーンでもっとも人気の高いイベントとなった。言ってみれば、それは入場無料のイベントだったからという理由もある。九月になると、その集会は市の週間行事の一部となり、一九九五年九月一二日のフランス通信社（ＡＦＰ）の報道にあるように、「観光客もユニヴァーシティアヴェニュー五四番地に、まっすぐやってくる」までになった。代表的な観光客の例が、ＡＦＰに自分は政治学専攻の学生で、ノーベル賞受賞者のスーに一目会うため米国からわざわざやってきたと言う若い娘だ。「彼女の『恐怖からの自由』（一九九一年に出版された彼女自身と彼女についてのエッセイを収録した作品）を読んで以来、どうしても直接彼女に会いたいという熱い思いを抑えることができなかった」と言う。

しかし、観光客たち（スーは彼らに向けて時どき英語で呼びかけた）は数的には少なかった。その場に集まる人たちのなかでもっとも多かったのは、スーの選挙運動中にも集まった一般の市民だった。「何百という数の人びとが屋敷周辺の路上に集まり、彼女が語る和解の話と冗談に耳を傾けている」と、一一月四日付けの『エコノミスト』紙がその様子を伝えている。「いまや集会は、彼女が最初解放された時よりもかなり組織だったものになっている。その場の雰囲気には自然に湧き上る幸福感があるが、ポップコンサートの観客整理係のように、屋敷前にはアウンサンスーチーの顔が印刷されたグレーのＴシャツ姿の若者の一団が並んでいる」

一九九六年からラングーンに赴任していたある英国の外交官は、スーの人気を否定する者はＳＬＯＲＣの将軍たちだけではないと語っている。「ＡＳＥＡＮの外交官仲間たちから、スーは完全に水に流されて消えた過去の人間だ。国民は彼女のことについてもうほとんど聞かない、と言われつづけた」。だが、そうした意見は、現実を調べてみればすぐに真実でないことがわかる。彼は語る。ビルマ国内の「あちこちを回っていると、私はたびたびビルマの村人たちに『スーのためにすばらしい仕事をしてくれてありがとう。私たちはみな彼女をとても敬愛しています。これからもずっと彼女を支えてください』と言われた[14]」

スーと軍政との間の緊張緩和は長続きしなかった。彼女は対話を要求したが、相手は沈黙を守るだけだった。軍政は、彼女が沈黙を守ることを期待していたが、結果は彼女の演説に熱狂的に耳を傾ける民衆の数を増やしただけだった。ついに軍政は彼女の党に、彼らが憲法制定のための国民会議と名付ける機関の決定に従うよう要求した。それに対し、党はそのような要求に従う意思はないと即答している。

★

タンシュエがSLORCのトップに納まった後、一九九三年に設けられた憲法制定国民会議は、一九九〇年の選挙の結果生じた問題への軍事政権の解決策だった。数か月が数年になっても国民会議は何ら進展を見せず、基本的に複数政党による民主制を無期限に先延ばしにするだけのものだった。

この国民会議の仕事は、新憲法の骨子を起草することにあり、それは民主的に選ばれた政府への政権移譲の前に必要だとするもので、そこには独断的な論理が展開されていた。憲法制定国民会議は百名弱の選出議員と、軍事政権が指名するガチガチの軍人六百名で構成されるものだった。NLDはスーと党の最高指導者たちが拘束されている間に、この国民会議に登録していた。しかしスーと最高指導者たちがその国民会議なるものについてよくよく調べてみると、それは国軍が選挙結果の受け入れを拒否し、自分たちの支配を正当化するための政治的な飾りに過ぎないことがわかった。

デヴィッド・スタインバーグは、「このプロセスの当初から国軍が第一条件としていたのは、国軍がビルマ社会において中心的役割を担うということだった」と述べている。[15] 憲法制定のために起草された憲法草案は、国民会議がめくら判を押すもので、その第一章第六条（f）には、「ビルマ国軍をビルマ国家の政治的指導者として参加させることができる」とある。いいかえれば国軍の独裁状態を崇めたて、恒久化をはかるものだった。一九九五年一一月、スー、ティンウー、チーマウンは、NLDのこの国民会議からの引き上げを発表した。

★

NLDから見て、憲法制定国民会議がまちがった道だとすれば、いったい何が正しい道なのだ？　正しく統治されたビルマというのは、いったいどのようなものなのだろう？

スーの解放後はじめてとなる、ラングーンからの遠出の行先は、車で南東に一日の距離、パアンにあるタマニャという名の町だった。彼女にとって、そこに行くことがなぜ重要だったのかについては、さまざまな憶測が飛び交っている。グスターフ・ホウトマンの説は、軍事政権から交渉開始に対する同意をすげなく拒否され、将軍たちとの最初の会談をもたらすことになったレワタダンマ師のような仲介者を、もうひとり探す旅だったのではないかというものだ。「アウンサンスーチーの当初の計画は、国民と軍政内の人物たちの双方から大いに崇められている高僧を訪ね、和解への道を探ろうとするものだった。中には将来の対話の準備として、スーはタマニャで国軍の上層部の数人と会っていたのではないかと憶測する者もいた[16]」

しかし、それが彼女のほんとうの目的だとすれば、その旅は実りのないものに終わってしまった。帰路の道中、彼女は上座部（小乗）仏教における「雨安居《うあんご》期間」の終わりを祝う儀礼にネーウィンを招待したが、ネーウィンは現れなかった。とはいえ、山頂にある僧院内の小屋に住む高僧を表敬訪問することには別の良い日的があった。

スーは東京の『毎日新聞』に綴ったエッセイ『ビルマからの手紙』で、最初にタマニャ訪問のことを書いている。「タマニャの山は、尊き師、ウー・ヴィナヤ僧正のメッタ（慈愛の心）によって律されている聖域で、ビルマでは知らない者がない有名な巡礼の地である」

ビルマ仏教によれば、メッタというのは、四梵住、つまり「四つの崇高なる境地」のひとつで、悲、喜、捨とともに、瞑想を通して解脱に近づく過程のなかで、人間の心に生まれる神聖な観念だ。「それに相対するのが攻撃心、破壊心、憎しみといった感情だ」と、ウー・パンディタ僧正は説き、「メッタ、慈愛の心とは、他者の幸福と安寧を願うもので、人は一度このダンマ（仏陀の教え）を学ぶと、他の人とその経験を分かち合いたいと思うようになる」としている。[17]

スーの仏教に関する知識は孤独な自宅軟禁の間に積まれ、彼女にとってメッタは、もっとも大切な役割を果たすものとなった。（一九一六年にJ・P・ファーニヴァルが『ビルマ学術研究協会会報』の中で指摘しているように）ビルマを「古い基礎の上に築く」うえで、きわめて重要なものだ、とスーは感じていた。彼女が重視するメッタは、彼女の政治思想がどう展開していったか、つまり、古代からの精神上の徳と社会的、政治的なレベルで行動する上で人が学ぶべき道についての考えを、彼女がいかに結び付けていたかを知る上で手掛かりとなる。

NLDが依拠する原理とは何なのか？　彼女は一九九六年五月の党大会で代表たちに語りかけている。

大事なのはメッタです。私たちがメッタを失えば民主的な党NLD全体がバラバラになってしまいます。メッタは自分と結びついている人たちにのみ当てはまるものではありません。自分たちに敵対する人間にも送らなくてはならないものです。メッタ、慈しみの心というものは他者への同情を意味します。自分がされたくないことは相手にもしないということです。私たちの党は誰も傷つけることはしません。はっきり言うなら、ＳＬＯＲＣでさえ傷つけようとは思わないということです。権力には責任がともないます。それを理解できる人は決して権力の亡者にはならないと私は信じます。民主主義にはどんなに大きな責任がともなうかということを私は知っています。それが私たちを権力の亡者にしない理由でもあるのです。私たちは国民とビルマの国のために最大限の努力をする組織です。怨恨を持たず、メッタを前面に立てる組織なのです[18]。

絵に描いた餅、と人は言うだろう。こうした言葉は熱心で邪心のない人間、数年をひとりきりで過ごしながら熱情を失わなかった人間だからこそ発せられるものだった。タマニャ訪問を振り返りながら、スーはメッタがビルマの政治にどのように適用できるか、一例を示した。

一九九五年一〇月四日、スーは三台の車に分乗した大勢の党の同僚を従え、遊説期間にすっかりおなじみになった夜明け前の出発をし、全員でビルマの一角、「メッタ」が治めるタマニャの山を目指した。

「暑い国では、夜明け前の旅立ちに特別な魅力がある」と彼女は書いている。「空気が柔らかくて涼しく、夜明けが近づくにつれて夜露にぬれたさわやかな景色が姿を現す」。そして夜が明ける。「遠くに朝靄に抱かれた白い三角の仏舎利塔が見える。塔の先端に載る金属製の「傘蓋」は、朝日に照らされ、赤みのある金色に光り輝いている[19]」

長い年月にわたる幽閉の後、ついに都会から解放されたスーの喜びが言葉の中に現れている。それなのに道路状態は悲惨だ。「ラングーンから離れれば離れるほど道路はどんどん悪くなる一方だった」と彼女は述べている。「それを埋め合わせるかのように、辺りの景色はどんどん美しくなっていった。乗っている車が道路の溝や穴を避けながらバウンドし、骨がバラバラになるような思いに耐えながらも、私たちはビルマの農村部の例えようもない自然美に目を奪われていた[20]」

夕闇が迫る頃になって一行は、ようやく目的地近くに辿りついた。

「タマニャに近づくにつれて、静寂がますます深くなっていくようでした。その静寂と心地よさは、自然の美しさや私たちの心理状態のみから発生したのではなく、何か違うものによって生まれたということが突然わかりました。道路がそれまでよりも平坦になっていることに気がつきました。車はもうデコボコ道を跳ねることなく、車の中の身体が、ボウルに入った豆のように前後左右に揺られることもなくなっていました。

タマニャの入り口を示すアーチの下をぬけるとすぐに、道路はさらに平坦で走りやすくなり、私たちの前には整備のいきとどいた黒いリボンのような曲がりくねった道路が遠くまで続いていました。この道路は丘の上に住む人たちと毎年訪れる何万人もの信徒のために、僧正が建設され、整備されてこられたもので、ラングーンのどの主要道路よりも遥かに立派でした[21]」

近代的で良く整備された道路と慈愛の間にどのような関係があるのか？　ビルマの文脈でこのつながりは鮮明だ。メッタは自分を訪ねてきた訪問者の利便のために道路建設を計画した人の心にも、道路建設とその手入れに汗を流す人びとの心にも両方に染み渡ってゆくものだ。これに対し、タマニャ以外のビルマの地では、道路は地元に無関心なエンジニアが安易に計画し、強制的に土地を奪われ狩り出され賃金を支払われない村人によって建設され、蔓延する汚職政治のせいで整備されることなく、朽ち果てるままに放っておかれる。そのため、これ以上荒れようのないほど荒れた状態になってしまう。それこそスーに言わせれば、メッタを培い育んでいる土地と、それがないところとの違いだ。
「どんな計画も、それにかかわる人びとと協調して進めなければ成功させることはできない」とスーは結論づけている。

人は優しさと気遣いをもって扱われ、そして自分たちの仕事が公共のために真に役立つと納得した時に、喜んで重労働に従事し、喜んでお金も差し出します。なかにはメッタやティッサ〔真実〕を、政治的な言葉として使用するのは適切ではないと思う人もいるでしょう。ですが、政治とは人びとにかかわることであり、タマニャで私たちが見たものは、慈愛の心と真実こそがいかなるかたちの弾圧より強烈な影響力を持って人びとを動かすということでした。[22]

はたして慈愛の心と真実は、石のように凝り固まったSLORCの心を解きほぐすことができるだろうか？　スーは、軍政にふたつの道の選択をせまった、とグスターフ・ホウトマンは見る。ひとつは、仏陀の従兄弟デーワダッタがとった道、つまり、仏陀の弟子のひとりとなったが、その後、嫉妬と悪意に駆られ、釈迦の暗殺を企てた男がとった道。もうひとつは、アングリマーラがとった道、つまり、元は殺した人間の指を切り、それを首輪にしてかけるような殺人鬼だったが、仏陀に出会い、悪行を悔いて僧になった人間のとった道だ。[23]
しかし、SLORCのビルマを支配する将軍らは、この比喩に感銘を受けた様子はまったく見せなかった。彼らの関心はただ王の後継者となること、そして求めるものは、自分たちへの服従だけだった。

5　英雄と裏切り者

将軍たちは、ノーベル平和賞委員会は「奴ら（西側）の育てた追従者」に賞を与えたが、国家法秩序回復評議会（SLORC）は「外国勢力に踊らされ、その影響下から抜け出せない人間には、この国の支配権を認めない」と言い、アウンサンスーチーを異邦人で西側のエージェントだとして打ち捨てた。[1]

ある意味、彼らの指摘は正しい。彼女は進歩というものを信じていた。彼女は自分の社会の発展を望んでいた。ただしスーは、より良い教育、より良い生活、より良い道路を実現し、人びとがより幸福になることは、仏教と矛盾するものではないと考えていた。SLORCがミャンマーと東洋の伝統に対して忠実だという意味では正しかったかもしれない。そこでの王の務めとは、戦いに勝ち、パゴダを建て、僧侶たちを食べさせ栄光に浸ることである。支配者たちは「五悪」のひとつとして人びとに受容され、しかるべきときに雨が降り、王に税を納めた後でも農民にはまだ食べるものが十分残っていれば、それこそは人びとが望み得る最善のことだった。「停滞」という言葉は、西洋では政府に向けられると批判の言葉となるが、ビルマではいつもどおりという意味だ。

一九九五年から二〇〇二年の七年間は、ビルマ全体そしてスーにとってはとくに、「憂鬱に満ちた、長い、引き波のうねり」とでも言うべき、失われた長い時間だった。その間、彼女の解放がもたらした派手だが曖昧な約束に続いたのは、失望、搾取、虐待、迫害、そして喪失でしかなかった。[2] 軍事評議会は、新憲法の草案づくりを棚上げし、名前を変え、国境地帯のほとんどの少数民族グループと休戦取引を結び、チーク材、翡翠、石油、天然ガスの叩き売りをおこない、東南アジア諸国連合（ＡＳＥＡＮ）に加盟し、そしてアウンサンスーチー相手に、悲しく不条理ないたちごっこをおこなった。世界的な名声とノーベル平和賞をもたらしたスーの果敢な希望は、恐怖で完全に固まってしまいそうだった。

★

一九九五年一一月、スーと国民民主連盟（ＮＬＤ）の同僚は、ビルマの新憲法を起草するために創設された憲法制定国民会議から党の一〇数人の選出議員を引き上げると発表した。その発表は、ＮＬＤが目に見えない一線を越してしまったことを明らかにするものとなった。スーを解放した際、ＳＬＯＲＣが彼女に期待していたものが何だったにしろ、それとは違うものだった。おそらく彼らは、スーとその同僚たちが長いあいだの監禁生活で抵抗する力を失くすか、あるいは解放されたことで自分たちに感謝して、またはその両方で、彼らが軍政と歩調を合わせる用意があると想像したのだろう。しかし、この国民会議からの退出を命じることで、スーは軍政に対し、今後もこれまで同様、扱いにくい存在となるという明らかな警告を発したのだ。

一方、軍事政権は逆に、ＮＬＤは追放されたのだと発表した。ビルマのなかでもっとも重要な政党の大部分が憲法制定国民会議から離脱することは、軍政に改革プロセスを延期する言い訳を与えることになり、その後の八年間のほとんどの期間、この国民会議は完全に宙吊りの状態に陥った。そしてその間、ＳＬＯＲＣは、「あの女」がもたらすだろうダメージを抑えることに躍起になって取り組んだ。

キンニュンは、一九九四年のスーとの「対話」の際、にやけた笑顔で彼女と一緒に写っている写真が新聞の第一面に載ったことで、SLORCのなかでは比較的穏健派として見られる。だが実際は、スーの軟禁中、キンニュンは（一五世紀に書かれた論文を根拠に）「女が国を治めることになれば、国は滅びる」として、彼女が引き起こす危険性を警告していた。[3] いまやスーと彼女の率いるNLDとSLORCとの短いハネムーンは終わりを告げた。

一一月、一時は仏教の僧侶だったことがあるアラン・クレメンツは、スーへのインタビューを希望し、ラングーンで約束がとれるのを待っていた。「六週間、私はラングーンのホテルの一室で、ひたすらアウンサンスーチーの事務所からの電話を待っていた」と書いている。[4] 以前ふたりが会ったとき、スーは彼に「SLORCが権力を握っているあいだは、私たちがどうなるかは予測できません。だからどうか辛抱してください。父が昔よく言っていました。『最善の結果を期待しながら、最悪の結果に備えるように』と。これがいつも一番の方法です」

その月の終わりにかけて、スーが再び軟禁されるだろうということで、インタビューの話は永遠に実現しないかに思われた。一一月末になると、スーとNLDの同僚たちに対する「攻撃がますます大きくなり、『ミャンマーの新しい光』紙はほとんど毎日、社説のページ半分はアウンサンスーチーとその同僚についての非難記事で埋まるようになりました。国軍はこうした国の安寧を脅かす『破壊分子』を徹底的に『殲滅』すると約束していました」

一一月三〇日、クレメンツはウー・ティンウー議長を訪ねた。クレメンツと彼は同じビルマの僧院で僧侶をしていた頃からの知り合いだった。家の呼び鈴を鳴らすと、元将軍の妻が暗い表情を浮かべながら戸口に現れ、「主人はいま二階で薬や身の回りの物をまとめています。いま呼んで来ますから」と言った。[5]

ティンウーは再び収監されるところで、当局が彼を連行しに来るまでに支度を整えているところだった。階下に降りてきた彼は、クレメンツに言った。「心配しないでいい。君はここにいるべきじゃない。ドー・アウンサンスーチーについても再逮捕の用意をしているらしい」

実際にはそれは誤報だとわかったが、それはまた新たな醜い局面のはじまりを示していた。

★

スーの解放の数か月前、軍事政権は一九九五年を「ミャンマー観光年」として広く宣伝しはじめていた。キンニュンが好きなテーマは外国資本を呼び込むことで、トップの三人の将軍のなかで彼ひとりが観光目的地としてのタイの成功に見習うことを夢に抱いていた。それは、外国相手に問題が起こりそうな兆候があると、いつも殻に閉じこもろうとする軍政の姿勢とは異なる提案だった。ネーウィンのころは、旅行者を団体にまとめて、ビルマの有名観光地を飛行機で回り、そのまま出口に案内するというやり方が一般的だった。だが観光客が落とす金額の予測は、彼らの慎重さを上回るものがあった。

キンニュンは、スーを解放することで観光促進を成功させるのに目立った障害物を取り除くことになると考え、計画を一年先延ばしにし、「ミャンマー観光年一九九六」とうたい直した。しかしもちろん、スーを自由にするということは、彼女が外国の友人たちと自由に話ができるということを意味していた。そして、一九九六年三月、彼女はキンニュンのこうした行為について具体的にどう思っているかを世界に向けて語っている。一九九六年三月一七日付の『インデペンデント』紙によると、特派員のハリエット・オブライエンの取材に答え、スーは「以前は外国資本の投資や観光事業は多少、軍事政権による国家支配の緩和につながるという考え方を持っていたが、考えを変えた」、彼女は「一九九六年を、ミャンマーに来させない年にしたい」と語ったという。

ビルマでもっとも良く知られる美しい観光地には、観光客が流れ込んでくることを期待して、次々と新しいホテルの建設がはじまったが、オブライエンは「世界でもっとも有名なビルマ人は、みなに自国をそっとしておいて欲しいと言っている」と伝えている。

「ビルマはどこにも行きません」と、アウンサンスーチー女史はこの観光事業のボイコットについて表明し、「ですからもっと後になってから来て下さい」と述べている。さらに続けて語った。「ホテルにあるほとんどの物は輸入品です。各ホテルで多額のお金が使われていることを示していますが、実際そのお金は国外の供給元だけのものとなります。建設会社によっては、建設作業員さえ外国から呼びよせているところもあります。国内でお金儲けの恩恵に与るのは、ひとつの特権グループだけでしかありません」

その前の月、東京の毎日新聞発行の『ビルマからの手紙』の中で、スーはビルマに「投資するのは時期尚早」と異議を唱えている。[6]『インデペンデント』紙によるインタビューで、彼女は最近の英国貿易推進代表団によるビルマ訪問を非難し、外国資本の投資についてより広範囲に攻撃している。「英国政府がここでビルマの人権支持をしながら、民主主義に反するかたちでビルマとの貿易を進めようとするのは正しくない。こうしたかたちでの介入は、ビルマに持続した経済発展や社会発展をもたらすことにはならない」

その時点から、投資と経済制裁の問題は激しい論争を繰り広げることになった。二〇一一年の春、制裁解除にはいまも反対だとしたスーの表明は『ミャンマーの新しい光』紙上で、そうした態度をとりつづけるのであれば、スーと彼女の率いる党は「悲劇的な結末をむかえることになろう」との警告を招くことになった。これは二〇一〇年に彼女が解放されて以来、はじめての脅迫で、たとえ制裁措置で軍政を交渉の場に引きだすことができなかったとしても、これが非常に厄介な問題として残っている証左だった。

一九八九年の選挙遊説のあいだ、スーとの日常を書き綴ったスーの友人で同行者のマ・ティンギーは、後にふたりのあいだに生じた永久に消えない溝はこの制裁に対する考え方の違いから起こったと語る。一九九二年にインセイン監獄から釈放されたティンギーは、スーが軟禁を解かれて出てきた際、スーに挨拶をしに出向き、再び週の二、三日、党の事務局で働き、彼女を助けていた。だが間もなく、ティンギーは、スーと自分の立場に大きな違いがあると考えるようになったと言う。

「彼女が外国の投資家にビルマに来ないようにと言い出したとき、私は、それは職を必要とする人びとを苦しめることになる、と言った。でも彼女が『ベルトをきつく締めて空腹を感じないようにするしかない』と答えたので、私は『もうギリギリまで締めてこれ以上締める穴は無いですよ』と。私はこのことをもっと主張したけれど、スーは『そんなことはない』と言い張った。それで話し合いは終わり」[7]

マ・ティンギーは、これはスーの穏健な姿勢が強硬派の党員の意見に押し切られることになったふたつめの例だと言う。以前、スーが自宅軟禁になる前に、SLORCとの交渉を試みようとしたウー・チーマウンの提案に、若い党員たちが頑なに反対し、彼らのより厳しいアプローチの方をスーが採用したときと同じことだと言う。さらにマ・ティンギーは、スーのこうした強硬姿勢は、マデレーン・オルブライトが一九九五年九月、スーを訪問した後に出した力強い支持声明を、スーが素直に、まともに受けとりすぎたことからはじまっているともいう。マ・ティンギーはこれについて日記に記している。

スーは屋敷の門から外の人びとに語りはじめた最初の二、三日、和解について語っていた。私は米国大使館員でCIAの主任だった人物から、ビルマで彼が接触している国軍情報部員の話では、SL

ORCは当面満足しており、まだ「成り行きを見守る」姿勢を続けるつもりでいると聞いた。NLDの党員のなかには、彼女が「軟化した」と怒り、「降伏でもするつもりか」と詰め寄る者もいた。そこから彼女のスピーチは強硬論に転じていった。私は彼女に大っぴらに〔SLORCの〕批判をしない方が良い、直接会って話し合いをするまで待ったほうが良いと言った。彼女は、自分は正直でなければと答えたが、私は正直さが通じない人間もいる、と。

マデレーン・オルブライトが来て、スーを全面的にバックアップすると語ったが、政治的な人間ではないマ・スーは、「全面的なバックアップ」がただの政治上の言葉であって、単なるお愛想だということがわかっていない。米国は、ビルマに民主化をもたらすために海兵隊を送り、国軍を砲撃で倒す気などないのに。

一九九五年からマ・テインギーは、スーの経済制裁と観光事業のボイコットに関して、繰り返し大っぴらに非難しつづけた。NLDの主張するところに一番大きなダメージとなったのが、ロンリープラネットの旅行ガイドに物議を醸す説明が出ていることだ。「マ・テインギーによれば、（観光事業の）ボイコットについては、NLDの党員の多くが反対している」とガイドブック編集者は二〇〇九年版に書いている。「アウンサンスーチー周辺の多くの者が、観光事業ボイコットをやめるよう彼女の説得にあたってきた」とマ・テインギーの言葉を引用しつつ、「九六年、九七年、九八年、九九年と説得の努力をしたが、その後はもうあきらめた」と。

スーは、当初マ・テインギーの進言をひとつの意見として関心を示していたかもしれないが、かならずしもそれ以上のものとして扱うことはなかった。選挙遊説のあいだ、ともに行動していく中で、ふたりは親しくなったが、実際、マ・テインギーは党員でもなく、ましてや中央執行委員でもない。しかし、マ・テインギーが話を聞きにくる外国の報道陣に自身の意見を繰り返し述べるようになり、「これ以上締める穴はない」の言葉が何年にもわたって繰り返されると、スーは、自分が逮捕され収監される前に石鹸や歯磨き粉、上等のサンダルなどを贈ったもっとも身近で親しくしていた仲間が、いまや寝返る意図や目的を持った可能性があると考えたに違いない。

インド人の作家アミタヴ・ゴーシュが、一九九六年八月発行の『ニューヨーカー』誌のビルマに関するエッセイの中で、「これ以上締める穴はない」の言葉を引用したことで、両者の決裂は決定的なものとなった。[8] そののち、ふたりの女性のあいだの連絡は途絶えた。

「私は〔スーと〕喧嘩したくはなかった」と、マ・テインギーは私に言った。「だから彼女と会うのを止めた。『ニューヨーカー』誌が発行されると、マイケル〔・アリス〕から私を裏切り者と非難する手紙が送られてきた」と話した。マ・テインギーは党にとって「好ましからざる人物」となった。悪魔と取引したとして。

選挙遊説中にマ・テインギーが書いた日記で明らかなように、マ・テインギーは意志が強く自信満々、ストレートな話し方をする女性で、反論を呼ぶような意見も控えることはなかった。彼女がスーの友人となった理由のひとつは、彼女がスーに口先ばかりのことを言い、こびへつらうということがなかったからだった。一方、収監されているあいだ、彼女は何度も訊問を受け、少なくとも一度は一晩中それが続いたことがあったことを認めている。スーの国外での評判を落とすことが軍政にとって重要だったとすれば、彼女のもっとも知的レベルの高い友人をもっとも危険な敵に変えることは、やるに値する目標だった。

だがマ・テインギーは、ＳＬＯＲＣの命令でスーを非難していたのではないと否定する。「彼らは私に言いたくないことを言わせたりすることは一切なかった」と彼女は語る。「私が他人からの影響を受けない人間だということを彼らはわかっていたから。政治の世界とかかわるのをやめたら、自分の人生はうまくいくと私はわかっていた」

しかし、彼女の再三にわたる、一様に反NLDのコメントが外国メディアで取り上げられることで、彼女は決して「政治の世界とかかわるのをやめる」ことにはならなかった。ある旧友は、マ・テインギーは刑務所で国軍情報部によって「寝返ら」され、それを取り仕切ったのが誰なのかも知っていると語った。「キンニュンの息がかかった男が、マ・テインギーを変えるのに成功した。フラミン大佐は、米国の高校で教育をうけた。国軍の基準ではもっとも優れた男のひとりで、この男が彼女とのコンタクトで中心的な役割を果たしていた[9]」

この情報は、上官だったキンニュンが失脚した二〇〇五年に米国に政治亡命した元国軍情報部の上級将校で、ワシントンのビルマ大使館のナンバー2、アウンリントゥッによって裏づけられている。「政治的案件はすべて防諜局のもとで処理される」と彼はメールで書き、「キンニュンがフラミン大佐にマ・テインギーと連絡を取ることを許可した[10]」

なぜマ・テインギーは屈服することになったのだろう？　見返りとして、国軍情報部は、彼女を干渉せずそっとしておくと約束したのだろう、と旧友は示唆した。「外国からの訪問者が多い芸術家兼作家という人物にとって、誰にも干渉されずに生きられるというのは小さなことではありません、非常に重要な意味を持ちます。専門職の人間や知的分野で活躍する弱腰の人間がこれと同じような立場におかれれば、いかに容易く屈服するか知って驚くでしょう。圧力がある場合や権力とのつながりの誘惑がある場合はとくにそうです。国軍情報部に電話して、インターネット回線をつけてもらうことは彼らにとって大きな特権ですし、軍政に気に入ってもらうのは大きな魅力となるわけですから」。共産圏だった東ドイツに住む情報提供者を描いた映画『善き人のためのソナタ』（原題 *The Lives of Others*）が、現在のビルマの状況を一番良く伝えている、と彼は言う。

マ・テインギーは、物質的なものに誘われてスーを批判するようになったのではないかということについて、そんなことはないと否定する。「私には両親から受け継いだ安心して生活できるだけのものがある。それで十分だし、とくに大きな家に住もうとは思わない」。マ・テインギー自身、政治的な野心を抱いたことなど一度もないと言うが、そうであれば、彼女がこんなに大っぴらにスーのことやその信条を批判したり、さもなければ、スーの立場を悪くして軍政の肩を持つような発言をしたりするのは、どんな理由からなのだろうか？　見たところスーのことが好きで、旅のあいだずっとスーの付き添いとして行動をともにしてきた彼女が、スーが最近まちがった道をとっていると感じたなら、党内部の親しい人で、スーに影響を与えられる立場にいる人だけに、自分の考えを伝えられたはずではないだろうか？　スーを公の場で批判するのは、はっきりと敵対宣言をするようなものだ。

もっと大きな疑問は、はたしてマ・テインギーの考えは正しかったのかということだ。すでに悲惨な生活に追いやられている一般のビルマの人びとをさらに痛めつけうる経済制裁を支持することは、スーにおいて正当化されるのか？（マ・テインギーは、スーはそうしたと断言しているが）党の急進派たちの意見に折れて、スーは軍政を苛立たせ敵に回す一方、人びとに貧窮したみじめな生活を強いる政策を支持していたのではないか？　人びとの豊かな生活のために、スーは自分の目指す改革を断念すべきだったのではないか？

しかし、スーの考えはこうだった。現在の体制のもとでは、経済を自由化しても確固たる自由も民主化も、そしてより総合的な豊かさが生まれることも期待できない。ＳＬＯＲＣのもっとも目立った改革は、外国企業がビルマに投資することを認めることだったが、すべての投資は、最初からSLORCの指導者と、個別あるいは彼らの統括下にある取り巻きを通じてのみおこなえるもので、いかなる外国資本も独自にビルマ進出の足掛かりをつかむことは許されなかった。利益は直接将軍たちのポケットに入り、独自で投資活動の動きがあれば直ちに罰せられた。

解放後かすかに期待していた軍政との対話が何も生み出さず、NLDが憲法制定のための国民会議から退出すると、スーは制裁に賛成の意思を示しはじめた。こうしたかたちで声をあげることは、彼女にとってラングーンの中と外の世界の両方に対して発言の機会を持ち、その地位を維持するひとつの手段となった。彼女が経済制裁に反対したとしても、彼女には得るものは何もなく、少しばかりの道徳的な配慮以外に、商売のためSLORCから許可を得ようと列を成し順番を待つ諸外国の態度を防ぐことはほとんどできないだろう。結局のところ、西側の企業は世界の他の卑劣な政権とも取引をおこなっている。しかし、もし彼女が軍政のとる政策に賛成し、スハルト政権下のインドネシアやマルコス政権下のフィリピン、モブツ大統領統治下のザイール、カダフィ政権化のリビアなどがたどった方向にビルマが向かってしまったら、そもそも彼女が政治の世界に入った意義は何だったのかということになるだろう？

『ニューヨーカー』誌に掲載された、マ・テインギーが制裁に反対する立場を明かした記事の中で、アミタヴ・ゴーシュは、スーの態度が解放以来どのように変化したかを指摘している。自宅軟禁が解けてからまもなくおこなわれたスーとの最初のインタビューで、ふたりはジョークを言い笑いあった。その約一年後のインタビューでは彼女は、彼の議論をきっぱりとはねつける態度を示した。たとえば、スーは、東南アジア諸国連合（ASEAN）の加盟諸国が、ビルマ政府とのあいだに「建設的な協調関係」政策に乗り出したことについて、非難されるべきという意見を認めなかった。「（そうした国々が）建設的な協調関係を持つ政策を決定したからといって、彼らを私たちの敵とみなす必要はない」と彼に語った。「目の前にいるのは、策士としてのスーだということに気がついた」とゴーシュは書いている。「彼女は色々な国の指導者たちに脅威としてとらえられないよう配慮し、関係悪化につながらないようにするため、非常に慎重に言葉を選んでいた」

「いまや彼女はすっかり政治家のようになっていた。スーは境界線を引くようになった[12]」ゴーシュは彼女の変化にいささか気分を害した印象にも受け取れる。オックスフォードの同窓生として、旧友として、彼はそうした反応よりも親しい友人として、あえて言えば二度目のインタビューの会話の調子よりも女性的な態度を期待していたようだ。

しかし、軍政が許した非常に狭い自由の範囲のなかで、スーは政治の要領を学んでいた。

★

スーによるもうひとつの問題提起について、ハリエット・オブライエンによるインタビューで、貿易制裁と同じように熱い議論を繰りひろげている。それは観光客がビルマを訪れて良いのか、という問題だ。一九六二年のネーウィンによるクーデタ以来、大多数のビルマ人は、他の世界から疎外されていた。そこでは誤った情報が流れ、文化的に貧窮し、国家のプロパガンダに翻弄されていた。観光事業に反対することで、スーは国の孤立を深刻化させ、貴重な自由な情報を遮って、人びとに精神的な足かせをはめて国の中に閉じ込め、ビルマが彼らの刑務所になるのを助けることになるとの批判を受けた。またスーは、外国人がビルマを訪れて直接ビルマの知識を得ることに道徳的な障害物を置いた。

スーの支持者は、熱帯の観光地に遊びに来る観光客の大部分は、訪問先で何が起こっているかなど実際のところ関心がなく、ビルマの一般国民と接したとしても彼らに特別大きな恩恵をもたらす効果はないと反論した。ビルマで観光客たちは、強制労働によって建設された道路を通り、貧しい人びとが住む村々をブルドーザーでなぎ倒し獲得した土地に建設されたホテルに宿泊する。そして、将軍たちが経済をがっちりと握っているため、観光客が使った金のほとんどが、結局は軍政のポケットに収まることになる。

スーと党による観光事業への反対は、英国ビルマキャンペーンやビルマに対する米国キャンペーンによって欧米諸国に広がり、ビルマの観光産業セクターの成長抑制には確かに役立った。しかし、観光客の数は、隣国のタイのそれに較べると微々たるものでしかない。ビルマを訪れる観光客の数は、隣国タイを訪れる観光客数が千四百万人なのに比べ、その一・四パーセントの二〇万人に過ぎない。[13]だがこの結果は、観光事業のボイコットのためというよりも、軍政が、近代的な観光事業のためのインフラ整備や、外国の企業が資産を盗られる心配をせずにビジネスができる環境を整備することを怠ったことによるものだ。

二〇一〇年一一月、スーの解放直前に、NLDは観光事業に関してUターン政策を発表した。ベテランのジャーナリストで党中央執行委員会のメンバー、一九年間の獄中生活を経験したウィンティンは、あるインタビューで、NLDの方針転換について、われわれは多くの人びとにビルマに来て欲しいと思っている、それは軍事政権を助けるためではなく、ビルマの人びとがおかれている状況を理解し、助けてもらうために、外の世界の人びとにわれわれのおかれている状況を見て理解してもらうことがわれわれの目標到達に大きな助けになるからだ、と語った。[14]この発表ののち、スー自身がこの方針変更を認める発言をしている。パッケージツアーやクルーズなどは奨励しないとしながらも、彼女は、「人びとにビルマに来てこの国を見てもらうこと、この国のおかれている状況を学んでもらうことは良いことだ」と述べている。[15]そして二〇一一年六月、NLDはこの問題について公式に方針転換した。

しかし、この方針転換は、閉じられていた堰がまもなく開けられることを意味するものではなかった。『ロンリープラネット』は、相変わらず英語版旅行ガイドブックの分野でほぼ独占に近い市場を確保することになる。別の旅行ガイドブック『ラフガイド』の出版責任者クレア・キャリーは、スーの解放は「最終的には、ビルマが旅行者に門戸を開放することにつながるでしょう。でも人びとの意識が完全に変わるにはまだ早すぎると考えています。私どもは現時点ではまだビルマのガイドブック出版の計画はしていません。こういうガイドブックは、政治状況における持続的な改善や、旅行関連の盤石なインフラ整備によるところがありますから」と、ビルマへの希望を語った[16]。

★

スーの貿易と観光事業についての声明は、軍政が公約を履行しないことへの対応として出されたものだった。彼女は、まず軍政のやり方に協調しようと努め、今度は多少圧力をかけてみた。だが、この試みは事態の好転にはつながらなかった。軍政は、四年前に軍政の指導者が変わっていても、少しも譲歩する気はなかった。一九九六年六月、NLDが憲法制定国民会議なるものに出席するため首都に党員を招集すると、SLORCは先制して攻撃の手を打ち、二五八名の党員を逮捕した。そのうち二三八名は選挙で選出された議員だった。それでもスーと同僚たちは一四名の代表団で会議場に向かった。軍政が政治犯全員を釈放せず、一九九〇年に選出された議員による議会を招集しないのであれば、NLDは独自に憲法草案を作成すると警告する最終声明を出した。

スーはいまや軍政との消耗戦の渦中にいた。SLORCは、NLD独自の憲法起草に対して新たな法律を発布し、憲法（いまだ草案もできていないのに）に反論したり、反対する行動を起こしたりする者に対して、軍政は長期の禁固刑を科すと脅しをかけた。週末毎におこなわれるスーの対話集会に参加する人びとの数は、出席すれば二〇年の禁固刑を科すとするSLORCの脅しにもかかわらず、増えつづけた。九月になると、軍政は集会を阻止しようと、通りを遮断するバリケードを築いたため、スーと同僚たちは近くの通りの角まで出向き、そこで集会を続けた。こうした行動に対しSLORCは新たに強力な武器、つまり、一九九三年SLORCの議長タンシュエによって設立された翼賛団体、連邦団結発展協会の過激派グループを動員して対抗した。一九九六年一一月にはスーと党の仲間が乗った車が屋敷から出てきたところを狙い、二百名に及ぶUSDAの暴力集団がNLDと彼女の車を襲撃して窓をバールで叩き割るなどした。

スーのこの脅迫行為に対する対応は、後々スーを伝説化させることにつながる発言のひとつだった。「国軍が私をほんとうに殺したいのだったら簡単にできるはずです。ですから身の安全を図るために過剰な心配をする気はありません」と、彼女は『タイムズ』紙に語っている。「強がりでもなんでもありません。自分はむしろ現実的なのだと思います。ここまでご心配を頂く理由がわかりません」[17]

このような発言はビルマ人以外の人に、ビルマでは暮らしに恐怖があるのがふつうだという環境を理解させることを難しくする。自分の身の安全について、スーがこのような出来事にも平然としていられるというのであれば、ほんとうはそこまでひどい状況ではないのではと考えてしまうだろう。一九九六年の後半、ラングーンで研究をしていたオーストラリアの社会人類学者、モニーク・スキッドモアは、それを訂正する説明をしている。「アウンサンスーチーの路上対話集会を禁止したことで、一九九六年の後半にはラングーンの緊張は一気に高まった」と、彼女は書いている。「若者たち、とくに学生たちは、自分たちの無力さにうんざりしていた」[18]
モニークは、ユニヴァーシティーアヴェニューの屋敷周辺の撮影のため車で出かけた外交官の友人が経験した恐怖の出来事に触れている。その日の夜遅く、その友人が自宅に戻ると、家の前には両目が焼かれた彼の愛犬の死骸が置かれていた。「ビルマ中が恐怖に囚われた状態にあることに気づくのに数週間かかった」と、彼女は書いている。「軍の監視から隠れようとして、無意識に家にこもるようになった」[19]
しかし、家の中にいれば安全というのは幻想だった。彼女はこう書いている。

将軍たちは、公共の領域に流れる情報だけを規制するのではなく、以前は何を言っても安全な場所とされていた都市内の空間を、壁を次々と破って支配し、作り直し、統制するようになった。人びとが安全を求めてひとつの場所から別の場所へと動き回るようになると、こうした「開かれ」かつ統制された場所で恐怖体験が起きる。恐怖が支配の手段になると、暴力は社会的空間を位置づける第一の武器となる。[20]

スーは恐怖を無視し、暴力による脅迫も気にかけていなかった。もし彼女がその前の六年間、個人の領域を侵した軍政のやり方にトラウマを受けていたのだとしたら、それをうまく隠し、決して表情に出ることがないよう、また恐怖について口に出さないよう、十分に配慮していたということだ。だが、軍政は彼女を痛めつけることをあきらめなかった。
スー一家の古くからの友人のひとりに、ラングーン在住のレオ・ニコルスがいた。スコットランド、ギリシャ、米国、ビルマの血が混じった老齢のビジネスマンで、多くの友人たちに「レオおじさん」と呼ばれていた。彼は、おそらくネーウィンがもたらした資本主義の氷河時代を生きのびた、唯一の成功したビジネスマンと言えるだろう。一九八八年三月末、オックスフォードにいたスーに電話をかけ、母親の病気を伝えたのはレオおじさんだった。

ローマカトリックの信者で、ラングーンに本社を置く船会社のオーナーの息子である彼は、日本が第二次世界大戦で敗けた後、ビルマに戻ってきた。一九七二年、ビルマ国内における外国人に未来がなくなると、彼の家族はオーストラリアに移住したが、彼自身は、後にマイケル・アリスが伝えているように、「我が家と感じられる唯一の場所」に留まると言い張った。[21] スカンジナビア諸国の名誉領事に任命されていた彼には、ある程度の外交的保護があった。大事にしていたビンテージ・カーのコレクションを強制的に売り払うよう要求されると、彼が言うには、一番気に入っていたブガッティをパガンの土中に埋めた。

ニコルスも過去に、軍政と揉め事を起こしたことがあった。一九八八年の民主化蜂起のときには、彼は頻繁にスーに助言を与えるとともに、実質的な援助もおこない、このことで、彼は後に厳しい訊問を受けている。一九九五年にスーが自宅軟禁から解放されると、彼は毎週金曜日にスーと会って朝食をとり、後援者としてまた助言者としての役割を再び果たすようになった。荒れ果てた庭を整備する庭師を雇ったり、屋敷を修理する者を手配したりする一方、引きつづき彼女の政治キャンペーンを支援した。具体的な支援のひとつとして、スーの『ビルマからの手紙』の原稿を東京の毎日新聞社宛てに、自宅のファックスで送りつづけたことがあげられる。

レオ・ニコルスのこうした行為は、軍政に目をつけられる原因となった。彼には二台のファックスがあり、そのうちの一台は登録されたものだったが、別の一台は登録されていなかった。ビルマでは許可なくファックスを所有することは法律で禁じられており、違反した者には五年の禁固刑が科せられた。四月、レオおじさんは逮捕され、何日も訊問を受けた上、三年の禁固刑が言い渡された。一九八九年にスーの別の友人で庇護者のひとり、作家で戦争英雄のマウン・トーカの場合と同様、その刑は死を意味していた。彼はインセイン監獄に、心臓病や糖尿病の薬なしに監禁された。二か月後、彼は倒れてラングーン総合病院に運ばれたが、おそらく心臓麻痺か脳卒中が原因だろう、その後すぐに亡くなった。六五歳だった。

レオおじさんの死、マ・テインギーやその他の友人や同僚たちの裏切りは、スーのもっとも苦しく、強烈に感じた出来事のひとつとしてエッセイに書かれている。

彼女の著書と同様、インタビューでも、スーはいつも、なんとか苦心して一番明るい表情を見せようとする。これはアジア人の条件反射的なもので、同じような表情は、ラングーンから東京までのどこの場所でも見られる。しかしスーのおかれた状況においては、これはまた、したたかな戦略だった。もし彼女が少しでも怒りや苦悩を表情に出せば、スーの士気にダメージを与えるキャンペーンが成功したとして軍政を喜ばせることになるからだ。だが『ビルマからの手紙』の「第三三、友人」では彼女のその冷静な仮面をはずしている。

それは、いかに迫害が友情を厳しい試練にかけ、薄情にも友人の真の姿を暴露することになったかについてのエッセイだ。試練の過程で驚きが生まれる。弱々しく見える人間が堅牢無比の特質を見せる場合がある。しかし、どこまでも信頼できると見えた人間が、衝撃的なほど簡単に権力に屈する場合もある。

「国家による全力の説得」とスーが呼ぶもののおかげで、「非道と名誉、臆病と英雄的行為」というかつては本のタイトルだけに使われた概念は、日常のありふれたこととなっている。「逆境という目が眩むほど強い光は、人間の中にひそむ虹のように多彩な色のすべてを浮かび上がらせ、人びと、とりわけ友人とされる人たちのほんとうの色を引き出す」と、彼女は述べている。[22]

レオおじさんのように、試練からさらに偉大になる人物もいる。「彼は自分の精神以外、すべてを奪われながら、なおもどれだけの高みに登れるかを試そうとした人だった」とスーは書いている。しかし他の友人たちの多くは恐怖に縮こまり、潰れていった。「ユダの口づけはただの比喩ではなく、自分の頬に何度も繰り返される冷たい裏切りの感触です。信頼と尊敬を受けてきた人が、他人を欺こうとして限りない自己欺瞞の才能を発揮します。表面は鉄のように見えた気骨が、ロウのように柔らかく曲がってしまうのです」

スーは父親を意識しながら高い道徳水準で育った。快適で豊かだった六〇年代の英国では、スーのような道徳は重要とはされなかった。結婚までは貞操を守ることを声高に唱え、子どもたちには仲間同士のパーティでの遊びでもきちんと規律を守るようにしつけるという彼女の姿勢は、重要なことというより、彼女の笑えるほど風変わりな人であるしるしと見られた。

しかし、ビルマの厳しい試練のなかにあっては、高い道徳水準が名誉と汚辱、希望と絶望の違いを分ける。ロンドンやオックスフォード、ワシントンDCでスーの友人や支持者になるのは容易いことだ。だが、ラングーンやマンダレーで彼女の友人となるのにはもっとも困難な決断が必要だ。同じエッセイで指摘しているように、真の友情にはもっとも高い道徳心が要求される。「仏教の教えでは、良き友とは、与えがたいものを与え、難事を引き受け、辛辣な言葉に耐え、自分の秘密を語り、相手の秘密をしっかり守り、困窮しても見捨てず、没落しても非難しない人です。そのような友人と一緒であれば、人はどんなに困難な道のりも共にたどることができるのです[23]」

スーはそうした友人を欠いてはいなかった。残虐な社会では、その残虐性に屈せずに立ち上がる人間が、もっとも高い徳を得られるという逆説的な現象が起こる。しかし、マ・テインギーやその他の友人たちを寝返らせ、レオおじさんを殺すことで、ビルマの軍政は、どのような方法で、どの程度やればスーの弱点を突けるか見つけだした。そして軍政は、さらに残酷な策略を手のうちに用意していた。

★

一九九〇年代、マイケル・アリスはスーに関する物語のなかで、陰に隠れながらも中心的な役割を長く果たしている。逆境のなかで真の友情が試される機会があったとすれば、それはふたりの結婚だった。夫婦として過ごした年月のあいだに、あらゆる結婚にはつきものの摩擦やイライラはあった。スーは夫の喫煙を嫌い、何度も止めるように言い、また友人たちには、彼が大学で自分の将来性を試すことに無頓着すぎ、また英国社会の偽善をあまりに簡単に容認しすぎると愚痴をこぼした。その時代に写された家族写真には、北オックスフォードにいるよりもどこか別の場所にいたいかのようなスーの表情が捉えられている。

家族生活は確かに彼女に試練のときを与えたが、真の試練は、マイケルがすばらしい人間だったことで生じた。スーがビルマで自分のなす事をするように運命付けられていたとすれば、マイケルは彼女にとって完璧な引き立て役で、完璧なパートナーとなるべく運命づけられていた。

ただし、そう断定するにははっきりした裏づけが必要だろう。息子たちに対し、マイケルは決して母親に代わる存在にはならなかった、それどころか十分に母親代わりを務めることもできなかった。オムレツの作り方を知っていたとはいえ、ビルマ人でクリスチャンのシスターふたりがオックスフォードの家に住み込みで家事をしてくれたのは、家族全員にとって大きな救いとなった（SLORCはしばらくしてこの状態を終わらせる方法を見つけた。ふたりのシスターにビルマに帰るよう強制したのだ）。マイケルは、スーがいない寂しさを別の何かで紛らわすことができなかった。胸には埋めることのできない空虚な穴が開いていた。

しかし、最初からマイケルはスーがたどる道を理解しており、それがなぜ彼女にとって避けられない決断となるのかもわかっていた。そしてその結果、家族の生活は完全に新たな局面を迎えることになる、ということもわかっていた。パートナーが危険でただならぬ道に飛び出していったことで、自分のキャリアや人生がすっかり狂ってしまったとき、野心家の男であれば、困惑や後悔、疑問や敵意、怒りなどをもったとしも少なからず理解できるが、彼はそうした様子はまったく見せなかった。

それよりむしろ、マイケルは紛れもなく、ビルマの外にいるスーの分身となった。彼女のために支持を取り付け、ニュースを発表し、インタビューに答えた。そして、スーの抵抗が世界的に知られるようになると、彼女の公式な代理人として賞を受け取り、メッセージを送るなど、休む暇なく働き支援した。彼こそスーにとって「輝ける甲冑をまとった騎士」だと友人のひとりは讃える。「彼女を守るために闘い、彼女のために獅子をも倒そうとする男だ[24]」

マ・テインギーに、一九八九年の選挙遊説期間中、日記を書くことを勧めたのはマイケルだった。そしてその七年後、マ・テインギーが公然とスーとNLDを批判するようになったとき、彼女宛に絶交の手紙を送ったのもまたマイケルだった。

ピーター・キャリーがふたりについてコメントしている。

ふたりが結婚して初めの二〇年間、スーはオックスフォードに住む平凡な主婦だった。それが一九八八年には立場が完全に逆転し、マイケルはもはや中心人物ではなく、すべてがスーを中心に回りはじめた。マイケルは妻を支援しながら、子育てをし、子どもたちふたりを車で学校まで送ったり、食事を作ったりするようになった。一九九〇年代には、そうした状況が鮮明になった。彼はパークタウンに住むシングルファーザーで、ふたりの子どもの世話をし、ふたりにとって良き父親となるよう努力した。その間もビルマからの波は絶え間なく打ち寄せ、ファックスや伝言、インタビューやプレスリリースの依頼が山のように舞い込んできた。[25]

キャリーは、良い妻に必要とされる資質についてのジャワのことわざを引用して語っている。「『良妻であれば常に夫の後ろを歩き、夫に仕える』、マイケルはそういう役割を選んだのだと思います。彼は常に妻の後に立ち役割を果たしていましたが、非常に控えめで目立たず、もっとも効果のあるやり方で支えていたのです」

写真やビデオの中で、マイケルはいつも同じ様子で写っている。背が高く、優しくて内省的、ちょっとぞんざいで、何となく厳しく悲しげな表情ながらも、常に穏やかに落ち着いて冷静な男の姿で写っている。しかし、彼にはカメラには捉えられていない激しい一面もあった。「スーの自宅軟禁がはじまったとき、マイケルがバンコクの私の家に泊まっていったことがあった」と、『インデペンデント』紙のバンコク特派員だったテリー・マッカーシーが、当時の様子について語っている。

マイケルと私は友人で、互いに良い関係を築いていました。あるとき、彼が電話でビルマの入国管理局の人間に大声で怒鳴りまくっていたのを覚えています。狂ったように眉をつりあげて。写真ではいつも愛想が良くて穏やかな人のように写っていますが、カッと熱くなる面もあるのです。彼をひどく怒らせるのは、将軍たちの理不尽な行為です。逆にスーの方は、将軍たちがなぜそういうことをしたのかわかっていました。自分がなぜ彼らを激怒させるのかもわかっていました。彼はスーを全面的に支援してはいたものの、それは彼にとって辛いことでした。だから尚更のこと、マイケルは将軍たちに腹を立てていました。将軍たちが自分から妻を奪ったことに激怒していたのです。[26]

マイケルもまた、スーがいずれ政権を握るという非現実的な希望を持っていたのかもしれない。一九九五年の夏、スーが自宅軟禁から解放されてまもなく、彼と息子のキムにビザが下りた。そしてそれが生涯で最後のビルマ行のビザになろうとは彼には知る由もなかった。ふたりは空路ラングーンに向かった。ラングーンでマイケルと再会したマ・テインギーは、マイケルがいまにも妻の手に政治権力が入るのだと自身に納得させようとしていると感じた。

一九九五年の六月末か七月初めに一度、アリス博士と私はNLDのオフィスの二階に上がる階段に腰掛け、現状について話し合った。階下には大勢の人が詰め掛けていて、座る椅子もなかったから。彼はとても興奮して、NLDはすぐに政権の座につくだろうと言い、軍政は変化を学ぶべきだ、彼らは学ぶべきだと何度も言いつづけるので、私は、いやそれはない、それはありえない、と反論した。五分ぐらいそんな堂々巡り。私は、彼の途方もない期待に、自分の意見を押し通すことはできなかった。

別の旧友、ベルティィル・リントナーはマイケルの欠点を指摘する。慎重すぎるというのだ。

彼は必要以上に注意深かった。一九八九年に彼と息子たちがラングーンから空路バンコクにやってきたとき、誰もが彼らが来るのを知ってはいたのですが、彼らがどんな顔なのか知っている人はいませんでした。バンコクにはマイケルとふたりの息子に会った人間は、ほんの二、三人しかいなかったからです。われわれバンコク在住の特派員たちが空港で彼らを迎えることになったのですが、マイケルと面識のある人間は私だけだったので、私がマイケルの姿を見かけたらみなに知らせることになりました。そして三人が出てきたので、私が「やあ、マイケル！」と言うと、マイケルが「人違いだ！」と言うので、私はそうかと身を引いたのです。

夜になってマイケルから電話があり、「あのときは悪かった。今晩会わないか？」と言われました。彼は山ほどのお土産を抱えてやって来ました。それでも彼は、私が彼のことを知っているということを他人に悟られまいとしました。まったく馬鹿げたことです。[27]

だがマイケルには慎重に振舞わなければならない理由があった。軍政はスーと彼の結婚がスーの固い鎧を破る突破口のひとつになると考え、彼女が外国人と結婚したのは、ビルマに対する「背信行為」だとして機会ある毎に彼女を侮辱してきた。マイケルは彼女にとって宝だった。しかし、彼女がビルマの人びとのことに取り組むにあたって、彼は常に不利にはたらく存在だった。

「ボガドー〔ヨーロッパ人と結婚したビルマ人妻の呼称〕は、父アウンサンの名を受け継ぐ資格を失った」と、一九九七年五月九日付けの『ミャンマーの新しい光』紙は、例によって悪意に満ちた記事を載せた。「彼女はドー・マイケル・アリスと呼ばれるべきなのだろうか、それともミセス・マイケル・アリスと呼ばれるべきだろうか？」。なぜ彼女は正統性を失ったのか？　なぜなら、アウンサンの暗殺の背後には英国がいたからであり、さらに彼女は外国人と結婚してその血を汚し、「〔自身の〕民族の血を守る」努力をしなかったからだ、と記事の筆者は〔史実を無視して〕書いている。軍政の伝道師たちにとって、スーがマイケルと結婚したことは、スーを外国勢力のエージェントだとする上で、十分な証拠だった。

その結果マイケルは慎重に、目立たない形でスーをサポートし、息子のアレクサンダーやキムたちにも同じように振舞うよう命じていた。マイケル個人は大好きなチベット研究を続け、専門書を数冊出版した他、英国皇太子の温かい励ましや、テトラパックで有名なラウジング家などの支援を得て、オックスフォードに英国初となるチベット・ヒマラヤ研究センターを設立することに成功した。とはいえ彼のごく親しい人びとのなかに、マイケルの全人生がスーと彼女の闘争のために費やされたことを疑う者はいない。[28]

マイケルの妹のルシンダは、彼は少なくとも一日の半分はスーのために働いていたと言う。彼女はまた、マイケルにはビルマ関係のことだけを手伝ってくれる秘書がひとりいたとも話している。「マイケルがスーのためにどれだけ多くの事をしていたか、スーがわかっていたとは思わない」と彼女は言う。[29]

一九九五年以降はすべてのビザの申請が却下され、時が経つにつれ、痛みが露わになりはじめた。リントナーが当時を振り返り語っている。

マイケル宛にハーバード大学からサンスクリット語の教授職を与えるという打診がありました。それは彼にとって願ってもないチャンスで、スーも喜んでいました。彼はマサチューセッツのケンブリッジに小さなワンルームのアパートを借りて住むことになり、私はそこに訪ねていきました。彼の部屋で会いました。というのも、彼はまだビルマのスパイの影におびえていて、公の場で人と会うことができなかったからです。

それは見るも無惨な部屋でした。どの壁にもびっしりとスーの写真が貼られ、灰皿には吸殻が山のようにたまっていました。[30]

何年も強制的に引き離された一家の痛みが、今度は彼の体に致命的に影響しはじめた。一九九八年の夏、マイケルは背中に激しい痛みを覚えた。それはガンの症状によく見られるものだ。九月に受けた検査結果は陰性だった。だが一九九九年一月には、彼はラングーンに住む友人の娘を経由してスーに送った手紙で、前立腺ガンの診断が下されたことを伝えた。

まもなくマイケルの体調の急激な悪化が明らかとなり、ビルマ入国ビザを発給するよう軍政を説得することが、突然の緊急用件となった。マイケルは、自分の知る著名人や家族の知る著名人など、あらゆるコネを利用してビザを得ようとした。チャールズ皇太子、マウントバッテン伯爵夫人という高名かつ善良な皇族ふたりからタンシュエ上級将軍に宛て、死の迫っている男が、死ぬ前に一目スーに会えるようビザの発給を認めてもらいたいと訴える嘆願書が送られた。

いつも極端に狭い了見で物事をとらえる軍政が、この状態を有利に働く事態ととらえ、スーの感情を逆手にとり、彼女を国外退去させるにはこの上ない機会だとして、考えうるもっとも残酷でばかげた計算をして利用するのは必然的なことだった。

スーに近い西側の外交官は、この痛ましい時期を鮮明に記憶している。「軍政はこうした嘆願にノーと言っただけでなく、実際には、軍政は何の返事も出さなかったのですが、皮肉にもこれを心理戦に使ったのです。最期の頃になると、軍政は、もちろんいつでも望むときに、アウンサンスーチーは、死にゆく夫のところに行くことができる、夫が死に瀕しているときは、夫のそばに付き添うのが正しい妻としての務めであり、その反対ではない、等々、さまざまな印刷物で訴えはじめました。私は彼らの下劣なやり方に吐き気がして、それからは外相との握手を拒んでいます。外相自身は、こうした愚劣な策略に同意することに躊躇しているように思えました」[31]

マイケルの体調は急激に悪化していった。ラングーンにいる友人たちはこの悲劇を間近で見ていた。そのなかのひとりはこう回想している。

最期のときが近づくにつれて、マイケルはわざと異常なほど楽観的な様子を見せるようになりました。ビザに関しても、自身についても、大丈夫だ、自分はすぐに良くなる、ビザもまもなく下りるだろうなどと言っていました。マイケルは実際のところ、この病気が驚くほどの速さで進行するということをあまり理解していなかったと思います。スーにとっても、この事態に接することは人生最大の苦悩のひとつだったと思いますが、彼女は威厳と勇気をもってこの時期を潜り抜けました。

別の友人はこうつけ加える。

想像もできないほど困難な時期に彼女が見せた勇気は、彼女が並外れた人間であることの証しでした。結局のところ、仏教への強い帰依が彼女を最後まで支えていたのだと思います。

英国では、スーとマイケルの旧友で、当時インドネシア大使だったロビン・クリストファー卿が、病院のマイケルを見舞っていた。スーもマイケルも、彼女がビルマを立ち去れば一巻の終わりで、パスポートはキャンセルされ、二度とビルマに入国することができないことを、明確に理解していた。いま、ふたりは再び必死に可能性を探りはじめた。だが最終的にふたりが達した結論は、以前と同じものだった。

一九九九年三月二七日、マイケル・アリスは五三歳の誕生日を迎えたその日に死んだ。ガンだとわかってから三か月にも満たなかった。クリストファーが直ちに空路ラングーンに向かい、スーに会いにいった。「マイケルの告別式がおこなわれている最中に私はラングーンに到着したのです」と彼は語る。「スーの屋敷の庭には三百名以上の弔問客が集まり、そのなかでスーは僧侶の読経に耳を傾けていました」。読経がすべて終わると、クリストファーはスーと長い時間話をした。彼がそのときのことをこう回想している。

最期にマイケルがスーと会うことを許されなかったのは悲劇でした。彼女はそれについて多くを語り、ふたりでどんなふうに話し合ったか、いろいろと話してくれました。スーにはビルマに数え切れないほど大勢の自分の支持者がいて、彼らの生活が、スーがビルマにいることにかかっているということをふたりともよく理解していました。彼女がビルマからいなくなれば、人びとは一網打尽に捕まえられて殺されるか収監されてしまいます。多くの家庭が、彼女が集めてくるほんのわずかな支援で生きのびていました。問題だったのは、食料と自由でした。収監されている政治犯の家族が食べ物を必要としていたのです。彼女の援助がなければ彼らはみな死んでいったと思います。また、いったん彼女が国を出てしまえば、彼女を支持するごく親しい人たちは、ほとんど確実に逮捕されてしまうだろうと彼女は考えていました。言い換えれば、とてつもない数の人びとの生活が、彼女がビルマにいることにかかっていたのです……。いずれにしろマイケルが死ぬことは確実でした。そこでふたりは決心したのです。それはふたりのあいだに非常に強い結びつきのあることの証でした。スーは嘆き悲しんでいました。それでも彼女が根本から打ち砕かれることはありませんでした。彼女はマイケルに死が迫っていることをわかっていましたし、ふたりはさまざまなことを十分に話し合っていました。彼女はマイケルのところに戻るべきか、そうすべきでないか、決断できずひどく苦しんでいました。ですが、彼女はマイケルが来るなと言ったことで慰められたのです。来るな。マイケルは彼女がおかれている状況を完全に理解していたのです。

「私の求めていることを常に理解してくれる夫を持てて、私は最高に幸運だ」と、彼が亡くなったその日にスーは書いている。「誰もその事実を私から奪い取ることはできないのだから」

軍事政権は、一九九七年に米国の広報コンサルタントの助言により、国家平和発展評議会(SPDC)と名称を変えたが、その先の方策がつきてしまっていた。彼らは、スーをラングーンに閉じ込めておくことには成功した。一九九八年以来、スーが旅に出ようとする度に、彼らは首都郊外で彼女の行く手を阻み、連れ戻そうとした。彼女が引き返すことを拒否すると、かならずばかげた理由で、にらみ合いとなった。しかし、どの場合も、結局は軍政の実力行使で幕を閉じている。

だが軍政はスーを国外退去させることはできなかった。国外退去させるため考えうるあらゆる策略をめぐらしたが、どれも成功には至らなかった。彼女の愛と悲しみを利用して死の床につくマイケルのもとに駆けつけさせようと画策したのが、彼らの最後の賭けとなった。

マイケルの死から一八か月後、二〇〇〇年八月二二日、彼女は断固として国軍の手から抜け出そうと試みたが、またしても市の郊外で行く手を阻まれ妨害された。そのときは、彼女は首都ラングーンの南にあるダラの郊外に車を停め、屋敷に戻るようにとの軍政の命令を拒否し、車の中に九日間居座りつづけた。最終的に九月二日、ロンテイン(治安部隊)二百名が出動し、彼女を強制的に連れ戻した。ユニヴァーシティーアヴェニューの屋敷に着くと、彼女は再び自宅軟禁に処された。

↑ ラングーンのユニヴァーシティアヴェニュー五四番地の屋敷、スーはここに一五年以上軟禁される［STR；ストリンガー；AFP；ゲッティイメージズ］
↗屋敷の門から演説するスー

→ ネーウィン将軍。「長老」、「ナンバーワン」などと呼ばれる
→ セインルウィン。「殺し屋」、1988 年の短期間ネーウィンに替わって国家元首［AP］
→ タンシュエ将軍。18 年にわたってビルマを支配

↗ ソォマウン将軍。精神不安定により失脚する 1992 年まで支配した将軍
↗ 2004 年首相在職時のキンニュン。この直後失脚
↗ マウンエィ将軍。キンニュン失脚後タンシュエと権力を共有

↑ マウン・トーカ。ジャーナリスト、詩人、政治活動家。スーの左側に立っている
↑ ウー・ウィンティン。NLD 創立メンバー、19 年間の収監中の姿
↑ ニョーオンミン。スーに民主化運動を指導するよう薦めた最初の知識人のひとり［ピーター・ポパム所蔵］
↑ スーとその「子どもたち」。NLD の学生党員で遊説中の誠実なボディガード［アリス家の好意により］

↗ スーと NLD 共同創立者ウー・チーマウン［ニック・ダンロップ；パノスピクチュアーズ］
→ カレン州の山々と森。マナプロオの近く

↑カレン州の湖と丘陵の風景。タマニャの近く［ピーター・ポパム所蔵］
←タマニャ僧正の像。尊敬を集める仏教徒にとっての師［ピーター・ポパム所蔵］

8:38:18
30. 5.2003

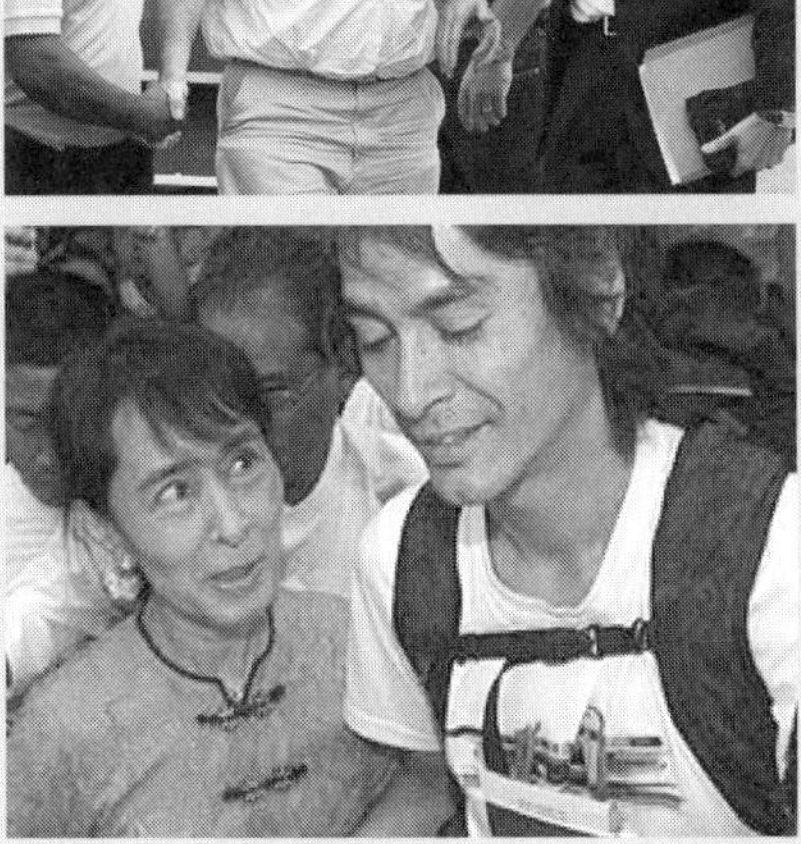

↗ モニワで演説するスーのビデオの画像。暗殺を狙った襲撃の数時間前［英国ビルマキャンペーン所蔵］
→ ラングーンを行進する僧侶。2007 年 9 月［ミジマニュース社、デリー所蔵］
→ 反乱のなかで煙を避けて眼を覆うひとりの僧［英国ビルマキャンペーン所蔵］

↑ マンダレーのある家の台所に掛かったアウンサンスーチーの肖像画［マリオ・ポパム所蔵］
↖ ジョン・イェットゥ。精神の平衡を欠いたスーの屋敷への侵入者
← ラングーンのミンガラドン空港で息子キムと会うスー。2011 年、キムの訪問時

ラングーンのNLD本部のスー。2011年3月、筆者との会見時［マリオ・ポパム所蔵］

第五部 明日への道

1　スーに会う

二〇〇二年五月七日火曜日の夕刻、私は生涯で二度目のラングーンに向けてバンコクを飛び立った。最初に訪れてから一一年が過ぎていた。この同じ日、スーは二度目の自宅軟禁から解放されていた。いつもの不安な結果待ちのあと、先週発給された「ミャンマー」の観光ビザを手に私はデリーを出発した。スーの解放後はじめてインタビューする英国記者のひとりになれる期待とともに、バンコクに飛んだ。バンコク空港でラングーン行き航空券一枚を購入し、半分は空席の飛行機に乗ったのだ。

コンクリートの大都市バンコク、仏教徒のこころが実用的なセメントで塗り固められてしまったかのような大都会を離陸。アジアのひとつの首都から別の首都へ、タイの首都からそれよりもかなり広い隣国、そしてかつてはシャムを頚城にしたこともあるビルマの首都へと飛ぶことではあっても、それはまるで大都会から地方のとある田舎町に行くようなものだ。三〇分もすれば、飛行機は降下をはじめ、飛行機のライトに照らし出されるデルタ地帯の水は灰色に濁っている。ラングーンとその周辺部のわずかな薄暗い灯りがかすかにまたたき、タイの溶鉱炉のような輝きとはかけ離れた文明だ。ほんの少しの車が狭い道路のうえをのろのろ走っている。交通渋滞などない。

この国はまだ一一年前と似たようなものだったが、しかし、ラングーンは以前訪れたときとは違った都市になったことはすぐにわかった。ミンガラドン空港には新しい国際線ターミナルができた。世界のどこの国のターミナルとも同じように、コンクリート建築のガラスと大理石でできており、照明は明るかった。あの古いターミナルビルにあったむさ苦しさとビンロウ（ヤシ科の植物。噛みタバコに似た使い方をする）を吐いた跡に汚れた一角は見当たらなかった。表に待っていたタクシーは相変わらず使い古した一九七〇年代製の日産とトヨタだったが、私が薦められて泊まったホテル、ソフィテルプラザは新築だった。世界に知られたホテルチェーン、ピカピカに輝く高層の宮殿に、制服のドアマン、愛想の良いフロント、速くてシューと音をたてるエレヴェーターが備わっていた。これで一泊四〇米ドル朝食付き、ただ同然だった。

ビルマは明らかに何かが変わりつつあった。私はこの五年近く『インデペンデント』紙の東南アジア特派員をしていたが、ビルマはこの地域の他国に比べれば取りあげるべき事件のないところで、これまで訪れる機会がなかった。最後にビルマについて書いたのは二年前の二〇〇〇年、スーが九日間国軍と対峙しているときの記事で、結局これはスーの自宅軟禁の再開で終わった。

この二年前の出来事は、前回ラングーンを訪れた一九九一年以来、重要なことはなにも変わっていないと私に思わせた。いまだに衝突と抑圧のぬかるみに立ち往生したままだと。だがいま、私の目に映るこの近代的設備はなにか新しい動きであり、そしてスーは再び自由の身だ。何があったのだろう？　何が起きているのだろうか？

西側の外交官と、国際援助機関の職員と、ビルマ人の内部関係者で私に話をしてくる人たちを聞きまわった結果、スーの今回の解放は一九九五年のものとは違うということがはっきりした。前回の解放は国際社会の気をひく人気とり策だった。日本の援助再開を後押しする策で、おそらく軍政は「ジェスチャー」の意味を本気で取り違えていたから、この解放にはまったく中身がなく、きわめて限られた成果しか産まないものだった。当時、スーもそのほかの誰にも彼女の解放について事前の知らせはなかった。

その前にほんのわずかな外交的動きがあっただけで、解放の後には、スーの軍政に宛てた対話要求すべてが冷たい沈黙に会った。

「一九九五年当時、ビルマは経済に沸いていました」と、レオン・デ・リードマッテン、国際的な仲介者で人道的対話センターの所長、国連特使ラザリ・イスマイルの右腕だった彼が、着いたばかりの私に説明してくれた。「将軍たちは経済的に成功すると思っていましたから、反政府派と取り引きする必要はなかったのです」

まさにその時期は、国軍情報部長キンニュンがその存在を強く感じさせ、気の利いた新しい空港ビルにソフィテルやさらに見栄っ張りのトレーダーズなどのホテルが建ち、休戦の取引が複数の武装反乱勢力とのあいだで進み、ミャンマー観光年の扉が旅行者に大きく開かれ、ビルマは東南アジア諸国連合（ASEAN）内でオブザーヴァーの地位を与えられた時期だった。ビルマの国家法秩序回復評議会（SLORC）は、自分たちのやり方が国際社会に受け入れられる寸前だと見ていたに違いない。スーの解放は仕上げの飾りで、西欧に向けた鼻薬、あとは放っておけばいいことだった。将軍たちのあいだでは確認し合っていたに違いない。彼らの絶対の自信で、大衆はスーのことをすっかり忘れてしまったと。体制の新聞『ミャンマーの新しい光』紙の漫画には、終わりのない大言壮語でラングーンの浮浪児を死ぬほど退屈にさせている歯の欠けた老婆の姿でアウンサンスーチーが描かれている。将軍たちはほんとうにスーのことをこの漫画のように考えていた。軍政のアキレス腱とは、現実を知っている下級士官が上官の機嫌を損ねる事実を報告したがらないことだ。

しかし、一九九五年のスーの解放のあと、SLORCが望んだはずの容易な国際社会への受け入れはあっけなく崩れた。スーのカリスマ性は以前にも増して明らかで、彼女のメッセージは賛成できないものだった。ビルマの閉鎖された社会主義体制に育った将軍たちは、国際的な資本主義の仕組みを理解するのに苦しみ、彼らのコントロールが失われることには激しく抵抗した。外国企業にとってビルマはいまだに仕事ができる環境ではなかった。ラングーンとそのほかの観光ルートにある都市や町はミャンマー観光年に向けて整備されたが、一九九七年のアジア経済危機が襲い、ビルマの弱々しい回復過程は諸隣国のはるかに強力な経済とともに打撃を受けた。あの派手な新しいホテルはほとんどの時期、半分が空室だった。

デ・リードマッテンは二〇〇一年六月に、はじめてスーと軍政側との話し合いの仲介をはじめた人物だが、彼はビルマの政治的見通しについて私にこう説明した。「NLD〔国民民主連盟〕と軍事政権との協力以外に道はありません。まずすべきことは、いかに人びとの生活状態を改善するかです。その上でNLDと軍政はビルマの将来について対話をはじめるべきです。いまの状況は九五年とは完全に違っています。いまは両者が協力しなければならず、互いを必要としています」

会話が進むにつれ、誰かが成果を手にするには、まだまだ長い道のりだということがはっきりした。「彼ら〔スーと軍政〕は話し合いをしましたが、いっしょに何かすることにはまだ合意していません」とデ・リーデマッテンは認め、スーがまだ自宅軟禁中だった「この月曜日まで、互いに話し合い、一定の理解と可能性は得ました。これは試験です。軍政側は言いました、やってみよう、スーが外に出てきて、〔彼女のとる行動が〕われわれが考えたことに一致するかどうか。一方、スーの側では、彼女が望むことがどこまでできるかを知りたいのです」

ここで彼の声に楽観的な調子が急に戻ってきた。「私はこのプロセスは後戻りできないと考えています。問題は速さです。お互いにかなり速く進める必要があります」

私がラングーンに着いたのが、ちょっと興味を惹かれる時期であることは確かだった。変化がそこらじゅうで起きていた。三〇年間、ネーウィンがクーデタ後出版の自由を停止して以来、ビルマの新聞は世界でもっとも陰気で嘘だらけで創造力に欠けていた。しかしいまは、それすら変化があるようだった。ロス・ダンクリーという名の、はげ頭でがさつなオーストラリア人は、七年かけて『ベトナム投資報告』紙をホーチミン市で成功させ、ビルマで最初の英字週刊紙『ミャンマータイムズ』を立ち上げるためにラングーンにやって来ていた。

ダンクリーの新聞社の、彼が「ビルマ最大」と自慢する編集室で、どうしてここに辿りついたかを説明してくれた。「ベトナムの新聞はジェームス・パッカー、あのケリー・パッカー〔メディアとクリケットの大立者〕の息子に売ったんだ。九九年にさて次は何をしようかと考えはじめて、ミャンマーが頭にあったから、九九年に一週間かけて様子を見にきたんだ。誰も手を出していない市場だったね」

ダンクリーは休暇で行ったカリフォルニアで、ソニー・スウェというひとりの在米ビルマ人と知り合うチャンスがあった。ビルマ国軍情報部の高官テインスウェ准将の息子で、父親のボスはもちろんあのキンニュンだった。ダンクリーは有力なパトロンの大事さを知るには十分長くアジアを訪ねまわっていたから、彼がビルマに入り込むにはソニーは絶好の人物に思えた。彼は指摘する。「ビルマのようなマーケットに入るには政治的な傘がなきゃいけない。俺たちの将軍様はキンニュンの外交アシスタントさ」

他のビルマの新聞にくらべて『ミャンマータイムズ』は市場のなかでかなり違ったものだった。表紙は賞状を渡したり何かを視察したりする将軍の写真が占めるのではなく、明らかに編集者たちはニュース記事とどうでもいい記事の違いを理解していて、見出しは記事を読ませる気にさせ、そしていくつかの記事は真実だろうという印象を与えるものだった。私はダンクリーに、「検閲はどうなってます？」と質問した。「俺は新聞検閲に従うことは拒否するつもりだと〔ソニーに〕言ったさ。ソニーは、それはだいじょうぶだと請けあった」。それから「物事にどうやって正しい方向を与えるかの問題だ」。さらに「いまこそ新しいルールのゲームだ。自由な出版の権利について考えなきゃ、でなければ先には進めない。こいつは基本的な権利のひとつだな。俺は『ミャンマータイムズ』がリトマス試験紙みたいなもんだと思っている、どれだけ（この国が）速く進めるかを測るんだ。うちの新聞はビルマで最初にＮＬＤについて書き、最初にＨＩＶエイズについて書いたんだ」

もし彼の後立ての将軍たちが追放されるかソニーがいなくなったら、ロスは脱出戦略のようなもの、ビルマから抜け出しオーストラリアのパースに利益を持って帰れる計画を立てていたのだろうか？「脱出戦略なんかないさ、これは俺の家業だから」

★

私がダンクリーと会ったのは、二〇〇二年五月九日木曜日の午前中だった。インタビューを終えた私はタクシーに乗って、数キロ離れたシュエダゴンパゴダの近く、車の行き来が多い広いメインストリートに軒を張りだしたみすぼらしい二階建ての建物、ＮＬＤ本部に着いた。入り口は党員たちで混み合っていた。学生たち、白髪混じりの政治のベテランたち、子どもを背負った女性たち、みな団扇をパタパタさせモンスーン前の暑い盛りのなか談笑しながら、ある特別な出来事を待っていた。それがなんなのか、私はよくわかっていた。

長いすすけた長方形の建物の一階に入れば、ここも慌ただしかった。一角では即席の英語講座が外国人ジャーナリストを相手に開かれているところで、別の一角では党員の女性たちが孔雀の旗を足踏み式のミシンで急いで仕上げ、図書係が本棚に数少ない読み古されたペーパーバックの蔵書を並べていた。ほんの少数の外国人ジャーナリストがこの喧騒の外に座って、本日のメインイヴェントを待っていた。

スーのＮＬＤ事務所への到着を私はノートにこう記録している。

午後一時、彼女が近づいてきた。スタッフは身なりを正し、赤い腕章をピンで留め、入り口の両側に列を作り、注意深く外を見つめ、指を打ち合わせ、ポットの水をごくりと飲んだ。一台の電気扇風機だけが音をたてている。

午後一時一〇分、なにも起きない。アウンサンに並んだスーのポスターが、入り口に置かれた郵便局の窓口と同じ鉄棒付きの机の後ろの壁に貼られている。

午後一時二三分、突然みなに気合が入った。彼女は四人連れの先頭に立ちしっかりした足取りで、素早く、自信に満ちて、臆することなく、兵士のように腕を振り、軽く笑みを浮かべながら、階段を上がっていった。午後のほとんどを待ちつづけ、やっと私が二階に上がる番になった。

私は二〇〇二年五月一三日付けの『インデペンデント』紙にこう書いている。

細長い形のみすぼらしくてむせるように暑い委員会室のドアーがきしみながら開いた。長いテーブルの向こう側に、青いビルマのジャケットとロンジー姿のあの有名な女性が座っていた。

彼女は立ち上がり、硬い握手、とても長い指だ。細身で壊れそうな身体にしては大きめの頭、ある人は自宅軟禁の前にくらべれば痩せたと言い、確かに青白い顔をしている。しかし大きな茶色の瞳から放たれる視線は大胆で確固としていた。彼女は「こんなに長い時間、お持たせして申し訳ありません」と、オックスフォードとはっきりわかるアクセントで話しかけてきた。「私たちの友人である『インデペンデント』の読者に、どうかよろしくお伝えください」

私は最後に訪れたときと比べ、ラングーンの多くが変わっていることにどんなに驚いたか話した。彼女はビルマがついに動き出したと感じているのだろうか？　「私はいつも言ってきました。自分は用心深い楽観主義者だと。だからある意味では、そういう風に人が言えば同意します。少なくとも何か、以前にはなかった新しい場所にはいて、いま私たちがいる場所はかつていた場所よりは良いと言います、用心深く。しかしもっと重要なことは、私たちがどこへ向かっていくのか、そしていかに速く向かっていくかです」デ・リードマッテン、スーと軍政との仲介人は、私との会談で同じ点を指摘していた。つまり、スピードが大切だと。彼女の解放は両者の関係を後押しする動機を与えたが、信頼関係を築くにはその次の動きが必要で、それもすぐに。

ラングーンにいる何人か、よく情報に通じているとされる人たちは、そうなると確信していた。デ・リードマッテンは、そのひとりを私に紹介してくれた。あるビルマ人の退職教授で、「政治観察者兼分析家」と書いてくれと要求した彼は、私を家に招き静かな確信に満ちた語り口でこう述べた。

アウンサンスーチーは軍事政権と妥協し、彼らはスハルト体制の線に沿った、二五パーセントの議席が軍に用意された民主制に向かって動き出す。軍事政権は一九九〇年の選挙結果を承認する準備をしているが、しかし拒否権は保持する。軍政は全権力をすぐに手放すつもりはない。私は多くの細かい点が合意されたと信じる。両者は現在、合意書について最後の詰めをおこなっている。

その証拠として、スーが解放以来めだった動きを控えていると彼は指摘した。「彼女が軍政側の譲歩なしに、大衆集会を開かないことに同意したとは思わない」と言った。

スーは、彼女の自由にもかかわらず、むしろおとなしくしていることを認めた。「ひとりふたりに会っただけです。ひとりは私の高齢の伯母、もうひとりは私たちにとっても親切にして戴いたある僧院長に敬意を表しに伺いました。でも他にたいしたことはありません、時間がなくて」と言った。また、NLDは一九九〇年の結果に固執しないことを確認した。国軍が単に権力を放棄するよう求めるのがこれまでのNLDのテーマソングだった。スーは主張する。「私たちは一九九〇年の総選挙について、権力を得るために利用するつもりで固執しているのではありません。私たちが問題にしているのは、民主制の原則です。だれが権力を握るかはそんなに問題ではないのです。その意味はもちろん、交渉の余地があるということです。軍政が一九九〇年選挙の結果をどのようなかたちで認めるかについて」。私は、もうその勝利から一二年も経っていて、だからいまのビルマ人の考えを代表しているというNLDの主張に疑問を示す人があれば、それはそれなりの意味があるのではと指摘した。スーは認めて、「それは一理あります。だけど、いまこの時点でわれわれが相当の多数を得られないと言える人がいますか?」

だが、私が会ったあの「政治観察者」の、合意はもうすぐそこまで来ているという確信に反して、スーの言葉の調子はもっと慎重だった。とはいえ、本質的な対話がはじまってさえいないと疑わせることはなかったが。一九九五年にしたような、彼女の屋敷の門前での即席集会は開かないことにスーは同意していた。軍政は屋敷から表に出ることを認めた。私が言えたことは、ここまでが彼らが合意できた範囲だった。

スーはものごとがはじまらないことに苛立っていることを示唆した。「私は、政権がある公式声明で新しい頁を開くというようなことを発表していたと思います。そして、もちろんその頁が長いあいだ、虫がわくような、空白のままであることを望みません。私たちが望むのは、頁が埋められること、早急に、多くの役に立つ望ましい内容で。信頼を築く段階は終わりましたし、終わりにしなければなりません。この段階にずっと留まることはできません、逆効果になりますから」と言ったのだ。

それは政権がこの次の動きに出るのを、スーが待っているという意味かと押してみた。スーの答えは、「そのように考えようとは思いません。もしこれが正しい時だとすれば、双方が正しい動きをする準備をすべきだと思います。向こうが先か、私が先かの問題ではありません」というものだ。

しかし、これは明らかに彼女が「待っていた」ということだ。なぜなら、単にスーの行動の自由を回復させたこと以上の動きを準備しているという何らかのしるしを出すのは、権力を保持している側にかかっていた。その意味は、政権の側が後戻りできない最初の一歩を、スーを対話の相手、非常に重要なことがらに関する諸問題を、彼ら軍政と対等と言えるような立場で協議することを求めている人物だと認める一歩を踏み出すことだった。過去に軍政がそのような一歩を踏み出した兆しはなかった。八年前、体制の英字紙『ミャンマーの新しい光』の紙面にあふれた無意味な「対話」の文字だけは別にして、今回もその一歩がなかった。

長年にわたって言われるスーの、頑固さ、融通のなさ、対話をはじめるためのほんのわずかな譲歩の拒否は、スーの評価をかなり下げることになった。マ・テインギーとはじめて会ったのは、私がスーと会見した数日後だった。マ・テインギーはそこを問題にして私に「私は、彼女がもっと歩み寄るべきだと思う。いまの政府といい関係をつくるべきで、政府のひととプライヴェートに話をすべき、叱っては絶対だめ」と話した。しかし、スーが自分を捕まえた連中をどう甘い言葉で表現しようが、地獄に堕ちろとののしろうが、とにかくボールは軍政の側にあって、留まったままだっただろう。外交官、仲介者、国連特使、「政治観察者」、ジャーナリスト、そんなみなが必死で熱狂し、鼓舞し、甘言を弄し、忠告することができた。しかしあるひとりの将軍が断固として難題に立ち向かうまでは、何も起きないだろう。

スーは私にこう語っている。「私たちはお互い、それぞれの側の約束を守っています。私は行きたいところのどこへ行こうと止められることはありませんでした。彼らはあとをつけてきません、ＮＬＤの支持者を困らせることもしていません。私は、こちら側の約束を守っていると思います。なぜなら、支持者に対し、ここに集まってきて毎日を政治集会にすることは望まないと、はっきりさせましたから」

スーは自分の側の約束を守った。彼女の支持者たち、七年前彼女の庭の入り口に群がった数千人の人びとはスーの願いを聞き、十分距離をおいていた。いま、すべての事態を一歩進めることは将軍たちにかかっていた。だが、うわついた楽観的な雰囲気のなかで、もっと暗い意見もあった。「これは進展の見込める状況か？」とひとりの英国外交官は疑問を呈し、高揚感にはまったく興味を示さなかった。「具体的なことはなにも達成されていない。この国では簡単な答えというものはない。政権は自分たちで深い穴を掘ってしまい、その穴から出てくることが困難になっている」

この外交官の暗い言葉は先を言い当てたものになった。一週間後、私はデリーに戻った。私が望んでいたことは『インデペンデント』紙の読者に、次のような内容の嬉しい驚きを伝えることだった。（見出しはこうだ）、「ビルマ軍事政権はスーチーとの権力共有を示唆」。しかし、その後の動きはなにもなく、将軍たちには対話が計画されたり進んだりしている兆候は見られず、外交筋情報にも進展のうわさはなかった。まるで私がすべてをでっち上げようとしているかのようだった。

★

ラングーンを拠点にする専門家たちで進展への望みをうたった連中は、しかしながら、おとぎ話の島国に住んでいたのではなかった。それは八年後、スーが三度目の自宅軟禁から表に出てきた二〇一〇年一一月一三日のあと、ある地元のジャーナリストによるインタビューで、スー自身が明らかにした。彼女は、タントゥン准将、軍政からNLDとの連絡係りに任命されていた士官と一連の対話をおこなったと明かし、これは二〇年以上のあいだで、最初でかつ唯一、準備段階を超えてその先まで行った交渉だったと言った。「私たちはほとんど合意するところでした」と。しかし、これらの対話は開始までに長い時間を要し、最後は、何も成果をあげられないまま軍政が途中で止めた。スーの落ち度ではなかった。

成功に近づけたこととその失敗の両方は、まさにキンニュンの長所と弱点に原因があったのだ。

スーが二〇〇二年五月に軟禁から解放されたとき、ビルマのネーウィン時代は終わっていた。老いた暴君ネーウィンはまだかろうじて生きていたが、スーの解放の数か月前、娘サンダの夫と子供がクーデタを図ったかどで逮捕され、ネーウィン自身は自宅軟禁処分におかれた。孤独のうちに、一二月に死ぬことになったが、弔意を示した者はわずかで、軟禁状態のままだった。キンニュンがトップの地位につけたのは、彼のパトロンのネーウィンのおかげだった。「彼の鼻を通して」息をするやつだと、ビルマ人は言った。ネーウィンの失脚と死は、キンニュンを庇護の外に放り出すことになった。彼はふたつの重要な職についていた。国軍情報部長にして、国政を支配する国家平和発展評議会（SPDC）の第一秘書であったキンニュンは、ネーウィンの壊滅的な経済政策を取り下げ、外国企業に油田と天然ガスの取引を認可することで、ビルマ国家を破産から救い出した男だった。また彼は、ビルマ国境地帯で戦闘を続ける勢力のほとんどと休戦協定を結び、観光市場を開放して新しいホテルを建てるよう促した陰の立役者だった。彼は用心深く、ビルマを東南アジア隣国と同じ方向に向かわせはじめ、隠者の国のようなビルマのイメージを切り崩すいくつかの試みをしていた。

もしキンニュンがビルマを軍事独裁から民主制に改宗させることに興味を持っていたのだとしたら、それは非常によく隠し通された秘密ということになるだろう。だが実際は逆で、あらゆる証拠はキンニュンがほんとうに望んだことは、他のビルマの軍事支配者たちが以前もいまもそうだったように、できるかぎりの権力と富をその手に収めることだったと示している。彼とネーウィンあるいはタンシュエとの違いは、キンニュンがその目的に向かってもっと知的で想像力があるところを見せたことだ。

一九九〇年代後半、駐ラングーン英国大使だったロバート・ゴードンはキンニュンについて、軍政の高官のなかで唯ひとり、ほんとうに意思疎通ができた人物だったと記憶している。

「キンニュンは魅力的な人物で、その他の上位の将軍たちよりはるかに近づきやすかった」[1]。その時期だけではなく、経歴の絶頂にあったとき、圧倒的な権力を持っていたときでも、軍事政権のなかではもっとも容認できる人物だった。「重要な訪問者を彼に紹介することがよくあり、キンニュンは英語を話す努力をしていました、下手ですが理解できるものです」。ゴードンは、彼の子どもが水鉄砲でキンニュンの顔に水をかけてしまったときのことを思い出した。キンニュンは笑って済ませ、父と子はともに生き残ってこの話を語ることができた。

ゴードンはこう言った。「キンニュンはつねに非常に緻密な考えを持っていると感じました。しかし彼自身のためを考えれば緻密すぎるものです。限りない労力が、キンニュンとスーを会わそうとして、費やされました、幾つかの仲介者を通して蟹のように行ったり来たり」

イングリッド・ジョーツはアメリカ人の文化人類学者で、そのビルマに対する飛びぬけて深くて親密な知識は、一九八〇年代半ばに彼女がビルマの僧院で尼として仏教戒律を受け入れたことからはじまった。その後米国に戻り、ビルマの世俗大衆のあいだでの瞑想運動について英語で書かれた最初のそしておそらく唯一の本を書いて、学術研究者の道に進んだ。「先達の修行者」、経験豊富な瞑想者として、彼女は定期的にビルマを訪れている。

ジョーツの見るところキンニュンは、遡る一九六〇年代にネーウィンが厳格な世俗的政治制度を導入しサンガ（僧団）に対する国家保護を奪うことで犠牲にした宗教的正統性を引き戻そうとする試みの、軍政における中心人物だった。

「キンニュンは一九九〇年代、宗教再興の背後にあった勢力の中心でした。この時期、軍政は自身の正統性をかつてないほどサンガと宗教に結びつけました。キンニュンの試みは、ネーウィン時代の軍事政権による、宗教とほとんど手を切る姿勢の反動と見る必要があります」と言った。[2]

一九八九年、国の名前をビルマからミャンマーに変えることで、軍事政権はその支配を植民地以前の王たちの支配につなげようとした。その試みの一部には、ネーウィンの世俗化傾向をやめ、再び国家の政治構造のなかに僧侶たちを編みこむことが含まれた。ジョーツが見るように、キンニュンはこの動きの原動力であった。たびたび僧侶に食施し、仏教遺跡を訪問し、古いパゴダの修復と新しいパゴダの建設を監督する姿が国営メディアを通して見られた。

これらの試みの頂点は一九九九年、シュエダゴン、ビルマでもっとも重要な仏教建築の修復だった。それはカルマの約束による危険をともなう行為で、優美な黄金の傘「ティー」を仏塔の最先端に据えたときは、もっとも緊張のたかまる瞬間だった。そのとき、もしこの聖なる儀式をおこなう支配者が道徳的にそれに値しない者なら、自然がそれに反対すると考えられた。あるタクシー運転手がジョーッにこんな話をした。シュエダゴンの「ティー」が置かれるとき、みなは地震や大嵐が来るんじゃないかと怖がっていた。なにせこの政権が良いものではないとみなは知っているから。だけど、「ティー」がうまいぐあいに掲げられなんの天変地異の反対もないとなると、みなは失望したんだ。なんとなればこの支配者たちが正統だということで、それはビルマの状態がもっと悪くなるということだ。つまり、この支配者たちはこの政府にとどまるわけだ。

ジョーッによれば「ビルマ人の考えでは、政治的正統性は政権の行為だけにもとづくのではなく、支配者が精神的な能力、ビルマ語でいう『ポゥン』を蓄積しているかどうかにも拠っています。ポゥンは権力を支えます。たとえ支配者たちが残酷で抑圧的であっても。しかしついに悪い王の功徳の蓄えが尽きたとき、徳の高い王が、もっと大きな『ポゥン』という徳の蓄えを持つことでその地位を奪うのです」

シュエダゴン修復のプロジェクトが示すように、キンニュンは危険を冒す人間だ。軍事評議会のトップにいるほかの狂信的に用心深い同僚とは対照的だ。シュエダゴンの「ティー」を掲げることにすべてのリスクを冒す覚悟があったように、キンニュンはスーと対話する用意があった。その乱暴なしかし仕事には使える英語で、受けた大学教育と外国旅行を通して、キンニュンは軍事政権が国際社会に受け入れられる道筋にとって、最大の障害物はスーとNLDであることを明確に理解していた。もし国際社会と何らかの和解に至れば、その報奨は経済制裁の解除であった。新しいビジネスの流入と西欧社会の承認は、ビルマの将来を劇的に変えられるものだった。

一時は全権力を握っていた彼のパトロンがついに舞台から姿を消したことで、キンニュンは密かに動く必要があった。なにしろ彼とスーを一緒にするには、周到で複雑な手続きがかかわっていたから。しかし間接的に、この交渉がすこしずつ前進しているかに見えた。マレーシア出身の専門外交官で国連事務総長のビルマ特使となったラザリ・イスマイルは、ラングーンにたびたび出入りし、少なくとも特使として一二回ばかり訪問し、毎回スーとキンニュンの両者に会った。軍事評議会が敬意を払うマハティール大統領の「ルックイースト」政策の国から来たということで、ラザリ・イスマイルはあとにもさきにも、他のどの国連特使よりも高い信望を得、より大きな影響力を発揮できた。

しかしながら、いかなる突破口も開かれない前に、NLD結党以来もっとも暴力的な攻撃がスーとその同僚に加えられたことで、すべての手順が吹っ飛んでしまった。

★

アウンサンスーチーが重要な意味を持つと言えるのは、次のふたつの事実によっている。ひとつは彼女の政党NLDの一九九〇年総選挙における圧倒的な勝利、そしてスーとNLDのビルマ大衆のあいだでの変わらない人気である。第一の事実は軍事評議会も否定しようがないが、ふたつ目はビルマの発展のなかで政治的、社会的条件によっては変動する可能性があるものだ。ビルマ中のNLD幹部と党員に対する体制側の絶え間ない迫害がある以上、スーは彼女自身とNLDの人気が続くのが当然だと考えることはできなかった。スーとビルマ中のふつうの人びととの親密な信頼関係こそ、一九八九年の選挙キャンペーンで偉大な変革を起こした出来事だった。何年もの隔離のあとで、スーは人びとともう一度会う必要があった、その人たちにたとえ革命はまだ成功していないもののスーはいまだにその大義にわが身を捧げていると安心させる必要があった。それゆえ再び自由の身になったいま、第一になすべきことは一九八九年五月にやり残したところから活動を再開すること、遊説に出ることだった。

しかし、軍事評議会にとって第一になすべきことは、それを阻止することだった。さんざん喧伝される新憲法はいまだに起草されず、その起草を託された国民会議は何年も中断されたまま、新しい総選挙など影も形もなかった。だが将軍たちはスーの圧倒的な人気と、それが意味する支配者であることへの信任に直感的な恐れを感じた。この信任は、将軍たちが長く裏切ってきたものだ。

スーに対抗するためのスローガンは、彼女が「外部の勢力と連携している」というものだった。つまりスーは西側の操り人形だということだ。次のような新たな証拠が出されることは、軍政にとって非常に受け入れがたいものだった。実際はスローガンとは逆だった。スーが連携しているのは内部勢力、国内の圧倒的な大衆の意見だった。

一九九〇年代後半、前回の自由な一時期、スーは繰り返し国内ツアーを再開しようとしたが、彼女の乗った車はラングーンを出たところで繰り返し軍隊に阻まれ、何度かは数日間に及ぶ膠着状態という結果に終わった。軍政の戦術の欠点は、首都に近いところでおこなわれたために、これらの衝突がたちまち外国メディアに取り上げられたということだ。軍政はスーを封じ込めることはできたが、しかし毎回相手の政治宣伝の目的に寄与するという損をしてのことだった。

根本的に違ったやり方が必要なときは迫っていた。だから、いま、キンニュンとその同輩が蟹のような忍び歩きでスーとの何かしらの合意に向かっているとき、三頭政治の主要なライバル、タンシュエ上級大将は、アウンサンスーチーの大衆的人気をすっきり消し去るかなり異なった戦略を進めていた。スーを抹殺するつもりだった。

2　悪夢――デパイン虐殺事件

二〇〇二年五月の解放から数週間のうちに、国連特使ラザリ・イスマイルが軍事評議会から苦労して得た合意の有効性を、スーは試すことになった。合意内容は、単にスーが屋敷から出る権利ではなく、彼女が行きたいと思うどこへでも行ける完全な行動の自由を認めるというものだった。スーは民主主義ショーの旅に再び戻った。

それはまるでスーが大衆の前から姿を消したことなどなかったかのような、一九八九年五月の最後の選挙キャンペーンの旅以来この一三年間、何事もなかったかと思わせるかのような旅だった。もしビルマ人のなかで、この一三年にもなる年月のあいだに、彼らのヒロインのことをすっかり忘れてしまったと予想した者がいたとするなら（実際、ビルマの権力者たちの一部はそう夢想していたのだが）、強引に目を覚まさせられることになった。集会の様子を映したビデオが証明するように、スーが行くところどこでも、大変な数の人びとが集まり、陽気さがあふれていた。一九八九年の遊説は、ビルマ独立以来の歴史のなかで、最高の政治劇だった。それはビルマ全土で、軍事評議会に対する反対の強さと、スーに対する支持の大きさを、もっとも生き生きとしたかたちで表現した示威行動だった。二〇〇二年から二〇〇三年の再遊説は、前回から長いときが経過していたにもかかわらず、その構図は変わらなかった。

だが今回、不吉な新しい要素があった。（第四部で述べたように）一九九二年、ソウマウンに替わって軍事評議会トップの座に就いたタンシュエの主導のもとすぐにはじめられたもののひとつに、国民民主連盟（ＮＬＤ）の影響力に対抗する大衆組織、連邦団結発展協会（ＵＳＤＡ）の創設があった。ＵＳＤＡとはビルマ国軍の民間代理機構で、その後連邦団結発展党（ＵＳＤＰ）へと変化し、いまではビルマの支配政党だ。その内実は、数百万におよぶ、あらゆる社会階層の一般ビルマ人に望ましい社会サービスと施設を提供することで、国軍に対する忠誠を確保することだった。そのなかには道路を舗装することからコンピューター講座までが含まれ、ＵＳＤＡに属さない一般大衆はそれらの便宜を受けられない。

以上はこの組織のさほど恥ずかしくはない顔だが、ＵＳＤＡには別のまったく下劣な側面がある。必要なときには、武器と汚れ仕事の訓練を受けた暴漢や窃盗犯やアル中や麻薬中毒者やその他の、失うものはなにもない連中を送り込むことだ。つまり、体制は汚い仕事に彼らを使うことで、軍隊の名声を汚す心配をしなくて済むというわけだ。ＵＳＤＡはたちまち雇われ私兵団に変身できる。牢獄の扉を開き、囚人に酒と麻薬と野蛮な武器とわずかな賄賂を与えるだけで、彼らは凶悪な刃物となる。あとは座って惨劇を傍観するだけだ。

スーはこの戦術を長く経験していた。一九九六年に言っている。「ＵＳＤＡはとても危険な組織になりました。ヒトラーが褐色シャツ隊（突撃隊）を使ったやり方が、民主化運動をつぶすために使われています」[1]。その年、スーと同僚が近くで開かれていた政治集会で挨拶しようとユニヴァーシティーアヴェニューの屋敷を出てきたとき、ＵＳＤＡの一団が車を襲いウィンドウを叩き壊した。二年後には、別のＵＳＤＡの暴漢たちが、スーの乗った車を道路の脇に転落させた。そして今回、新しい国内遊説を通して、この影の民兵組織はスーとＮＬＤの同僚をことごとく邪魔しつづけた。

新しい今回の訪問日程表、事前に軍事政権に提出し承認が得られたのは、ほとんど前回の遊説と同じ場所を訪ねるルートだった。旅行は二〇〇二年六月に開始された。スーは新しいトヨタのランドクルーザーに乗り、USDAの脅威に対抗するため、以前よりもかなり多い数の学生ボディガードが彼女のチームに参加していた。

彼らはモン州、ラングーンの東を訪れた。一九八九年、マ・テインギーは日記に、この地方の人びとの集まりはビルマで最大だと書いている。次に一九四五年六月、ラングーンの北西、水に囲まれたイラワジデルタに、スーが生まれ、一九八九年二月、ダニュビュの村では射殺寸前かろうじて生きのびたところ。南東のカレン州、タイと国境を接するこの州では、二度目となるタマニャの町を訪れ、ウー・ヴィナヤ僧正に面会した。僧正は有名な反体制派の僧侶で、その年齢は九二歳、老衰が進んでいた。スーは前回一九九五年の解放後、はじめて僧正に会い、『ビルマからの手紙』では僧正の町づくりの業績をメッタ、すなわち慈愛のこころで町に魂を吹きこまれていると述べている。

彼らは北西、バングラデシュに接するアラカン州とインドに接するチン州を訪れた。北東のシャン州、ここは一九四七年に父アウンサンがビルマの諸少数民族と協定を結んだところだ。そしてこれらの訪問地の途中、多くの場所、全部で九五ばかりの町を訪れたと、軍政側は後に記録している。

二〇〇三年五月六日、スーはマンダレー、今回の解放後二度目となる王朝時代の都を訪ね、そこから周辺の地域を数回に分けて訪問した。最後の旅程は五月の二九日にはじまり、スーは西の方、モニワの町に向かうつもりだった。

旅は用心深く、まるで軍事作戦のように計画された。旅程は軍政の公式の承認があったものだが、内容は軍事行動を思わせる。スーは同行のNLD党員たちに、仮にUSDAの攻撃を受けても、反撃してはならないと警告した。だから彼らの安全は、ひとえに注意深い計画と数的優位にかかっていた。

スーのボディガードのひとりだったウンナマウンは、後に米国議会でこう証言している。

この旅程の出発前に、軍事政権のこの地区の当局者は鈍器、棍棒、槍や鉄鉤などで武装した部隊を訓練しているという多くの噂を耳にしました。この理由で、ドー・スーは私たちに、軍隊のどんな一部とでも衝突に至るような言動や行動を絶対しないようにと告げました。彼女は、もし攻撃を受けても、やり返してはならないと言いました。仮に私たちが打ち据えられ殺されても、絶対に反撃してはいけないと言ったのです。[2]

スーは彼らが直面する潜在的な危険を十分認識していた。前回の解放後のもっとも緊張が高まった一九九六年一一月、USDAの書記長で運輸相でもあったウー・ウィンセインは、マンダレーの近くの村人を集め、アウンサンスーチーを殺すことが君たちの義務だと話した。ドー・アウンサンスーチーは「国内の政治的混乱をもたらす者」であって、かならず「撲滅」しなければならないと。「撲滅の意味がわかるか?」と村人に問いかけた。「撲滅とは殺すことだ。ドー・スーチーを殺す勇気があるか?」。声が届く距離にいた村人が後に証言している。ウー・ウィンセインは質問を五、六度繰り返したが、誰も返事をしなかったと。

彼女の抹殺を狙う上層部の動きに対して、スーは慎重に行動した。五月二九日午前九時、NLDの七台の車と二〇台のバイクは西に向けてマンダレーを出発した。先頭は数百メートル先を行く偵察車で、そのあとにスーの乗った濃いグリーンのトヨタ、運転しているのはチョーソーリンという名の法学科の学生でNLDの法律担当、それに続く二台の車に副議長のウー・ティンウーらNLDの幹部、そのあとに地元の支持者たちの車が続いた。全体の人数は百人ぐらいのグループだった。

彼らを待ち受ける困難は、周到に準備されていた。六日前、この地区の国軍当局は丸々と太った青白い不健康な顔のタンハン中佐の指揮のもと、マンダレー北方百キロ、シュエボの町を中心にした町や村から地元USDA協会員を招集した。その数は約五千人。襲撃の訓練をするため、五〇台以上の大型トラックと一〇台のピックアップトラックで、デパイン高校のグランドに送り込んでいた。攻撃の日、彼らに武器が渡された。竹の棒、野球のバット、先を尖らせた鉄棒、その他似たような野蛮な道具、多くは地元の鍛冶屋で特別に作らせたものだった。

NLDが出発して二時間も経たないうち、サガインの町に近づいたとき、数百人のUSDA協会員が一行を待ち構えていた。ウンナマウンによれば、「サガインに入る前に、六百人ぐらいの人びとが『USDAを支持しない人びとは必要ない』と書かれた看板を持っているのを目撃しました」。彼らは看板のスローガンを機械的に叫んでいた。しかしその数は、背後にいる数千人の町の住民と比べれば少数で、「ドー・アウンサンスーチー万歳」の叫びにかき消された。

NLDが正午に着いた別の場所では、もっと大勢のUSDA協会員が集まっていたが、ここでも再びスーの支持者の数に圧倒され、何もできなかった。スーとNLDの同僚はあらかじめ段取りされた行動、数年まえに当局によって閉鎖された地元NLD事務所を再開し、表に看板をあげ、大勢の集まった人びとに演説し、そして次の場所に向かった。この間ずっと彼らは、地元警察と国軍情報部のスパイに逐一監視されビデオに撮られていた。

午後六時までに、NLD一行はモニワに到着した。これに国軍は町の電気を停めることで応えたと、スーの支持者は言うが、これは単にいつもの停電だったかもしれない。国軍はスーが訪問するつもりだった地元の僧院長を公用で出かけさせるよう仕組んでいた。しかし何をやっても、地元の住民が大勢で訪問者を歓迎しに現れるのを抑えることはできなかった。町の支持者の家で一泊した翌朝、町の中心にある建物のバルコニーからスーは住民に話しかけた。だが、この場にいたひとりとして、これがこの先七年以上にわたって、スーがビルマの人びとの大集団の前でおこなう最後の演説になるとは知るよしもなかった。

スーは午前八時半過ぎに話しはじめた。五月の初め、モンスーン期のはじまるまえは、上ビルマ地方では一年のもっとも暑い季節で、朝のこの時間でも聴衆は手に扇子を持って扇いでいた。だが人びとは暑さのために集まる気をそがれるようなことはなかった。じつに町の全住民がここにいた。スーが演説する建物の前の広場はぎっしり埋まり、広場につながる街道や横道にまで人があふれ、炎天下、静寂のうちに人びとは立ちつづけていた。たったひとつだけ日傘が見えた。スーが彼らの喜ぶことを言うと、騒々しい拍手と喝采が湧き上がった。およそ二万人の人びとが焼けつくような暑さの広場に詰め掛けていた。ほんの少数がスーの演説の終わる前に立ち去ったが、しかし昨日も現れたスーに悪態をつく国家お抱えの野次馬の姿はなかった。

スーは空色のシルクのタメイン（女性のロンジー）、黄色のジャスミンの大きな房を頭に飾り、ゆたかな前髪は眉毛にかかっていた。眼の下のくまは旅の疲れを隠せなかった。[3] もう旅はひと月近く、解放以来もっとも長いものだった。しかしいつものように、スーは力強く、流暢に、メモなしで演説した。聴衆が拍手し歓声をあげると、笑みをうかべ聴衆に感謝するように顔をそれぞれの方向に向け、うなずいた。魅力的で自然なしぐさで。たぶんデリーで過ごした一〇代に身につけたものだろう。

この女性は実際、一五年ほど前、シュエダゴンパゴダ前の広場で、たとえ一言も彼女の言葉が聞き取れなかったとしても、百万の聴衆の心を動かした女性だ。でもあのときの、生真面目で、少女みたいな、必死に叫ぶ彼女ではなかった。ここでは、公人である厳しさと同じぐらいにその喜びを表すことにも慣れ、そしてビルマでもっとも権力を持つ男たちの憎しみを一身に受けることにも慣れて、余裕すら感じさせる、成熟した指導者だった。彼女は重荷にもう慣れていた。いまは、夫はすでに逝き、息子たちは一人前になった。この重荷を引き受けることこそ彼女の人生だった。

スーははじめた。以前からよくやるように、父アウンサンを引くことから。アウンサンはこのモニワを一九四七年に訪れた。スーは言う。そのとき彼は「ちょっと疲れて」いて、モニワに休養に来た。アウンサンはここの人びとが「とても用心深い」と評した。「言わせていただけるなら」とスーは続けた。「モニワは用心深いというよりも、力強く固い意志を持っています。一九八八年のモニワは、全国のなかでもとくにNLDに対する支持が強固でした。そしていまはもっと強いと感じます」。モニワの人びとは狂喜した。

「その理由とは」スーは続けた。「人びとが不正を嫌うからです。ゆすり、脅しを嫌うからです」。この月の初め、マンダレーのまわりを旅している中で、スーは「USDAの構成員は私たちの仕事を邪魔するため、ゆすり、脅しなど、あらゆる方法を試してきます。辛抱強くなる必要があります」と話した。

ここでスーは用心して言葉を選んだ。「誰もがデモをする権利があると思います。しかし、彼らがしているのはほんとうのデモではありません。USDAはある人びとに参加を強制しているのです」

これはUSDAの絶え間ない嫌がらせが、今回の遊説で、避けて通ることのできないテーマになったことを示すものだ。だから、スーは独自のやり方で、これに正面から受けて立った。

「私たちは彼らを相手にしません。私たちは当局に報告するだけです。ですが、当局はなにも処置しません。なぜなら、彼らは法律の範囲内でやっていると主張するからです。当局がなにもしないから、USDAの構成員たちはますます増長します」と、スーは言った。集まった人びとに、この数日、いくつかの村であったことを話した。

彼らは私たちの支持者をこん棒や、マッチや、パチンコで脅しました。しかし私たちは相手にしませんでした。ただ警察署にこの問題を報告しました。次の日、彼らはいやがらせを増やしてきました。私たちがモニワに着くと、〔ここでの〕一方的な脅しについて聞かされました。ＵＳＤＡがどうやってその会員を動員しているか。道の途中でも見ました。そこには大勢の〔ＵＳＤＡの〕デモ参加者が乗った車がありました。彼らがたくさんの車を持つ一方で、ほかの人びとは車の使用を禁じられ、車を雇うことも許されていないのです。

しかしそれでも、スーを歓迎しにやってきた人びとの数の多さと心の温かさに、勇気づけられたとスーは言った。彼女の行くところどこでも、「途方もない数の人たちが私たちを支持してくれました。私は信じています。人びとが私たちを支持する理由は、脅しと不正にがまんできないからだと」

演説は終わった。モニワの町のＮＬＤ事務所を再開する式典は終了し、スーとＮＬＤはまた出発した。五〇キロ北東のシュエボ地区に向けて。いつものように、この旅程は事前に完全な許可を得ていた。だが、敵のちょっかいと嫌がらせが度を超すにつれ、敵対的なゲリラが潜む地方を移動する、偵察部隊のような気分に彼らはなったはずだ。いつ次の攻撃が、どんな形で来るか、なにも定かではなかった。

デパイン郡に向かっているとき、国軍がいやがらせに加わった。のちに目撃者の証言では、「ドー・アウンサンスーチーがジーダゥ村付近に至ったとき、北部管区司令部の軍当局者が車列を停止させた。車列にはＮＬＤを見送りにきたモニワの人たちの車も含まれていた」。スーとＮＬＤは通過を許されたが、モニワの支持者たちがその帰り道、ジーダゥ村を通ると「警察が待ち伏せしていて彼らを殴り逮捕した」

この事態を知らないまま、スーとそのチームはブタリンの町に入り、ここでもまたスーは、地元NLD事務所の再開式典をおこなった。彼らは農村の平坦な水田地帯の奥深くに入っていて、どの大きな町からも遠く、外国公館やジャーナリストの目などはるか彼方だった。彼らはサインピンという小さな町に停まり、そこでスーは、先の選挙で当選しいまだ収監中の地元選出NLD議員の家族と感動的な出遭いを果たした。その間、スーのボディガードは一台の車をその先の道路の偵察に送った。不吉なことに、車は戻ってこなかった。車に何が起きたかを調べに、バイクが数台送られたが、これもまた消えてしまった。

まだ目的地までは遠く、闇が迫っていた。スーとそのチームは未知の土地を手探りするように走っていた。後ろには敵対的な国軍の存在があり、この先には何があるか、知るすべもなかった。

彼らがチーという小さな村に達したとき、あたりはすっかり闇だった。ここに停まる予定はなかった。が、村を少し過ぎたところでスーの車のヘッドライトが、道の端に座るふたりの老いた僧をとらえた。車が近づくと僧は呼びかけてきた。

「彼らはスーに、集会であいさつしてもらえないかと訊きました」。運転していたチョーソーリンの記憶では、「私はドー・ドー〔スーおばさん〕に、停まってはいけません、暗がりで嫌がらせを受けることになりますから、と言いました。しかしこの僧らは、昨日からスーチーを待っていると言い、話と挨拶をするように求めました」。ふたりの老僧のこのような求めを断るのは、いかなる状況であったとしても、無礼のきわみになることだ。スーは罠に落ちた。チョーソーリンによれば、「ドー・ドーは、彼らのために停まらなければなりません、と言った」

だがこの老人たちは僧ではないどころか、USDAの送った詐欺師だった。スーが求めを受けることが最善だと決め、車列が道路上に停止したとき、USDAの最大の復讐がスーとNLDに襲いかかった。

彼らの後をつけていた四台の車両、二台の大型トラックと二台のピックアップが、唸りをあげてNLDの車列のわきに走りこみ、反アウンサンスーチーのスローガンを叫ぶ武装した男たちが荷台から駆け下りてきた。なにごとが起きたかと家から出てきた地元の村人が、USDAに叫びはじめると、USDAの暴漢らは鉄棒や竹棒や野球のバットで村人を襲った。USDAの大型トラックの一台はヘッドライトに照らされる村人たちに向かって走り出し、村人たちは恐ろしくて散り散りになった。このとき、さらに大きなUSDAの部隊〔目撃者の何人かは四千人と言うが検証は不可能〕、車列を待ち伏せしていた部隊が道路の両側から現れ、NLDの車とバイクに乗った従者と地元支持者を襲った。

「絶望的な状況でしたが、勇気を見せようと思いました」と、ボディガードのウンナマウンは語る。決して暴力を使ってはいけないと言われていましたから、体を張って二重に〔車を〕取り囲みスーの乗った車を守ろうとしました。攻撃に備えているあいだに、われわれの後ろにいた全部の車は攻撃を受け、USDAの構成員はNLD党員を容赦なく打ち据えていました。連中は麻薬を打っているか酒に酔っているかに見えました。

USDAの構成員は、若年者も女性もかまわず全員を打ち据えました。車の中を打つのには鉄棒を使って。私はウー・ティンウー〔NLD副議長〕が殴られるのを見ました。襲った連中は頭を叩き、彼を引きずっていきました。彼は頭を怪我していて、血をながしていました。

襲撃者は女性たちを殴り、ロンジーとブラウスを剥ぎ取りました。血だらけの犠牲者が地面に倒れると、襲撃者は髪をつかんで、身体が動かなくなるまで、頭を舗装に打ち付けていました。ずっと襲撃者は『死ね、死ね、死ね』と叫びつづけていました。あたりはもう血の海で。私はいまだに、人びとが血まみれで、死ぬまで容赦なく殴られる光景を忘れることはできません。[4]

何がスーの命を救ったのか？　のちに米国に政治亡命した国軍情報部（ＭＩ）の上級士官、アウンリントゥッによれば、この襲撃を担当した士官たちは、スーの車が先頭だとは予想していなかった。それが、襲撃の当初に攻撃が車列の真ん中から後ろに集中した原因だった。しかし、その失敗に気づくのに時間はかからなかった。

ウンナマウンの回想によれば、「ＵＳＤＡの構成員がドー・スーの車に近づいてきたので、われわれは攻撃に備えて気合を入れました。襲撃者たちは初めにドー・スーの車の左側、外側の環の同僚を殴り、車のガラスを割りました。同僚たちはひとり、またひとりと倒れ、襲撃者たちは防御の内側の環を殴りはじめました。襲撃者は同僚たちを思いきり打っていました。私たちがやりかえさないと知っていたから」。ウンナマウンが助かったのは、ただ彼が車の右側にいたからで、攻撃は左側に集中した。

車の中では、運転手のチョーソーリンが襲撃者に攻撃をやめるよう懇願していた。彼が乗せているのは誰なのかを告げて。だがそれは襲撃者をさらに燃え上がらせるだけだった。「私は頭にきました」とチョーソーリンは認める、「轢いてやろうと思いました」。彼はギヤをバックに入れ、アクセルを思いっきり踏み込んだ。車は後ろに向かって突進した。攻撃側はスーが乗った車を雨あられのように殴ることで応じ、前後のウィンドゥを叩き壊し、サイドミラーにヘッドライトも壊し、車のボディもボコボコにした。

後ろ向きに走らせるチョーソーリンの肩越し、車が進む先には、傷ついた仲間が道いっぱいにのたうちまわっている姿が見えた。彼らを轢くのではと恐れた彼は、再び向きを変えた。だが今度は、道の前方はトラックで塞がれていた。

路肩によせてうまくすり抜けたが、彼は数十台のトラックに向き合っているのがわかった。トラックのライトはさらに多くの、彼の見るところ二、三百人の襲撃者を照らし出していた。「そこに沢山いました」。そのうちの何人かは反NLDの横断幕を持っていた。

USDAの連中は、チョーソーリンが彼らに向かって突進すると「驚いて」立ち尽くしていた。NLDのボディガードの何人かは必死で車にしがみついていた。「もし近づき過ぎれば、襲撃者が彼らを引き剝がすだろうと恐れました。それで、車をUSDAに向かってまっすぐ走らせ、轢くそぶりを見せると、襲撃者は散り散りになりました。そのあと道路に戻り、走りつづけました」

前方の暗闇のなかにもっと多くの道路封鎖が見えたが、突破することに決めた。「私たち全員、ドー・ドーも含めて、もしこの場を逃れられなければ、殺されるのだと理解しました。だから私は走りつづけたのです」。攻撃的な暴徒のあいだを突進すると、いろんなものが車に投げつけられ、残っていた窓も破られ、ひとつがチョーソーリンに当たった。

「ドー・ドーは私に大丈夫かと訊きました。大丈夫と答え、走りつづけました。道路封鎖でもし停まったら、殴り殺されるのはわかっていたから」。チョーソーリンは目いっぱいのスピードで、トラックのバリケードをすり抜け、道路に向けて銃を構える警察の列と、さらに兵士のように見える銃を構えた一団を突破した。「そのなかを走り抜けましたが、誰も轢いてはいません、彼らは車の進路から飛びのきましたから」と思い出す。「ドー・ドーは、シュエボに着くまでは停まるべきではないと言いました」

だが、そこまで行けなかった。イェウーの町に入ると、武装した守備隊が強制的に停止させ、誰が車に乗っているか告げるよう要求し、その場で待機させた。三〇分後、大勢の兵士で構成される分遣隊が現れた。チョーソーリンはこう語っている。「ひとりの将校、明らかに大隊長がやってきて、銃を私のこめかみに押し当て、彼らについてくるよう命令しました。ドー・ドーは私にうなずくので、私は言われたとおりにしました。私たちはイェウー監獄に連れていかれたのです」。スーの自由な年、もっとも危険に満ちた年は、終わった。

★

スーはデパイン虐殺事件を、その運転手の勇気と技量で大きな怪我もなく生きのびた。だがこの事件は約七〇人の支持者の命を奪うことになった。ビルマの外の国際社会にとって、そしてビルマ中のほとんどの国民にとっても、これはビルマの民主化運動に対するまたひとつの破滅的な後退だった。しかし、最上層部、軍事評議会の完全に秘密に覆われた層では、違ったストーリーが展開していた。デパインはスーの民主化運動のキャリア、いやじつにこれまでの人生のなかで、最悪の、もっとも血塗られた、もっとも危険な瞬間だった。しかし逆説的なことに、それに続く数か月は彼女とその党が、いつにもなく政治的解決に近づいたときだったのだ。これは、およそ一〇年が過ぎたいまになり、明らかになってきたことである。

デパイン事件はその後、ビルマ軍事評議会についてふたつのことを明らかにした。ひとつは上級大将タンシュエの極端な野蛮さ。事件後すぐに虐殺を命じたことを認め、その目的はアウンサンスーチーの「撲滅」だったと認めた。もうひとつの点は、三頭政治の混乱だった。なにはともあれ、虐殺事件の逆効果が広がると、タンシュエの対抗者キンニュンが予想に反して、優位を取り戻した。そして、キンニュンの長年の野望、スーとＮＬＤとの合意達成がついに実を結びはじめたのだった。

★

事件の数日後、スーはインセイン監獄に収監され、ＮＬＤの幹部はすべて投獄されるか自宅軟禁下におかれた。全国のＮＬＤ事務所は、事件に至るまであわただしく再開したところも含め、再び閉鎖させられた。スーの解放によって生じた漠然としてはいるものの野心的な希望、私が二〇〇二年五月にインタビューした内部情報通たちをして、スーと軍事評議会の政権共有に対する合意を予告させた希望は消えうせた。

スーの解放の成果を期待していた国際社会は衝撃を受けた。米国と欧州連合は経済制裁を強化した。米国はほとんどの品目（ビルマの三大輸出品、天然ガス、宝石、材木は網から抜けてはいるが）を輸入禁止とし、いつも軍事評議会に抜け道を教えるあの日本が経済援助を中断した。手ぬるいＡＳＥＡＮでさえ、米国の脅しを受けて、スーの解放をはじめて要求した。

国連特使のラザリ・イスマイルは、この虐殺事件により、何か月にも及ぶ骨身を惜しまない交渉から生まれたあらゆる希望を踏みにじられた。彼は事件の数日後ラングーンに飛び、スーの安否どころか居場所すらいまだわからないときに、スーとの会見を求めた。「私はスモークガラスの車に乗せられ、途中で車を乗り換えさせられ、最後にインセイン監獄に着き、ほんとうに驚きました。キンニュンは私に、単に暴徒から彼女を救い出したと告げただけで、彼女が収監されているとは決して言っていなかったのです」とイスマイルは回想している。[5]

一連の惨事にもかかわらず、スーはこのマレーシア人外交官に、まだ「ページをめくろう」と思っている、この状況を対話のチャンスにしたいと告げた。だが、イスマイルには状況の救いどころが見えなかった。それどころか、彼はビルマの外の国際社会の反応をはっきりと予想できた。彼は言う。「私は憤憑やるかたない思いで退出し、キンニュンに『なにをやってるんだ？　私がビルマから出て、国際社会にアウンサンスーチーはインセイン監獄にいると告げたら、何が起きるかわかっているのか？　何がしたいんだ？　どうして彼女を収監したままにするんだ？　どうして彼女はあんなに具合が悪そうなんだ？』と言いました。翌日、彼女は清潔な衣服と、ましな食事を与えられ、二週間しないうちに外に出ました」。スーはインセイン監獄から彼女の屋敷に連れていかれ、またも軟禁状態におかれた。

とはいえ、キンニュンがイスマイルの怒りの標的だったとしても、軍事評議会のなかでは唯一の対話者であった。むしろキンニュン自身が怒り狂っていたのだ。

彼キンニュンこそ、スーの自宅軟禁からの解放に先立ち、そのかなり前からはじまったスーとイスマイルと軍政の対話に関する軍事評議会側の代表者だった。ビルマの統治機構にスーを組み入れることこそ、ビルマの国際社会復帰の鍵だと、わかっていたのがキンニュンだ。それなのにいま、彼の計画は、イスマイルの計画と同様、台無しにされたのだ。

キンニュンと、その部下でスーとの連絡係だったタントゥン准将は、解放後そんなにすぐに地方遊説に出るのは危険だとスーに警告していたが、デパインで計画されていたことに事前の知識はなかった。それは軍事評議会のトップにいる三人のあいだの強い不信感が原因だった。この三人はそれぞれまったく違った経歴でこの位置まで上り詰めていた。キンニュンは大学卒でラングーンの士官訓練学校に入った。マウンエィはマンダレーの近く元は英国のヒルステーションだったメイミョーにある国軍士官学校の出身者である。一方タンシュエはまったくエリート教育を受けていないたたき上げだった。それぞれが独自の文化、独自の取り巻き、独自のビルマの将来像を持ち、互いに油断なくそれぞれの秘密を守っていた。

虐殺事件の直後、軍政は、デパインで起きたことはＮＬＤを支持する若者と僧によって引き起こされた小さな揉めごとだとする主張を試みた。六月六日の記者会見で、外務副大臣ウー・キンマウンウィンは、スーの車列が「スーの訪問に抗議する町民」の一団のなかを「突っきろうとして」負傷者を出し、「町民と車列の衝突」を引き起こし、結果四人が死亡し五〇人が入院したと述べた。

しかし、真相はすぐに明らかになった。米国に寝返ったあのアウンリントゥッによれば、虐殺直後、「マウンエイとキンニュンがタンシュエのところに行って、アウンサンスーチーの暗殺を指示したのかと尋ねた。タンシュエは、そうだ、彼女を殺す攻撃を命令したと認めた」[6]

タンシュエの非情さは、自分の命令が国際社会に及ぼす効果について驚くほど無知だったことを意味する。それはのちに、もっと大勢の聴衆の前で繰り返された。アジア各国政府に宛てた書簡で、タンシュエは攻撃を正当化するのに、スーとNLDはスーの誕生日六月一九日までに「権力を手に入れようとして、無政府状態をつくり出そうとたくらんだ」と主張した。タンシュエは、「この活動家集団がつくり出した国家の安全にかかわる脅威」に直面することになり、「国家が無政府状態と分裂の道に陥ることを阻止するため」強硬な手段をとることを強いられたと言い張った。

だが攻撃からひと月もしないあいだに、国際社会の反応の大きさが明らかになると、タンシュエは劣勢に立たされた。六月には、真犯人が明らかになり米国議会の国際テロ・核拡散防止・人権に関する小委員会が調査を開始すると、タンシュエはビルマ全土のUSDA事務所を閉鎖した。これは単なる見せかけで、どこの事務所もそう長くは閉じられなかったし、すぐにまたUSDAは勢力を盛り返すことになるのだが、大声でわめき危機から逃げ出すというタンシュエのやり方が失敗した証だった。

タンシュエは、前任者たちと同じく、きわめて迷信的な男で、この綿密で周到に計画された殺害の試みをスーが生きのびたのは、スーの超自然的な力の証明だと思ったふしがある。ビルマの威信を取り戻すための慎重な作業はいまや水泡に帰し、タンシュエも新たな政策が必要だと認めざるを得なくなった。そしてそれができるのは、キンニュンだけだった。軍事政権トップでただひとり英語を話し、各国外交官と対話する意志とそれをする能力がある唯一の人物で、タンシュエの作りだした混乱を掃除する役を任された。かくて八月、事件から三か月もしないうちに、タンシュエは自分に代えてキンニュンを首相に指名し、自らは国家元首かつ国家平和発展評議会（SPDC）議長の立場にとどまった。

マウンザルニ博士が言うには、「キンニュンの力はデパイン虐殺にいたる数か月弱まっていました。しかし、アウンサンスーチーを葬るつもりでしたが、デパインの失敗と事件に対する国際社会の否定的反応が、キンニュンをゲームに復帰させました。彼の部下たちは国防省のなかで、そしてSPDC全体のなかでも、もっとも優秀な連中でした。この集団の問題解決の見事さがキンニュンに大きな力を与えました」

首相就任から五日目、新たな経済制裁に対して、キンニュンは、これ以降つねにビルマの政治論議の主題となる計画を発表した。「民主化に向けた七段階のロードマップ」だった。

それは一九八八年九月の軍による弾圧以来、つねに軍事評議会にとりついた正統性の無さという厄介なしろものをどうにかしようとする試みだった。当時、新しく任命された国家法秩序回復評議会（SLORC）が、ネーウィンの考案した古い社会主義一党独裁体制に取って代わったとき、この評議会は民衆反乱によって生じた緊急事態に対処する一時的なもので、ひとたび新政府が選出されれば消滅するものだと説明した。

しかしNLDが総選挙に勝利するとこの話は破棄され、SLORC（その後改名してSPDC）は権力に留まったが、いまだその位置づけは恒久的な憲法の枠組みが合意されるまでの暫定的な措置ということになっていた。だが、重苦しくしかも厳しく統制されたでっちあげの憲法制定国民会議から、一九九六年、

NLDは退出した。この時点で国民会議それ自体とともに、枠組みを作るすべての努力は頓挫した。キンニュンのロードマップは、その全部の手続きをもう一度はじめようとする試みだった。

最初の一歩は、キンニュンが二〇〇三年八月三〇日午前九時三〇分、ラングーンの国会議事堂で軍事評議会最高幹部の同僚たちに告げたことだ。「一九九六年から休会している憲法制定のための国民会議を再召集すること」。それに続き、国民会議による憲法草案の起草、憲法草案に対する国民投票、新憲法にもとづく新たな総選挙、選出された議会の召集をおこない、その後に「近代的で発展した、民主国家の建設が続く」。キンニュンは同僚たちに、これが「統制された民主的体制」への「ロードマップ」になるだろうと告げた。

この演説のなかでキンニュンは、一度だけ直接スーに言及した。上層部にいる彼の同僚タンシュエが「度量の大きさを示し、相違点を円滑にする道を探ろうと」して、スーに会った事実を引いたのだ（これは暴力的な殺害を計画する九年前のことだ）。それ以外の箇所ではキンニュンは「ある人物」「人気のある人物」など遠まわしの表現でスーに言及しながら、彼女の立場には問題が多いと論じていた。憲法制定のための国民会議が中断したままなのは、彼女の党NLD、もっとも重要な党が退出してしまったからだ。会議を再編し国際社会の信頼を、とくに「ビルマに対して不公正な圧力」（明らかにデパイン虐殺後に科せられた経済制裁への言及）をかける「諸大国」から信頼を得るためには、NLDにもういちど参加するよう説得する以外の方法はないと。彼の演説では触れられていないが、そしていくつかのヒントだけが外国報道機関に取り上げられたのだが、NLDの参加こそいまやキンニュンにとって喫緊の重要課題だった。

デパイン事件の数日後、スーはラザリ・イスマイルに、虐殺事件という出来事にもかかわらず、「ページをめくる」準備をしていると告げた。もし、これまでのことすべてを脇において、スーがそのようにできるなら、キンニュンのロードマップはほんとうにどこかへビルマを導けそうだ。

★

話し合いは二〇〇三年八月以後、数週間、数か月と続けられた。主役の両者が具体的な進展の実現に力を注いでいることは明らかだった。キンニュンはまだタンシュエにあごでつかわれていたが、しかし首相として、ある種の権力共有の準備にNLDが参加するよう説得するのに、スーが必要とする譲歩をおこなうことには以前よりも大きな余地があった。

タンシュエはデパインの失策で痛手を受け弱っていたものの、依然としてスーやNLDとの合意は難しい試みだった。この上級大将のスーに対する嫌悪は、暗殺計画の失敗のあともいささかも消えなかった。彼にとってスーはいつもそして単に「あの女」で、ラザリ・イスマイルが証言するように、スーの名が出たとたんに会談を中止することができたし、実際にそうした。国際社会に対していかにスーが重要で、そして自宅軟禁にあっても、〔彼らから見て〕どれほど傲慢で、頑固で、扱いにくいかをみなが承知していた。とはいえ、ロードマップには、なんとかスーとNLDを、ほとんどタンシュエの知らないところで潜りこませる必要があった。

どこで、いつ、この話し合いがおこなわれたか、それが何回かも知らされていない。確かなことは、それがおこなわれ、スーの主な対話相手はタントゥン、そして、スーが二〇一〇年にはじめて謎めいた言いかたで明らかにしたのは、「合意はほとんどできかけていた」ということだ。

この新事実の暴露は晴天の霹靂で、二〇一〇年一一月のことだった。軍事政権に近いビルマ語雑誌

『声』のあるジャーナリストが、自宅軟禁からの解放後すぐのインタビューでスーの折り紙つきの頑固さについて非難めいたことを言いながら、なぜ軍政との交渉を拒否したのかと訊いた。彼女の答えは、「いえ、私たちは交渉しました。合意はほとんど寸前まで達していました。これらの交渉をすすめた人たちはまだ生きています。ただ、これ以上は何も話せません」。これではじめて交渉の存在が公にされた。「タントゥンは何度も、あるときはオープンに、あるときは秘密裏に、スーに会いました」と、年輩のあるビルマ人ジャーナリストは二〇一一年三月ラングーンで、匿名を条件に私に語ってくれた。

寝返ったアウンリントゥッによれば、合意は最終的に二〇〇四年五月に草案ができ、一九九六年に退出した憲法制定のための国民会議に、NLDが再び参加する考えが盛り込まれていた。しかし、キンニュンがこの合意案をタンシュエに見せると、タンシュエは及び腰になった。タンシュエにすれば、これは現状のバランスを変えるもので、キンニュンの名声が上がり、その分、自分の立場はスーの暗殺の失敗もあって弱まることは避けられない。だから、単純にタンシュエはこの合意を拒絶した。そうなるとキンニュンやそのほかの誰にも、タンシュエの考えを変えさせる手立てはなかった。

内部情報者の話では、「タントゥンはアウンサンスーチーのところに戻らなければならず、取引は止めになったと告げた。彼女は怒り心頭で『あんたはタメインを着なさい!』とビルマ語で定番の(女性蔑視の)侮辱言葉を使った。交渉にあたった者たちは、『女なみに信用できない』がその意味だ。長年醸成されていたキンニュンとタンシュエの権力闘争は、いまや頂点に達していた。タンシュエは自分の優越した軍事力と、MIとその秘密文書がもたらす同僚についての十分根拠のある脅しを、ライバルを蹴落とすために利用した。国軍のほかの部門からすれば、国軍情報部はいつも目の上のたん瘤のような存在だった。ネーウィン時代、キンニュンの前任者のひとりは、彼が知りすぎていると同僚たちが判断したとき突然に追放されている。タンシュエ、マウンエイ、それにその手下たちは、何年にもわたる汚職で数百万ドルを貯めこんでいたから、キンニュンのスパイたちの動きは常に潜在的な脅威だった。

二〇〇四年七月、キンニュンがシンガポールに出かけているあいだに、彼らは先制攻撃に出た。マウンエイが作った対抗情報網の士官がシャン州にあるMIの貯蔵所を奇襲し、キンニュンのネットワークが禁制品の取引にかかわっている証拠を見つけたのだ。ビルマに戻ったキンニュンは怒って部下たちに、国軍評議会内の他のトップたちに関する有罪を示す書類一式を報復として集めるよう命令した。だが、脅迫の機会を見いだす前に、彼は引きずり降ろされた。二〇〇四年一〇月一八日、キンニュンはマンダレーへ向かう途中に逮捕された。翌日、国営メディアはタンシュエが署名した一行の声明を伝えた。その内容は、キンニュン（現在六四歳）は「健康上の理由で引退を許可された」というものだ。これが虚偽だということは、すぐにキンニュンが法廷に引き出され、汚職で告発され、四四年の収監を宣告されたことで証明された。キンニュンの収監判決は自宅軟禁に減刑されたが、タントゥンは拷問されてもスーとの対話の詳細を明かすことを拒んだため、刑期一三〇年を宣告された。彼はいまだに北の果て、ビルマでもっとも辺境の監獄に収容されている。

キンニュンの追放にともなう犠牲者は、オーストラリア人ジャーナリストのロス・ダンクリーの友人にしてパトロンであるソニー・スェの父親、テインスェ将軍だった。キンニュンの国軍情報部隊の上級メンバーだったテインスェ将軍は、一四九年の収監を宣告された。その結果として、ダンクリーが一〇年間続けた根気強い機嫌取りのすべては無に帰した。軍政内の頼れる保護者を失ったことで、世間の痛烈な荒波にさらされ、二〇一一年二月一三日、必然の運命がとうとうやってきたのだ。この日国外から戻ったダンクリーは、ラングーン空港で逮捕された。売春婦に暴行を加えたという訴えで、インセイン監獄に拘留された。三週間もしないうちに、軍政の手先のひとりのティントゥンウー博士がダンクリーの手から会社をとりあげて代表者を引き継ぎ、一方のダンクリーは監獄の中で裁判を待っていた。

　このオーストラリア人は正式に有罪とされたが、ビルマの常識からすれば特別の寛大さをもって扱われた。二〇一一年六月三〇日、収監一か月の判決を受けたのち、彼は直ちに釈放された。なぜならその期間をすでに拘留の日数が超過していたからだ。彼は記者たちに有罪判決について控訴するつもりだと言った。

　キンニュンの弱点は、以前に述べたように、彼の長所でもあった。そして彼のその長所が、彼の弱点でもあった。ＭＩの長として、机の上で仕事をする士官であるから自慢できる戦功はなく、軍全体からの支持を得るにはつねに不利な立場だった。この不利を補うためのキンニュンの考えは、世界が見たこともない、オーウェルの『一九八四』を現実にしたような、あらゆる場所にもっとも奥深く入り込む国内情報網を作り上げることだった。また、必要なあらゆる手段を使って、二〇以上の武装グループと休戦の取引を結び、戦闘の止んだことのない国境地帯の多くに平和をもたらした。そして最後が、スーとの取引を試みることだった。

　しかしタンシュエは、スーが最後には国軍を分裂させ利権を取り上げるのではとの不安を覚え、獣じみた軍事力を用いて取引過程を終わりにさせた。スーが何年も前に書いていたように、「人を邪悪なものに堕落させるのは権力ではなく恐怖です。権力を失う恐怖が権力を揮うものを堕落させるのです」[7]

3 サフラン革命——立ち上がる僧侶たち

アウンサンスーチーは二〇〇三年五月三〇日、世界から消えた。その日彼女はモニワで演説し、七年と半年近く経った二〇一〇年一一月一三日、再び現れた。この期間のほとんど、スーが人と会うのは、屋敷の世話をしている母娘と、時どき訪ねてくるかかりつけの医師だけに制限された。それ以外には、最近の国連特使でナイジェリア人のイブラヒム・ガンバリである。彼は国連事務総長コフィ・アンナンの事務次官だったため、時折スーとの面会が許可された。のちにもうひとり、スーが刑法違反で告発されたときには、国民民主連盟（NLD）の同僚の弁護士が接触を許されている。

これがすべてだ。電話線はなく、コンピューターはインターネットにつながらず、NLDの同僚とは話すすべがなく、手紙も受け取れなかった。最初の軟禁期間と同様、スーにとってもっとも大事で役に立ったのはラジオだった。毎日、何時間も聴いていた。しかし、BBC国際放送やヴォイスオブアメリカをぜんぶ聴いていたとしても、二〇一〇年一一月に現れたスーはリップ・ヴァン・ウィンクル（今浦島）のようだった。ふつうのビルマ人が、スーがいままで使ったことのない機械、携帯電話で話している光景に驚き、ラングーンのインターネットカフェの数の多さに眼がくらみ、そしてフェイスブックやツイッターなど、聞いたことのない便利なものを使ってできる可能性を早く試してみたくてうずうずした。

最後の軟禁期間の長さとその完璧な隔離状態があっても、驚くことにスーは、解放直後のあるインタビューで、最悪だったのは今回ではなく最初の一九八九年から一九九五年の軟禁だったと語った。たぶん、単に彼女が孤独、簡潔さ、規則正しさに慣れたのだろう。手入れされない庭の向こうには湖が陽光に揺らめき、屋根に開いた穴からモンスーンの雨がポタポタ落ちた。二〇一〇年の解放後『毎日新聞』のコラムに、スーはこう書いている。「何年か、モンスーン期の数か月は、ベッドと、鍋と、洗面器と、バケツを寝室の中でまるで難解なチェスの駒のように動かして、雨漏りがしても、寝床（とそこで寝ている私自身）が濡れないようにしました」

雨漏りのわけは、縁を切った兄アウンサンウーが二〇〇〇年に屋敷の所有権の半分は自分にあるとして裁判所に訴えを起こしたからだった。それにより彼の所有物を「壊す」恐れがあるとされ、修理は不可能になった。法廷での争いはスーの解放の年まで続き、二〇一〇年、裁判所はスーの権利を認め、ビルマにおける法の公正をあてにしていなかった人びとを驚かせた。

スーが消えていた二〇〇四年から二〇一〇年の期間は、軍政にとって、その幸運、戦略的うまさ、またはその両方からか、状況に大きな改善が見られた。おそらくは、キンニュンの追放が違いをもたらしたのだろう。彼は常に保守的な考えの同僚に逆らって、一九九五年と二〇〇二年の二度にわたりスーを解放した影の立役者で、スーとＮＬＤに対処するただひとつの道は、外で邪魔するよりむしろ、軍政の網のなかに取り込むことだと説いていた。

スーの暗殺に失敗したあと、タンシュエはそのような行動を見せていない。たぶん、アウンサンスーチーは現実的に排除できないと観念し、そのかわり、ビルマの新しい政治構造の準備過程から永遠に締め出すことに決めたのだ。時間のかかる地味な決定ではあったが、しかし最後にはこの努力が成功した。

七七歳、ネーウィンが一九八八年の危機に見まわれた際と同じ年になったタンシュエは、総選挙をすべてにわたって不正で操作しつくすことで、自身の経歴の頂点に達した。この総選挙は、外国報道機関がよく言う「野党」などではなく、現代ビルマでただ一度の真正な選挙でぶっちぎりの勝利をおさめたスーとNLDを蚊帳の外に置いたものだった。さらにタンシュエ（あるいはその聡明な助言者たち）は、国際社会の目を非道な選挙のペテンからそらすことを企み、選挙の翌週にスーの自宅軟禁からの解放を仕組んだ。アウンサンスーチーは現れた。数千人の支持者の祝賀と国際社会の安堵のうちに、新しい政治舞台のなかへ。そこにはまったく何の役どころもなかった。これが物語の終わりなのか？

★

民主主義がビルマの土地に根づくには満足な機会が与えられなかった。スーとその同僚たちがビルマを遊説して回った一九八九年、彼女の大事な仕事のひとつは民主主義とは何なのかを説明することだった。スーは、人びとが感激をもって民主主義を受け入れたと述べている。何も驚くことではない、ほとんどすべての政治的な新味は現在の軍政よりは好まれる。独立後一〇年の混乱ぎみの民主主義をわずかに経験したあと、軍事独裁は一世代に及び、スーが最初の自宅軟禁に処せられた時点でもビルマの民主主義はまだ建設途上だった。その後、軍事政権は強大な権力と軍事力を使って、民主主義を消し去るあらゆることをした。

アウンサンスーチーの功績と重要性を、彼女の党NLDの影響力とその具体的成果という基準から評価しようとすれば、当然のことながら、残念な結果に至るしかない。父アウンサンが率いた反ファシスト人民自由連盟（AFPFL）同様、NLDは政党というよりいつも単なる「連合戦線」であって、異なった考えと背景を持つ野心的な政治家の寄せ集め、軍事支配を終わらせる欲求とスーのカリスマへの信仰によって集合しているだけだった。政党を規定するイデオロギー上の結節点はほとんどなく、スーがいなければとうの昔に互いが争ういくつかの党派に分裂していたはずだ。一九八九年七月二〇日、スーの最初の自宅軟禁を境にして、実質的にその全幹部を収監されたNLDに対し、軍事評議会は選挙レースの開幕を告げた。それでもなおNLDが選挙に勝利すると、迫害が直ちにおこなわれ、選出されたNLD議員の多くが収監され、より多くが国外に亡命し、ビルマに残った者はひっそりと隠れて生活した。この種の迫害はその後二〇年続いていた。その総仕上げは、NLDの政党登録の剥奪、つまり実質上の非合法化と、二〇〇七年まで実施された一か所を除くビルマ全土のNLD事務所の閉鎖だった。

だから、スーをビルマに対する民主主義の導入の成果という観点から評価すれば、反論はあると思うが、失敗だった。名誉ある失敗、この状況では確かにそう言えるものの、しかし完全な失敗だった。二〇一〇年の選挙で見せられた漫画のような民主主義、最大政党が一夜にして簡単に、USDA（連邦団結発展協会）のA（協会）をP（党）に換えるだけで魔法のように現れることが、民主的なビルマへの道のりがいかに遠いかを示している。

だが、スーがビルマに与えた影響の大きさを語るとき、民主主義についての進展、あるいはその不足などたいしたことではない。スーがビルマの人びとに期待されたきっかけは、彼女が言う原理つまり民主主義とはまったく無関係で、ひとえにアウンサンという名前だった。その次は、彼女の勇気がうけた。「かわいくてちいさな人」は勇気をもって、二六年間だれも反抗しえなかったネーウィンの怒りに挑んだのだ。壊れそうな美しさと、これらすべての要素をひっくるめたカリスマがうけた。また、非暴力の主張があった。これについては最初から断固としていた。さらに、仏陀の知恵に対する確実な理解があった。初めは漠然としていたが、長年の自宅軟禁生活のなかで経験豊富な瞑想者となるにつれ確固とした知恵を得られた。仏陀の知恵は個人の生活でも公的な行いでも、ビルマの道徳的な考えの支柱にあるものだ。そして、それらの性質をぜんぶまとめるスーの基本として、信念を曲げないということがある。その信義を貫くために自らを激しい苦痛にさらす意志、何年経っても降参するのを拒否する意志だ。

スーと比較されるすべての政治的人物のなかで、ガンディーが一番近いというのはこの理由だ。インド国民会議派の指導者ガンディーは、政治家の人生に予想される常識的なことにはまったく縁がなく、そういったしがらみを次つぎと打ち破った。ガンディーはインド国民会議派のなかでは民主派だったが、数百万の信奉者からは政治家以上のものと考えられていた。それは賢者にしてインドの魂の体現、そして彼の衣服、清貧、糸紡ぎへの献身であり、インド農民の理想像だった。

スーはときに戦略的能力でガンディーに劣ると言われる。それはまちがってはいないだろう、スーの履歴のなかには、支配者である英国の課税に抵抗して、塩を作りにグジャラート地方の浜辺へ行進するほどの非凡なものはない。だが、ガンディーが英国をインドから追い出したと言うのは神話だ。英国が引き揚げるタイミングを決めたのは、インド国民会議派の力と同じ程度に、戦後英国の財政削減と米国の英植民地主義に対する反感があった。このときガンディーはすでに、彼の運動が統一されたインドを産み出すことに失敗したと嘆いている。彼が象徴する独立運動が最後に実を結ぼうとしているとき、ガンディーの最後一〇年あまりの人生は、失敗の連続だった。しかし生きている間に、ガンディーは単なるインド民主化の希望どころか、インドの自尊心、インドの勇気、カースト社会を超越したインドの連帯、数世紀に及ぶ圧制を振り払い、自らを再生させるインドの意志を体現していた。この偉業は、ささいな政治の場での失敗など取るに足らないことにしてしまう。

アウンサンスーチーにはガンディーと極めて似た要素がある。それこそ、二〇〇三年から二〇一〇年の現場からの不在にもかかわらず、そしてその間のＮＬＤの死んだも同然の状態にもかかわらず、彼女の影響力が国軍の凶暴な力に対する唯一かつもっとも重要な対抗馬として、失われることなく継続してきたことの理由である。

この期間、ビルマ史は並行するふたつの物語からなっている。公式の歴史は、着実でいまや抵抗できないほど強固となった国家平和発展評議会（ＳＰＤＣ）による権力の掌握。そしてもうひとつは埋もれた、ビルマの地下の歴史。それはスーが代表するもので、ほとんどの時期、地下水脈のように目に触れることはなかった。その姿を見せることがまったく法的に許されることのないものだ。しかし、時が熟し、地上に姿を現したとき、目を見張るようなほとばしる流れだった。

★

公式の物語は、一連の日付でわかりやすく要約できる。二〇〇三年五月三〇日、先に見たように、スーは暗殺の試みを生きのびたが、監禁された。スーはその後インセイン監獄のなかに特別に作られた、絞首台の見える小屋に移され、三か月以上勾留された。九月にスーがハンストに入ったという噂が流れたが、これは事実ではなかった。スーは婦人科の病気で病院に移され手術を受けた。子宮摘出と推測された。その後スーはインセインには送り返されず、屋敷で再び自宅軟禁におかれた。二〇〇三年五月のモニワで演説する姿のあと、次に撮られた写真は二〇〇六年一一月、二年間国連特使たちのビザが拒否されたあと、はじめてビルマを訪問した国連特使イブラヒム・ガンバリと撮ったもので、スーの姿は明らかに老けてとても青白い顔をして痩せていた。

その一方で、二〇〇三年八月に発表された、民主化に向けた七段階のロードマップは実行に移されていた。キンニュンはその家族とともに軟禁されていて、部下の多くは収監され、彼の軍事情報機構全体が解体された。だがタンシュエがやった一番の狡猾な手口は、その設計者をクビにしたあともロードマップを維持したことだった。キンニュンも、そしてスーもいなかったが、それでもまだ十分役に立つものだった。実際には、ふたりの問題児のいないことが、タンシュエにとってロードマップがはるかに有益なものとなりえた。

ロードマップの最初の要求は、憲法制定のための国民会議の再招集、これはNLDの参加なしにクリアできた。北京のお堅い新華社通信以外、国際社会にはほとんど知られずに、国民会議は数回開かれた。二〇〇五年の一二月から二〇〇六年の一月末まで、その年の一〇月から一二月、そして二〇〇七年七月から九月の初めまでだった。それぞれの会期で、体制が後援する国民統一党（NUP）の指導者たちとその他体制に友好的な政治家たちが、軍政と休戦取引を交わした国境地域の民族「諸国民」の代表と、その彼らにでっち上げの憲法の枠組みを指導するSPDCの官僚たちといっしょに席に着いた。

二〇〇七年九月に公表された作業結果は、憲法と言うには単なる骨組み程度だったが、その趣旨はかなり明瞭だった。ビルマの政治的日常において、恒久的で変更できない突出した権力を合法化してビルマ国軍に与えるものだった。この憲法は二〇〇八年五月、国民投票にかけられた。イラワジデルタの貧しい農民たちが仲間を一三万人も失ったサイクロンから立ち直ろうと苦闘しているときだった。国民投票は、全国の投票所で執られた強引に投票させる戦術でやすやすと通過した。ビルマが待ち望んだ、しかしその実はいいかげんな複数政党制民主主義への回帰の舞台が整った。

鳴り物入りの憲法制定は途中、二〇〇五年、驚くべきニュースで進行が中断された。ピンマナというところで建設労働者が働いていたという。ラングーンから北へ、車で四時間、過去何年も何もなかった、あるいはよくあるふつうの駐屯地だったところが、ミャンマーの新しい首都になった。名前はネピドー、「諸王の棲家」、この場所は連合国側に寝返ったアウンサンが日本軍に対して攻撃をはじめたところだ。

憲法制定が進むなか、国境地帯は比較的平和で（とはいえ、国軍はカレンニーとシャンに対して戦争を続け、カレンに対する焦土作戦によって数万のカレン避難民がタイに逃れていた）、民主派に対してはしっかりと確実に口封じできていたから、軍事政権は長年やってきた中で、いまはずいぶん快適な様子に見えはじめた。

大宣伝をしながら欧米が科す経済制裁は実際、抜け穴だらけだった。国連の勧告など笑えるほどに効果がなく、無視すればよかった。国内資源の叩き売りが進み、ドルが流れ込んでいた。軍政は隣接するふたつの大国、中国とインドを対抗させて使えるほどに器用になっていた。両国は鉱物資源およびこの地域での戦略的優位を得ようと必死で、そのためなら大抵のことは喜んで見逃してくれた。とくにインドは、長年軍時政権とその権力濫用について批判的だったが、口を噤むことを覚えていた。「（将軍らは）気力に充実している」と、ある西側外交官が二〇〇六年五月に『フィナンシャル・タイムズ』に語っている。「国際的な位置づけとして、ビルマが今日ほど快適な立場に立ったことはなかった」

★

しかしながら、この年月、ビルマにはもうひとつの歴史があった。地下を流れる歴史が。

その経歴がこのもうひとつの歴史を体現している、小柄で、猫のようにしなやかなビルマ人の僧侶がいる。その名はアシン・イサリヤ、あだ名すなわち平和運動のための名前はキング・ゼロ。彼によればその名の理由は、もはやビルマには王の名に値するいかなる支配者もいない、というものだ。私はタイ国境の町メーソットで彼に会った。

仏教国のなかでももっとも伝統的だったビルマで、英国による世俗教育の導入後、僧侶たちは教師としての中心的な役割をほとんど失ったが、道徳上の力として大きな影響力を持ち続けた。上座部（小乗）仏教の教えでは、僧侶として信心深い生活を送ることが、俗人が涅槃に至る道の助けになる。俗人は僧侶を養い、僧侶は俗人に徳を与える。これは共棲関係だ。

ラングーンの僧院大学で、アシン・イサリヤは僧侶として教育的役割をいかに果たすべきかを真剣に学んだ。彼は言う。「私の最初の師は政治に大変関心を持っておられました。それが私にとても役にたちました。この方はいつもBBCを聴いていて、私も毎日聴くことができました。これでビルマの状況について学ぶことができました。私が強く感じたのは、卒業したらビルマのために、なにかしっかりと役に立つことをする必要があるだろうということです」

二〇〇〇年、彼は大学に小さな図書館を創設した。その年、彼と数人の僧侶はデルタ地区に出かけた。そこは、スーが何度か地方に出かけようと試みながら軍によって阻止された場所だ。「私たちは、何をなすべきかについて、あの方の助言が得られることを期待して出かけました」

スーには会えなかったが、彼らがラングーンに戻ると、国軍情報部が大学当局に彼らの行動についての報告を送って警告した。「大学は私たちが図書館を続けると軍政が大学全部を閉鎖させるだろうと言い、図書館の閉鎖を決めました。それで、私は大学を去ることにしました。私の図書館がそこでは続けませんでしたので」

アシン・イサリヤは図書館という考えに没頭していた。偶然ではなく、公共図書館網を作ることはスーが政治に入るまえからの夢だった。ビルマを変えようとする人は誰でもすぐに、教養を与えることこそ、まずおこなうべきことだという事実にぶつかる。アシン・イサリヤはこう言った。

私は大学を出て、ラングーン管区の私が生まれ育った村に図書館を移しました。本を読むように大勢のひとたちを組織しました。それからマンダレーに行って、そこの仏教大学でもうひとりの僧に会い、ふたりで英語、日本語、フランス語、それにコンピューターを教えはじめました。私たちは大学のほかに、三つの図書館をマンダレーに開きました。二〇〇四年までに、全部で一四の図書館が開かれ、すべて僧侶によって管理されました。図書館は公開されていますが、各図書館には秘密にされた政治書籍の部門がありました。

憲法制定の国民会議がゆるゆるとその議事を進めているとき、ビルマ大衆が生きる現実の世界はどんどん厳しいものになっていった。二〇〇六年の後半、米、卵、食用油の値段は三〇から四〇パーセントも跳ね上がった。ビルマの僧侶たちはふつうの人びとの生活費に密接に関係している。人びとが倹約すれば、托鉢で受ける食物の量にすぐに反映される。軍事政権が用いた一九八八年のテロ戦術は非常な効果があり、その後の年月、ごくわずかの人しか公に抗議する勇気がなかった。最後の大衆デモから一〇年ほどが経っていた。しかし、二〇〇七年二月の物価上昇はとても受け入れ難く、小さな抗議行動がラングーンで起きた。当局は容赦なく踏み潰し、参加者のうち九人を投獄した。

一般人はもし抗議で街頭を埋めれば迅速かつ凶暴な抑圧にあうだろうと知っていたが、しかし僧侶には異なったルールがあった。僧侶に危害を加えることは、強力な宗教的タブーであった。これこそキング・ゼロとその兄弟僧の何人かが「平和行進」という考えを思いついた理由だ。通常の抗議運動ではなく、僧侶だけで構成された宗教的行列で、「貧者のために」経を唱えるのだ。アシン・イサリヤはこう説明している。「マンダレーとヤンゴンから来た別のふたりの僧と私が、どのように平和行進をおこなうか相談するため秘密裏にタイで会い、詳細な計画を立て、外国メディアにこのことを伝えました。私たちの考えは平和な行進をすることです。ビルマの人びとがいかに貧しいかを訴えるためです。それで私たちは全国の町にポスターを貼りました」

しかし平和行進の構想は、実際の出来事に追い越されてしまった。

周知のように、憲法制定国民会議の最終会議が二〇〇七年七月から九月まで開かれた。じつに一四年前にはじまった憲法起草の最後を飾る会議だった。しかし同年八月半ば、一九八七年にネーウィンが高額紙幣を使用停止にしたのと同じ傲慢さで、タンシュエはあっさりと燃料の政府補助金を廃止した。この結果、ガソリンとディーゼル油の価格が直ちに六六パーセント上昇し、バスに使う圧縮天然ガス（CNG）は一週間のあいだに五倍になった。たちまち交通費は天井破りの上昇を見せ、貧しい生活をする人びとには耐えられない新たな負担を加えることになった。

政府補助の廃止に抗議する運動は八月一九日、ラングーンではじまった。これを指導したのは「八八世代の学生」という活動家グループだ。一九八八年の出来事で血を流した人びとで、その何人かは最近やっと監獄から釈放されたばかりだった。有名なのは、一九年前のラングーン学生運動のリーダーだったミンコーナインである。しかし抑圧は素早くかつ暴力的だった。ミンコーナインを含む一三人の抗議者が、殴られ、逮捕された。軍政は即座に、この小さな抗議運動の背後にある革命の陰謀を疑った。体制紙『ミャンマーの新しい光』に言わせれば、この民衆騒乱は「国家の平和と安全を脅かすことと、進行中の憲法制定国民会議の破壊を狙ったものだ」

九月一日、キング・ゼロとその同輩は状況を討議するために集まった。四日後、パガンの近くイラワジ河沿いの町パコックで、僧侶を含む小さなデモが軍によって潰された。その過程で、僧侶の一部が殴られ、木に縛りつけられ、少なくともひとりの僧が行方不明になった。翌日、この町の若い僧たちが再び道でデモをし、兄弟僧たちを攻撃したことを謝罪するよう軍政に求め、九月一七日までと期限を切った。

謝罪は期待できなかった。それで、新たに結成された全ビルマ僧侶連盟のキング・ゼロとウー・ガンビラとそのほかに率いられ、ほんとうの平和行進がはじまった。最初にラングーン、続いてマンダレー、それからほかの町へ、サンガ（僧団）は街を行進しはじめた。あるときは何も持たず、あるときは托鉢の鉢を裏返しにして、軍に対するサンガの拒絶を表した。

行進は小さくはじまったが、日増しに大きくなった。九月二四日、ラングーンの行進は三万から一〇万の僧侶で構成され、一九八八年以来民衆の力を示す最大のショー以上のものになった。ラングーンの街のなかを、一キロを超える列が伸びていた。誰もがまず感じたことは、この月の初めにあった憲法制定国民会議の終結、タンシュエ支配の絶頂となる勝利が、この怒濤のようなサンガの憤りに呑み込まれてしまったということだ。これまで見たこともなかった光景が、衛星放送を通じて世界中に速報された。数万人の裸足の僧侶が雨のなか、ラングーンの大英帝国時代の大通りを進んでいた。

モンスーンの土砂降りの雨のなか、どこでも同じ仏教僧がする一定の速さで歩いていた。どんどん歩くのでも、だらだら歩くのでもなく、兵士のような密集行進でもなく、人びとが確固たる一団となった行進。集団は、雨にずぶ濡れになりながら、滑らかに舗装された地面の上を、裸足の脚で歩き続けた。

これが政治的出来事だとすれば、もっとも規模の小さな種類のものだった。横断幕はなく、スローガンはなく、演説はなく、防具もなく、マスクもなく、ヘルメットもなく、武器もなかった。靴さえ履いていなかった。ただ旗を掲げていた。複数の色が組み合わされた仏教徒の旗を。

弾圧の血が流れる日まで、まったく抵抗には遭わなかった。警察はただのひとりもおらず、兵士もいないどころか規制の気配さえなかった。この止めどなき人間の川が、尽きることなく合流する新たな支流と小川を呑み込んで膨れ上がっていくばかりだった。行進しながら、僧たちはなんどもなんどもメッタスッタ（慈経）を唱えていた。

スキノ　ワ　ケミノ　ホントゥ、サババサッタ　バワントゥ　スキタッタ、イェ　ケチ　パナブタティ、
タサ　ワ　タワナ　ワナワセサ
ディガ　ワ　イェ　ワ　マハンタ、マジマ　ラサカ　アヌカトウラ……

「知覚を持つ生き物すべてが快適で幸福な生活が授けられますよう。息をするいかなる生き物、弱いものも強いものも、背の高いものも頑丈なものも、小さいものも中ぐらいのものも、痩せたものも太ったものも、見えるものも見えないものも、遠くにいるものも近くにいるものも、すでに生まれているものもこれから生まれるものも、すべてのものが幸福な生を授かりますよう。母がその独り児を守るように、すべての生き物に対して、無限の愛の精神を育ませ給え」

僧たちが行進するどこででも、身分を隠したビルマ人のビデオジャーナリストたちのカメラがその様子

を捉え、映像は世界をめぐった。このビルマ人たちはノルウェーに本部を置く独自のビルマ報道機関、ビルマ民主の声（DVB）の仕事をしていた。

西洋世界では、この僧侶の運動はすぐに「サフラン革命」と名づけられた。他の色がつく、オレンジ革命やグリーン革命など、東欧の政治状況を変えたすべての革命に並べられた。しかしこれはぴったりとは言えなかった。僧侶たちは横断幕を持たず、明らかなリーダーもなく、スローガンも演説もなかった。彼等はただ経を唱えて歩いていた。

アメリカ人文化人類学者で元仏教尼のイングリッド・ジョーツは、この現象に対する西洋の誤解にいらついていた。この誤解は僧侶たちの命を危うくさせる可能性があると彼女は恐れていた。

> 私は『ニューヨークタイムズ』のセス・マイダンスからの電話を受けました。彼は「いま、政治闘争をする僧侶について記事を書いている。あなたのコメントがちょっと欲しい」と言いました。私は何もあなたに言うことはない。なぜならあなたの考えはまったくまちがっているからだ。もし『ニューヨークタイムズ』がビルマには政治闘争をする僧侶がいると書いたら、それは軍事政権に、明日にでもこの僧たちを弾圧する白紙委任状を与えることになる。それは僧たちが政治活動をしていると認めることになるからだ。それで、彼は自分の記事にはその言葉を使わなかった。僧の反乱は二〇日間と少し続いた。なぜなら僧たちが道徳的忠告をする者であるかぎり、弾圧はできなかったから。[2]

僧たちの運動が勢いを増しているとき、私はそれを伝えるためこの地域に戻った。タイ国境のメーソットで、ひとりの難民僧がなぜ僧たちがデモをしているのか説明してくれた。

「暴力的な役割を果たすことは、わたくしたちの信仰からかけはなれたものでしょう。しかし仲介役は可能です。釈尊が生きておられたとき、あるひとりの王とこれに反抗する人びとを、平和な方法で和解に導かれました。私たち僧は仏の子でありますから、父の足跡を追おうとするのです」

同じメーソットの町で、私はナインアウン博士に会った。一九八八年の反乱で学生指導者のひとりだった彼は、反乱が終結したあの九月の虐殺のあと国外に亡命し、いまでも在外ビルマ民主化運動の指導者のひとりだ。ナインアウンは私に、一九八八年と二〇〇七年のあいだに何が変わったかを説明した。

大きな違いは、われわれがビルマを逃れたときは、軍事政権を打倒するため武装闘争を準備していたということだ。われわれはビルマを出て、軍事政権と闘っていた少数民族軍側に付いて闘う訓練をはじめた。でも、今日のビルマ国内の抗議運動は非武装闘争を目指している。彼らは人びとの心をつかむことで勝利したいと思っている。それにはさらなる勇気が必要だ。完全に武装した兵士に向き合うのになんの武器も持たないからだ。それでも彼らが言うのは、どうやっても武装力では軍と勝負にならない、でも大衆の支持、真実と正義という条件が揃えば闘える、と。彼らはガンディーの手法、政治的不服従と呼ばれるものを取り入れた。それは、デモ、ボイコット、軍事政権に対する宗教的関係の拒絶だ。

ナインアウンが描いたシナリオによれば、一世代以上支配者たちと断絶しながら、しかし決して自由への闘いをあきらめない国民が、新しい闘いのための資源とその闘いを継続させる新しい方法を、伝統的な信仰のなかに見いだしたのだ。僧たちの反乱がその最初のしるしだった。これらの手法とこの新しい非暴力を前面に出す選択によって、国民はまたあの女性に傾斜した。国民がその党に圧倒的な数の票を投じた女性に。その女性、アウンサンスーチーは書いている。

ビルマでは、サンガの成員を教師と見ます。良い教師は単に説法をするだけではありません。私たちに常日ごろいかに身を処すべきかを示されます。政治活動をする中で、私はサンガのみなさまの教えによって強くなりました。スメダ菩薩を心におきながら。この方は衆生の苦しみを救わんかなと自らの早期の解脱を犠牲にされました。ですから、善と正義を達成するのに必要だろうかぎり、長く闘う覚悟をすべきです。[3]

僧侶たちの抗議運動が巻き起こったのが、憲法制定のための国民会議終了の直後であったことは、偶然の一致だったが、教えられることはあった。タンシュエはビルマの際立った異常さのひとつを是正しようとした。実際、ビルマは憲法を持たず、暫定的に軍と非常事態宣言にもとづく命令によって統治されていたタンシュエは憲法を制定することで、国民とそして国際社会に対し、ビルマはまともな道に戻ったと説得できると期待してた。しかし彼がやったことは、異常さでさえひとつの要素に過ぎないような道徳の崩壊と堕落とを根本的に救うことではなかった。

僧の反乱のクライマックスは、携帯電話のカメラが捉えただけの、一〇月二四日に訪れた。その日、ユニヴァーシティアヴェニューを封鎖するバリケードが割れ、経を唱える僧の行列がスーの屋敷の門のすぐ前まで進むことが許可された。スーは門から出て、僧たちが経を唱え続けるなか、目に涙を浮かべて僧侶に対する仏教徒の礼をした。

弾圧は翌日はじまった。軍事政権は行進が止まないならと、暴力の脅しをかけた。兵士はシュエダゴン、ラングーンの行進の集合地点を包囲し、二六日の夜には僧院への襲撃を開始した。僧を殴り、逮捕し、強制的に還俗させ、殺害した。僧侶たちと公衆が夜通しの迫害に対抗して再びラングーンを行進し、兵隊は発砲した。少なくとも九人、日本人ビデオジャーナリストの長井健司を含む人びとが、容赦なく射殺された。殺害は「ビルマ民主の声」の身分を隠した勇敢なカメラマンたちによって録画され、衝撃的な映像が世界中に送信された。

「この民衆反乱は独立後のビルマに新しい時代をもたらした。ビルマはついに情報時代に入った」とジョーツは言う。ビルマ国民ははじめて政治の現実を目にすることができた。抗議運動と暴力による抑圧が、自分たちのテレビで生中継されたのだ。

ビルマ最南端、コータウンの町、露天のコーヒーショップで私はこの反乱を取材していた。ラングーンは閉ざされたままで、ここここそが動きにもっとも迫れる場所だったからだ。コーヒーショップに置かれた大きなテレビは日本の侍ドラマを映していたが、もうひとつのテレビはCNNにチャンネルが合わされていた。当時、米国の多くの局のニュース内容は「サフラン革命」に当てられていた。行進する数万人の僧侶の映像が、路上の衝突と、トラックに満載された兵隊と、破壊された僧院の映像を挟みながら流れていた。コーヒーショップの客たちは目を丸くし、押し黙って見ていた。

ジョーツによれば、「タンシュエがおこなった僧侶の抗議行動に対する暴力的な抑圧を、数百万のビルマ人が自分の目でテレビやインターネットで見た。いまやタンシュエは、特別に不道徳な者となった」

僧の反乱を鎮圧したことについて、タンシュエは国営新聞で自分は単に「良き王」として行動し、彼が言うところの「偽」の僧、政治的になることでその衣を裏切った者を処罰したのだと主張した。「しかしこの主張は、僧たちが暴力で虐待され、打ち据えられ、そして僧たちの遺体が川に浮かぶ画像に照らせば、完全に否定されるものだった。これらは恐ろしい画像で、敬虔な仏教徒の国民たちを驚愕させた。タンシュエは僧殺し以外の何者でもないと映った。処罰したのは『偽』僧侶だけだという軍事政権の主張はしりぞけられ、じつは僧たちが政治にかかわったからだということがわかった」と、ジョーツは言った。ビルマ人は疑う余地なく、タンシュエがいまにも「まっさかさまに地獄に落ちる」ことを期待した、彼の占星術師たちと占い師たちがその運命を寄せつけない、なにかしらのヤダナ（ビルマ語の黒魔術）を考えつく知恵がないかぎりは、とジョーツは言う。[4]

これらの出来事の起きているあいだ、ずっと屋敷に閉じ込められていたアウンサンスーチーの位置づけはどうなのか？

「彼女はビルマにとっての証人であり、道徳の指針と見られた」と、ジョーツは話している。「人を引きつける彼女の最大のポイントは、道徳の手本としての役割です」。それは僧侶たちの役割と似ている。僧侶たちは道徳的に理想とされる行いの模範となることで人びとの道徳を形にする。一方のアウンサンスーチーは政治の世界で、似たような役割を演じている。「彼女の徳にもとづく政治は、支配者である将軍たちの抑圧的で残酷な支配とは、はっきりと対照的なものです」。ジョーツはさらにこう言った。

アウンサンスーチーの影響力の源泉は、道徳が堕落する過程および軍事政権の暴力による抑圧の証人となることにある。彼女は民衆を鼓舞して、支配者と支配されるもののあいだで結ばれる別の形の社会契約を思い起こさせ、あるいは想像させる。その契約とは、四つの崇高な心のあり方、人間の至高の願望である。同情、慈愛、共感、平常心にもとづくものである。

僧侶の一団はユニヴァーシティアヴェニューに進み入ることを許可され、屋敷の門前に止まった。この行為は、サンガが伝統的に支配者になろうと望む者に対してその徳を認めることで、支配者たらんとする要求を聖別し、サンガの道徳的保証を授与する仕方を想起させた。

この僧侶の一団の訪問がビルマにおける政治的正統性の観念を思い起こさせることで、アウンサンスーチーは「玉座の正当な要求者」になったのだ。

ビルマ人は、悪行は自然界の反発を呼ぶと信じている。僧侶に対する暴力的な抑圧から八か月後、二〇〇八年五月、軍事政権は国民会議がめくら判を押した新憲法を保証するための国民投票、ロードマップの第四段階を告示した。しかしその国民投票が予定される数日前、凶暴なサイクロンがビルマを襲い、一三万八千人の命を奪った。そのほとんどはイラワジデルタの貧しい農民で、二四〇万人以上の人の家を失わせ、数百万ドル相当の損害をもたらした。

ジョーツは述べている。ビルマ人大衆の見方では、まちがいなくこの災害はタンシュエの僧侶に対する虐待が呼び起こしたものだった。「サイクロン・ナルギスは軍事政権が不当なものであるという証であり、ビルマの国は僧侶に対する支配者の悪行によって国全体として罰を受けたのだ。ひとつの短い詩が人びとのあいだで秘密裏に流布された。その詩には人びとの差し迫った想いが込められている」

マンダレーの明日は灰の山
ラングーンの明日はゴミの山
ネピドーの明日は骨の山

4　孔雀効果――ビルマから世界へ

ジョン・ウィリアム・イェットーはミズーリ州オザークの小さなトレーラーハウスに住んでいた。四度の結婚をしたベトナム戦争従軍兵で、熱心なモルモン教徒だった。この男は、神が自分に語りかけ、緊急の使命に使わされたと信じた。[1]

三人の元妻のひとりは、イェットーが心的外傷後ストレス障害にかかっていたと言っている。国民民主連盟（NLD）の関係者がイェットーを「気が違った輩」で「じつに不快な奴」と呼ぶのも無理はない。[2] しかしながらまた、神の強い求めか、心理的トラウマか、単なる狂気かはともかく、もっとも奇想天外なジャーナリストでさえ試しもしなかったことをやってのけたことは事実だ。私も、『タイムズ』紙のケニス・デンビィも、BBCのジョン・シンプソンでさえ、アウンサンスーチーの長年にわたる軟禁のあいだに試さなかったこと。イェットーはスーの屋敷に、大勢の監視兵の鼻先をかすめて辿りついたのだ、一度ならず二度までも。[3]

彼はスーにインタビューしていないが、それは彼の目的ではまったくなかった。彼の使命は、テロリストが彼女を暗殺する計画を立てているとスーに警告することで、計画について軍事政権を非難していた。一度目の訪問は、二〇〇八年一一月、二六日間のビルマ渡航中だった。屋敷には、自宅軟禁期間を通して、世話係の母娘に加えて、かなりの数の監視兵が鉄条網の柵をした門の前と屋敷の内部にいた。彼は手作りの木製足ヒレを使いインヤ湖を泳いで渡り、はじめて屋敷に辿りついた。だが、このときはスーに会えなかった。湖の岸で止められ、結局モルモン教の聖書を一冊名刺代わりに置いて、引き返した。明らかに、湖を泳いで帰ったのではなく、岸辺で彼を見つけた者のひとりから聞いた情報に従って、湖畔を歩いた後ひとつの排水管を通り、米国大使館の近くに出たのだ。

翌年、五三歳になったイェットーはすっかりスーにとりつかれたままで、彼女に直接会って警告するため、二度目の訪問を試みた。二〇〇九年五月二日、ラングーンに着いたイェットーは中心部の小さなホテルにチェックインした。翌日の夕方、昨年排水溝から出てきた米国大使館近くの場所までタクシーに乗り、去年の道すじを逆に辿った。排水管を抜け湖畔を通過し、ユニヴァーシティアヴェニュー五四番地の裏口まで歩いた。今回は奇妙なことに、万全の警備にもかかわらず、スーに会うのに一切の問題がなかった。

スーはイェットーにすぐ出ていくよう懇願したと伝えられている。疲れて筋肉が痙攣していると言って、イェットーは拒否した（仮に疲れていたとしても、裁判記録によれば、新聞記事に反し、この時点でまったくこの夜は泳いでいない）。彼は二晩屋敷に留まった。少なくとも二度食事を摂り、二枚のチャドルを含む意味不明のさまざまな品物を残していった。多くの時間を祈りに費やしたと言われている。イェットーは結局、五月五日の真夜中ごろ、彼の有名な足ヒレと空になった五リットルサイズのペットボトルふたつを補助に、インヤ湖を泳いで渡って帰っていった。

五時間半後、彼はスーの屋敷からインヤ湖の反対側になるピーロードの、米国代理大使公邸の近くを泳いでいるところを逮捕された。彼はスーの屋敷から来たことを認めた。イェットーが五時間半ものあいだ何をしていたのかは決して明かされなかった。そしていまだに、どんなに短いものであれインタビューには応じたことがない。

この話はいくつかの疑問を呼ぶ。一回目の訪問で捕らえられたとき、明らかにビルマの法律をいくつか犯しているのに、なぜそのときその場で逮捕されなかったのか？　また、どうして彼は二回目の訪問が可能だったのか？　この二〇〇九年五月はスーの自宅軟禁期間が終了するちょうど二週間前だったのだが、この二度目の訪問でスーに会ったあと、なぜはるかに楽な地上ルートでホテルに戻らなかったのか？　そしてスーに別れの挨拶を告げてから逮捕されるまでの数時間何をしていたのか？

イェットーの訪問はスーにとって不運だった。スーの最後のそして最長の自宅軟禁は二〇〇三年にはじまり、その後六か月ごとに延長を繰り返していた。しかし、彼女を監禁するために適用された法「破壊活動を企図する者の危険に対し国家を予防する法律」は、一九七四年ウー・タント騒動後に成立したもので、その最大の刑期は五年と定めていた。二〇〇八年、軍政はスーの自宅軟禁をもう一年延長した。恣意的な勾留について国連の作業部会は、この最後の延長がビルマ法においても国際法においても違法であると裁定していた。

同様の非難をさらに受けるつもりがなければ、軍事政権は二〇〇九年五月末には、国際報道機関の目も眩むような大宣伝のなか、ビルマでもっとも熱狂を起こす政治囚アウンサンスーチーを解放しなければならなかった。それは、上級大将タンシュエの憲法制定というマラソンレースの掉尾を飾る総選挙、有名なロードマップの第六段階まで、まだ一年ちょっとも前だ。

「サフラン革命」とそれがもたらした民衆の怒りから二年も経っていないいま、自由になったスーは体制に深刻な問題を与えるだろう。しかし、自らの法律に背いてスーを軟禁しつづけることは、やっと芽が出かけた合法で憲法に沿った権力であるという主張を、重大な危険にさらすものだろう。だから、軍政の見方では、スーが刑法への違反行為によって捕まったのは極めて喜ばしいことだった。

この事件がわざと仕組まれたものではないと考えることは、どう考えても難しい。もちろんどうやっても証拠はないが、事件全体が臭いのだ。ある西側外交官は匿名を条件に『ニューズウィーク』に載ったコメントでこう言っている。「イェットーが二回目の訪問の前に、タイでふたりのビルマ国軍情報部〔キンニュン以後の、新しい組織〕のスパイと会っていた。NLDの党員を装ってイェットーに近づき、例の婦人は〔あなたを〕迎え入れる用意ができていると告げた」

スーの主な訴追理由は、訪問者に屋敷での一泊を許し、スーに科せられた軟禁条件を破ったことだ。昔のビルマにはホテルがなかった、家族とか友達でなかったとしても、ただで旅行者は歓待を受けられた。これこそ軍事支配がビルマの伝統的な道徳と習慣を蝕んだやり方の典型だ。昔は生活の基本的な決め事だったことが、いまでは犯罪とされるのだから。

イェットーとスー、スーの同居者たちは刑法違反の疑いで審理された。イェットーは禁止区域への立ち入りと入国管理法違反で訴追された。審理はインセイン監獄の中でおこなわれた。スーと同居人の母娘はこの間インセインに留置され、スーには看守の居住区が与えられた。外国人ジャーナリストはいつものようにビザを拒絶されたが、大使を含む五一人の外交官たちが、数十人の地元ジャーナリストとともに何回か審問に立ち会うことができた。

スーは嫌疑について無罪を主張し、屋敷にイェットーが現れたのは警備の不行き届きゆえだと非難した。英国大使マーク・キャニングはスーの法廷証言に立ち合い、「彼女はすべてが自分に対する責任転嫁だと明確にしました。なぜこんなことをしたのかと答えを求められたとき、あなた方は彼に訊くべきだと言いました」と語った。質問に答えるなかで、イェットーの侵入についてスーは軍当局に告げなかったと認めた。「私は、彼が一時的に留まることを許可しました[4]」

フィービー・ケネディは二〇〇九年五月二七日付け『インデペンデント』にこう書いている。「イェットー氏のおふざけはビルマの軍事評議会にとっての贈り物だった。軍政は、来年に予定される総選挙の前後も、民衆の平和的抵抗の先頭に立つ人物を閉じ込め続ける口実に使えた」[5]。軍政上層部の人物ミンテイン准将は、当局は彼女の軟禁命令が満了した時点で解放することを考えていたが、イェットー氏のせいで「残念なことに」状況が変わってしまったと主張した。

イェットーは七年の収監を宣告され、スーと同居人たちにはそれぞれ三年が言い渡された。だが劇的な知らせが判決の直前にもたらされた。タンシュエ上級大将自らのメッセージが届き、三人の女性の判決を半分に減免するというものだった。スーの軟禁は「たった」一八か月、二〇一〇年一一月まで、延長されただけだった。この寛大な処置の理由はこう説明された。スーが「ミャンマー独立のためにその命を犠牲にしたアウンサン将軍の娘であるためだ。また、平和と安寧と安定が行きわたり、いかなる恨みも互いにもたず、民主制への道にいささかも障害が残らないようにと考える」[6]

イェットー氏にはこんな慈悲は与えられなかったが、収監後三か月でオザークに送り返された。釈放は米上院議員ジム・ウェッブが取りつけたものだ。ジムはいくつものインタビューで経済制裁を解除するよう呼びかけることで、軍事評議会に借りを返した。

★

ジョン・イェットーはまったくふつうの人間だった。全世界がスーの味方になろうとし、警告したい、表彰したい、会員にしたい、スーについて書きたい、所有したい、利用したい、共感したい、愛したい、愛されたいと思っている。何年も何年も、悲しいおとぎ話の王女さまのように閉じ込められた、勇敢で、壊れそうな美しい人は、彼女の国の遠さとその政治の不明瞭さなどものともせず、われわれの集団的無意識を捉えたのだ。

スーはノーベル平和賞受賞者の同輩でも、シリン・エバディとメイリード・マグワイヤの勇敢さに並び、巨大な障害に打ち勝とうとする勇気では、アフガニスタンの女性議員マラライ・ジョヤとパキスタンの不屈な弁護士アスマ・ジャハンギアに比べられる。だが、これらの名前をあげるだけで、彼女らとスーのあいだにある大きな隔たりを知ることになる。スーは、他の誰よりもはるかに有名であり、まったく独自の地平にいる。どこの自動車メーカーがここにあげたリストの女性たちを自分たちの車を売るために使おうと考えるだろうか、クライスラーとランチアがスーを使ったように？　気の利いたデザインの照明器具を造るメーカーの誰が、スー以外の女性のイメージを何年も広告につかうだろうか？　イタリアのアルテミデ社は「地球にひとつの灯りがある」というコピーをつけて、スーの写真を名前も出さずに使っている。

こういった考えはスーの直感的な不興をかうだろうが、スーは最上級の国際有名人セレブのひとりになった。しかし、近づけないことがほかのスターとは異なっていて、それがいっそうセレブ度を高めている。そう、英国のブライトン芸術祭（二〇一一年）の客員監督を引き受けることにもなった。これを書いている時点で、スーは六六個目の名誉学位（および同種のもの）と五七個目の国際的な賞（その他の寄付）を受けるところで、こういった学位や賞が雨あられと浴びせられていた。一度も自ら受け取りに現れたことはないものの、二〇年以上、世界最強のアリバイ（そのときどこにいたかの証明）を持っている。

スーの有名さの利点は、世界中のニュース編集室にビルマ民主化闘争の重要性を伝えられることで、スーがいなければ、まったく欠け落ちてしまっただろう。ダライ・ラマはチベットの中国に対する闘争で同様の重要性を持っていた。不利な点は、ダライ・ラマと違い、長年にわたってその名前やイメージがどう使われるか直接指示できなかったことだ。

宣伝に使う者たちは当然、スーの微笑んだ顔や苦難に見舞われた表情を、彼らの訴えたい目的を強調するために使いたがった。だがたとえば、一〇代のアメリカ人の注意を一分間引こうとすれば、ビルマの現実は「悪と戦う」ことだという「スターウォーズ」にぴったりの論理からは、零れ落ちてしまうことがある。この筋書きでは、スーはとるにたらない西洋の独善性に埋もれてしまう危険があるのだ。ひとりのきれいな女性が、恐ろしいことに軍人の侮辱にさらされると強調することが、われわれの心を動かすための即席の方法だ。スーはランボー「ビルマ民主化闘争」編のヒロインだと。結果は、このような宣伝に対して冷めた見方が増加するだけで、実際の経済効果ははるか先のものだ。バンコクとラングーンの経済指標の違いを見、ほんとうにラングーンがこじ開けられたとき、いかに多くの金が集まるか想像すればいい。スーを使ったクライスラーの広告のいちばんのポイントは、売ろうとする車が壁にぶつかっている内容だ。これにつけられた言葉は、「［その先を］推測するのは難しくない」[7]

長年スーは、自分の名前とイメージが利用されるのを管理できなかったため、自分がビルマをめぐる議論の中心にいたにしても、それはすべて彼女のイメージによるもので、彼女自身はかかわっていない。たとえば、二〇一一年四月、アンドリュウ・マーシャルというバンコクで活動するジャーナリストは、雑誌『タイム』でスーの有名人的立場をとりあげてこう書いている。「われわれ有名人狂いの時代において、国家の民主化闘争をひとりの女性の実話番組にかえてしまうのは避けられないところだろう。現実の政治はしかし、恋愛小説にはかなわない」。有名人、実話番組、恋愛小説、スーの人格を利用する俗悪な表現を選び出すことで、マーシャルはスーの重要性を損なおうとしている。

彼はそうした材料を国際危機グループ（ＩＣＧ）の最新のビルマ報告から引き出している。彼は、二一ページのＩＣＧ報告書のなかでスーの名前が「たった六回しか現れない」という事実は、スーがたいして重要ではない証だと言っている。この報告書は、二〇一〇年一一月の総選挙以後、世界がビルマに再びかかわりはじめるのに、いまこそ時は熟したと結論づけていた。マーシャルは「われわれとこの分別ある目的とのあいだには、ひとりのきれいな有名人に対する、われわれのつまらない子どもじみた妄想だけが横たわっている」と述べている。

ビルマ軍事政権の手札と競うために、これ以上に臆病なやりかたは考えられない。最後の章で述べたように、折に触れて「統制だらけの民主主義」と呼ばれるロードマップが、二〇一〇年の総選挙を導いたことで、軍事政権に一九九〇年以来もっとも本質的な政治的成果をもたらした。だがそれは徹底的な詐欺行為を通じて得られたものだ。軍事政権が総選挙を実施し必要な成果を獲得するのに成功したことは、スーとその党が重要ではなくなったことを示しているのでは決してない。事実は逆だ。

過去、将軍たちは何度も、スーのことをビルマ人に忘れさせる為になすべきは彼女を閉じ込めることだと信じているかのごとき行動をとった。この希望的観測が一五年のあいだで何度も破れたとき、将軍たちは最後に苦い事実を理解した。いかに長く彼女を閉じ込めようとも、スーは軍事支配に対する大衆抵抗の中心に留まり続けると。

この面白くない事実を消化するため将軍たちが考えたのは、軍政の代理人が選挙に勝てそうな唯一の道とは選挙を完全に仕組むことだった。ＮＬＤととりわけスーを無視するだけでは足りず、参加をさせなかった。普段とは違った気遣いと細かい技をこらして将軍たちが考案したことこそ、彼女を参加させないことだった。

マーシャルが引用したＩＣＧは結論で、ビルマの選挙は西側世界に「〔ビルマの〕指導者たちが大きな開放と改革の道を歩むよう勇気づける決定的な機会」[8]を提示したという。だがこれは、単純に軍政の言うことをそのまま受け取って、現実が変化したという幻想を受け入れることだ。これではが銀行強盗、ここがよいと自分の会社に投資させつつ正直にこの金を手に入れたと主張するのを、そのまま受け入れることになる。当人が銀行から金を強奪すのを横目に見ながら。こういうことを言うただひとつの理由は、どんな些細な言い訳でもよいから、そうした輩と何年もビジネスしたいと考えているからだ。そして悲しいかなＩＣＧは、贅沢に金が使えるシンクタンクでいくつかの国家では有効な役割を果しているが、ビルマに関する情報については一〇年間信用できないというのが実態である。

ビルマ軍事政権は、自分たちが「より大きな開放と改革の道」を進むことに関心があると国際社会に示すために何をしたのか、この脱・軍人という文民風改造の前後に？　政治囚を誰か釈放したのか？　半世紀にわたり戦闘で破壊された国境地域に、ちょっとでも平和をもたらす貢献をしたか？　半世紀のあいだ単に軍隊のいいなりだった司法組織を、ただの一歩でも改革してみせたか？　世界の最低水準に近いビルマの医療と教育に関して、何か少しでも投資をしたのか？　ビルマの軍事政権はこれらの何もしていない。軍事政権はできレースの国民投票を仕組み、選挙を仕組み、そして無能で単なる飾り物の国会をでっちあげた。なぜならこれこそが、彼らが国際シンクタンクか誰かに教えられたこと、正しい方向に向かっていると西側世界に信じさせるための方法だ。

★

アウンサンスーチーのビルマに対する偉大な功績は、国際社会に向けて窓を開いたことだ。同時に、ビルマに対する国際社会の窓を開けさせたことだ。帰国後二〇年以上経って、ビルマ国民を勇気づけたメッセージは、いまだにビルマの岸を遠く離れて繰り返されている。

一九八九年七月、スーが軟禁によって姿を消したとき、ビルマの民主化闘争はその道の最後に辿りついたように見えた。数千人が死に、さらに数千人が亡命に追いやられ、数千人は収監された。数千万人のビルマ大衆は貧困と恐怖という以前の生活に戻った。そこにはもはや二〇年近く大衆抗議運動はないことだった。

だが、一九八八年八月二六日、シュエダゴンで蒔いたスーの種、一九八九年の初めの六か月に広く遠く撒き散らした種は、すべてが棘によって成長を阻止されたわけではなかった。仏教の教えでは、行為は結果につながっている。これこそが「カルマ」（因果応報）という言葉の意味だ。ベトナム人の禅僧ティックニャットハインは言う。「私の行いは唯一私に真に属するものである」。ビルマ人はその恐怖を振り払い尊厳のある生活を送ることができると、そしてかの国軍が体現する不道徳な力を非暴力の抵抗で打ち負かすことができると主張し、そして数千万のビルマ人をその政党に投票するよう説得することで、アウンサンスーチーは何かを根本的に変えた。彼女はその革命を勝利には導かなかったが、世界を変えたのだ。

アウンサンスーチーの人生は一元的な仕方で叙述されがちである。つまりひとりの勇気ある女性が軍事政権に挑戦し、そして敗北した物語として。私がこの本で示したかったのは、ほんとうの物語ははるかにもっと複雑で興味深い、ということだ。スーの野望はそんな狭い政治のことなどをはるかに超えるもの、政治の場での自身およびＮＬＤの敗北と無効化にもかかわらず、ビルマ社会に対して彼女が与えた衝撃は非常に大きく重要であった。起きること、起きないことが何であれ、いま現在からその死に至るまで、ビルマの今後は決してかつてと同じではない。

それこそが、私が以前のスーに関する伝記筆者が見失っていたと確信する物語だ。おそらくはスーの名声の持つ百万ワットの輝きに目が眩んで。しかし別の物語、さらに特別なものが、これまで決して語られなかった物語がある。スーは長く停滞した祖国の窓を大きく開け放ち、国際社会の風を吹き込ませることで、ビルマを変えたのだ。これまで評価されてこなかったのは、その過程で、スーが国際社会をも変えたということだ。

重要なのは、一九八八年の反乱にはじめてかかわった日以来の、非暴力の徹底である。スーの徹底ぶりがなければ、ビルマの革命はかなり異なった道を辿っただろう。一九八八年八月、彼女がシュエダゴンで立ち上がったとき、すでに学生たちは治安部隊と軍隊に対して、一九七四年のウー・タント葬儀の暴動時にしたように、火炎瓶とその他の野蛮な武器で反撃し、疑わしいスパイらを街頭でリンチしていた。しかし、それらすべてのことを止めるべきだと、スーは初めから断言していた。そして、自分の道を貫いた。NLDの政治集会では、どこで開かれたものでも、一様に平和的であった。スーの同僚たちと随伴者たちは強い挑発に対しても一律に自制が利いていた、ダニュビュからデパインに至るまで。

一九八八年の民主化運動のなかで、多くの人はスーの非暴力への固執を、自分たちの敗北を確実にする大きなハンディキャップだと思っていた。一九八九年七月、スーが軟禁状態におかれると、数千人の活動家は少数民族軍のもとで訓練を受けるため国境地帯に逃げた。それはビルマ国軍の攻撃に非暴力で対決するのではなく、反撃のための装備を次回のために整えるつもりだったのだ。

しかし、マナプロオ、タイ国境にあるカレン民族解放軍（KNLA）の陣地に、カレンゲリラといっしょに訓練を受けようと逃げた者たちは、驚くことになった。彼らがそこに着いたとき、彼らに面と向かってこう言う外国人専門家たちがいたからだ。スーの非暴力への固執は、致命的な弱さであるどころか、十分な創造力をもって展開されれば、勝利のカギになるだろうと言うのだ。

★

一九八〇年代初期のこと、ビルマとビルマが抱える諸問題は、米陸軍将校ロバート・ヘルヴィーの知るところとなった。彼は一九八三年から一九八五年まで、駐ビルマ米駐在武官だった。彼はネーウィンの独裁がどのように人民を掌握していたかを見た。「私のなかで、ビルマは特別なところだ」と彼は言う。

在ラングーン米大使館付き防衛武官として、ラングーンに二年住みビルマ国内をまわった。私は実際にこの目で、国民が怯え切った状態まで抑圧されると何が起きるかを見る機会があった。ビルマでは外国人と話すことにも多少勇気が必要だが、人びとが私と話そうとするとき、時どき彼らは手を口で覆った。誰かに見られ、唇の動きを読まれることを怖れていたからだ。彼らは病的なぐらいに怯えていたのだ。

独裁政権に対して反抗がなかったわけではない。国境地帯の人びとは数十年にもわたって、ビルマの独裁政権に対し軍事的な抵抗を続けていた。だが軍人としてヘルヴィーは、そういった努力は失敗すると見ていた。彼は述べている。

民主主義を求める闘いはおこなわれていたが、国の周辺部、国境地帯での武装闘争だった。非常にはっきりしていたのは、この武装闘争にはまったく勝ち目がないということだった。だから〔米国に〕戻ってからも、ビルマのことはつねに頭の片隅にあった。ほんとうの民主主義を求める国民、ほんとうの政治改革を求める国民がいたが、彼らができるのは武装闘争だけだった。そしてその武装闘争は、競争にすらならないものだった。だからそれには展望がなかった。

米国に戻ったヘルヴィーは、マサチューセッツ州、ケンブリッジにあるハーヴァード大学国際関係研究所の上級研究員に任命された。一九八八年、ビルマで反乱が湧き上がったときその職にあった彼は、熱心にビルマの状況を観察していた。反乱が勢力を拡大しているなか、この軍人は彼の人生を変える非暴力に出合った。

ヘルヴィーは私のインタビューでこう回想している。「ある日ケンブリッジ〔マサチューセッツ州〕に行くと、『非暴力闘争についてのセミナー』と書かれた小さなポスターが眼に入った。その日の午後はやることもなかったので、そのセミナーに出かけた。第一には、こう考えた。陸軍将校として、こういう輩はどんな奴なのかを見てやろうと。そう、こういう平和主義者、つまり問題児を。こいつらについてちょっと知識を仕入れるつもりで」[10]

このセミナーを開いたのは型破りのアメリカ人研究者でジーン・シャープという名前だった。ヘルヴィーは思い出す。「〔シャープは〕セミナーでこう切り出した。『戦略的非暴力闘争はすべて政治権力にかかわります。いかに政治権力を奪取するか、そしていかに他者の権力奪取を阻止するかです』。私は思った。『おいおい、こいつは俺と同じことを言ってるぞ』と」[11]

長年スーに対して加えられた主な批判のひとつは、運動に効果がないということだった。非暴力はガンディーとインド国民会議派には有効だったろうが、しかし彼らが相手にしたのは植民地支配者の英国であり、穏やかな良心を持つ相手であって、しかも運動は本国とは遠く離れたところでおこなわれていたと。ビルマ国軍への挑戦は、別ものだ。「非暴力という戦術を用いて政府を挑発しようとしたのだが、しかしアウンサンスーチーは、一九三〇年代の支配者英国や一九六〇年代のジョンソン政権を相手にしているのではない。ビルマ軍事政権はまったく異なったルールのゲームをする手ごわい相手だ。英国と違い、ビルマの将軍たちは決してビルマを出ていくつもりはなかった[12]」と、タンミンウーは書いた。

ヘルヴィー大佐は職業軍人なのだから、スーの非暴力という取り組みについて同様に感じたと読者は予想するだろう。しかし、ビルマは彼のこころを開いた。

ジーン・シャープの話を聞いて「すぐに、この考えはビルマ人に可能性をもたらすのではと感じた。そう、道具箱に金槌しかないとき、すべての問題は釘がないことに見える。だが、もし道具箱にほかの道具があるのなら、少なくとも戦略的非暴力闘争の可能性を試すことはできるだろうと。そういうわけで興味を持ったんだ」と、ヘルヴィーは言った。

ジーン・シャープ博士を当時も現在も、非暴力闘争についての世界的権威にしているのはこうした考えだ。彼の関心は第二次世界大戦中、ナチ協力者支配に対するノルウェー人レジスタンスの研究からはじまった。三〇年以上、彼はハーヴァード国際関係研究所で研究をしていた。その著書には、『非暴力的行動の政治学』（*The Politics of Nonviolent Action*）や『政治的戦略家としてのガンディー』（*Gandhi as a Political Strategist*）などがある。

セミナーのあと、ヘルヴィーは自己紹介した。「コーヒーとランチをとるあいだ、意見が重なることが多かったから、われわれの会話は広がり続けた。非暴力の闘いについて戦略的に考えるなら、軍隊が使ういくつかのやり方を踏襲することだ。戦闘がおこなわれる状況を考えろ。交戦の法則について。問題解決のいくつかの方法論について。戦略の評価について。作戦計画について」

シャープの影響で、ヘルヴィーはその剣を鋤の刃に持ち替えた。「軍隊を退役したあとも、非暴力戦闘に興味を持ち続け、それを教え相談を受けることをはじめた」と、彼は語る。一九八八年九月、民主化を求める反乱が圧殺されたあと、彼はもういちど状況を見るためビルマに戻った。

ラングーンに行くのではなく、マナプロオ、先に述べたタイ・ビルマ国境のジャングル陣地へ。そこでは、独立以来ビルマ人と戦うカレンゲリラに、ビルマ国軍の迫害を逃れた学生、僧侶、知識人たちが合流していた。そしてヘルヴィーは、カレン独立軍の指導者、情け容赦のない将軍ボー・ミャに、自分の考えを伝えようと試みた。

彼は言う。「ボー・ミャのオフィスに入っていって、軽く説明した。権力の源泉、非暴力的戦闘の狙いとはなにか、どのように政府を保持している組織と機構の足元を掘り崩すか……。私は非暴力戦闘についての理論的な理解が、いかに敵の支持の要を意識的に弱体化させるものであり、人びとが政権に抵抗し心を離すよう鍛えるかを説明した。オフィスの中で大きな不満の声があがり、ボー・ミャは背を向けて出ていった。愛想の言葉も、何もなかった」。ヘルヴィーは陣地の友好的なカレン人に何があったか話した際に、彼はもう一度、「非暴力」という言葉を使わずにやってみようと言った。

「だから『非暴力』の代わりに『政治的反抗』という用語に行きついた。これはもっと勇敢に聞こえた」。言葉を替えたのは効果があった。ボー・ミャは、マナプロオの全員、カレン人、学生、僧侶、その他全部の人に、「政治的反抗」の入門コースを開くようヘルヴィーに命じた。

ヘルヴィーは彼のもともとの師であるジーン・シャープに、ここに来ていっしょにやってほしいと説得した。ボー・ミャ自身は「決して考えを変えていなかった」とヘルヴィーは認めた。「彼は非暴力行動に参加するような連中は臆病者だとおそらくは思っていた。だが、臆病者でも闘争に加わる機会をジーンと私とが与えてくれると喜んでくれたんだ」

ヘルヴィーとシャープは、一九八八年九月一八日のビルマ国軍による政権掌握まで、権力奪取は目前だと信じていた学生政治家たちと顔をつき合わせていた。NLD選出議員たちにとって、その民主主義への献身に対する唯一の報いは、害虫のように追い詰められ捕まることだった。僧侶たちは、仏教にリップサービスをしつつも残虐行為に走り黒魔術に浸る軍事政権から、完全に締め出されていた。彼らはみなスーの「子どもたち」、スーがビルマに戻って迎え入れた大きな新しい家族だった。しかしいまは、スーは無期限の軟禁下にあって、彼らはまるで孤児のようだった。

彼らは全員、同じ難問に直面していた。スーとNLDに対する圧倒的な支持は誰も疑わない。選挙が証明したように、国民の大多数が支持していた。しかしここから、一センチすら譲ることを拒否する国軍の厚かましさに対抗し、権力の座へどうやって辿りつけるのか?

ヘルヴィーとシャープはスー自身の信念を支持した。スーがNLDに厳しく課した定め、暴力の道に進むいかなる誘惑をも自制すべきだという定めを。同様に重要で、かつ密接に関連しているのは、道徳を高く保つ必要だった。

ヘルヴィーは言う。「非暴力闘争は戦争のやり方と同じだ。だから、それは戦争の視点で考えなくてはいけない」。しかし同時に、非暴力は貫徹することが非常に重要だ。彼はさらに言う。

暴力は非暴力闘争にとって汚染物質、最大の汚染物質だ。ガソリンを例にしよう。ガソリンタンクにほんのちょっと水が入っても、エンジンはまだ回る。あまり円滑ではなくとも、しかしまだ回る。だが、水の量がある点に達すると、エンジンは完全に止まってしまう。ひとたび暴力が政策になったりあるいは受け入れられれば、それは深刻な汚染物質になる。どれぐらい深刻かと言うと、それは道徳の高みを失うことなのだ。もうひとつは、相手がもっとも得意な土俵で対戦することになるということだ。これはバカのすることだ。どうして、わざわざ敵の条件で戦おうとするのか？[13]

ジーン・シャープのビルマの闘争へのかかわりは、マナプロオで終わらなかった。バンコクで活動するひとりの亡命ビルマ人反体制ジャーナリスト、ウー・ティンマウンウィンの求めで、シャープは非暴力抵抗についての基本とそれをどう実際に使うかという一連の記事を書いた。それはティンマウンウィンが編集した雑誌『キッピャイン』（新時代ジャーナル）にビルマ語で掲載されている。「私はビルマだけに焦点をあてた分析は書けなかった、ビルマを良くは知らなかったので。だから、一般的な分析を書く必要があった」と、シャープはのちに書いている。その後、この記事は一冊の小さな本に纏められ、ビルマ語と英語で出版された。英文のタイトルは『独裁から民主主義へ――解放への概念的枠組み』（*From Dictatorship to Democracy – a Conceptual Framework for Liberation*）だった。

米国や英国ではわずかしか知られなかったが、この小冊子は二八の言語に翻訳された。シャープ自身遠慮がちに認めるように、九〇ページに満たない長さとはいえ、彼の本は「分析が難解で、読みやすい読み物ではない」。これは非暴力抵抗という主題を扱い、いまだに主流の意見からは考慮の対象外とされる。それが可能になるのはガンディーとかマーティン・ルーサー・キングなどのように、多くの人の支持があればこそだとして。ボー・ミャ将軍の荒っぽい見方によれば、臆病者の選択、人生の醜悪な現実に向き合うには上品すぎる頭でっかちの自由主義者の選択だ。だが、きわめて静かに人目を盗むように、ほとんどのメディアには知られることなく、非暴力抵抗は世界の相貌を変化させていた。

シャープは、最近改訂されたこの本の第一章で、ちょっとした誇りをもってこう書いた。

近年、さまざまな種類の独裁が崩壊した。反抗に参加した人びとの大胆な挑戦によって。しばしば堅固に塹壕で囲まれ難攻不落とみられたもの、〔そのうちの〕いくつかが人びとの政治的、経済的、社会的反抗に耐えられないことを証明した。

一九八〇年以来、多くの独裁は非暴力の反対に遭って崩壊した。エストニア、ラトヴィア、リトアニア、ポーランド、東ドイツ、チェコスロヴァキア、スロヴェニア、マダガスカル、マリ、ボリヴィア、そしてフィリピンで。非暴力抵抗は、民主化運動を促進した。ネパール、ザンビア、韓国、チリ、アルゼンチン、ハイチ、ブラジル、ウルグアイ、マラウィ、タイ、ブルガリア、ハンガリー、ナイジェリア、そしてソビエト連邦のさまざまな場所で。[14]

この小冊子はマナプロオで生まれ、自らをオトポール（セルビア語の「抵抗」）と呼ぶセルビア人活動家組織に息を吹き込んだ。彼らはスロボダン・ミロシェヴィッチの専制支配を掘り崩す、すばらしく巧妙な驚くべき非暴力戦術を考案し、二〇〇〇年一〇月の失脚に直結させた。この革命はひとりのジャーナリストが書いたように「非暴力の平和的闘争におけるひとつの教科書になった」。そして、この勝利を勝ち取ったふたりのセルビア人によって運営される「キャンバス」と呼ばれる集団の創設を促した。この集団は、イラン、ジンバブエ、チュニジアそしてエジプトを含む「五〇か国近くの活動家と仕事をする」ものだ。

チュニジアとエジプトで無血革命が起きるとは、ほとんど誰も思っていなかっただろう。西側世界は暴力的な聖戦（ジハード）だけが、ムスリム世界が興味を示す革命の形だと信じ込んでいた。しかし、テヘランからアルジェまで、知的なムスリムたちは原理主義の一連の流れがもたらす惨劇を見ていた。彼らはより良い手法を求めて世界を見回し、シャープとヘルヴィーによって産みだされた考えが彼らの判断に役立った。

スーの軟禁の初めのころ、ビルマ国境に着いたヘルヴィーとシャープは、スーが説き実践した非暴力闘争に強く求められる、厳密さと分析という要素をもたらした。「民主的権利とビルマ国民の諸権利を信じる人びとに対する、彼女のすばらしい資質のすべて、そして、その英雄的行為と鼓舞において、〔アウンサンスーチーは〕戦略家ではない、道徳的指導者なのだ」と、シャープは二〇一一年三月の『イラワジ』によるインタビューで語っている。明らかにふたつの資質、戦略的資質と道徳的資質とが成功には求められる。またこれも真実だが、軍隊が（たとえばセルビアやエジプトと違って）躊躇なく丸腰のデモ参加者を虐殺するビルマは、世界中でもっとも革命が難しい国のひとつだ。とはいえ、スーの「英雄的行為と鼓舞」なしには、ヘルヴィーとシャープは決してマナプロオへの道を辿らなかっただろう。そして、『独裁から民主主義へ』が書かれることはなかっただろう。

エドワード・ローレンツによって明らかにされたいわゆる「バタフライ効果」、ブラジルで蝶が羽ばたくと世界の反対側でハリケーンが起きるという主張は、現代のカルマの働きをおそらくはもっとも如実に示しているだろう。しかし、ビルマの孔雀の羽ばたきは、それに劣らない重大な結果を世界中にもたらしたのだ。

終章──スーはいま

この本は二〇〇六年に企画された。スーが終わりの見えない自宅軟禁下にあったときだ。スーの軟禁は毎年決まって延長され、ふたりの息子と近しい親戚もふくめたすべての世界から、すっかり隔離されていた。当然、この企画を知らせることや、スーの協力を得ることは無理だった。少なくとも四つのスーの伝記がすでに出版されていて、ひとつは日本語、ひとつはフランス語、ふたつが英語である。翌二〇〇七年には、これまでにもっとも内容が充実したジャスティン・ウィントルによるものが出版された。しかし、僧侶による反乱が噴き出し、その最後に僧侶の一団がスーの屋敷の前で敬意を表するに至ったとき、私にはスーがいまだに、この長年の隔離にもかかわらず、非常に重要で大きな影響力を持つ人物であることがはっきりした。これは敗れてしまった闘いの悲しい物語ではない。スーはいまでもビルマの混迷の中心にいる。彼女を語るには、これまでとは異なる新鮮な切り口が必要だった。

スーの人生は魅力的で、興味深く、学ぶところが多い。オックスフォードの安穏と家庭の主婦の役割に追われていたひとりの四〇歳代はじめの女性が表舞台に登場し、一年前には想像すらできなかった偉大な役割を引き受けたのは、きわめて特別なことだ。彼女がビルマの人びとに対する愛と信頼の絆を鍛え上げていくさまに立ち会うことは感動をさそった。そのはじまりは彼女の父親の名に負うところがあったとしても、花開くのはまさに彼女自身が何者であって、何をおこない何を語ったかに拠っていた。民主化運動の指導者の役割を引き受けたわずか数か月のあいだに、彼女はすでにビルマの伝説になっていた。

しかし、それは決して彼女の頭の中にはなかった。その証拠、名前を明かすことは残念ながらできないが、私はロンドンのある知人から、一九八九年の遊説期間中スーに同行したマ・テインギーの日記を私に受け取ったのだ。スーのまぶしい人間味、気の利いたユーモア、禁欲主義、近代的なトイレに対する称賛、たびたび起こす感情の爆発、それらが日記のページの中で瞬いていた。スーのことをあまり知らない人びとは、スーが家族を「捨てて」政治に走ったと非難する。彼女は決して感情をあらわにしない人だが、夫と息子たちに対する想いの深さと、彼らとの別離を悲しむ想いの強さは、この日記のページからほとばしるもうふたつの主題だ。

私はマ・テインギーと、二〇〇二年から二〇一〇年の間に三度会った。私が日記を譲られたこと、この本で引用したいことを告げると、彼女に異議はなかった。この物語におけるマ・テインギーの立場は、最後に振り返れば悲しいものだ。スーの政治人生のなかでもっとも生き生きとして、もっとも熱狂的だった数か月を、マ・テインギーは同行者として過ごし、親密な友人にもなった。が、第四部第5章で私が書いたように、その友情はマ・テインギーの収監を超えて続くものではなかった。

監獄の中で、彼女は国軍情報部（ＭＩ）に取り込まれたと言われている。それが真実なら、スーとその政党について否定的なことを私のような外国人報道関係者に語ることは、その代償なのかもしれない。かなり小さな代償、彼女が静かな生活を手にいれるための。誰であれビルマほど悪辣な抑圧の国に暮らしたことがない者が、抑圧に抗するのに十分な強さを持てなかった人をあれこれ批評することはできない。そして仮にマ・テインギーがMIに抗するほど強くなかったのだとしても、強くないのは彼女だけではない。彼女自身が日記の中で、一九八八年から一九八九年のNLDの蜜月の数か月にあっても、NLDの最高幹部の中で国軍への情報提供者ではないと確実に言えるのは、スーそのひとだけだと書いている。二〇一一年のラングーンでは、スーが二〇〇二年におこなったようなビルマ遊説を再開しないのは、スーがまわりにいる人間のすべてを信用するわけにはいかないからだと考える人もいた。

★

二〇一〇年、私は六回目のビルマ訪問をおこなった。総選挙を報道し、スーの解放まで留まって、インタビューするつもりだった。不運なことに、マ・テインギーと昼食をした翌日、MIに拘束され、スーの解放の八日前に国外退去になった。MIがどうやって私を見つけ出したのかは疑問だった。『タイムズ』紙の記者である友人にはまったく何事もなかった。彼は私といっしょに数日前、同じNLDの有名な指導者にインタビューし、同じ国民民主連盟〔NLD〕の下級党員に接触し、どうみても観光客のようには振舞っていなかったのに。

数か月後、イギリスに戻ったある朝、きっとマ・テインギーがMIに私のことを話し、国外追放させたに違いないと確信した。一一月に会ったあのとき、彼女は友好的だった。ラングーンの中心部、ボー・ジョー・アウンサン市場の近くのしゃれたカフェで、ランチをとりながら魅力的に（でも説教的でもある）私のインタビューに応えた。私の疑念をビルマ人の友人たちに話すと、たいていは同意した。たぶんこれが真実だろう。私の存在を報告することで、一石二鳥だと思ったのだろう。つまりはMIに、総選挙に向けた微妙なこの時期、身分を隠した記者を見つけ出すのに、自分がまだ有用だと伝えること。そして、同時に、解放されたスーに私を会わせないこと。なにより私は、マ・テインギーとスーの関係をこの地球上で、誰よりもよく知っている人物だ。いつか私はスーに、何をまちがったのかと尋ねることになるだろう。スーと、あの辛口で貴族的な友人とのあいだで。

バンコクに戻った私はすぐに、別のビザを私の二番目のパスポートを使って申請したが、却下された。私はビルマのブラックリストに載せられたことがわかった。

しかし、五か月後、別の名前とかなり違った風貌でラングーンに戻った私は、スーと会うことに成功した。正式なインタビューではなかった。スーは伝記作者とは話したくないと言った。その理由として、スーがその本の内容を承認したかのような誤った印象を与えるからだと。しかし、友人同士としての会話はできた。可笑しくて、からかいと明るい知的なやりとりを交わしながら。マ・テインギーの名は、その他の多くの人びとと同じく、話題には出なかった。

これは二〇一一年三月のことだ。スーは自由になっても、以前とは異なったアプローチをとっていることがすでに明らかになったときだ。彼女は多くのインタビューを外国人（それに少数の地元の）ジャーナリストたちから受け、ビルマに立ち寄るさまざまな外国政治家および外国政府要員に会っていた。国外にいる家族にもビザが認められ、何人かは十数年ぶりで、次男のキムもそのひとりだが、ミシェル・ヨーを連れてスーを訪問した。ミシェル・ヨーは中国系マレーシア人の女優で、リュック・ベッソン監督がスーの人生をドラマ化した映画『The Lady アウンサンスーチー ひき裂かれた愛』で、スー役を演じた女優だ。

一九九五年には解放後直ちに屋敷の庭の壁越しに支持者に語りはじめ、二〇〇二年には間をおかずに遊説に出たのに、今回は一切そのようなことはしなかった。代わりにスーは、ＮＬＤの役員と党員たちをラングーンに招いた。私がいた一週間、ＮＬＤ本部は毎朝、地方の支持者たちで埋め尽くされていた。これは何年も会わなかった人びとと、再び接触するには効果的な方法だったが、昔の攻撃的な姿は影を潜めていた。それは、スーがこんなにも長い不在のあとで、いまだ国じゅうでどの程度の支持を得ているのか、疑問を抱かせるものだった。これは、ひかえめで、臆病でさえあり、スーが決して持ち合わせていなかったやり方だ。

しかし一年後、このアプローチは新政府との協議で決められたはずであることが、私には明らかだった。協働と協調という新政策の最初の試練、それは結果として、ビルマの政治状況を想像以上に変化させるかもしれないものだった。

何かが動いている兆候がはじめて公になったのは、二〇一一年八月一九日、ネピドー、スーがまだ目にしたことのない新首都での、新しい国家元首テインセイン大統領との会見への招待だった。スーは、同じ日の経済に関する政府高級幹部のセミナーに参加する招待も受け、その場で上級将校たちと冗談を交わす姿が写真に撮られた。大統領との会談のあと、ふたりはスーの父、アウンサンの肖像の下で写真におさまり、その後スーは大統領夫妻と晩餐をともにした。

これはスーの歴史のなかでまったくなかった関係のはじまりだった。先立つ二〇年間、おおやけにされた軍政幹部とのきわめて数少ない会談は、硬い雰囲気の形式的なもので、いかなる有効なその後の展開をも示さなかった。私的な会談は、たとえば二〇〇四年のスーとタントゥン准将との交渉は、最高級の秘密裡におこなわれ、情報が出たのは何年も経ったのちだった。

だが、テインセインとスーの最初の会談後すぐに、これまでとは違っていることが明らかになった。政府はたてつづけに改革を発表した。それは、労働組合の合法化、人権に関する委員会の設立、そしてＮＬ

Dが再び政党として登録可能になる選挙法の改定を含むものだった。何人かの政治犯の釈放は驚くものではない。タンシュエもトップの座に就いた直後の一九九二年におこなっている。しかし、大きな論争の的になっていたイラワジ河のダム建設を、テインセインが「民衆の意思に反する」という理由で中断する発表をしたことは、ビルマが未知の領域に踏み出したことを明白にするものだった。このダムは中国によって建設され、生成する電力の九割を中国に輸出する条件がついているが、ビルマの一般大衆の意見と衝突するものであれば、突然に巨大な隣人の計画をさまたげることもあり得るということになった。これはとんでもないことだった。テインセイン大統領は、彼のカーキ色のズボンを一般市民のロンジーに着替えるまで、その経歴のすべてを軍隊のなかで過ごしていたが、彼の改革に関する考えはこれまでのビルマの元軍人支配者にはまるでなかったものだ。

大統領になったのは六五歳で、テインセインは二〇〇七年の僧侶によるサフラン革命とその血塗られた弾圧の時期には首相、そしてグロテスクなまでに仕組まれた総選挙を経て大統領になった。だがそういった背景にもかかわらず、彼は前任者たちとは大きく違うことが少しずつ明らかになった。彼は本気でビルマに真の改革をもたらそうとしていて、アウンサンスーチーと協調することでそれが可能だと信じているのだ。彼はスーを脅威とも、破壊活動分子や外国のスパイだとも考えていない。そうではなく、民主化運動へのその揺るぎない献身によって、並び立つもののない影響力を国内的にも国際的にも備えた人物だと見ている。彼はスーを殲滅すべき敵ではなく、少なくとも有力な味方となりうる存在と考える、知力と勇気を持っている。

この感覚は互いに共有された。二〇年とそれ以上の年月、スーがビルマに戻って以来、決して支配者に対して何か良いことを口にしたことはなかった。しかし、テインセインは別だった。スーは外国人によるインタビューの場で、彼はつねに「良い聞き手」であり信用しているとコメントした。味方という以上に、彼はスーのパートナーになりつつあった。スーが二〇一二年四月一日におこなわれる補欠選挙で国会の議席を争う考えを発表したとき、テインセインは海外新聞によるはじめてのインタビューで、『ワシントンポスト』紙に対し、彼の内閣で閣僚に任命するかもしれないという考えを匂わせた。このような発言がもはや驚くことではないという事実こそ、スーの二〇一〇年一一月の解放以来、ビルマがどれだけ変化したかを測るものだ。

これこそビルマが二〇年間待っていた良い知らせだ。いま、改革は幅広く速いものになった。たとえその多くがうわべだけのものだとしても。たとえば検閲制度の改革は、印刷される文字をすべて吟味する政府機構には手を触れないままなのも事実だ。しかし、生活の根幹はすでに変わった。突然、過去二〇年間タブーだったスーの写真と言葉がいたるところに現れるようになった。最初の政治犯の釈放に続き、二度の釈放がおこなわれた。そして三度目には、一九八八年に学生運動のもっとも重要なリーダーだったミンコーナインと、サフラン革命を率いた僧のひとりウー・ガンビラが含まれていた。その二日前には、政府はカレン民族同盟との間に、一九四九年の勃発以来続く内戦の終結を期待させる、はじめての休戦を発表した。

こういった動きはヒラリー・クリントンに、オバマ大統領の介入政策がようやく実を結びはじめたと納得させるもので、二〇一一年一二月、彼女は一九五五年のジョン・フォスター・ダラス以降はじめて、ビルマを訪れた米国国務長官となった。ヒラリーのテインセインとの会談は、二度にわたるスーとの温かい会合によって補われた。そして、二〇一二年一月、スーはついに遊説をはじめた。サフラン革命がはじまった町、パコックでは途方もない数の人びとがスーを迎えに出た。そしてスーが行くすべての場所で、民衆に対する彼女の人気が衰えていないことが証明された。

それは驚くべきことではない。過去二四年間のほとんど、つまりこの本が主題とする数十年のあいだ、ビルマはこの地球上でもっとも希望が持てない国のひとつであり、自由の精神と民主的改革がわずかに灯ると同時に消し去られる場所だった。だが、ビルマ人は決して絶望という贅沢には浸らなかった。つまるところは彼らの国であり、彼らの未来であり、彼らの運命であって、いかにその変革への希望がかすかなものであったとしても、そのかすかな希望こそが、彼らが賭けるすべてだった。スーは、彼女の静かな決意のうちに、このかすかな希望、しかし決して揺るがない希望を体現していた。

揺るがないこと、これこそ、スーが身をもってその国民に示したものだ。そしていま、ほとんど奇跡のように、その成果が実を結びはじめている。

注

▼序章

1 *New Light of Myanmar*, October 2010.

2 NLDは四四七議席中三九二議席、約八〇%を獲得した。同盟を組んでいるシャン州NLDは二三議席を獲得した。その他少数民族NLDは七議席獲得し、総合計は九四・四%に達した。

3 ラングーンで活動する外国人の援助関係者へのインタビューによる（二〇一一年一一月）。

4 *Irrawaddy* website, November 2010.

5 AFPwire, 8 November 2010.

6 ビルマの法律はビルマの政党が海外支部を持つことを禁じているため、NLD-LAの名称を用い、ビルマのNLDに忠実な亡命ビルマ人によって運営されている。

7 AFP wire, 13 November 2010.

8 *Los Angeles Times*, 14 November 2010.

9 筆者のウー・ウィンティンへのインタビューによる（二〇一一年一一月）。ドー・アウンサンスーチーの「ドー」は中年以上の女性に対する敬称、「マ」は若い女性に対する敬称。

▼第一部　アウンサンの娘

1 一九八六年、日本入国ビザ申請時の申告、大津典子へのインタビューによる。

2 Thant Myint-U, *The River of Lost Footsteps*, Faber & Faber, 2007, p.337.

3 'Aung San Suu Kyi's personal connections to the West...' in Michael Charney, *A History of Modern Burma*, Cambridge University Press, 2009, p.169. スーがビルマ大衆のために果たしている重要な役割について次のように位置づけている。「アウンサンスーチーは政府に対する民衆の反対の恒久的な象徴となりつつあった」。p.177.

4 Justin Wintle, *Perfect Hostage*, Hutchinson, 2007, pp.419-20.

5 Aung San Suu Kyi, *Aung San*, 1984.

6 'Intellectual Life in Burma and India under Colonialism' in Aung San Suu Kyi, *Freedom from Fear*, Penguin Books, 1995.

7 以下参照。Donald Eugene Smith, *Religion and Politics in Burma*, Princeton University Press, 1965.

8 マンダレーで筆者についたツアーガイド（二〇〇八年三月）。

9 Aung San Suu Kyi, 'My Father' in *Freedom from Fear*.

10 ここで言う「ビルマ人」とは民族集団を指し、数世紀にわたり支配的で多数派。

11 以下参照。Takeo Doi, *The Anatomy of Dependence.*（土居健郎著『「甘え」の構造』講談社、1971年）, Kodansha International, Tokyo, 1973.

12 Field Marshal Viscount Slim, *Defeat into Victory*, Pan, 2009 (first published 1956), p.594.

13 Aung San Suu Kyi, 'My Father'. 前掲書。

14 Aung San Suu Kyi, Preface in *Aung San*, p.xiii.

15 以下参照。'Intellectual Life in Burma and India under Colonialism' in Aung San Suu Kyi, *Freedom from Fear*.

16 同上書 p.113.

17 同上書。

18 筆者のベルティル・リントナー、その他へのインタビューによる。

19 Michael Aris, Introduction, *Freedom from Fear*, p.xviii.

20 同上書。

▼第二部 1 呼び出し

1 以下参照。Interviews with Alan Clements, Aung San Suu Kyi, *The Voice of Hope*, Rider, 1997.

2 以下参照。Donald Eugene Smith, *Religion and Politics in Burma* 及び George Scott (aka Shway Yoe), *The Burman, His Life and Notions*, Macmillan,1882.（ジョージ・スコットはシュウェイ・ヨーというペンネームで著書を出版したため、作者がビルマ人だという印象を与えた）

3 筆者のアンナ・アロットへのインタビューによる。

4 一九八八年三月三一日の出来事。

5 Aung San Suu Kyi, *Letters from Burma*, Penguin, 2010, no. 44, Uncivil Service (2).

6 一九八八年及び一九八九年の状況の詳細な描写については主にベルティル・リントナーの *Outrage*, Review Publishing, 1989 による。

7 以下参照。David I. Steinberg, *Burma/Myanmar: What Everyone Needs to Know*, OUP USA, 2010, p.77.

8 Bertil Lintner, *Outrage*, p.71.

9 同上書 p.72 から引用。

10 同上書 p.75 から引用。

11 *Letters from Burma*, no. 29.

12 個人情報。

13 Michael Aris, Introduction, *Freedom from Fear*, p.xvii.

14 マイケル・アリスからアンソニー・アリスへの手紙（未公表、一九八八年八月五日）。

15 Bertil Lintner, *Outrage*, pp.83-4 から引用。

16 マイケル・アリスからアンソニー・アリスへの手紙（未公表、一九八八年八月五日）。

17 Bertil Lintner, *Outrage*, p.85.

18 マイケル・アリスからアンソニー・アリスへの手紙（未公表、一九八八年八月五日）。

19 *Outrage*, p.90、リントナーが匿名の西側外交官の発言を引用。

20 筆者のマウン・ザルニ博士へのインタビューによる。この他に、ザルニ博士はビルマにおける権力継承の原理についての考察も語った。

21 Michael Aris, Introduction, *Freedom from Fear*, p.xviii.

22 同上書 p.xx.

▼第二部 2 デビュー

1 匿名を条件にしたあるビルマ人の話。

2 アウンサンスーチーがマ・テインギーに語った情報、後者の日記に記載。本書の中のマ・テインギーの引用はすべて筆者が所有する女史の未公表の日記やその他の文であり、女史の許可を得て使用している。
3 マ・テインギーの日記。
4 Aung San Suu Kyi, 'Belief in Burma's Future' in *Independent*, 12 September 1988.
5 以下参照。Alan Clements, Aung San Suu Kyi, *The Voice of Hope*. ウー・チーマウンへのインタビュー。
6 *The Voice of Hope*, p.236 より引用。
7 ベルティル・リントナー及びビルマ人消息筋へのインタビューより。
8 筆者のインタビューによる。
9 Bertil Lintner, *Outrage*, p.91 より引用。
10 Dominic Faulder, 'Memories of 8.8.88' on *Irrawaddy* website.
11 筆者のインタビューによる。ラングーンにて（二〇一〇年一一月）。
12 Seth Mydans, 'Uprising in Burma' in *New York Times*, 12 August 1988.
13 *Outrage*, p.97
14 Mydans 前掲書。
15 *Los Angeles Times*, 17 August 1988 より引用。
16 インド人ジャーナリスト、カラン・タパルへのインタビューによる（一九八八年七月）。
17 筆者のボー・チーへのインタビューによる。メーソットにて（二〇一〇年一一月）。
18 Gustaaf Houtman, 'Aung San's lan-zin, the Blue Print, and the Japanese occupation of Burma' in *Reconsidering the Japanese Military Occupation of Burma* (1942-45), edited by Kei Nemoto, ILCAA, Tokyo 2007; Patricia Herbert, Obituary of Dr.Maung Maung in *Guardian*, 13 July 1994.
19 筆者のインタビューによる。チェンマイにて（二〇一〇年一一月）。
20 筆者のインタビューによる。
21 原本のコピー、マーティン・モーランド提供。
22 個人情報。
23 筆者のインタビューによる。ラングーンにて（二〇一〇年一一月）。
24 以下参照。Thierry Falise, *Aung San Suu Kyi: Le Jasmin ou la lune*, Editions Florent Massot, Paris, 2007. 筆者が翻訳。
25 同上書 p.73.
26 Norman Lewis, *Golden Earth*, Eland,1983,p.272 より引用。
27 同上書 pp.272-4 より引用。
28 Gustaaf Houtman, *Mental Culture in Burmese Crisis Politics*, ILCAA, Tokyo (available on Google Books) を見よ。
29 以下参照。Thierry Falise, *Aung San Suu Kyi: Le Jasmin ou la lune*.
30 同上書 p.78.
31 筆者のインタビューによる。
32 筆者のインタビューによる。
33 演説全部のビデオを YouTube で見ることができる。演説の英語訳は *Freedom from Fear* に掲載されている。
34 筆者のインタビューによる。
35 *Freedom from Fear*, pp.192-8.
36 以下参照。*Los Angeles Times*, 17 August 1988.
37 ドキュメンタリー *Aung San Suu Kyi ? Lady of No Fear* directed by Anne Gyrithe Bonne, Kamoli Films, Denmark 2010 から引用。

▼第二部 3 自由と虐殺

1 ジャスティン・ウィントルが好んで用いたスーに対する表現。
2 以下参照。Lintner, *Outrage*.
3 Martin Morland, 'Eight Minutes Past Eight, on the Eighth of the Eighth Month,' 未公表のエッセイ。
4 以下参照。Pascal Khoo Thwe, *From the Land of Green Ghosts*, Harper Collins, 2002.
5 Lintner, *Outrage*, p.119.

6 同上書 pp.119-20.
7 前掲書 Morland, 'Eight Minutes Past Eight, on the Eighth of the Eighth Month.
8 Lintner, *Outrage*, pp.121?2.
9 同上書 p.126.
10 第四部第3章を参照。
11 Alan Clements, Aung San Suu Kyi, *The Voice of Hope*, p.237 から引用。
12 同上書 p.279.
13 以下参照。Thant Myint-U, *The River of Lost Footsteps*.
14 Alan Clements, Aung San Suu Kyi, *The Voice of Hope*, p.275 から引用。
15 同上書 p.276.
16 Michael Charney, *A History of Modern Burma*, p.158.
17 同上書 p.157.
18 Lintner, *Outrage*, p.127.
19 Morland, 'Eight Minutes past Eight, on the Eighth of the Eighth Month.'
20 筆者のインタビューによる。
21 Lintner, *Outrage*, p.131.
22 同上書 p.132.
23 Terry McCarthy, 'Fragile Peace Settles on Rangoon' in *Independent*, 21 September 1988.
24 Lintner, *Outrage*, p.132.
25 同上書 p.132.
26 Terry McCarthy, 'Burmese Army Coup' in *Independent*, 19 September 1988 より引用。
27 筆者のインタビューによる。
28 筆者のニョーオンミンへのインタビューによる。
29 筆者のインタビューによる。
30 Terry McCarthy, 'Burmese Army Coup' in *Independent*, 19 September 1988.
31 Lintner, *Outrage*, p.133.
32 Terry McCarthy, 'Burmese Army Coup' in *Independent*, 19 September 1988.
33 Pascal Khoo Thwe, *From the Land of the Green Ghosts*, HarperCollins, 2002, p.173.
34 Lintner, *Outrage*, p.147.
35 Michael Charney, *A History of Modern Burma*, p.161.
36 筆者のインタビューによる。
37 Terry McCarthy, 'Burma Opposition will not Give in to Army Rule' in *Independent*, 20 September 1988 より引用。
38 Gustaaf Houtman, *Mental Culture in Burmese Crisis Politics*, p.44 より引用。
39 Terry McCarthy, 'Fragile Peace Settles on Rangoon' in *Independent*, 21 September 1988.
40 Terry McCarthy, 'Ne Win Still Fights for Control' in *Independent*, 28 September 1988 より引用。
41 英国議会は国王ジェームズ二世を放逐するために、プロテスタントであるオランダのオレンジ公ウィリアムをイギリスに呼び寄せ、代わりに統治させた。ウィリアムとイギリス議会が合意した一六八九年の「権利の章典」は現在も有効な、憲法同等の不文律となっていて、これにより絶対君主制に逆戻りする可能性を大幅に削減した。

▼第二部 4 母の葬儀

1 Justin Wintle, *Perfect Hostage* のなかでコウ・ミンスウェを誤ってウー・ティンモエと記述している。後者はコウ・ミンスウェよりかなり年長の詩人。コウ・ミンスウェは作家でラングーン大学図書館の司書だったが一九八九年、ほかのNLD活動家とともに収監された。この情報についてマ・テインギーに感謝します。
2 マイケルとスーから英国の親戚に宛てたファックス、セント・ヒューズ大学文書庫（St Hugh's archive）。
3 Shway Yoe (Scott's pen name), *The Burman, His Life and Notions*, pp.449-50.
4 Aung San Suu Kyi, 'Belief in Burma's Future' in *Independent*, 12 September 1988.
5 Houtman, *Mental Culture...*, p.214から引用。ホウトマン博士の著書、博士との対話、そしてビルマの民主主義に関する彼の洞察に感謝したい。
6 Shway Yoe (George Scott), *The Burman*, p.65.
7 'Intellectual Life in Burma and India Under Colonialism' in Aung San Suu Kyi, *Freedom from Fear*, p.93.
8 Shway Yoe (Scott), *The Burman*, pp.45-35.
9 'Intellectual Life in Burma and India under Colonialism' in Aung San Suu Kyi, *Freedom from Fear*, p.108.
10 Aung San Suu Kyi, *Freedom from Fear*, p.128 のなかで引用されたDonald Bishop, 'Thinkers of the Indian Renaissance'を引用。
11 Steinberg, *Burma/Myanmar: What Everyone Needs to Know*, p.53.
12 Houtman, *Mental Culture in Burmese Crisis Politics*, p.214.
13 同上書 Houtman.
14 Wintle, *Perfect Hostage*, p.295 より引用。
15 マ・テインギーの文書。
16『労働者日報』紙（*Working People's Daily*）の論説執筆者、及びキンニュン。
17 Steven Erlanger, 'Burmese, Still Under Military Rule, Settle Into a Sullen Waiting' in *New York Times*, 9 January 1989.
18 Terry McCarthy, 'Rangoon Peaceful for Funeral of Widow' in *Independent*, 3 January 1989.

▼第二部 5　全国遊説

1 筆者のインタビューによる。
2 以下参照。Martin Smith, *Burma: Insurgency and the Politics of Ethnicity*, Zed Books, 1991、ビルマの武装反乱に関する名著。
3 Sarojini Naidu, Jyotsna Kamat による引用 'India's Freedom Struggle' on www.kamat.com.
4 第三部第3章参照。
5 パダウンの女性は「首長族」の俗称で知られ首に何重もの真鍮リングをつけている。

▼第二部 6　父の血

1 Loktha Pyeithu Nezin, Rangoon, 16 March 1989, translated in BBC Summary of World Broadcasts, 18 March 1989.
2 BBC Summary of World Broadcasts, 3 April 1989 で引用。
3 Terry McCarthy, *Independent*, 19 April 1989.
4 Steven Erlanger, 'Rangoon: Journal: A Daughter of Burma, but can she be a symbol?' in *New York Times*, 11 January 1989.
5 由来となったインド神話はブラーマの王はデーヴァの王タジャミンとの戦いに敗れ、首をはねられてしまったが、その頭は地面に下ろすことができないほど熱く、女神から女神に手渡していたが持っていられないほど熱かったので水をかけて冷やした、というもの。一般的な説明は伝統的な雨乞い祭り。以下参照。Scott, *The Burman, His Life and Notions*.
6 Alan Clements, Aung San Suu Kyi, *The Voice of Hope*, p.52.
7 *The Voice of Hope*, p.52.
8 Fergal Keane, 'The Lady Who Frightens Generals' in *You* magazine, 14 July 1996.
9 Houtman, *Mental Culture...*, p.328.
10 Gustaaf Houtman, 'Sacralising or Demonising Democracy' in *Burma*

at the Turn of the 20th Century, ed. Monique Skidmore, University of Hawaii Press, 2005, p.140.

▼第二部 7　反抗

1 'Dust and Sweat' in Aung San Suu Kyi, *Freedom from Fear*, p.225.
2 Wintle, *Perfect Hostage*, p.319.
3 「パンダル」はインドやビルマで、祭りのために一時的に作られる祠で、一般的には木製、祭りのクライマックスをかざる。
4 A.E. Housman, *A Shropshire Lad* の詩から引用。
5 ビルマの女性はある種の木の樹皮を粉にひいて、クリーム状にし、顔のクリームとして頬に塗る。「ナカオ」はある樹木の樹皮。
6 Francis Fukuyama, *The End of History and the Last Man*, 1992。筆者F・フクヤマは、冷戦の終結をもたらしたいくつかの革命は、それまで世界分裂の要因だったイデオロギーの終焉を告げた、と論じている。
7 Houtman, *Mental Culture...*, p.46.
8 一チャット札の事件に関するもっとも詳細な一部始終は Steve Crawshaw and John Jackson, *Small Acts of Resistance*, Union Square Press, 2010 に書かれている。
9 アウンサンに対する個人崇拝の解体に関する筆者の描写は主に Gustaaf Houtman, *Mental Culture in Burmese Crisis Politics* による。
10 Michael Charney, *A History of Modern Burma*, pp.171, 173; Houtman, *Mental Culture...*, pp.43, 49.
11 以下参照。 Houtman, *Mental Culture...*
12 同上書 p.17.
13 Harriet O'Brien, *Forgotten Land*, Michael Joseph, 1991, pp.104-6.
14 Steven Erlanger, 'As Tensions Increase, Burma Fears Another Crackdown' in *New York Times*, 18 July 1989.
15 Keith B. Richburg, 'Myanmar Moves on Opposition, 2 Leading Activists Under House Arrest' in *Washington Post*, 22 July 1989 より引用。
16 Lintner, *Outrage*, p.174 より引用。

▼第三部 1　悲しみの幼年期

1 William Slim, *Defeat into Victory*, p.590 に引用。
2 同上書。
3 同上書 p.591.
4 同上書 p.593.
5 Aung San Suu Kyi, *Freedom from Fear*, p.3
6 Aung San Suu Kyi, *The Voice of Hope*, p.83
7 同上書 p.75.
8 Wintle, *Perfect Hostage*, p. 141 に引用。
9 同上書 p.83.
10 筆者のインタビューによる。
11 前掲書 p.86.
12 筆者のインタビューによる。
13 同上書 p.196.
14 同上書 p.75-6.
15 同上書 p.75-6.
16 同上書 p.63.
17 筆者のインタビューによる。
18 Norman Lewis, *Golden Earth*, p.14.
19 同上書 p.14-16.
20 筆者のインタビューによる。
21 Aung San Suu Kyi, *The Voice of Hope*, p.61.
22 同上書。
23 筆者のインタビューによる。
24 筆者のインタビューによる。
25 Michael Charney, *History of Modern Burma*, p.72.

26 Norman Lewis, *Golden Earth*, p.22.
27 同上書 p.22.

▼第三部 2　五人の仲間——デリー時代

1 Bungalows, gaggechas and the babalog, in Remembered Childhood? Essays in *Honor of Andre Beteille*, eds. Malavika Karlekar and Rudrangshu Mukherjee, Oxford University Press New Delhi, 2009.
2 Harriet O'Brien, *Forgotten Land*, p.57.
3 Edward Klein, 'The Lady Triumphs,' *Vanity Fair*, October 1995 より引用。
4 二〇一一年六月にインド外務大臣ニルパマ・ラオがラングーンでスーを訪問した際、スーがラジヴ・ガンディーとの友情を回想し、ソニア・ガンディー未亡人によろしくと言づてした。
5 前掲書 pp.58-9.
6 ノーベル賞を受賞したベンガル人経済学者、アマルティア・センの著書（二〇〇五年刊）の題名。『議論好きなインド人』明石書店、二〇〇八年参照。
7 Aung San Suu Kyi, *Freedom from Fear*, p.116.
8 タゴールの詩 "Walk Alone" からの節は、スーが一九九七年四月二三日、南アフリカ、ナタル大学の名誉法学博士号を授与された際の挨拶文中に引用した。マイケル・アリスが挨拶文を代読した。「タゴールの多くの詩は、不完全な翻訳にもかかわらず、私たちがなかなか探求できない奥深くにひそむ魂にとどく」とスーは書いている。

▼第三部 3　セントヒューズの東洋人——オックスフォード時代

1 筆者のインタビューによる。
2 筆者のインタビューによる。
3 筆者のインタビューによる。ロンドンにて（二〇一〇年）。
4 Ann Pasternak Slater, 'Suu Burmese,' published in Aung San Suu Kyi, *Freedom from Fear*, pp.293-300.
5 筆者のインタビューによる。
6 リディア・パステルナーク・スレーター（Lydia Pasternak Slater）、化学者、翻訳者、詩人で作家ボリス・パステルナークの一番末の妹。
7 ビートルズの最初のLPアルバムの曲 'Annus Mirabilis,' Philip Larkin 作詞 Sexual intercourse began/ in nineteen sixty-three/ (which was rather late for me) - / Between the end of the Chatterley ban/. D.H. Lawrence, *Lady Chatterley's Lover* の英国版はイタリア版に三〇年遅れて一九六〇年 Penguin Books より出版された。英国の新しいわいせつ刊行物法により、文学性が評価されこれまでの判決を翻し出版禁止が解かれるという文学界の大きな出来事だった。
8 *Freedom from Fear*, p.293.
9 Ruskin, *Unto This Last* はガンディーの社会哲学に大きな影響を与えた。常に携帯し、一九〇八年母語のグジャラート語に翻訳した。
10 Mary Warnock, *The Voice of Hope* の書評、*The Observer Review*, 25 May,1997.
11 Pasternak Slater in *Freedom from Fear*, p.294.
12 同上書 p.295.
13 Pasternak Slater in *Freedom from Fear*, p.295.
14 筆者のインタビューによる。
15 筆者のインタビューによる。
16 Ma Than E, 'A Flowering of the Spirit: Memories of Suu and her Family,' in Aung San Suu Kyi, *Freedom from Fear*, pp.275-91.
17 筆者のインタビューによる。
18 筆者のインタビューによる。
19 個人情報。

20 匿名を条件にスーの大学の友人。
21 筆者のインタビューによる。
22 以下参照。Michael Charney, *History of Modern Burma*, pp.120-1.
23 同上書 p.122.
24 個人情報。

▼第三部 4 選択のとき

1 Ann Pasternak Slater, 'Suu Burmese' in Aung San Suu Kyi, *Freedom from Fear*, p.295.
2 筆者のレディ・ゴア＝ブース（男爵夫人）へのインタビュー及び、ドキュメンタリー *Aung San Suu Kyi- Lady of No Fear*.
3 筆者のインタビューによる。
4 家族について語ってくれた、マイケル・アリスの姉ルシンダ・フィリップスに感謝します。
5 筆者のアンソニー・アリスへのインタビューによる。
6 Norman Lewis, *Golden Earth*.
7 筆者のインタビューによる。
8 Ma Than E, 'A Flowering of the Spirit: Memories of Suu and her Family' in Aung San Suu Kyi, *Freedom from Fear*, pp.284.
9 Alan Clements, Aung San Suu Kyi, *The Voice of Hope*, p.33.
10 筆者がスーに、二〇一一年三月にＮＬＤ本部で対面した際、フランク・トレガーの講座を中退したほんとうの理由などいくつか質問を書面で渡したが、回答を断られた。今後、幸いにも回答を得られる筆者があらわれるかもしれない。トレガーとネーウィンの取り巻きの親交については、*Southeast Asian Affairs*, Institute of Southeast Asian Studies, June 2008 に掲載された記事 Robert Taylor, 'Finding the politics in Myanmar'.
11 Norman Lewis, *Golden Earth*, p.33
12 同上書 p.23.
13 Thant Myint-U, *The River of Lost Footsteps*, p.271。この章の大部分は同上書による。
14 同上書 p.333.
15 同上書 p.38.
16 Aung San Suu Kyi, *Freedom from Fear*, p.285 より引用。
17 同上書。
18 同上書 p.286.
19 同上書。
20 個人情報。
21 Aung San Suu Kyi, *Freedom from Fear*, pp.286-7.
22 個人情報。
23 Michael Aris, Introduction in *Freedom from Fear*, p.xix.

▼第三部 5 スーパーウーマン――あるいは「オックスフォードの主婦」

1 *Aung San Suu Kyi- Lady of No Fear video* より引用。
2 ゴア＝ブース家のあるチェルシーの World's End 地区という名称は地元のパブ「World's End」に由来する。一九六〇～七〇年代、ロンドンのヒッピーカルチャーのメッカのひとつとなり、ここにブティック「Granny Takes a Trip」があった。「Gandalf's Garden」はトールキンの三部作『指輪物語』の魔法使いにちなんだ名前の神秘主義者の集団で、World's End 地区で店を開き、同名の雑誌を発行していた。
3 Pasternak Slater in *Freedom from Fear*, p.295.
4 マ・テインギーの日記に記述。
5 マ・テインギーの日記。
6 Thant Myint-U, *The River of Lost Footsteps*,p.311.
7 同上書 p.313.
8 筆者のインタビューによる。ラングーンにて（二〇一一年三月）。
9 Thant Myint-U, *The River of Lost Footsteps*,p.313.

10 筆者による、匿名を条件とした元反体制活動家へのインタビュー。ラングーンにて（二〇一一年三月）。
11 Thant Myint-U, *The River of Lost Footsteps*,p.314-15.
12 O'Brien, *Forgotten Land*, p.223.
13 Aung San Suu Kyi, 'Belief in Burma's future' in *Independent*,12, September 1988.
14 Kyaw Zaw, *My Memoirs: From Hsai Su to Meng Hai*, Duwan Publishing, 2007。筆者にこの逸話を教示し、ビルマ語から翻訳してくれたマウン・ザルニ博士に感謝します。
15 Pasternak Slater in Aung San Suu Kyi, *Freedom from Fear*, pp.296.
16 同上書。
17 筆者のインタビューによる。
18 ドキュメンタリー *Aung San Suu Kyi- Lady of No Fear* から引用。
19 この記述にはふたつの情報源がある。ひとつ目は日本の月刊誌『サンサーラ』一九九四年一一月号に大津典子がスーとの友情について書いた記事、筆者と中山純子が英訳した。ふたつ目は二〇〇九年、オックスフォードでの筆者のインタビューによる。
20 筆者のインタビューによる。
21 Pasternak Slater in Aung San Suu Kyi, *Freedom from Fear*, pp.297.
22 ドキュメンタリー *Aung San Suu Kyi- Lady of No Fear* から Carey の発言を引用。
23 筆者のインタビューによる。
24 ドキュメンタリー *Aung San Suu Kyi- Lady of No Fear* から引用。
25 前掲書。
26 *Tibetan Studies in Honour of Hugh Richardson*, edited by Michael Aris and Aung San Suu Kyi, published by Serindia Publications.
27 ドキュメンタリー *Aung San Suu Kyi- Lady of No Fear* 中、スーのテレビインタビュー。
28 'My Father' in Aung San Suu Kyi, *Freedom from Fear*, p.4.
29 同上書 p.37.
30 Justin Wintle, *Perfect Hostage* のなかでコウ・ミンスウェを誤ってウー・ティンモエと記述している。後者はコウ・ミンスウェよりかなり年長の詩人。コウ・ミンスウェは作家でラングーン大学図書館の司書だったが一九八九年、ほかのＮＬＤ活動家とともに収監された。この情報についてマ・テインギーに感謝します。
31 筆者のインタビューによる。
32 ドキュメンタリー *Aung San Suu Kyi- Lady of No Fear* 中、スーのテレビインタビュー。
33 三上義一著『アウンサンスーチー――囚われの孔雀』（講談社、１９９１年）。

▼第四部　１　軟禁の孤独

1 Edward Klein, 'The Lady Triumphs,' *Vanity Fair*, October 1995 から引用。
2 Michael Aris, Introduction to *Freedom from Fear*, p.xxiii.
3 Michael Aris, p.xxiv 同上書。
4 Michael Aris, p.xxiv 同上書。
5 Michael Aris, p.xxv 同上書。
6 Alan Clements, Aung San Suu Kyi, *The Voice of Hope*, pp.140-1.
7 Lintner, *Outrage*, p.175.
8 チェンマイでのインタビューによる（二〇一〇年十一月）。
9 Aung San Suu Kyi, *Letters from Burma*, no. 39, Death in Custody (2)
10 キンミンの翻訳に感謝します。
11 Houtman, *Mental Culture...*, p.377.
12 Aung San Suu Kyi, *Freedom from Fear*, p.182.（アウンサンスーチー、マイケル・アリス編、ヤンソン由美子訳『自由――自ら綴った祖国愛の記録』集英社、１９９１年参照）
13 Aung San Suu Kyi, p.182 同上書。

14 Aung San Suu Kyi, p.183 同上書。
15 Michael Aris, Introduction, *Freedom from Fear*, p.xxv.
16 Aung San Suu Kyi, *Letters from Burma*, no. 40, Teachers.
17 Houtman, *Mental Culture*...p.355 より引用。
18 二〇一〇年一一月一三日、CNNの報道による。
19 二〇一一年二月五日『フィナンシャルタイムズ』紙、フランク・ピール博士からの投稿。同紙にあるように、彼は彼女が「まもなく英国の皇太后のような立場になるだろう」と書いている。
20 Robert Taylor, 'Myanmar in 2009: On the Cusp of Normality?,' *Southeast Asian Affairs*, 2010.
21 Aung San Suu Kyi, 'Intellectual Life in Burma and India under Colonialism' in *Freedom from Fear*, p.128.
22 Aung San Suu Kyi, pp.119-20 同上書より引用。
23 Aung San Suu Kyi, 'Towards a True Refuge' in *Freedom from Fear*, p.247.

▼第四部 2 大差の勝利――総選挙とNLD

1 Aung San Suu Kyi, 'In Quest of Democracy,' p.168 前掲書。
2 本文書のコピーを提供していただいたラングーンのブリティッシュカウンシルの故トム・ホワイト氏に感謝します。
3 筆者のインタビューによる。
4 Terry McCarthy and Yuli Ismartono, 'Opposition Vote Leaves Burma's Rulers Stunned' in *Independent*, 15 June 1990.
5 Terry McCarthy and Yuli Ismartono 同上書。
6 Terry McCarthy, 'EC to End Boycott of Burmese Junta' in *Independent*, 15 June 1990.
7 'A Beaten, Tortured People' in *Financial Times*, 19 May 1990 でロジャー・マシューズが引用したキンニュンのあだ名。
8 一九九〇年六月一二日のBBC海外放送要約。「地域統合」に関する会議でのソォマウンの挨拶。
9 Michael Aung-Thwin, 'Reality in Burma differs from myth' in *Honolulu Star-Advertiser*, 4 February 2011.
10 筆者のインタビューによる。二〇〇七年六月に『ファー・イースタン・エコノミック・レビュー』が出版した *Perfect Hostage* のレビューで、ベルティル・リントナーは次のように詳述している。「事実、キンニュンは一九八八年九月二二日に外国駐在武官たちを前にして、『法と秩序が回復され次第、選挙をおこない、ビルマ国軍は政権を選ばれた政党に完全に譲渡する』と語っている。新しい憲法が必要であるとは、一言も言っていない。そして選挙の一年前の一九八九年五月三一日、軍事評議会は、ピットゥフルットゥ（pyithu hlutaw）選挙法を公布した。ビルマ語のピットゥフルットゥとは、「国民議会」を意味する。つまり国会であり、憲法制定国民会議（thaing pyi pyithu hlutaw）ではない。この言葉は、一九九〇年の選挙以前は、一度も使われたことがない」
11 一九九〇年七月一六日、BBC海外放送の要約。権力移行に対するキンニュンの回答。
12 Aung San Suu Kyi, *The Voice of Hope* p.146.

▼第四部 3 聖人万歳――亡命者と反乱軍

1 'The Road to Manerplaw' と題する記事で示した筆者の感想。*Independent*, 25 May 1991.
2 Martin Smith, *Burma: Insurgency and the Politics of Ethnicity*, p.31.
3 Martin Smith, p.31 同上書。
4 Shway Yoe, *The Burman, His Life and Notions*, p.443.
5 Martin Smith, *Burma: Insurgency and the Politics of Ethnicity*, p.31.
6 実際には独立以来、国境地帯の各少数民族グループとビルマ国軍との間で常に戦いが続いていることが、ビルマ人による政権が言う、国軍による支配がビルマを分裂の危機から阻止する唯一の道であるとの主張を可能にしている。この章で説明しているカレン族の不満は別として、事実は逆だ。パキスタンの長期軍事支配と同様、国家の危機とされるものが国軍の権力維持を正当化する、したがって戦争の火種が消えることがないように彼らを仕向ける。しかしながら、パンロン協定では、かなり異なった国家配置を描いていた。マウンザルニ（Maung Zarni）博士は、二〇一一年六月の『イラワジ』紙のなかで次のように書いている。

　ビルマ人の「コミュニティの相違」感のなかには（宗教、民族性、イデオロギーの相違による）「生まれついての」民族的偏見があるものの、これらの偏見はそのまま民族間の憎悪や手に負えない頑強な対立につながるものではない。何といってもアウンサンスーチーの父親は、ビルマ独立の前夜にひとつの多民族間協定を結ぶことができたのだから。民族間の平等と政治的な平等を基礎に、ビルマの各少数民族は、祖先から受け継いだそれぞれ自身の地域の歴史的正統性を主張しながら、独立後のビルマ連邦に参加することに同意した。

　これは、地方の少数民族やビルマの多数派の政治エリートによる民族的不満を動員しようとする多くの試みに直面する中で、決して小さな成果ではなかった。

　この国の異民族間の紛争は、政治的なものである。その理由は、こうした紛争が根本の部分で、近代の独立後のビルマはこの土地に元からいる等しく固有の民族である異民族同士が自主的にひとつになってできた国家であるという少数民族の要求と、ビルマ人支配階級によるこの認識の拒否に根づいているためだ。（'Ethnic Conflicts are the Generals' Golden Goose', *Irrawaddy*, 21 June 2011. 傍点追加）。

新たなるパンロン会議の開催は、自宅軟禁が解けた後のアウンサンスーチーとNLDの主要目標のひとつだった。そして軍政は断固それを阻止しようとしているようだ。

7 Peter Popham, 'The Road to Manerplaw,' *Independent*, 25 May 1991 の引用。

8 ビルマ語では「ボーディサッタ」（bodhisatta）と発音されるが、ウー・パンディタ僧正は、「仏陀になる誓いを結んだ仏」という意味だとする。この言葉は、ビルマで設立された上座部仏教の宗派よりも大乗仏教の世界でより一般的に使われる。「大乗仏教の世界では菩薩は仏陀になり代わるように精進する仏だが、それはすべての衆生が救済されるまでは、完全な解脱を断念するものである。菩薩は実際に救いの手を差し伸べ、他の衆生の苦しみを引き受け、自身のカルマ上の功徳を他に移すべく我が身を備える」（*Entering the Stream: an Introduction to the Buddha and his Teachings*, Samuel Bercholz and Sherab Chodzin, Rider, 1994, Glossary）。しかし、上座部仏教の世界においても類似した教えがある。スーが *Letters from Burma*, no. 40, Teachers で述べているように、「プロームで、師は私に、彼自身だけの早期解放の可能性を犠牲にして、他者を苦しみから救おうと大勢の衆生済度のために尽くした隠遁者のスメダのことを常に念頭に置くようにと、語りました」

スーの崇拝者が彼女をそのような象徴的な人物になぞらえる一方、ビルマの国営メディアのために執筆する彼女を悪く言う者たちは、しばしば彼女のことを西王母（Anauk Medaw）のよう、つまり精霊（nat）と呼んだ。ホウトマンが指摘するように、彼女の敵でさえも彼女が超常的な特性を備えた女性であることを否定しないが、ただしそれは悪魔的なものであると主張するのは興味深い（以下参照。Houtman, 'Sacralising or Demonising Democracy?' in *Burma at the Turn of the 21st Century*, pp.140-3.）

9 NEMOTO, Kei, 1996, "Aung San Su Kyi; Her Dream and Reality",

in KIASP Discussion Paper No.1(edited by Y.Sugita) *Aung San Suu Kyi and Contemporary.* Burma,pp.1-16, Kansai Institute ofAsia-Pacific Studies (KIASP), Osaka University of Foreign Studies.

10 引用は Houtman in *Mental Culture...,* p.283, 脚注。本文は根本敬著「仏像の胸とスーチーさん」一九九一年三月『AA研通信』七一号四〇頁所収、東京外国語大学アジア・アフリカ言語文化研究所の指摘による。

11 William Branigin による記事 'Myanmar Crushes Monks' Movement, *Washington Post*, 28 October 1990.

12 根本敬編 *Reconsidering the Japanese Military Occupation of Burma*（東京外国語大学、二〇〇七年）のグスターフ・ホウトマンによる論文 'Aung San's lan-zin, the Blue Print and the Japanese occupation of Burma.' なお本章での議論は、ホウトマン博士の研究論文 *Mental Culture...* に負う所が大きい。

13 Houtman, *Mental Culture...,* p.169.

14 Edward Klein, 'The Lady Triumphs,' *Vanity Fair*, October からの引用。

15 Fergal Keane, 'The Lady Who Frightens Generals,' *You*, 14 July 1996.

16 一九九七年四月一三日のスピーチの本文（St Hugh's archive）。

17 Alan Clements, Aung San Suu Kyi, *The Voice of Hope*, p.143.

18 Aung San Suu Kyi, *Letters from Burma*, no. 40, Teachers.

19 Nirvana（ニルヴァーナ）はビルマ語で nibbana と表される。

20 「貪欲で賄賂まみれのビルマ人商人」ウー・ポーキンの表現。

21 Ingrid Jordt による徹底的な解説。*Burma's Mass Lay Meditation Movement: Buddhism and the Cultural Construction of Power*, Ohio University Research International Studies, 2007.

22 Alan Clements, Aung San Suu Kyi, *The Voice of Hope*, p.253.

23 Aung San Suu Kyi, *Letters from Burma*, no. 40.

24 Alan Clements, Aung San Suu Kyi, *The Voice of Hope*, p.145.

25 Houtman, Mental Culture ..., Appendix 2 (D18).

26 Houtman, *Mental Culture...,* p.17 からの引用。Part Two, Chapter 7, p.151 も参照。

27 Aung San Suu Kyi, *Letters from Burma*, no. 40, p.159.

▼第四部 4 ノーベル平和賞

1 ドキュメンタリーフィルム *Aung San Suu Kyi? Lady of No Fear* から引用。

2 *Freedom from Fear* 第二版へのデズモンド・ツツの辞。

3 Aung San Suu Kyi 同上書。

4 Tim McGirk の記事 'Suu Kyi Keeps Flame of Democracy Alight,' *Independent*, August 21, 1995.

5 St Hugh's College archive.

6 アウンサンスーチー、マイケル・アリス編、ヤンソン由美子訳『自由――自ら綴った祖国愛の記録』集英社、pp.267-268. 参照

7 筆者のインタビューによる。

8 タンシェエ将軍に関するこの論議は、ベネディクト・ロジャースの著書に負うするところが多い。*Than Shwe: Unmasking Burma's Tyrant*, Silkworm Books, 2010.

9 Benedict Rogers, *Than Shwe: Unmasking Burma's Tyrant.*

10 匿名を条件に情報筋による話。

11 ロヒンギャ族は、ビルマの迫害された少数民族全体のなかでももっともひどい迫害を受けた。その理由の一部は、彼らが仏教徒ではなくイスラム教徒だったことにある。迫害を逃れ、より良い暮らしを求め、多くはアラカン州との辺境付近に集められ、その後バングラデシュに移された。しかし、バングラデシュは、多くがイスラム教徒の国だが、彼らは、そこでも最下層民のように扱われ、劣悪な状況のにわか造りの難民キャンプに押し込まれた。彼らの苦しみは、今日もなお続いている。

12 マイケル・アリスは記者会見で嘲るような目をしながらスーの

声明を発表した。ドキュメンタリーフィルム *Aung San Suu Kyi? Lady of No Fear* 参照。

13 Gustaaf Houtman が *Mental Culture...* のなかで述べている研究結果、及びこの件に関するさまざまな論証。

14 筆者のインタビューで語った情報。この退役外交官は匿名を条件にしている。

15 Steinberg, *Burma/Myanmar: What Everyone Needs to Know*, p.142.

16 Houtman, ‘Sacralising or Demonising Democracy’ in *Burma at the Turn of the 21st Century*, p.148.

17 Sayadaw U Pandita, *In This Very Life*, Wisdom Publications, 2002, p.190.

18 Houtman, ‘Sacralising or Demonising Democracy,’ 前掲書。

19 Aung San Suu Kyi, *Letters from Burma*, no. 1: The Road to Thamanya (1).

20 Aung San Suu Kyi, p.4 同上書。

21 Aung San Suu Kyi, no.2, p.17 同上書。

22 Aung San Suu Kyi, no.4, p.17 同上書。

23 Houtman, ‘Sacralising or Demonising Democracy,’ 前掲書。

▼第四部 5　英雄と裏切り者

1 一九九二年一月二七日のラジオ放送「ボイス・オブ・ミャンマー」の内容を Michael W.Charney が自身の著書に引用。p. 176.

2 Matthew Arnold の詩「Dover Beach」の一行。

3 BBC海外放送が伝えたキンニュンの言葉の要約。「キンニュンは、法律家達に彼らの難点を指摘し、なぜ女性が指導者になってはならないのかその理由を語った」（一九九二年二月三日放送）。

4 Alan Clements, Aung San Suu Kyi, *The Voice of Hope*, p.22.

5 Alan Clements, Aung San Suu Kyi, *The Voice of Hope*, p.22.

6 Aung San Suu Kyi, *Letters from Burma*, no. 11, A Note on Economic Policy.

7 二〇一〇年三月におこなわれた筆者によるマ・テインギーへのインタビュー。

8 Amitav Ghosh, *Incendiary Circumstances: A Chronicle of the Turmoil of Our Times*, p.183.

9 軍政側と反体制側の両方に通じる匿名条件の情報筋の話。

10 二〇一一年、筆者宛のメール。

11 Amitav Ghosh, *Incendiary Circumstances*, p.185.

12 *Irrawaddy*, June 2011.

13 *The Times* 掲載記事 ‘Let People See Our Suffering,’ 4 November 2010.

14 筆者 ‘Welcome to Burma,’ *Independent*, 21 February 2011.

15 筆者 ‘Welcome to Burma,’ *Independent*, 21 February 2011.

16 Wintle, *Perfect Hostage*, p.382 で引用。

17 Monique Skidmore, *Karaoke Fascism: Burma and the Politics of Fear*, University of Pennsylvania Press, 2004, p.7.

18 Monique Skidmore, p.9 同上書。

19 Monique Skidmore, p.14 同上書。

20 後にマイケル・アリスが述べたことば。Dr.Michael Aris, ‘A Tribute to James Leander Nichols,’ St Hugh’s archive London, 23 July, 1996.

21 Aung San Suu Kyi, *Letters from Burma*, no. 33, p.131.

22 Aung San Suu Kyi, p.133 同上書。

23 ドキュメンタリーフィルム *Aung San Suu Kyi- Lady of No Fear* のなかで Suzanne Hoelgaard（スザンヌ・ホールガード）が受けた印象の引用。

24 *Aung San Suu Kyi- Lady of No Fear* に引用されたピーター・キャリーのコメント。

25 筆者のインタビューによる。

26 筆者のインタビューによる。

27 マイケルとチャールズ皇太子は、皇太子がはじめてのブータン公式訪問を控えていた際、マイケルがアドバイザーとして王宮でのエチケットや、その他ブータンの知識に関して詳しい状況説明をしたことから友人となった。マイケルの闘病の最後の数週間に、皇太子は彼をハイグローブに招き、マイケルの想定される基金の後援者となることに同意した。アンソニー・アリスは、「ラウジング家もオックスフォードのチベット・ヒマラヤ研究の発展のため、マイケルの死の直前、二〇万ドルという大金を寄付してくれた」と、付け加えた。

28 筆者のインタビューによる。

29 筆者のインタビューによる。

30 情報提供は匿名が条件だった。

31 筆者のインタビューによる。

▼第五部 1 スーに会う

1 筆者のインタビューによる。

2 筆者のインタビューとメールによる。

▼第五部 2 悪夢――デパイン虐殺事件

1 Houtman, *Mental Culture...*, page 119.

2 デパイン虐殺事件が起きるまで及びその後の状況に関する資料は次のとおり。デパイン虐殺事件に関する米国議会の特別委員会の資料（http://www.ibiblio.org/obl/docs/Depayin_Massacre.pdf.）、スーの運転手へのインタビュー（Democratic Voice of Burma, http://www.dvb.no/analysis/depayin-and-thedriver/12828）、「デパイン事件は非人道的犯罪」（Asian Legal Resource Centre, http://www.article2.org/mainfile.php/0206/112/）、虐殺事件に関する詳細報告（Ibiblio Public Library and Digital Archive, http://www.ibiblio.org/obl/docs/Yearbook2002-3/yearbooks/Depayin%20report.htm; Benedict Rogers, *Than Shwe*, op. cit.）。

3 YouTube にのったモニワの演説のビデオ。録音の翻訳 World News Connection, 30 May 2003, via LexisNexis.

4 デパイン虐殺事件に関する米国議会の特別委員会の資料、バンコク、二〇〇三年七月三日。

5 Benedict Rogers, *Than Shwe* 前掲書。

6 アウンリントゥッとのメールによる。

7 Aung San Suu Kyi, '*Freedom from Fear*' in *Freedom from Fear*, p.180.

▼第五部 3 サフラン革命――立ち上がる僧侶たち

1 筆者のインタビューによる。

2 この数ページの内容についてはイングリッド・ジョーツとのメールや会話で教示を頂き深く感謝します。

3 Aung San Suu Kyi, *Letters from Burma*, no. 40.

4 ビルマの王たちは僧を殺害するなど極悪な行為を犯した場合、権力を保持する唯一の方法は「黒魔術」いわゆる「堕落の道」に従うしかないとビルマ人は信じている。ナッの霊に祈り、魔術を用い、ウェイザー（魔術師）に頼ってヤダナ（黒魔術）を駆使して、恐れている状況を象徴的に演じることで実際起こらないように防ぐ。スーが一九九五年と二〇〇〇年に訪問した深く尊敬されていた僧のタマニャ僧正は二〇〇三年に九三歳で亡くなった。遺体に防腐処理を施し、寺の近くに特別に廟が建てられ、大規模な巡礼の対象となった。二〇〇八年四月二日、僧たちの反乱の弾圧から約六か月後、武装し軍服を着た一四名の男たちが廟に乱入し、守衛を隣りの建物に閉じこめたうえ、僧院長の遺体を奪った。イングリッド・ジョーツの解説では「軍が堕落の道の魔術を行っているとの噂がすぐに流布した。タンシュエのボードー（魔術の師匠）が占星術師たちと相談したところ、僧の威力を得るために僧の遺体を焼いて肉を食べるよう薦めたのだと」。

一か月後、ビルマを襲ったサイクロンナルギスについて、タンシュエの不敬虔な人食い行為に対する天罰が下ったのだとビルマ人たちは説明した。

▼第五部 4 孔雀効果——ビルマから世界へ

1 イェットーの行動に関しては、主にロバート・テーラーが要約したラングーンでのイェットーとアウンサンスーチーの裁判の議事録の翻訳、及びロバート・テーラーが書いた論説 'Myanmar in 2009: On the Cusp of Normality?' *Southeast Asian Affairs*, 2010 掲載。

2 しかし、スーはNLDの同僚に、イェットーは病気なので支持者たちが彼に暴力をふるわないようにと伝えた（個人情報による）。

3 ケネス・デンビーは『タイムズ』紙の勇敢なビルマ特派員のペンネーム。ジョン・シンプソンはBBCのベテラン海外特派員で、二〇〇一年にひとりでカブールをタリバンから「解放した」ことで有名。

4 Phoebe Kennedy, 'Suu Kyi testifies that she did not violate her house arrest' in *Independent*, 27 May 2009 から引用。

5 同上書。

6 Robert Taylor, 'Myanmar in 2009: on the Cusp of Normality?' in *Southeast Asian Affairs*, 2010.

7 自社製品を売り込むためにスーのイメージを偽善的に利用する自動車業界の軽薄な思惑はイタリア車ランチアのイプシロンの広告の続編でも明らかだ。ランチアのイプシロンのイタリア国内の新たな宣伝広告にフランスの映画スター、ヴァンサン・カッセルを起用し、「豪華とは権利である」（Il lusso e un diritto）という宣伝文句を語らせている。

8 International Crisis Group, Asia Briefing no.118, *Myanmar's Post-Election Landscape*, 7 March 2011.

9 メタ・スペンサーのヘルヴィーへのインタビュー。*Peace Magazine*, vol. 24, no. 1, p.12.

10 同上書。

11 スーとジーン・シャープは一度も会ったことはないが、もし会っていたら基本的な問題について同じ意見だったろう。*The Voice of Hope* のなかで、スーは「私たちが非暴力の道を選択したのは、単純に、武器を使わないで変化をもたらすことができると認めさせたほうが、長期的にはビルマにとって政治的に好ましいと考えるからです。これに関して精神的なことはまったく考えていません」。二〇一一年六月にBBCでの第一回目のリース講義の放送後、電話での質問に答えて、スーは「私は非暴力を倫理的な理由ではなく、実際的で政治的な理由から支持します」と同じ主張を繰り返している。もしガンディーが暴力か臆病のどちらかを選ばなければならないとしたら「いかなるときも暴力を選択する」と、彼の言葉を引用した。スーは非暴力主義についての倫理的問題を否認する際、それを主張しすぎる。スーは、反体制活動家のうち暴力をよしとする者たちから常に攻撃を受けやすいので、このように彼らの批判をかわそうとする。彼女は一九八九年にジャーナリストにこう語っている、「私は武力闘争に賛成ではありませんが、武力闘争にかかわっている学生たちに共感を持ちます」。しかし、本書で示しているように、彼女の非暴力と「精神革命」はじつは、宗教的信念に根ざしている。

12 Thant Myint-U, *River of Lost Footsteps*, p.337.

13 メタ・スペンサーのヘルヴィーへのインタビュー。*Peace Magazine*, vol. 24, no. 1, p.12.

14 Gene Sharp, *From Dictatorship to Democracy*, The Albert Einstein Institution, p.1.

主要人物

主要人物名

ビルマ人の名前について……ビルマ人には姓がなく、一個から四個の名を組み合わせた名前がある。通常人に呼びかけるときは、その名前全部を呼び、しばしばその前に敬称である「ウー」（年長の男性）とか「ドー」（年長の女性）などがつけられる。

アウンサンスーチーの家族

アレクサンダー・アリス（ビルマ名ミンサンアウン）スーとマイケルの長男。

アウンサン……スーの父、ビルマ独立闘争の英雄。しばしばボー・ジョー（ビルマ語で「将軍」の意味）と呼ばれる。

アウンサンリン……スーの次兄、九歳のとき、自宅の池で溺死。

アウンサンウー……スーの長兄、アウンサンとドー・キンチーの第一子。米国に移民、職業はエンジニア。

キム・アリス（ビルマ名テインリン）……スーとマイケルの次男。

タキン・タントゥン……ドー・キンチーの義兄、ビルマ共産党の指導者。

ドー・キンジー……伯母、スーのユニヴァーシティアヴェニューの敷地内に住む。

ドー・キンチー……スーの母、看護師からその後外交官。

ドーラ・タンエー……戦前の有名歌手。親族ではないが、スーによれば「困ったとき頼りになるおばさん」。

マイケル・アリス……スーの夫。

国民民主連盟（NLD）

アウンアウン……アウンサン将軍付き護衛だったボー・ミンルウィンの息子、遊説期間中ボディガードの隊長。

アウンジー……退役将軍、失脚前は軍事政権内の指導的人物。NLDの初代議長。

アウンシュエ……一九九五年スー解放時のNLDトップ。

ウー・フラペー……遊説に参加した年長党員。

ウィンケッ……スーの個人アシスタント。

ウィンテイン……遊説中のボディガードのひとり。

ウィンティン……反体制ジャーナリスト、NLD創立党員、収監一九年。

ウンナマウン……デパイン虐殺事件時のスーのボディガード。

コウ・アウン……スーの事務所でコウ・ミンスウェの同僚。

コウ・ミンスウェ……詩人、ラングーン大学図書館司書、NLD職員。

コウ・モオ……スーの事務所でコウ・ミンスウェの同僚。

セインウィン……スーの従兄弟、亡命ビルマ連邦国民連合政府（NCGUB）の首相。

タキン・ティンミャ……共産主義者、スーの初期の協力者。

チーマウン……退役大佐、NLD創立メンバー。

チャンエィ……NLD中央執行委員会内の穏健派。

チョーソーリン……NLD弁護士、デパインでの英雄的運転係。

ティンウー……退役将軍、NLD共同創立者、党副議長、長年軟禁される。

ドー・ヌウェ……コウ・ミンスウェの妻、党の宣伝部門を夫とともに担当。

ドー・ミンミンキン……ラングーン弁護士協会会長、NLD中央執行委員会メンバー、多年収監される。

ニョーオンミン……大学講師、NLD初期党員、タイに亡命。

フウェーミン……スーの最初期の政治的同盟者のひとり。

マウン・トーカ……海軍の英雄、その後作家・詩人、スーの助言者、獄中死。

マ・テインギー……画家、作家、遊説中スーの個人アシスタント、NLD党員になったことはない。

マ・ティーダ……医学部学生、初期の党員。

ミョーテイン……遊説中スーの運転手、愛称「タイガー」。

軍事政権

アウンリントゥッ……元キンニュン配下の国軍情報部部員、在米ビルマ大使館外交官から米国に亡命。

ウー・ウィンセイン……USDA書記、運輸相、デパインの前にスーの「撲滅」を訴える。

キンマウンウィン……外務副大臣、デパイン虐殺事件の弁明者。

キンニュン中将……ネーウィンの子飼い、国軍情報部部長。

セインルウィン……「殺し屋」、短期間ネーウィンに代わって大統領。

ソォマウン将軍……初代SLORC議長、マウンマウンを押しのけて国家元首。

タンハン中佐……デパイン虐殺事件の背後にいた国軍司令官。

タンシュエ将軍……一九九二年ソゥマウンに替わってSLORC／SPDC議長、二〇一〇年まで国家元首。

タントゥン准将……キンニュンの配下のひとり、
二〇〇四年スーと交渉。

ティンアウンヘイン……ネーウィン時代の法相。

ティンペー……「赤い准将」、ネーウィン政権の強硬派。

ネーウィン……将軍、一九六二年クーデタで政権掌握、アウンサン将軍の元同志。

マウンエィ将軍……タンシュエ、キンニュンとともに三頭政治の一員。

マウンマウン……一九八八年八月より九月まで大統領、セインルウィンの替わり。

マウントゥン……少佐、ダニュビュでミンウー大尉のスーとNLDに対する射撃命令に反対命令を出した、おそらくはスーの命を救った。

ミンアウン准将……ダニュビュでのNLDの強敵。

ミンウー……大尉、ダニュビュでスーとNLDに対し発砲するよう兵士に命じた。

外交官

イブラヒム・ガンバリ……一九九〇年代中期、国連事務総長代理。

ウー・タント……国連第三代事務総長。

マーティン・モーランド……一九八八年反乱当時の駐ビルマ英国大使。

ラザリ・イスマイル……一九九〇年代初期、国連特使。

ロバート・ゴードン……一九九〇年代後期、駐ビルマ英国大使。

歴史上の人物

ウー・オッタマ……仏教僧、反英運動家。

スパヤラッ……ティボーの后、一八八六年国外追放。

チョウゾウ准将……アウンサンの三〇人の同志のひとり、政治闘争への無関心についてスーに小言を言われる。

ティボー……ビルマ最後の王、一八八六年国外追放。

バモォ……戦間期の首相、日本統治下の首相。

J・G・スコット卿、別名シュウェイヨー……英領シャン州総督、『ビルマ人』の著者。

その他

アシンイサリヤ、別名キング・ゼロ……仏教僧、二〇〇七年「サフラン革命」の指導者。

ウー・ガンビラ……仏教僧、「サフラン革命」の指導者。

ウー・ヌ……選挙による首相、ネーウィンによって放逐される。

カインソートゥン……弁護士、一九九一年当時マナプロオに避難。

キティ・バタン……ネーウィンの妻のひとり。

キンミン……ティンティンの妹、スーの子ども時代の友達。

ソーティン……スーの家族の友人、殉難者の日のドー・キンチーの付き添い役。

タンミンウー……ウー・タントの孫、作家。

ティンティン……スーの子ども時代の友人。

ティントゥンウー博士……軍政の取り巻き、『ミャンマータイムズ』の社長。

ドー・キンキンウィン……スーの軟禁下での同居人・家政婦。

ナインアウン博士……一九八八年の学生運動指導者、現在タイに亡命。

ニタ・インインメイ……在ビルマ英国大使館の情報担当官。

パスカル・クートゥエー……元学生運動指導者、作家。

ボー・チー……一九八八年学生運動の指導者、ビルマ政治囚支援協会（AAPP）の創立者兼会長。

ボー・ミャ将軍……カレン民族同盟（KNU）の歴史的指導者。

マウン・ポウンモォ……一九八八年三月、警察の暴力による最初の犠牲者。

マウン・ザルニ……社会学者、活動家。

メーママ……キンキンウィンの娘、スーの同居人・家政婦。

ミンコーナイン……学生運動指導者。

レオ・ニコルス……「レオおじさん」、英国系ビルマ人ビジネスマン、スーの家族ぐるみの友人。

ロス・ダンクリー……オーストラリア人企業家、ジャーナリスト、『ミャンマータイムズ』の創始者。

訳者解説　アウンサンスーチーとビルマ

森 博行

最初に本書の表記法についてことわっておきたい。原典が英国で出版されたものであり、また筆者の立場からも原則的に旧英領期の地名を使用している。人名についてはできるかぎり現地音表記とした。「おわりに」の後半は、二〇一二年はじめ日本語版出版にあたり、最近のアウンサンスーチーをめぐる状況の変化を受けて、筆者によって書き直されたものである。翻訳にあたっては、年代や歴史的事実等の明らかな誤りを除いて、原典に沿った。

筆者の「終章」の変更の理由でもあるが、昨年後半以降のビルマとアウンサンスーチーをめぐる状況の変化は大きい。翻訳が進む間にも、四月の補欠選挙におけるアウンサンスーチーの議席獲得、宣誓問題のやりとりがあったものの議会初出席、そして一九八八年以来になる初のビルマ出国が予定に上がっている。一方、この一連の改革を推し進めているテインセイン大統領の健康不安や、軍政内強硬派とされる副大統領の辞任など、軍政側の動きも予断を許さない。

このような書き方をする意味は、アウンサンスーチーとビルマをめぐる状況は、決して国際社会や一般のメディアが伝えるような簡単な道筋ではないと考えるからだ。テインセイン大統領の改革が民主制に向けたものなのか、あるいはビルマ国軍全体を掌握しきれているのかは疑問のままだし、国民民主連盟（NLD）とアウンサンスーチーが補欠選挙に勝利したと言っても、実際の「国会」内の勢力としては圧倒的な軍人系議員の中の少数派でしかない。

ビルマの本質は、いまだに国軍の支配する国家である。その視点から最近の変化を解釈してみれば、いちばん整合性のある説明は、「対中国」における戦略的変化なのではないか。つまり過去数十年、国際社会に対して孤立する中で、唯一関係を深めていたのは中国であり、タンシュエ将軍をはじめ軍政トップは事あるごとに北京訪問を繰り返していた。国内開発にしても、国境地域の反政府勢力の処理についても中国なしには進まないかのようであった。

一部の識者にはおわかりのように、中国という国の特性からして、近隣諸国が深い関係を作れば、結局は中国の利益に落ち着き、うっかりすれば国を失うことにもなるのはアジアの歴史が示すとおりである。だからこそ、ビルマ国軍が自身の戦略を見直せば、過度の中国依存に対して、カウンターバランスをとる必要があると考えるだろう。それならば、昨年の中国投資によるダム開発の停止や、国際社会との協調、はっきり言えば米国との関係改善は当然の展開となる。国際社会に対する切り札は、言うまでもなくアウンサンスーチーだ。

さらに不安材料を指摘するなら、一九六二年以来ビルマ軍政は、五〇年の歴史のなかで一定の民主化の動きの後に続く、強硬派による権力の再掌握が繰り返されてきた。中国による開発の裏には当然、国軍内部に利権を軸にした親中国派の存在があるだろう。しかも、この間ビルマ経済の一定の近代化を可能にしてきたのは、中国系ビルマ人だ。BOT方式による道路整備や大型プロジェクトにはかならず中国系ビルマ人の資本がある。この勢力の取り込みにはキンニュンの動きが大きかった。キンニュンもこの一月に軟禁が解かれ、事情通の話では軍人の多くが直ちにキンニュン詣に出かけたと言う。だが、その割には表に登場しない。

歴史的に見て、ビルマの支配の特徴と言うものもある。ビルマ人には怒られるかもしれないが、王朝時代の支配からして本質的には強権支配であり、軍事力を背景にした収奪が基本であって、民の福利など二の次ではなかったか。また、多民族社会でありながら、民族間の融和よりもビルマ族中心主義が強く見える。これは本書でいくつか述べられているが、少数民族問題はまったく解決されていない。まさにビルマ国軍の支配とは、ここ五〇年の問題ではなくビルマの風土が産むものではないのか。国軍自身がその存在意義を明確に主張している。ビルマという現在の国境線を堅持し、その内部での一切の反対勢力の存在を許さないことだ。

こう考えればビルマの変化にはまだまだ長い道のりが必要だ。しかもそれは、上辺の民主化や目先の国際化で済むわけもない。だからこそ、アウンサンスーチーの見直しとその存在の意義があると言える。筆者が指摘するように、民主化の達成度や国政への参加という基準で評価すれば、アウンサンスーチーの意味は極めて少ない。だが、彼女が言う精神的、あるいは倫理的な変革こそ、ビルマの状況を変えるには必要なものなのだ。本書が言うように、本人はそれを理解している。理論的には正しいものだ。そしてビルマの場合、倫理的な拠りどころとなるのは、ビルマ仏教に違いない。

だが理論的に正しいことと、現実の政治は一致しない。これがアウンサンスーチーの悲劇でもあり、ビルマの悲劇でもある。しかしここ数か月、アウンサンスーチーの言動に少し変化があるようにも見える。本書を通して、とくに一九八九年の遊説記録のなかに描かれるスーの姿とは異なり、先の補欠選挙に立候補した選挙区はカレン族地域であり、ニュース映像にはカレン族の衣装を着たスーが映し出された。また

「国会」登院にかかわる原則論の質問に、「私は政治をしている」と答えているし、現行憲法を遵守する宣誓をおこなって議席に着いた。

振り返ればもう二四年が過ぎている。この伝記のひとつの主題である、アウンサンの娘としての在り方に苦闘したアウンサンスーチーが、四三歳にしてやっと見いだした公人としての立場を引き受けてから。確かにそれに続く一五年の軟禁生活のなかで、彼女自身の倫理的深化がある。ビルマ仏教、とくに瞑想を通しての強い人格の再構築は、同時にこの間、彼女に代わるビルマ大衆の希望の焦点は現れず、現実の軍政はいっこうに大衆の福利にはつながらないまま、そうであるが故にビルマ政治に不在のアウンサンスーチーはますますビルマ大衆の希望を背負うことになった。筆者が主張する、いまだ過去の人ではないアウンサンスーチーの存在意義である。父親が創出した現代ビルマの苦悩をまさに体現した人生とも言える。

そしてビルマ経済の問題がある。ビルマに限らず、アジア・アフリカの諸国を見るとき、そこに暮らす大衆にとってもっとも重要であったのは、経済の近代化だ。まず衣食が足りること、そして現代経済の利便性を享受することである。文化や倫理はその上で語れるものだろう。日本も含め先進国の人びとは、ビルマやその他アジアの国に残る人間の素朴さや伝統的な生活の在り方を、まったく自分勝手な思い入れで称賛する。だが、そこに暮らす人びと自身が何を望んでいるのかは見落とされやすい。とくにビルマを語るとき対照されるタイを見れば、この半世紀の変化は大きい。本書でも触れられるが、一九五〇年代のラングーンは東南アジアでもっとも進んだ都市であったのだ。いまの見事な現代都市バンコク、そしてタイの問題はまさに衣食足りて、再び倫理であり文化的価値に焦点があると言える。だが、明らかにタイに住む人びとは現代社会の利便性を享受している。もちろん近代化の影の部分はある。しかし、それすら手に入れられない人びと、あるいは隣国の影を背負う人びと（タイの底辺を支える数十万のビルマ不法滞在者）に清貧を説くのは疑問だ。

最近のビルマの変化は、あまりにも取り残された経済の差を埋める試みであるとも言える。本書の描くアウンサンスーチーの陰に、常に付きまとうキンニュンの路線だ。彼の失脚がなければ、現代ビルマもアウンサンスーチーの人生もかなり異なったものであったのだろう。

だから、経済開発による国民経済と社会の近代化を第一とし、中国一辺倒の危険を認識するなら、米国や欧州連合との関係を改善し国際社会からの投資を受け入れ、外国人観光客を引きこむことは、誰が支配者であれ現代ビルマの進む道のはずだ。そこには日本の果たすべき役割も多い。すでに私のまわりでは、中小企業経営者の間に「これからはミャンマーだ」の声が上がっている。中小企業のとくに製造系の立場であれば、もはや中国は製造適地ではないし、ベトナムは言われるほどには順調ではない。東南アジアを冷静に眺めれば大陸部のタイ、島嶼部のジャワ島が有利に思えるが、本書に登場するオーストラリア人の言ったように「ミャンマー」が「処女地」であることは確かだ。その一過的な成功の鍵も、それが待つ予想された末路もまた彼は提供してくれている。

ビルマと日本の縁は深い。本書で示されるようにアウンサンスーチーにとって、一九八五年度の京都大学東南アジア研究センター留学は大きな意味を持ったし、それ以上に父親アウンサンを通じて現代ビルマと、帝国陸軍の申し子とも言うべきビルマ国軍へのかかわりがある。そしてアウンサン自身がそうであったように、ビルマと日本の間には、互いの大いなる思い入れと行き違いがあり、いまだにそれは解消されていないだろう。

日本の弱点は、アウンサンの時代もいまも、ほんとうの意味での外交は脆弱だし、国内政治あるいは日本人の常識のみによって世界が語られ、国際関係が見えていない。産業界でも同様に、日本人の視点と理解で、日本式の製造工程や日本式の経営を持ち込む姿もある。筆者も書くように、東南アジア人は愛想が良いから顔を立てて受け入れてくれるが、彼らの本音を知らないかぎり、どこまでも行き違いは残るだろう。

ビルマが変化するとき、問題はいまの日本、これからの日本にかかわることでもある。まずビルマとは何か、現代ビルマを理解する上で、民主化運動の成果は別にして尚、アウンサンスーチーの人生を筆者の視点で捉え直すことは意味がある。ビルマ大衆の持つ倫理感の根底にあるビルマ仏教の重要性、住民に福利を与えられない軍政支配に対抗する象徴の必要、今日よりもましな明日を求めるための民主化運動支持ではないか。理念と現実の落差の間で、人びとはより良い生活を求めている。

ビルマ・日本関係を考えるとき、日本人が陥りやすい点を指摘するなら、まず問題は二国間関係ではないこと。ビルマの変化には中国の要素が大きく、そしてビルマが国際化を図るとき、日本は重要ではあるがその他の、米国・欧州連合・旧植民地宗主国としての英国・インド・東南アジア諸国連合とのかかわりのなかのひとつである。ましてや、ビルマはいまだに近代国家として必要な国内統一ができていない点も落とし穴だ。多民族構成に加えて、外縁部七州は歴史的に本土ビルマの直接統治を受けていない。アウンサンが結んだパンロン協定自体不十分であった上に、その協定すら反故にされた。アウンサンスーチー自身も、また少数民族側も、新たなパンロンの必要性を言葉にはするがまだ不透明だ。一方で住民の側、カレンやシャンは現実生活のなかで、不法労働者や難民や限定された市民としてタイ社会に長年組み込まれている。シャン州北部からカチン州にかけては当然のことながら中国の影響と、社会のなかでの中国人及び中国系ビルマ人の存在が大きい。これらの地域での国軍支配はビルマ王朝時代とさして変わらない点と線の軍事力による支配であり、現代では軍による組織的な人種絶滅とビルマ本土からの住民移住策が加わっている。ビルマすなわちビルマ人の国ではないこと、ビルマから来た人が自動的にビルマ族ではないことは十分留意すべきである。

ビルマ仏教は、ご承知のように上座部（小乗）仏教であるが、同時にビルマの特殊性も念頭に置く必要がある。タイ仏教やその社会について、文化人類学的視点でのかなりの研究があるが、とりわけ軍政時代の五〇年間、ビルマはすべての研究分野で閉ざされた社会だった。日常のなかでは一般ビルマ大衆は、毎日の食施から男子の通過儀礼であるシンビュー、新年の水掛けや雨季安居明けなど季節ごとの仏教歳時によって生活を送っている事実がある。したがって、ビルマ大衆の日常のなかで仏教は圧倒的な重みを持っているが、ビルマ精神世界における精霊信仰的要素（ナッと呼ぶ精霊で歴史的人物なども対象になる）に注意したい。仏教僧であっても霊能力を云々する面もある。まさにこの点でアウンサンスーチーが、此の世的な民主化運動よりも精霊的な崇拝対象となる構図がある（大雑把な類比を言えば、菅原道真が天神になるよう な）。制度面で言えば、タイは近代国家化の過程でサンガ（僧団）を世俗権力の側から一定程度整理したが、ビルマ軍政は同様の改革を目論んだものの軍政上層部と特定僧侶及びその僧院との関係などで不確かな部分がある。いずれにせよ、本書の指摘どおりサンガと軍政との関係は微妙で、サンガのなかにアウンサンスーチーに対する支持があることは重要である。

以上を踏まえた上で本書を読めば、ひとりの女性の波瀾に満ちた人生の全貌とともに、現代ビルマの苦悩、そして因縁とも言うべきかかわりを持つ国の変化にあたって、日本が進むべき道への重要な鍵の一部が潜んでいると思える。

訳者あとがき

宮下夏生

二〇一一年一一月にアウンサンスーチーのイギリスでの母親代わりをしていたパット・ゴア＝ブース夫人のご自宅を訪問した折、本書（*The Lady and The Peacock: The Life of ASSK*）を紹介された。スーとビルマのことがとても丁寧に書いてある本なので読むようにと薦められた。五〇年以上スーと親しい間柄にあり、ビルマ大使夫人を経験したパットの薦めであれば読む価値があるのではと、すぐにピカデリーの書店で本書を入手した。そして帰りの飛行機の中に持ち込み読みはじめると、あまりのおもしろさに止まらなくなってしまった。スーの生い立ちはもとより、彼女がビルマで軟禁中にどれほどつらい思いをしたか、そして七〇人以上虐殺されたデパインでのスーの暗殺未遂事件などの知られざる真相を筆者は驚くほど詳細に伝えていた。この本は絶対に日本語に翻訳されるべきだ、そして多くの日本の人たちに読んでもらいたいと思った。帰国後、日本の出版社が決まる前に私は自発的にプロローグから訳しはじめた。何か自分に定められた使命のように思えた。

それから約二か月後、英国から一通のメールを受け取った。送り主はパットの孫フィオン・ギルで、文面には祖母パット・ゴア＝ブースが亡くなったこと、葬儀の執り行われる日時などが詳細に書かれてあった。

パットとは亡くなる前日の二月一日に、電話で、スーの映画「The Lady アウンサンスーチー ひき裂かれた愛」の試写会での話をしたばかりだった。「あのような映画が作られ、世界中の人にスーがどれほどビルマの民主化に努力しているのか見てもらえて嬉しい」と元気に話していたのに……。

私はすぐにロンドン行きの航空券を予約し、パットの葬儀に出席した。教会には彼女の家族の他、イギリス駐ビルマ大使、スーの次男キムなど彼女に縁のある著名な人びとが二百名以上は出席していた。その顔ぶれを見ただけで彼女がいかに多くの人に愛され、名誉ある人生を歩んできたかがうかがえた。

教会の葬儀のあと隣接した会場で立食会が開かれ、二百名以上もの出席者のなかに筆者、ピーター・ポパム氏の姿をみつけた。私は自己紹介をし、パットが彼の著書を紹介してくれたこと、スーとマイケルの長年の友人であることを告げた。はじめて会った私に、彼は躊躇なく日本の出版社名を教えてくれた。それは明石書店だった。この出会いはまさに亡きパット・ゴア＝ブースの導きとしか思えなかった。

パット・ゴア＝ブースは一九二一年に神戸で生まれ、外交官だったゴア＝ブース卿と東京のイギリス大使館で知り合い、結ばれた。パットの祖父は明治政府の招きでオーストラリアから来日した船の技師だった。現在も彼女の祖先の墓は横浜の外人墓地にある。ロンドンの家には歌麿の浮世絵が飾られ、伊万里や九谷焼の食器で食事をしていた。一方、夫のゴア＝ブース卿（男爵）は日本で一九三八〜一九四二年の四年間、東京のイギリス大使館に勤務。私がはじめて会ったときは流暢な日本語を話していた。

ゴア＝ブース卿とスーとの出会いは、本書第三部第２章に書かれているとおり、彼が一九五三〜一九五六年にビルマ大使に任命され、ドー・キンチー宅で八歳になった娘スーを紹介された時だったという。そして彼は高等弁務官としての赴任地インドで再びスー一家と会うことになった。母ドー・キンチーがインド大使となってデリーに住んでいたからだった。スーは現地のカレッジで学んだ後、オックスフォード行きが決まった。ゴア＝ブース卿夫妻はドー・キンチーに喜んでスーの英国での養父母になりましょうと申し出た。以来ふたりは身内以上に彼女の世話をすることになった。後にスーの夫になったマイケル・アリスはゴア＝ブース卿の息子クリストファーの親友だったし、ふたりの出会いも結婚式も卿のチェルシーの家だった。

スーはオックスフォード大学の休暇中はいつもチェルシーの家で過ごした。彼女の真面目な態度でゴア＝ブース夫妻に可愛がられた。毎朝、ふたりが日課とするクリスチャン・サイエンスの聖書教課に「日曜学校に通っていた四人の子どもは誰も起きてこないで、スーだけはきちんと起きて一緒に勉強しました」とパットは話してくれた。パットは亡くなるまで熱心に続けた聖書教課のなかでスーの健康と安全を祈っていた。

スー一家と私との出会いはパットの紹介からはじまった。私はイギリスで美術史を学ぶため一九七二年から留学していた。パットとは毎週のように会っていて、ある時交際中のベルギー男爵がビルマの美術品を収集していると話したところ、世話好きの彼女は、「それではビルマ人のスーとチベット・ヒマラヤ学専門家のマイケル・アリスに会うとよいわ」と、いってオックスフォード行きを勧めてくれた。当時スーがビルマ独立の父・アウンサン将軍の娘などとはまったく知らされていなかった。スーたちの家は大学の中心を過ぎた閑静な住宅街にあった。ベルを鳴らすと、髪の毛をもしゃもしゃさせた一八〇センチ以上はある大男、マイケルがやさしい笑みを浮かべてドアを開けてくれた。家の中にはチベットのタンカ絵が何枚か飾ってあった。居間に通されると、目をキラキラさせたポニーテールの妖精のような女性があいさつに出てきた、それがスーだった。長男のアレキサンダーと次男のキムも彼女を追うようにして居間に入ってきた。アレキサンダーは父親似でおとなしく、キムは母親似で目が輝いていてよく動き回っていた。

スーは私たちのために、自分が焼いたという大きなチョコレートケーキを持ってきてくれた。紅茶を飲みながら、四人でそれぞれの国の美術の話を夕方まで楽しく話した。以来、私はアリス家を頻繁に訪れるようになった。とくに、日本食が私たちの架け橋となった。スーとマイケルは海苔巻きと稲荷寿司が大好きというので、ロンドンから材料を持っていって作り方を教えてあげた。何回訪問したかは記憶にはないが、最後に三人で会ったのは一九八五年の暮、スーが京都大学で父親・アウンサン将軍の研究のため滞在していた折、マイケルと東京に会いに来てくれた時だった。その後のスーの人生は、一転してしまった。

一方、オックスフォードに残った夫・マイケルはひたすら子どもたちを育て、大学でチベット・ヒマラヤ学を教え、そしてスーへの援護射撃を送り続けた。スーがノーベル平和賞を受賞できるようにお膳立てしたのは、すべてマイケルの努力によるものだった。彼の人生の後半は、スーの民主化運動イギリス支部部長のような活動にあてていた。当時、国連難民高等弁務官の緒方貞子氏と連絡を取ったり、ヒラリー・クリントン（当時）大統領夫人、チャールズ皇太子とも接触していた。ノーベル平和賞の賞金を元にビルマからの学生に奨学金を支給するための組織団体「プロスペクト・ビルマ」(Prospect Burma) をマイケルは立ち上げた。軍事政権下で迫害を受け、思うように学べない学生にとっては願ってもない援助金だ。その団体は現在も活発に活動している。

本書の中に、スーが二度にわたり暗殺という危険にさらされた事件が書かれているが、ビルマ外に住むマイケルにとってもその危険性がないわけではなかった。第四部第5章の中に「彼はまだビルマのスパイの影におびえていて、公共の場で人と会うことができなかった」という一文があるが、その章を読んでマイケルが日本に来たときの出来事を思い出した。私が長い間ずっと疑問に思っていた一件だ。

それはある年の初春、マイケルは京都の仏教団体の招きで数日間講演し、その後上京することになった。京都からの電話で、「ホテルに泊まると、マスコミにわかってしまうので、夏生のお母さんが構わないようだったら、二泊とめてもらってもよいか？」と言ってきた。私は受諾し、東京駅新幹線出口で会うことになっていたのだが、マイケルはいくら待っても現れなかった。当時は携帯電話がなかったので、唯一彼を見つける方法は、駅構内のスピーカーで呼び出すことだった。駅員に訊いて構内放送をする場所を見つけ、英国人マイケル・アリス博士を呼び出してほしいと依頼したところ、「英語ができないので、貴方が英語で呼び出しなさい」と言われた。やむなく、私はマイクを持って「京都からお越しのマイケル・アリス博士……」と英語で呼びかけ合流地点で三〇分ほど待ってみたが、マイケルは現れなかった。仕方なく電車に乗って我家に戻ると、そこにはマイケルがいて母とちゃっかりお茶を飲んでいるではないか。彼は私を一〇分も待たずにタクシーに乗って我家に来たという。それが長い間不思議でたまらなかったが、ビルマの刺客を警戒しての行動だったろうか。それとも私の思い過ごしなのか？　いまとなっては謎である。ビルマの当時の軍事政権にしてみればスーを精神的に窮地に落とし入れる一番の方法は家族の生命を奪うことだったのではないか。マイケルにとってスーへの心配と自分と家族の身の安全への心配は、計り知れないものであったろう。

マイケルが寝る間も惜しんでスーとビルマのために支援活動を続ける最中、彼が受けた癌の宣告は、あまりにも悲しいエンディングの幕あけであった。最期に一目スーに会いたいとロンドンのビルマ大使館へビザ申請を何度も繰り返したが、すべて却下された。チャールズ皇太子はじめ、政治家や外交官などの彼の有力な友人たちが願い出てもなしのつぶてだった。スーももちろんマイケルのもとに駆けつけたかった。しかしいまビルマを離れたら、二度と祖国に戻れないだけではなく、多くのビルマ人の生命が奪われることを十分知っていた。スーの体は彼女個人のものではなく、民主化を願うビルマ国民のものでもある。マイケルは誰よりもそのことを理解していた。そして一九九九年三月二三日、マイケルは自身の誕生日に息をひきとった、五三歳という若さだった。

★

アウンサンスーチーは自己をかえりみず、ビルマ国民の幸せのために半生をささげてきた。それにもかかわらず、祖国の軍事政権より強いられた自宅軟禁は一九八九年から数えて計一五年間（六年、一年半、七年半）にもわたった。電話線を切られ、インターネットもなく、テレビもないまったく孤独な生活だ。多くのビルマ国民も軍事政権下でその弾圧の犠牲となった。二〇〇七年の抗議行動「サフラン革命」では、ビルマ仏教僧や尼僧までも犠牲になった。日本人映像ジャーナリスト長井健司がラングーンでデモ隊の取材中に兵士により射殺されたことは私たちの記憶にまだ新しい。

スーの七年半に及ぶ三度目の自宅軟禁が解けたのは二〇一〇年一一月だった。当時、私は京都西本願寺で三度目のスー一家の写真展を開催していた。このような展覧会を催すことにより軟禁状態にあったスーについての人びとの記憶を風化させてほしくなかったからだ。解放が危ぶまれる中、一三日にようやくそのニュースが伝えられ、その喜びを分かち合おうと展覧会会場は人であふれた。来館者のなかには、お祝いだと言ってバラの花まで届けてくれた人もあった。

スーは解放されるとすぐ、彼女の政党、国民民主連盟（ＮＬＤ）の党員でまだ刑務所に服役しているメンバーの家族を見舞う事からはじめた。外国の政府関係者やメディアは彼女と会うために堰をきったように訪問を開始した。世界で一番注目をされている女性だ。連日のインタビューでスーは一月に入ってとうとう寝込んでしまった。新聞紙面でアウンサンスーチーは一週間面会中止、絶対安静という記事をみつけた。私は申請していたビルマ訪問へのビザを一月に得たことで友人とスーに会いに行くことにした。たとえ会えなくても日本からの土産だけは届けたいと、成田を出発した。現在では、ジャーナリストでもミャンマー入国が容易になったが、当時はまだまだ「いのちがけ」の訪問だった。ビルマ通の知人からはホテルの電話はすべて盗聴されているので、気をつけること、スーチーさんの名前は出さないこと、「ザ・レディ（The Lady）」と呼ぶようにときつく言われていた。

到着翌朝、私たちはまずＮＬＤ本部に向かった。黄金に輝くシュエダゴン寺院を通り、市場を過ぎると、運転手が「ここだよ」と言って車を止めた。一瞬眼を疑った。外を見ると、粗末な小屋にも似た木造の建物で、ひとり大きな男性が守衛のように立っていた。建物近くには、ＮＬＤ本部に入る人たちを監視するかのように軍事政権側らしき男たちがたむろしていた。守衛の男性に自分はスーの見舞いに日本から来たこと、彼女の友達で土産を渡してほしいことを伝えた。こわばった顔をしていた大男は持ってきた花束を見て、顔をほころばせ、私たちを本部の中に案内してくれた。がらんとしたスペースに大食堂のような細長いテーブルと簡単な椅子が置いてあるだけだった。これがミャンマー最大野党の本部なのかと、再び目を疑った。唯一政党らしき証は、アウンサンスーチーの大きな写真が掲げてあることだった。

お茶が差し出され、日本語を話す五、六〇代の男性が近寄ってきて、「自分は九年間の刑務所生活から出てきたんだ」。また別の男性は「僕は五年だ」と明るい顔で当たり前のように話した。この人たちは拷問にあったり、長い刑務所生活を送ったにもかかわらず、再びこうしてＮＬＤに戻って、スーと民主化運動に加わっているのだ、と知り心を打たれた。

一時間以上経ってスーの側近が本部に入ってきた。私たちのことは、幹部から聞いていたようで挨拶に来てくれたが、「病状が思わしくないので、面会は無理だろう」と言われた。ところが、いままでおしゃべりをしていた党員たちが、私たちをスーに会わせてあげて欲しいと懇願してくれた。みなの説得が聞き入れられ、「それでは、今日の夕方、あなたのホテルに電話をかけましょう」ということになった。土産物を買ってホテルに戻ると、すぐにスーの側近からきれいな英語でメッセージが告げられた。「一月三〇日（日）、午前一一時、ユニヴァーシティ・アヴェニューの自宅に来てください」という短いものだった。

スーとの面会日、到着以来雇っていたタクシーの運転手に「アウンサンスーチー宅に行ってください」と言うと、運転手の顔が一瞬硬直した。軟禁状態から解放されたにもかかわらず、国民はまだ軍事政権を恐れているのだ。それでも運転手は家の前まで連れていってくれた。高い門の中に入るとテレビでよく目にしたインヤ湖とスーの大きな屋敷が目の前に現れた。三人のNLD党員が出迎えてくれ、私たちふたりを屋敷の居間に通してくれた。

天井の高い広々とした居間には亡き父アウンサン将軍の大きな油彩画が掛けてあった。そして、居間の戸が開けられスーが「ハロー、夏生！」と言って抱きしめてくれた。スーは私たちのためにと、ビルマ茶と菓子を準備してくれた。スーがオックスフォードの家でチョコレートケーキを出してくれた姿がはるか遠い昔に思えた。

まず、スーから私が持参した土産物に対する御礼の言葉をもらった。私は友人から託された土産物をひとつひとつ説明した。たとえば石川県輪島の蒔絵作家は、彼女のためにボールペンに蓮の花を描いた。それは、泥の中でも凛と咲く蓮を、スーに重ね合わせたからだった。

チョコレートはパット・ゴア＝ブースに今回の見舞い訪問を話したところ彼女からスーの好みの銘柄を教えてもらった。東京中を駆けずり回ってようやくみつけ、保冷剤でくるんで持参した。疲れきった身体にはチョコレートが一番とのアドバイスを彼女からもらったことがあるからだ。

スーは連日インタビューを受ける側にいたせいか、今度は、彼女の方から矢継ぎ早に質問をあびせてきた。それも政治的な話ではなく、ふつうの女性が疑問に思うような日本人の恋愛観や母性愛のことだった。スーに、マイケルと次男キムの写真をプレゼントした。亡き夫のことを思い出させたくはなかったが、彼女はじっとみつめていた。私はオックスフォードを訪れる度にふたりの写真を撮っていた。キムは中学から高校へと進み、会うたびに背が高くなっていった。子どもだったキムは、いまはもう三〇過ぎの立派な大人だ。スーはその空白をいま、一生懸命取り戻そうとしている。キムがヤンゴンの母親スーを訪問した折、タイチトーと名付けた一匹の犬を贈った。スーはキムが帰国した後も我子のようにタイチトーを可愛がっている。犬はキムとスーをつなげるだけでなく、ふたりがオックスフォードで一緒に過ごした幸せな日々を思い起こさせてくれる絆の証だ。

自宅軟禁解除の二〇一〇年一一月以来、スーは連日、一日九人、一人あたり二〇分のインタビューという日程をこなしていたという。私は一時間話した後、帰ろうとすると、もっといなさいと言ってくれた。三人は愛犬を囲んでゆっくりと時を過ごした。彼女は帰りがけ、私たちに印象に残るひとつの言葉を説明してくれた。その言葉は「親切」だった。

「親切は相手の必要を把握して行動する。見返りは考えない。一方、人間的『愛』は自分の欲望、自分を満たすために相手を愛する。従って私は『親切』という言葉や行動の方を好む」というものだった。

幸せに満ちた一時間半だった。スーは玄関先まで来て、見送ってくれた。屋敷の前で待機していた私たちの運転手は、スーを目の前にした瞬間、両手を合わせ仏像を拝するように頭を深々と下げた。スーは私が知っていたオックスフォードの二児の母親ではなく、ビルマ人の心のよりどころとなっているのだとしみじみ感じながらユニヴァーシティー・アベニューを後にした。タクシーの運転手は車の中で一切スーのことを口にしなかった、まるで何もなかったかのように。

★

パットの遺言のようなこの本の日本語版は、彼女だけでなく日本を愛するマイケルも願っていたはずだ。それを可能にしてくださった明石書店、そして編集の赤瀬智彦氏に心から感謝したい。彼は本書をたまたま某書店でみつけて、社に強く翻訳出版を希望したと聞いている。この本はいままで出版されたスーチー関係の本に比べると、いくつか特筆する点が挙げられる。赤瀬氏がなぜこだわったのかよく理解できる。

まず、筆者ピーター・ポパム氏はイギリスの一流新聞『インデペンデント』紙の記者で、二〇〇六年から約五年間周到な調査と研究を重ねて本書の準備にかかった。パット・ゴア＝ブースをはじめ、スーの学生時代の友人、デモに参加したビルマ人学生、外国人ジャーナリストなど幅広い層の人たちに根気強くきめ細かくインタビューをして真実を伝えようとした。たとえば、第二部第2章「デビュー」では、ビルマ人学生コウコウによるインタビューで、自分の代わりにアウンサン将軍の写真を持っていたばかりに射殺された少女の事件を生々しく語っているし、第三部第3、4章では、スーを悩ませたふたりのボーイフレンドがいたというオックスフォード時代の学友の話も興味深い。いままで書かれたスーチー関係の本でこれだけのインタビューの数をこなしたライターはいただろうか。

次に、筆者はインターネットを駆使して大量の情報を得て、読者に提供していることだ。後ろの注をみるとおびただしい量の情報源が記載されている。昔ながらの文献からの情報でなく、いま起こっていることを正確にかつ迅速にというジャーナリストならではの姿勢が文章に貫かれていた。

そして、本書の特ダネとも言える、スーの側近マ・テインギーが地方遊説中に毎日つけた日記を、ポパム氏がある人物を通して入手したことだ。野犬でも寄り付かないような奥地まで、スーはＮＬＤ党員と地方廻りをしたこと。ほんの数行の記述でもスーがどのような衣装を着、何を食べ、何をしたか、貴重な生の情報を提供してくれた。

赤瀬氏から本書の翻訳と監修を依頼されたが、六百頁もの翻訳はとてもひとりでは無理に思えた。それで、以前ビルマ関係の本『あるシャン藩王女の個人史――消え去った世界』を出版した森博行氏に加わってもらうことにした。本城悠子氏には翻訳の正誤のチェックと翻訳をしていただいた。上智大学教授・根本敬氏は海外出張中にもかかわらず、日本語の正しい人名表記を提供してくださった。翻訳の期限は刻々と迫るところから、もうふたり翻訳の手伝いを依頼した。経験豊富な富谷摩知子氏とアメリカ・ワシントン在住の万里パーカー氏（ハーバード大学博士号所持者）は快く引き受けてくださった。最後に表紙のデザインの原案を提供してくれた斎藤晃恵氏、秘書の野沢瑛子に感謝したい。

★

英国で本書が出版されてからビルマ情勢は日々変化していった。補欠選挙、ＮＬＤの大勝利、スーの国会議員と、二〇一〇年一一月の自宅軟禁解除前と比べると信じがたい変貌だ。天国にいる父アウンサン将軍と母ドー・キンチー、夫マイケルそしてゴア＝ブース卿夫妻も心から喜んでくれていると思う。あとはスーが無理をしないで健康を保ってくれることだ。彼女なしのＮＬＤ、彼女なしのビルマは考えられない。そしてスーを愛し尊敬する全世界の人びとのためにも長生きをしてほしい。

ほ

ま

み

む

め

も

ゆ

ら

り

れ

ろ

わ

す

せ

そ

た

ち

つ

て

と

か

き

く

け

こ

さ

し

索　引

筆者紹介

ピーター・ポパム（Peter Popham）

イギリス『インディペンデント』紙の外国特派員およびコメンテーター。1991年はじめてビルマを訪れて以来、身分を隠し何度も取材に訪れた。アウンサンスーチーには2002年の解放時にインタビューをおこない、2011年に再会している。日本滞在経験があり、*Tokyo: the City at the End of the World* という著書もある。

訳者紹介

宮下夏生

ビルマ応援の会代表、美術史家、元明海大学講師、株式会社宮下事務所代表取締役。ロンドン大学大学院、オックスフォード大学、ミュンヘン大学、ハーバード大学、北京大学で学ぶ。BA取得。共著に『世界のトップ・コレクター』（新潮社）他。

森 博行

慶應義塾大学大学院法学研究科政治学専攻修士課程修了。訳書にネル・アダムズ『消え去った世界――あるシャン藩王女の個人史』（文芸社）。

本城悠子

米国カリフォルニア大学バークレー校卒、美術史学士。現在、米国Space Systems/Loral社で東京事務所アドミニストレーターを務める。

アウンサンスーチー　愛と使命

2012年7月1日　初版第1刷発行

著　者　ピーター・ポパム
訳　者　宮下夏生
　　　　森　博行
　　　　本城悠子
発行者　石井昭男
発行所　株式会社　明石書店
〒101-0021 東京都千代田区外神田6-9-5
電話 03（5818）1171
FAX 03（5818）1174
振替　00100-7-24505
http://www.akashi.co.jp/

装丁　明石書店デザイン室
印刷　株式会社文化カラー印刷
製本　本間製本株式会社

（定価はカバーに表示してあります）　ISBN978-4-7503-3620-6

きみたちにおくるうた むすめたちへの手紙
バラク・オバマ文 ローレン・ロング絵 さくまゆみこ訳 ◉1500円

ネルソン・マンデラ 私自身との対話
ネルソン・マンデラ著 長田雅子訳 ◉3800円

正義のアイデア
アマルティア・セン著 池本幸生訳 ◉3800円

議論好きなインド人 対話と異端の歴史が紡ぐ多文化世界
アマルティア・セン著 佐藤 宏、粟屋利江訳 ◉3800円

イギリスの歴史【帝国の衝撃】 イギリス中学校歴史教科書
世界の教科書シリーズ 34 ミカエル・ライリー、ジェイミー・バイロン、クリストファー・カルピン著 前川一郎訳 ◉2400円

ビルマ仏教徒 民主化蜂起の背景と弾圧の記録 軍事政権下の非暴力抵抗
世界人権問題叢書 71 守屋友江編訳、根本敬解説執筆 箱田 徹、シーモア・ダニエル、ビルマ情報ネットワーク翻訳協力 ◉2500円

イラストで知る アジアの子ども
財団法人アジア保健研修財団編著 ◉1800円

現代フィリピンを知るための61章【第2版】
エリア・スタディーズ 11 大野拓司、寺田勇文編著 ◉2000円

中国の歴史を知るための60章
エリア・スタディーズ 87 並木頼壽、杉山文彦編著 ◉2000円

現代中国を知るための40章【第4版】
エリア・スタディーズ 8 高井潔司他編著 ◉2000円

現代台湾を知るための60章【第2版】
エリア・スタディーズ 34 亜洲奈みづほ ◉2000円

タイを知るための60章
エリア・スタディーズ 30 林 行夫、綾部恒雄編著 ◉2000円

ラオスを知るための60章
エリア・スタディーズ 85 菊池陽子、鈴木玲子、阿部健一編著 ◉2000円

カンボジアを知るための62章【第2版】
エリア・スタディーズ 56 上田広美、岡田和子編著 ◉2000円

バングラデシュを知るための60章【第2版】
エリア・スタディーズ 32 大橋正明、村山真弓編著 ◉2000円

現代インドを知るための60章
エリア・スタディーズ 67 広瀬崇子、近藤正規、井上恭子、南埜猛編著 ◉2000円

〈価格は本体価格です〉